中华经典名著

全本全注全译丛书

马世年◎译注

新序

中华书局

图书在版编目(CIP)数据

新序/马世年译注. —北京:中华书局,2014.2(2025.6 重印)
(中华经典名著全本全注全译丛书)
ISBN 978-7-101-09808-2

Ⅰ.新… Ⅱ.马… Ⅲ.①笔记-中国-西汉时代②《新序》-译文③《新序》-注释 Ⅳ.K234.106.6

中国版本图书馆 CIP 数据核字(2013)第 265663 号

书　　名	新序
译注者	马世年
丛书名	中华经典名著全本全注全译丛书
责任编辑	周　旻
装帧设计	毛　淳
责任印制	陈丽娜
出版发行	中华书局
	(北京市丰台区太平桥西里 38 号　100073)
	http://www.zhbc.com.cn
	E-mail:zhbc@zhbc.com.cn
印　　刷	北京中科印刷有限公司
版　　次	2014 年 2 月第 1 版
	2025 年 6 月第 9 次印刷
规　　格	开本/880×1230 毫米　1/32
	印张 16¾　字数 340 千字
印　　数	27001-29000 册
国际书号	ISBN 978-7-101-09808-2
定　　价	48.00 元

目 录

前　言

一

《新序》是西汉后期的著名学者刘向编撰的一部重要典籍。

刘向（前79—前8,此从钱大昕、钱穆说）,字子政,原名更生,汉成帝时更名为向,西汉沛（今江苏沛县）人。刘向出身于西汉皇族,门第尊贵、家世显赫。其先祖楚元王刘交为汉高祖刘邦同父异母的幼弟。祖父刘辟疆、父刘德历任宗正一职,刘德被封为关内侯、阳城侯。刘向家学渊源深厚。楚元王刘交"好书,多材艺,少时尝与鲁穆生、白生、申公俱受诗于浮丘伯";祖父辟疆"亦好读诗,能属文"。父刘德"少时数言事,召见甘泉宫,武帝谓之千里驹"（《汉书·楚元王传》）,深受汉武帝的赞赏。正是在这种家学传统的熏陶下,刘向"廉靖乐道,不交接世俗,专积思于经术,昼诵书传,夜观星宿,或不寐达旦"（《汉书·楚元王传》）,一生博涉群书、好学不倦,成为博通古今的大学者。成帝时更是领校中秘、校理群书,为我国的文献整理与文化传承做出了卓越的贡献。刘向能文善赋、著作丰硕,《汉书·艺文志》著录辞赋三十三篇,今仅存《九叹》等几篇。其所撰著除《新序》外,现存的还有《洪范五行传论》、《说苑》、《列女传》等,而《五经通义》、《别录》、《世说》等已佚。原有集,也已亡佚,明张溥辑佚有《刘中垒集》。清严可均《全上古三代秦汉三国六朝文·全汉文》辑有辞赋、奏议等 30 篇及《新序》、《说苑》、《别录》佚文。

刘向主要活动于西汉后期宣帝、元帝、成帝三朝，元、成两朝，正是外戚、宦官交相用事、刘氏皇权日渐衰落之时。元帝时，外戚许、史在位放纵，中书宦官弘恭、石显弄权于朝，恣意干政，刘向与太傅萧望之、少傅周堪等一起，与之进行了不懈的斗争，曾两度下狱，被免为庶人。成帝时，刘向复被任用，但其时"赵氏乱内，外家擅朝"（《汉书·成帝纪》），外戚王氏"依东宫之尊，假甥舅之亲，以为威重"（《汉书·楚元王传》），帝舅王凤辅政，为大司马大将军领尚书事，河平二年（前 27），其弟王谭、王商、王立、王根、王逢时一日皆封为侯，世称"五侯"。一时间政出王氏，以至于"公卿见凤，侧目而视，郡国守相、刺史皆出其门"，终于导致"群弟世权，更持国柄，五将十侯，卒成新都"（《汉书·元后传》），王氏代汉的局面已隐隐形成。作为宗室之后的刘向，对汉室的衰微深感忧虑，力图挽救刘氏的颓势，因而尤为激烈地反对王氏专权，曾数次上封事极谏，还专门写《洪范五行传论》11 篇上奏。成帝虽甚感其言，"叹息悲伤其意"，"然终不能用也"。《新序》正是在这种背景下成书的。

《新序》一书，是刘向"采传记行事"而成的一部"谏书"。《汉书·楚元王传》载：

> 向睹俗弥奢淫，而赵、卫之属起微贱，逾礼制。向以为王教由内及外，自近者始。故采取《诗》、《书》所载贤妃贞妇，兴国显家可法则，及孽嬖乱亡者，序次为《列女传》，凡八篇，以戒天子。及采传记行事，著《新序》、《说苑》凡五十篇奏之。数上疏言得失，陈法戒。书数十上，以助观览，补遗阙。上虽不能尽用，然内嘉其言，常嗟叹之。

可见，《新序》的编撰宗旨与《说苑》、《列女传》一样，就是"言得失，陈法戒"、"助观览，补遗阙"，从而"以戒天子"的。关于这一点，清人谭献在

《复堂日记》卷六中说:"《新序》以著述当谏书,皆与封事相发,董生所谓陈古以刺今。"可谓中肯之论。朱一新《无邪堂答问》也说:"刘子政作《新序》、《说苑》,冀以感悟时君,取足达意而止。"可见,刘向编撰《新序》的目的就是以之为"谏书"、以古鉴今。

　　这里需要特别说明的是《新序》撰者的问题。《楚元王传》著录该书,说是刘向"著《新序》、《说苑》凡五十篇";《汉书·艺文志》则说是刘向"序六十七篇",班固注曰"《新序》、《说苑》、《世说》、《列女传颂图》也";《隋书·经籍志》则称"刘向撰";《晋书》与本传同,谓"刘向所著";《汉书·赵尹韩张两王传》颜师古注引张晏曰"刘向作";刘向自己又将其称为"校"(《说苑叙录》)。"著"、"序"、"撰"、"作"、"校"的差异使得前人对《新序》的著作权多所争议,一些学者由此否定刘向所作。如东汉王充《论衡·超奇》就批评刘向之作是"因成纪前,无胸中之造",清人沈钦韩则明确说《新序》、《说苑》二书是"旧本有之,向重为订正,非创自其手也"(《汉书疏证》),认为《新序》是旧有之书,刘向只不过对其进行了整理编次而已。今人罗根泽则进一步说:"向于《说苑》、《列女传》皆曰'校'。校字之义,据《文选·魏都赋注》引刘向《别录》云:'一人读书,校其上下,得谬误为校。'然则二书,刘向时已有成书,已有定名,故刘向得读而校之,其非作始于刘向,毫无疑义。惟《新序》一书,《叙录》久佚,无从考证。然《说苑叙录》言'除去与《新序》重复者'云云,则《新序》亦当时已成之书,非自刘向撰著。"(《〈新序〉〈说苑〉〈列女传〉不作始于刘向考》)基本上否定了刘向的著作权。其实,这种看法是不准确的。《汉书·艺文志》此处所谓的"序",既是说序次篇第、条别篇目,更是指纂辑撰述、编为一书。这一点,陈新在《新序校释》的"整理说明"中有明确的意见,他在肯定石光瑛所论"书虽非向造,而弃取删定,皆出向一人之手,其反复启沃,积诚悟主之心,千载下犹可窥见。其编订之大义,亦具有终始,非徒以掇拾为博也"的基础上,进一步说"有两点值得注意":

　　一是《新序》文字与所据诸书的出入,决非出于版本的差异,而且同一则故事中，常有一部分采用这本书，一部分采用另一本书的现象，可见确经刘向"弃取删定"。其次，不少故事的结尾部分，有刘向所加的按语式文字，系原本诸书所无……据此可知，刘向纂辑并奏上《新序》，以古人的成败得失作为昭鉴，是上书言事的另一种谏诤方式，有明确的政治动机和目的。……应该说，《新序》一书由刘向纂辑而成，这是从书中的内容可以得出的结论。

"《新序》一书由刘向纂辑而成"可为确论。前人还曾据《晋书·陆喜传》"刘向省《新语》而作《新序》"一句，认为《新序》旧有底本《新语》，刘向将其简省删略成书。其实，此句之下，还有"桓谭咏《新序》而作《新论》。余不自量，感子云之《法言》而作《言道》，睹贾子之美才而作《访论》，观子政《洪范》而作《古今历》"数句，结合文义看，这里的"省"并非是"简省"、"缩略"之义，而应是"内省"、"感悟"的意思；《新语》也并非是姚振宗所说的"旧有《新语》之书"，而是指陆贾的《新语》（参王苏凤《刘向〈新序〉著作性质考辨》）。因此，"刘向省《新语》而作《新序》"也就是张国铨《新序校注·自序》所说的"向之此编，本感陆生著书而成，此亦用意一证也"。至于刘向自己所说的"校"，由《说苑叙录》看，主要是说《说苑》的成书过程，并非是刘向对该书所做的全部工作。《说苑叙录》云：

　　所校中书《说苑杂事》，及臣向书、民间书，诬校雠。其事类众多，章句相溷，或上下谬乱，难分别次序。除去与《新序》复重者，其余浅薄不中义理，别集以为《百家》。复令以类相从，一一条别篇目，更以造新事十万言以上，凡二十篇七百八十四章，号曰《新苑》，皆可观。

可见，在校书之外，更多的还是"更以造新事"与"以类相从"，"条别篇目"。因此，说"校"也是不全面的。当然，本传所说的"著"与颜师古所说的"作"也不妥帖：毕竟，《新序》与《说苑》一样，都只是历史故事的汇集而已。要之，在"著"、"序"、"撰"、"作"、"校"诸说中，以今天的眼光看,称其为"撰"是更为恰当的——《新序》一书,刘向的工作主要就在编辑、撰述上。

《新序》的成书年代,前人也多争议。主要说法有三:其一是成帝永始元年(前16)。《资治通鉴》主此说,钱穆的《刘向歆父子年谱》亦从之。其说大致是据《成帝纪》"永始元年六月丙寅,立皇后赵氏"及本传"向睹俗弥奢淫,而赵、卫之属起微贱,逾礼制"等推论。所以上书《新序》以劝诫。但本传只是说"赵、卫之属起微贱,逾礼制",并未明确具体上奏的时间,故此说只是推测而已。其二是成帝河平四年(前25)。唐人马总《意林》说:"(《新序》三十卷)河平四年都水使者谏议大夫刘向上言。"但钱穆认为:"向为谏大夫,为宣帝甘露三年(前51);而光禄勋中之谏大夫、议郎为二职,谏议大夫之名,始于后汉。所以马总《意林》所引之《七略》、《别录》实不可信。"(钱穆《刘向歆父子年谱》)其三是成帝阳朔元年(前24)。宋本每卷卷首都标有"阳朔元年二月癸卯护左都水使者光禄大夫刘向上"字样,当是曾巩整理时所见到的《新序》旧迹。王应麟《玉海》、晁公武《郡斋读书志》、马端临《文献通考》等也主此说,其年代与《汉书·艺文志》所载亦相符,故多为今人所从(参赵仲邑《新序详注》)。

二

今本《新序》共十卷,分别为《杂事》一至五卷、《刺奢第六》、《节士第七》、《义勇第八》、《善谋上第九》与《善谋下第十》。总体来说,《新序》是一部有关君臣之道的历史故事汇集,其基本出发点就是期望君主能推行仁恩、宽惠养民,敬德修身、尚贤授能,反对荒淫奢靡、暴虐骄横;同样,臣下亦须坚守德义、笃行仁道,要忠于国事、恪尽职守、公正耿直、善于谋划。这些思想大多是通过对历史故事的编选而体现出来的,这既是刘向为君主所陈的"法戒",更是他政治理想的集中体现。诚如南宋高似孙《子略》所说:"先秦古书甫脱烬劫,一入向笔,采撷不遗。至其正纲纪、迪教化、辨邪正、黜异端，以为汉规监者，尽在此书。兹《说苑》、《新序》之旨也。呜呼！向诚忠矣，向之书诚切矣！"有关《新序》的内容特征，书中即可以明显看出，此不一一列举。

从思想倾向来说，《新序》主要是以儒家为主，间有一些阴阳五行、符瑞灾异的观念，与刘向的政治理想是一致的。譬如《杂事第四》"宋景公时，荧惑在心"一章，结尾引用《老子》"能受国之不祥，是谓天下之王也"的话；而同卷的"宋康王时，有爵生鹯于城之陬"一章，更是有大家所熟知的"臣向愚以《鸿范传》推之"之语，而"宋史之占非也。此黑祥，传所谓黑眚者也"以下一段推演，便是典型的符瑞灾异的思想，这也就是刘向"和气致祥，乖气致异。祥多者其国安，异众者其国危。天地之常经、古今之通义也"（《汉书·楚元王传》）的基本主张。

作为一部历史故事的汇集，《新序》具有重要的史料、文献价值。赵逵夫先生在《庄辛〈谏楚襄王〉考校兼论〈新序〉的史料价值》一文中，通过比较《杂事第二》与《战国策·楚策四》有关"庄辛谏楚襄王"的文字异同，指出："《新序》所收庄辛此文比《战国策》所收更原始，不但《战国策》所收文字上的很多错误在《新序》所收本子中不存在，而且，《新序》所收之文包含着更多的历史文化的信息，保持着先秦时代楚国语言及文学的风格。"他进而说："《新序》有着同《战国策》一样的史料价值……通过对《新序》一书的性质及学术价值的具体论证，我们又可以由此知道：《新序》除极少数汉初材料外，基本上是先秦资料的分类编次。"甚至像《节士第七》中的"屈原传"，便是"先秦时代有关文献的留存"。这意见是很对的。另如《杂事第三》中的燕惠王写给乐毅的信，《战国策·燕策》与《史记·乐毅列传》都记作燕王喜写给乐间的信，与《新序》不同，马骕《绎史》、梁玉绳《史记志疑》均以《新序》为是，亦可见其史料价值。尤其值得注意的是，《新序》中的很多材料，亦见于前些年出土的一些文献资料。譬如，河北定县八角廊出土的汉简《儒家者言》，有 16 章见于

《说苑》，有 5 章见于《新序》；而阜阳汉简中，一号木牍 46 个章题中，见于《说苑》的有 33 章，见于《新序》的有 2 章；二号木牍有章题约 40 章，其中见于《说苑》的有 18 章，见于《新序》的有 5 章(参阜阳汉简整理组《阜阳汉简简介》、何直刚《儒家者言略说》、姚娟《〈新序〉〈说苑〉文献研究》等)。因此，整理者胡平生认为二号木牍与《说类杂事》，就是《说苑》、《新序》的节录或原始的本子(《阜阳双古堆汉简与〈孔子家语〉》)。这远远超出了前人对其史料价值的认识。此外，即使是汉初的材料，也有一些是他书所无或记载不足的，因而同样值得重视。譬如，《节士第七》"苏武者"章，是现存苏武材料中最早的一篇，且较之于《汉书·苏武传》为详；而《善谋下第十》"孝武皇帝时，大行王恢数言击匈奴之便"章，文字较之于《史记·韩长孺列传》也更为详备，此皆可见其特别的史料价值。要之，作为一部汉代的典籍，《新序》尽管成书较晚，但其中却保存有大量的先秦资料，因而在文献史料方面有着颇为重要的意义——这一点也越来越多地为学者们所认同。

这里也要特别说到《新序》文献来源的问题。前人多将该书看做是"采摭诸书"而成，其材料采自"《左传》、《公羊》、《穀梁》、《国语》、《国策》、《韩诗外传》、《史记》以及《荀子》、《韩非子》、《吕氏春秋》、《晏子春秋》、《淮南子》、《孔子家语》等"，"亦有少数篇章，出处无从考查，原书或已散佚"(赵善诒《新序疏证》)；甚至有学者将每条材料都注明"采自"何书。这样说自然有其道理，不过，如果考虑到古书体例与先秦两汉古籍的成书过程，考虑到先秦古籍的复杂面貌，那么，单纯地强调某则材料"采自"某书的说法就未免有些胶柱鼓瑟了。本传所谓的"采传记行事"，主要是说刘向对于史传旧事的采集，而不是指"采摭诸书"。我们知道，刘向"校理群书"时所见的文献数量十分浩繁，文献类型也多种多样。因此，《新序》材料的来源并不仅限于今天我们所见的这些典籍，而更多是我们所未见的文献材料，所以很难确定《新序》的某条就是采自今所见的某书。前人或将《新序》文字与他书的出入归结为版本差异，或看作是刘向的改动，也未免有些过于局限了。另一方面，先秦时期的一些历史故事，作为一种"公共素材"（徐建委《战国秦汉间的"公共素材"与周秦汉文学史叙事》），本来也就有多种存在样式，各种文献对它的引述自然就有所差异，一件事情在不同的典籍中也就有了不同的叙述。作为"采传记行事"的《新序》，便是对于此类事件的另一种记载，其所保存的是这些传记行事的另一种形态，而不见得是对某一书的征引或采摭。从性质上说，这便是先秦两汉史书中的"语"类或者"事语"类文献，"同一人物、事件，故事版本多样，这是当时作史的基本素材"（李零《简帛古书与学术源流》）。赵仲邑以"集体性、口头性和变动性"来概括《新序》的故事，也是看到了这一点。由此看来，传统史学家对于《新序》的批评，如刘知几在《史通》所批评的"广陈虚事，多构伪辞"，叶大庆在《考古质疑》对《新序》中时间、事件的质疑，等等，倒是显得有些拘泥了。

从文本性质来说，《新序》是一部具有类书性质的历史故事集，汇集了许多精彩的史传故事。这些故事本身便简练生动、富有趣味，再经过刘向的"弃取删定"，条分类别，兼以别具一格的撰述方式，因而有着很高的文学价值。而其话语方式与文体类别则尤其值得重视。

《新序》的文章风格很是特别。全书几乎都是客观事件的陈述，除了一些为数不多的评论之外，文本中很少有撰述者的声音。然而，读者又时时会感受到撰述者的存在。如何来理解这一点？这就需要回到《新序》特别的话语方式中了。徐复观在《两汉思想史》中说："由先秦以及西汉，思想家表达自己的思想，概略言之，有两种方式。一种方式，或者可以说是属于《论语》、《老子》的系统。把自己的思想，主要用自己的语言表达出来，赋予概念性的说明。这是最常见的诸子百家所用的方式。另一种方式，或者可以说是属于《春秋》的系统。把自己的思想，主要用古人的言行表达出来；通过古人的言行，作自己思想得以成立的根据。这是诸子百家用作表达的一种特殊方式。"显然《新序》属于后一种话语方式,这也是先秦时期的"语"类或者"事语"类文献言说的基本方式(参过常宝《先秦散文研究——早期文体及话语方式的生成》)。正是在此话语方式下,《新序》才呈现出不同于他书的文章特色:立意宏大、叙事简练、以事说理、寓理于事。而撰述者就隐藏在那些经过了选择、取舍的历史故事背后。曹道衡与刘跃进先生在《先秦两汉文学史料学》中说:"它(《新序》)所记的故事仍然保持着历史记载的形式,多为历史人物的政治活动、危言庄论。生活琐事、生活细节都写得很少……将意思说清楚为止,不作细致的描写。这是《新序》的最主要特点。"不写"生活琐事、生活细节","不作细致的描写",文章风格与行文特色的成因,就在于"事语"类文献特定话语方式的要求。

　　文体方面,《新序》有两点值得关注:一是该书独特的撰述方式,二是其中所蕴含的各类文章体式。《新序》的撰述方式,无疑有着先秦"事语类"文献的影响。不过,相较于出土文献《春秋事语》一类的形制,其所受先秦子书的影响更为显著。一个直接的例证就是《韩非子》的《说林》上、下与内、外《储说》六篇。"说"与"语"类似,在先秦时期是一种特殊的文体,本身便具有故事性。《说林》与《储说》将其汇集起来,分门别类予以编排,使其成为寓言故事的汇编,其编排形式便直接启发着《新序》与《说苑》的体例结构(马世年《〈韩非子〉的成书及其文学研究》)。进一步说,这种编撰形式与《新序》"以著述当谏书"的话语方式以及"言得失,陈法戒"、"助观览,补遗阙"的劝谏功用也是一致的。《新序》中所蕴含的文体形式,除了基本的"事语"一类外,还有隐语、赋、小说,以及驳论、上书等应用体式,这在先秦两汉的文体流变中也有着颇为重要的意义。"事语"自不必说,隐语一类,集中在《杂事第二》中,邹忌与淳于髡等"三称"、"三知之"的往来对答,士庆与楚庄王关于"有大鸟,三年不蜚不鸣"与"蜚必冲天"、"鸣必惊人"的问对,客为靖郭君所设"海大鱼"之辞,以及无盐女与齐宣王的动作表演及解答等，皆是典型的隐语。而楚人献鱼与楚王之解也具有隐语的意味。其次，《新序》也存有先秦时期的古赋。先秦时期赋与隐语有文体的交叉，所谓"赋出于隐语"。因此，《新序》中的隐语即可以作为古赋来读，其显著者如"昔者邹忌以鼓琴见齐威王"章（《杂事第二》）、"齐有妇人"章（《杂事第二》）等；另有"晋平公闲居"章（《杂事第一》）、"庄辛谏楚襄王"章（《杂事第二》）也是典型的赋（参赵逵夫、马世年《历代赋评注·先秦卷》）。再次，小说一类，学者们多有论及，程毅中认为"《新序》并非纪实的史书，而近似一部说书人的'话本'"（《从〈龙蛇歌〉谈〈新序〉〈说苑〉的特点》），马振方并有《〈新序〉〈说苑〉之小说考辨》一文，皆可参看。最后，《新序》也有一些上书、驳论之类的应用文体，如《乐毅报燕惠王书》、《邹阳上梁孝王书》（《杂事第三》）以及"孝武皇帝时，大行王恢数言击匈奴之便"章（《善谋下第十》）中大行王恢与御史韩安国的驳论等。这也从另一面提醒我们：《新序》毕竟是一部"采传记行事"的"谏书"，不是普通的故事集。

三

据《隋书·经籍志》、《旧唐书·经籍志》及《新唐书·艺文志》著录，《新序》原为三十卷。不过到北宋时，已散佚不全。后经曾巩的整理校订，厘定为十卷，即今之通行本。此后的本子，便都是以曾巩的校订本为底本的。关于《新序》的版本源流，台湾学者陈茂仁《新序校证》有详细的考察，可参考。

20世纪以来，关于《新序》的文本整理有石光瑛《新序校释》（1943年作者去世之前仅有前四卷面世，2001年中华书局始出版陈新整理本）、张国铨《新序校注》（成都茹古书局1944年）、赵仲邑《新序详注》（成书于1960年前，中华书局1997年出版）、梁荣茂《新序校补》（台湾水牛出版社1971年）、赵善诒《新序疏证》（华东师范大学出版社1989年）、陈茂仁《新序校证》（台湾花木兰文化出版社2007年），以及新近出版的朱季海《新序校理》（中华书局 2011 年，该书为《说苑校理 新序校理》）等。其中石光瑛《新序校释》成书较早，"校勘广泛细致，定字审慎严谨"，在注释方面成就尤高，为 20 世纪《新序》整理方面的代表之作。不过该书在校勘上多有意校处，且改动原文较多。张国铨《新序校注》虽较为简略，却时有新见，其佚文辑录在卢文弨、严可均的基础上甚多补充。赵仲邑《新序详注》在考释、考辨、校勘、考异诸方面都有很大的成绩。不过该书是作者离世后出版，排印错误较多。梁荣茂《新序校补》虽比勘诸本，校订细致，然以"四库"本为底本，未可称善。赵善诒《新序疏证》"校正谬误，删补衍脱"，将诸书互见故事逐一辑录在相关条目下，清晰明了，而其疏证则甚为简略。陈茂仁《新序校证》博采众说，在版本考察方面尤多贡献，是近年来台湾《新序》研究的代表之作。然而，该书征引石光瑛《新序校释》时仅见及 1937 年刊发的第一卷，而未参考近年出版的全书，对于赵仲邑的《新序详注》也未关注，则不免遗憾；其校证所下断语亦间有失审之处。朱季海《新序校理》虽类札记，却多精辟之见，颇值重视。译注方面有卢元骏的《新序今注今译》（台湾商务印书馆 1977 年）、马达《新序译注》（湖北人民出版社 1986 年）、李华年《新序全译》（贵州人民出版社 1994 年）等，前一种较为粗疏，问题较多，后两种则为普及方面较好的本子。相较而言，《新序译注》注释较简，译文有文白夹杂之处；《新序全译》注释细致，译文虽贴近原文，但一些地方不够流畅，文字上也有一些排印错误。

　　本次整理以国家图书馆藏宋刻本（中华再造善本）为底本（简称"宋本"），以明万历程荣校刊《汉魏丛书》本（简称"汉魏本"）、铁华馆校宋本（简称"铁华馆本"）、《四部丛刊》本（简称"四部本"）为校本。同时吸收了卢文弨《群书拾补》、石光瑛《新序校释》、张国铨《新序校注》、赵仲邑《新序详注》、赵善诒《新序疏证》、朱季海《新序校理》、陈茂仁《新序校证》以及日本学者武井骥《刘向新序纂注》等著作的相关成果。总体说来，宋本虽不及铁华馆本有后人的校勘，但却是今所见最早的本子，文字最古。铁华馆本的有些校改，反倒不如宋本精良。因此，本书在校勘中，凡底本可通者，一般不作改动。底本文字有所改动及诸本文字有明显差异处，悉出校语。注释方面，本书在疑难字词的注解之外，更多注意史实与典故的疏通。译文方面，本书则在忠于原文的基础上，力求文字的晓畅通达。整个注译工作在个人搜罗枚举、取舍定夺的基础上，参考了石光瑛《新序校释》、赵仲邑《新序详注》、马达《新序译注》、李华年《新序全译》诸书的意见，并择善而从。本书倘有所获，自然离不开这些优秀学者的辛勤工作，在此深致谢忱。

　　还要特别说到的是，在本书写作中，我的导师赵逵夫先生给予了很多指导，这是我至为感激的，"亲其师，信其道"，其斯之谓乎！许富宏教授热情联系书稿的写作事宜；我的学生黄志东、张璐、赵皓、杨丽霞等帮我查找资料、校对文字，做了许多工作；责任编辑周旻老师对全书做了细致精审的校改，增补了一些允当恰切的注解，在此一并感谢。

　　不足之处，祈请方家指正！

马世年
2013 年 8 月 21 日晨

卷第一

杂事第一^①

【题解】

《杂事》共 5 卷,各卷之间没有明确的主题,这大概与《新序》一书在北宋的散佚有关,今本所存,或即散佚之后的遗存,因而很难看出明显的主旨。"杂事"之"杂",正在于其内容涉及多个方面、难以用统一的主题来归束。不过总体看来,大体论及敬德、修身、尚贤、忠谏等君臣规范。各卷所论也大致有所侧重,体现出一定的思想倾向。故虽名曰"杂",其实可以看做是明君贤臣嘉言善行的汇集,间有一些庸主佞臣的恶行败德,从中也可以看出刘向的政治理想。

本卷共 21 章(底本为 19 章,今据撰述体例及各章文意,分"昔者舜自耕稼陶渔而躬孝友"与"孔子在州里"为 2 章,"禹之兴也以涂山"与"樊姬,楚国之夫人也"为 2 章,详正文注),主要是称颂明君贤臣的仁德与善行,尤其是对贤智之士与忠直之臣的赞扬,兼及后妃的美德。其中"昔者舜自耕稼陶渔而躬孝友"章颂扬舜之孝悌,"孔子在州里"章赞美孔子之"积正",可作为一卷之主旨。而"秦欲伐楚"一章,盛赞昭奚恤、令尹子西、太宗子敖、叶公子高、司马子反等贤臣,尤能体现本卷的思想旨归,其事虽未必确实,而其精神却是千载之下,凛凛不磨。至于虎会之论"人君侮臣"("赵简子上羊肠之坂"章)、固桑之论"好士"("晋平公浮西河"章)、宋玉之论"圣人之行"("楚襄王问于宋玉"章)等,均能见出士人自尊自信、特立独行的品格。相较而言，本卷当中君主的形象倒是不甚突出，在贤臣面前总是显得有些"后知后觉"。

1.1　昔者舜自耕稼陶渔而躬孝友②。父瞽瞍顽③，母嚚④，及弟象傲，皆下愚不移。舜尽孝道以供养瞽瞍。瞽瞍与象为浚井涂廪之谋⑤，欲以杀舜，舜孝益笃⑥。出田则号泣，年五十犹婴儿慕⑦，可谓至孝矣。故耕于历山⑧，历山之耕者让畔⑨；陶于河滨，河滨之陶者器不苦窳⑩；渔于雷泽⑪，雷泽之渔者分均。及立为天子，天下化之，蛮夷率服。北发渠搜⑫，南抚交趾⑬，莫不慕义，麟凤在郊⑭。故孔子曰："孝弟之至，通于神明，光于四海⑮。"舜之谓也。

【注释】

①杂事第一：底本无"第一"字样。按，本书前五卷皆为"杂事"，未标明顺序。为便于区分，今据四部本补"第一"、"第二"等字样。下文不再一一注明。

②舜：历史传说人物，五帝之一。根据《史记·五帝本纪》记载，舜名重华，冀州之人，以孝闻名，受尧的禅让而称帝于天下。自、躬：亲身践行。

③瞽瞍(gǔ sǒu)：舜之父。瞍，长者之称。顽：愚昧，顽固。一说瞍顽为官名，虞国之君。

④嚚(yín)：愚昧，顽固。

⑤浚(jùn)井涂廪(lǐn)之谋：据《孟子·万章上》与《史记·五帝本纪》记载，舜的父母让舜去淘井，舜下井后他们便往井里填土，想害死舜，但是舜却从地道里逃了出来。他们又让舜去修缮谷仓，在舜上到谷仓顶的时候，他们便撤掉梯子、点燃谷仓，想烧死舜，

舜还是逃了出来。浚井,淘井。浚,疏浚,深挖。涂廪,这里指修缮谷仓。

⑥笃(dǔ):深厚。

⑦婴儿慕:婴儿依恋父母,即《孟子·万章上》"人少则慕父母"之意。慕,依恋。

⑧历山:山名。相传舜耕种于历山。其地理位置说法不一,较著名的说法有:山东济南、河南濮城、山西翼城、山西永济等。根据《史记·五帝本纪》裴骃《集解》所引郑玄注,当在今山西永济。

⑨畔:田界。

⑩器不苦窳(yǔ):所制陶器不粗劣。器,这里指制陶。苦,通"盬(gǔ)",粗糙,不坚固。窳,指器物质量低劣,与"盬"同义。

⑪雷泽:古泽名。又称雷夏泽,具体位置有今山西永济、河南濮城东南、山东菏泽等说法。联系上文"历山"的地望,当以山西永济为是。

⑫北发渠搜:北起渠搜。渠搜,古国名。一说北发为北狄国名。

⑬南抚交趾(zhǐ):南到交趾。一说南抚亦为国名。交趾,古地名,位于今越南北部。前2世纪初,南越王赵佗置交趾郡。前111年,汉武帝灭南越,并在越南北部地区设立交趾、九真、日南三郡。铁华馆本作"交阯",二者通。

⑭麟(lín)凤在郊:相传圣君在位,就会出现祥瑞之兆,麟、凤即祥瑞之兆。麟,麒麟,传说中的一种神兽,《说文解字·鹿部》:"麟,仁兽也。"古代以其象征祥瑞,亦用来喻杰出的人物。凤,传说中的一种神鸟。《说文解字·鸟部》:"见之则天下大安宁。"

⑮孝弟之至,通于神明,光于四海:见《孝经·感应章》。弟,通"悌(tì)",顺从和敬爱兄长。

【译文】

从前,舜亲身从事耕田、播种、制陶、捕鱼等工作,孝敬父母、爱护兄弟。他的父亲瞽瞍顽固，母亲愚昧，还有他名叫象的弟弟，狂妄自大，他们都禀赋愚昧、无法教化。舜一心一意地行孝道来供养瞽瞍。瞽瞍和象合谋，想趁着舜淘井、修缮谷仓这样的机会来杀死舜，却未能得逞，但是舜对父母却更加孝顺了。舜因自己未能使父母满意，到了田里便哭泣，五十岁时，还像小孩子一样依恋父母，真可以说是做到孝的极致了。所以舜在历山耕种，历山的农民能够谦让地对待田界争端；在黄河岸边制陶，岸边的陶匠制作的陶器没有质量不好的；在雷泽捕鱼，雷泽的渔夫把捕得的鱼平均分配。等到舜做了天子，天下的人都受到他的感化，边远地区的部落都顺服于他。北起渠搜、南到交趾，受到舜的安抚，没有不仰慕舜的大义的，麒麟、凤凰这样的祥瑞之兽，也出现在郊野。所以孔子说："孝悌到了极致，就能够感动神灵，光照四海。"说的就是舜啊。

1.2　孔子在州里①，笃行孝道，居于阙党②，阙党之子弟畋渔分③，有亲者得多，孝以化之也。是以七十二子自远方至④，服从其德。鲁有沈犹氏者⑤，旦饮羊饱之，以欺市人；公慎氏有妻而淫；慎溃氏奢侈骄佚；鲁市之鬻牛马者善豫贾⑥。孔子将为鲁司寇⑦，沈犹氏不敢朝饮其羊，公慎氏出其妻，慎溃氏逾境而徙⑧，鲁之鬻马牛不豫贾，布正以待之也⑨。既为司寇，季、孟堕郈、费之城⑩，齐人归所侵鲁之地⑪，由积正之所致也⑫。故曰："其身正，不令而行⑬。"

【注释】

①孔子在州里：州里，古代二千五百家为州，五家为邻，五邻为里，本为行政建制，后泛指乡里或本土。按，本章原与上章相连。从文意看，此两章前后并无关联，底本"孔"字前即有后人分章标

识。今单列为一章。

②阙党：即阙里。孔子的住所就在此地，在今山东曲阜。

③畋（tián）渔：打猎，捕鱼。

④七十二子：根据《史记·孔子世家》记载，孔子弟子三千，身通六艺者有七十二人。

⑤鲁：古诸侯国名。都城在今山东曲阜。

⑥鬻（yù）：卖。豫贾：欺骗买主，漫天要价。豫，欺诈。贾，同"价"。

⑦司寇：官名。据《周礼》记载，司寇为六卿之一，又称秋官大司寇，掌管刑狱、纠察等事，春秋列国亦多置之。孔子尝为鲁司寇，后因不满季氏而离开鲁国。

⑧逾（yú）：越过。这里指逃出。

⑨布正：根据俞樾的看法，当为"修正"之误，指修习正道。

⑩季、孟堕（huī）郈（hòu）、费（bì）之城：孔子为鲁司寇时，鲁国政权实际掌握在季孙氏、叔孙氏、孟孙氏三家世卿手中，因他们都是鲁桓公的后代，时称"三桓"。季孙氏的费、孟孙氏的成、叔孙氏的郈，三城都拟于国都，称"三都"。前498年（《史记·孔子世家》作前499年），孔子为巩固公室、削弱"三桓"，采取了"隳（huī）三都"的措施。叔孙氏、季孙氏先后拆掉了郈、费的城墙，而孟孙氏的私邑成却未拆。隳三都的行动半途而废，孔子与"三桓"的矛盾也趋于激化，最终被迫离开鲁国。堕，毁坏。郈，春秋时地名，今山东东平。费，春秋时地名，今山东费县西南。又，据《左传》与《史记》的记载，郈为叔孙氏私邑，费为季孙氏私邑，与此处文字不同。

⑪齐人归所侵鲁之地：《史记》记载，前496年，齐景公邀鲁定公会盟于夹谷，欲以武力劫持。孔子时任鲁相，他事先对齐国有所警惕和准备，故不仅使齐国劫持定公的阴谋未能得逞，而且逼迫齐国答应归还侵占鲁国的郓、谨、龟阴等地。

⑫积正：长期培养、积蓄自身的正气。

⑬其身正，不令而行：见《论语·子路》。

【译文】

孔子在乡里一心一意地践行孝道，他在阙党居住，阙党的子弟打猎、捕鱼回来，会给有父母亲的人多分一些，这是受到孔子孝道感化的结果。所以七十二弟子从远方来投奔孔子，仰慕并学习孔子的德行。鲁国的沈犹氏，大清早让羊把水喝饱，从而欺骗买羊的人；公慎氏的妻子荒淫无度；慎溃氏奢靡浪费、自大放纵；鲁国市场上卖牛马的人善于欺骗买家，漫天要价。孔子将要做鲁国的司寇，沈犹氏便不敢再在清早喂羊喝水了，公慎氏休了他的妻子，慎溃氏逃出了鲁国边境，迁往他国，鲁国市场上卖牛马的商人，再也不敢欺骗买主，漫天要价了，这都是孔子用自己端正的行为来对待他们的结果。孔子做了司寇之后，季孙氏和孟孙氏毁掉了郈、费这两座城池的城墙，齐国人也归还了侵占鲁国的土地，这都是长期积蓄自身正气的缘故啊。所以说："如果一个人的行为端正，那么不用发布政令，事情便会得到施行。"

1.3　孙叔敖为婴儿之时①，出游，见两头蛇，杀而埋之，归而泣。其母问其故，叔敖对曰："闻见两头之蛇者死，向者吾见之②，恐去母而死也。"其母曰："蛇今安在？"曰："恐他人又见，杀而埋之矣。"其母曰："吾闻有阴德者③，天报以福，汝不死也。"及长，为楚令尹④，未治而国人信其仁也⑤。

【注释】

①孙叔敖：芈（mǐ）姓，蒍（wěi）氏，楚王族，又称蒍艾猎、蒍敖，楚国令尹，父为楚成王、穆王时重要大臣蒍贾。《荀子·非相》称他是"期思之鄙人"，在海边被楚庄王举用，后出任楚国令尹，辅佐楚庄王

治理国事，国力提升，政绩赫然。故《吕氏春秋·赞能》说："期思之鄙人有孙叔敖者，圣人也。"婴儿：泛指儿童。

②向：以前。这里指刚才。

③阴德：暗中施德于人，暗中做善事。《淮南子·人间训》："有阴德者必有阳报，有阴行者必有昭名。"

④令尹：春秋战国时楚国执政官名。职掌政治事务，辅佐楚王制定大政方针。令尹主要由楚国贵族当中的贤能者来担任。令尹之职，相当于春秋时中原诸国的相。诸侯之卿，唯楚国称令尹，他国皆称相。

⑤国人：一般指住在国都、都邑内的人。这里泛指全国人。《周礼·地官·泉府》："国人郊人从其有司。"贾公彦疏："国人者，谓住在国城之内，即六乡之民也。"

【译文】

孙叔敖年幼的时候，在外边玩耍，见到了一条两头蛇，于是便把它杀死埋了，回家后哭泣起来。母亲问什么原因，孙叔敖回答说："我听说见到两头蛇的人会死，刚才我见到了，因此担心会离开母亲而死。"母亲说："蛇现在在什么地方？"孙叔敖说："我怕别人又见到，就把它杀死埋了。"母亲说："我听说有能在暗中做善事的人，上天会用福气来回报他，你不会死的。"等到孙叔敖成年，做了楚国令尹，还没有开始治理国家，全国的人民就已经相信他的仁德了。

1.4　禹之兴也以涂山①，桀之亡也以末喜②；汤之兴也以有莘③，纣之亡也以妲己④；文、武之兴也以任、姒⑤，幽王之亡也以褒姒⑥。是以《诗》正《关雎》⑦，而《春秋》褒伯姬也⑧。

【注释】

①禹之兴也以涂山：据《吴越春秋》、《列女传》等载，禹娶涂山氏女娇（一作女侨），不以私害公。新婚后四日，便复往治水。十月后，女娇生启，启生不见父，昼夜呱呱啼泣。禹治水三过其门而不入。启后来继禹为天子，和女娇的教育密不可分。故《列女传·母仪》说："禹为天子，而启为嗣，持禹之功而不殒。君子谓涂山强于教诲。"禹，夏后氏的部落首领，生于西羌，姒姓，鲧之子。敏给克勤，有仁德。因治水有方，舜死之后，通过禅让制得到帝位。后人尊称大禹。涂山，国名，这里指涂山氏的长女女娇。

②桀之亡也以末喜：据《国语·晋语》、《荀子·非相》、《史记·夏本纪》及《列女传》等记载，夏桀特别宠爱妃子末喜，和她过着荒淫糜烂的生活，不理朝政，后为汤所灭。桀，夏朝末代君主，根据《史记·夏本纪》记载，帝桀之时，桀不修德，很多诸侯背叛夏，百姓也不堪忍受其暴政。后为商汤所取代。末喜，一作"妺（mò）喜"。桀的宠妃。

③汤之兴也以有莘（shēn）：《列女传》载，有莘是汤的妃子，她对儿子仲任、外丙教导有方，对后宫的妃嫔也管理得有条不紊，妃嫔无嫉妒之心。商汤终成王业，和这位贤妻的内助是分不开的。《史记·外戚世家》作"殷之兴也以有娀（sōng）"，有娀，即简狄，契之母。按，汤和契皆商族始祖，虽举例不同，其旨同。汤，子姓，名履。又称成汤等，今人多称商汤。他是商朝的建立者，在位时爱护百姓，施行仁政，深得民众的拥护，后灭夏。有莘，古国名，这里指有莘氏之女。汤的妃子。

④纣之亡也以妲（dá）己：据《国语·晋语》、《列女传》等记载，纣讨伐有苏氏，有苏氏将女儿妲己嫁与纣。纣宠爱妲己，好酒淫乐，荒淫残暴，作新淫之声、北鄙之舞，流酒为池，悬肉为林，使人裸

体相逐其间；作为酷刑，残杀忠臣，以致民怨载道，终为周武王所灭。事亦见梁玉绳《汉书人表考》卷九。纣，又作受，名辛，商代最后一位国君。妲己，有苏氏之女。纣的妃子。

⑤文、武之兴也以任、姒(sì)：据《列女传》卷一与梁玉绳《汉书人表考》卷二记载，太任是挚任氏之女，王季之妃，文王之母，性端庄。怀孕之时，目不视恶色，耳不听淫声，口不出傲言，很注重胎教。文王天生聪明，和太任的胎教有关。太姒是有莘氏之女，文王之妃，武王之母，为人仁厚，通晓事理，对王季的母亲太姜和文王的母亲太任都很孝顺。她生了十个儿子，对他们教育有方，周武王和周公的事业有成和她的家庭教育有很大关系。文、武，周文王和武王的合称。周文王，姓姬，名昌，谥号为"文"，王季之子，西周的奠基人。商纣时为西伯，又称伯昌。他积善累德，诸侯归之。崇侯虎向纣王进谗言，被囚于羑(yǒu)里，后得释归。其子武王灭商后，追尊为文王。周武王，姬姓，名发，谥号为"武"，文王子，西周的开国国君。他拜太公望为师，以周公旦、召公奭、毕公高为辅，修文王遗留下来的事业。武王十一年，兴兵伐纣，灭商，建立西周。

⑥幽王之亡也以褒姒：《史记·周本纪》载，周幽王因宠爱妃子褒姒，便废王后(申侯之女)和太子宜臼，以褒姒为后，立褒姒之子伯服为太子。周幽王和褒姒饮酒作乐，不问政事，重用奸佞之人虢石父，国人极为不满。幽王为博得褒姒一笑，不惜点燃烽火，戏弄诸侯，最后申侯、缯侯和犬戎各部联合进攻宗周，杀幽王，西周灭亡。事亦见《列女传》卷七、《汉书人考表》卷九和《国语·郑语》。幽王，即周幽王。姬姓，名宫涅(一作生)，周宣王之子。前781—前771年在位。西周的亡国之君。褒姒，姒姓，褒国之女。周幽王妃。

⑦《诗》正《关雎》：《诗经》以《关雎》为准则。《关雎》，《诗经》的第一

篇。《毛诗序》:"《关雎》,后妃之德也,风之始也,所以风天下而
正夫妇也。"

⑧《春秋》褒伯姬:伯姬是春秋时鲁宣公之女,宋共公夫人,宋共公
死后,伯姬守节三十三年。前543年,其屋舍发生火灾,左右的
人劝她躲避,伯姬说:"妇人之义,傅母不在,宵不下堂。"终守"妇
人之义"而死于火中。事见《穀梁传·襄公三十年》。《穀梁传》
亦赞之曰"贤伯姬也"。

【译文】

　　禹的兴盛是因为涂山氏之女,桀的灭亡是因为末喜;汤的兴盛是因
为有莘氏之女,纣的灭亡是因为妲己;周文王和周武王的兴盛是因为太
任和太姒,周幽王的灭亡是因为褒姒。所以《诗经》以《关雎》为准则,而
《春秋》特别表扬伯姬。

　　1.5　樊姬,楚国之夫人也①。楚庄王罢朝而晏②,问其
故,庄王曰:"今旦与贤相语,不知日之晏也。"樊姬曰:"贤相
为谁?"王曰:"为虞丘子③。"樊姬掩口而笑。王问其故,曰:
"妾幸得执巾栉以侍王④,非不欲专贵擅爱也⑤,以为伤王之
义,故所进与妾同位者数人矣。今虞丘子为相数十年,未尝
进一贤。知而不进,是不忠也;不知,是不智也。安得为
贤⑥?"明日朝,王以樊姬之言告虞丘子,虞丘子稽首曰⑦:"如
樊姬之言。"于是辞位而进孙叔敖。孙叔敖相楚⑧,庄王卒以
霸,樊姬与有力焉。

【注释】

①樊姬,楚国之夫人也:《列女传》卷二:"樊姬,楚庄王之夫人也。"
按,本章原与上章相连,今依文意单列为一章。

②楚庄王:春秋时期楚国国君,芈姓,熊氏,名侣(一作吕或旅),谥号为"庄"。前625—前614年在位。楚庄王即位后,楚国国力日渐强大,威震中原,成为春秋五霸之一。晏:迟,晚。

③虞丘子:又作沈令尹。《韩诗外传》载:"虞丘子名闻天下,以为令尹,让于孙叔敖。"

④执巾栉(zhì):做洗脸梳头之类的事情。古代以服侍夫君饮食起居为妻妾本分,故用作为人妻妾的谦词。巾,沐巾。栉,梳子和篦子的总称。

⑤专贵擅爱:独有的尊贵和专宠。

⑥安得为贤:此句前,石光瑛《新序校释》据《太平御览》补"不忠不智"四字,义更晓畅。

⑦稽首:稽首是古时一种跪拜礼,叩头至地,是九拜中最恭敬者,常为臣子拜见君王时所用。

⑧孙叔敖相楚:《文选》孙子荆《为石仲容与孙皓书》、潘安仁《杨荆州诔》李善注引,此句后有"国富兵强"四字,石光瑛《新序校释》据补。可参。

【译文】

樊姬,是楚庄王的夫人。楚庄王退朝回来晚了,樊姬问原因,楚庄王说:"今天我和贤相说话,不知不觉就晚了。"樊姬问:"贤相是谁?"楚庄王说:"是虞丘子。"樊姬便捂住嘴笑了起来。庄王问她发笑的原因,樊姬说:"臣妾有幸侍奉君王备位姬妾,不是不喜欢专享尊贵和宠爱,不过我认为这样做会伤害君王的大义,所以经我推荐和臣妾地位相同的有好几个人了。现在虞丘子身居相位几十年,却没有推荐过一位贤人。知道贤人而不举荐,就是不忠君;不知道谁是贤人,就是不明智。他怎么能算是贤相呢?"第二天上朝,楚庄王把樊姬的话告诉了虞丘子,虞丘子行跪拜大礼说:"正如樊姬所说。"于是虞丘子辞掉了相位而举荐孙叔敖。孙叔敖辅佐楚国后,楚庄王最终得以称霸,樊姬有很大贡献。

1.6　卫灵公之时①,蘧伯玉贤而不用②,弥子瑕不肖而任事③。卫大夫史鳍患之④,数以谏灵公而不听。史鳍病且死,谓其子曰:"我即死,治丧于北堂⑤。吾不能进蘧伯玉而退弥子瑕,是不能正君也。生不能正君者,死不当成礼,置尸北堂,于我足矣。"史鳍死,灵公往吊,见丧在北堂⑥,问其故,其子具以父言对灵公。灵公蹴然易容⑦,寤然失位⑧,曰:"夫子生则欲进贤而退不肖,死且不懈,又以尸谏,可谓忠而不衰矣。"于是乃召蘧伯玉而进之以为卿,退弥子瑕,徙丧正堂,成礼而后返。卫国以治。史鳍字子鱼,《论语》所谓"直哉史鱼"者也⑨。

【注释】

①卫灵公:春秋时卫国国君,姬姓,名元,母曰婤姶(zhōu è)。前534—前493年在位。

②蘧(qú)伯玉:卫国大夫。名瑗,谥号为"成子"。孔子称他为真正的君子,《论语·卫灵公》:"君子哉蘧伯玉! 邦有道,则仕;邦无道,则可卷而怀之。"

③弥子瑕不肖而任事:弥子瑕,卫灵公的宠臣,亦称弥子、彭封弥子、迷子瑕。不肖,子不似父,这里指无才无德。《礼记·杂记下》:"某之子不肖,不敢辟诛。"郑玄注:"肖,似也。不似,言不如人。"

④史鳍(qiū):春秋时卫大夫。字子鱼,亦称"史鱼"。

⑤治丧于北堂:把尸体停放在北堂。北堂,古时一间房屋分堂、房、室等,北堂是妇女盥洗之所。根据古代的丧礼,死者应该停放于正堂,"治丧于北堂"是不符合礼节的。

⑥丧:人的尸体、骨殖。

⑦蹴(cù)然:局促不安的样子。

⑧瘳(wù)然：醒悟的样子。瘳，醒悟，认识到。

⑨直哉史鱼：《论语·卫灵公》：“子曰：‘直哉史鱼！邦有道如矢，邦无道如矢。’”

【译文】

　　卫灵公在位时，蘧伯玉贤能而不受重用，弥子瑕无德无才却委以重任。卫国大夫史鳅对此感到忧虑，多次告诫卫灵公，卫灵公却不听。史鳅病重快死了，对他的儿子说：“我要死了，就把我的尸体停放在北堂。我不能举荐蘧伯玉而罢退弥子瑕，是不能匡正国君的过失。活着不能匡正国君的过失，死了不应当按礼制来治丧，把我的尸体停放在北堂，对我也就足够了。”史鳅过世后，卫灵公前来吊丧，看到尸体停在北堂，就问原因，史鳅的儿子把父亲的话详尽地禀报给了卫灵公。卫灵公听完顿时脸色大变、局促不安，蓦然醒悟过来，离开座位说：“先生生前想要举荐贤德之人，罢退无能之人，死后依然不松懈，又用尸谏来提醒我，真可以说是忠心至死也没有削减。”于是在这时候召见蘧伯玉并将他擢升为卿，罢免了弥子瑕，把史鳅的尸体移到正堂，完成丧礼之后才返回。卫国因此得到了很好的治理。史鳅，字子鱼，就是《论语》中所说的那个“耿直啊史鱼”的人。

　　1.7　晋大夫祁奚老①，晋君问曰②：“孰可使嗣③？”祁奚对曰：“解狐可。”君曰：“非子之仇耶？”对曰：“君问可，非问仇也。”晋遂举解狐。后又问④：“孰可以为国尉⑤？”祁奚对曰：“午也可。”君曰：“非子之子耶？”对曰：“君问可，非问子也。”君子谓祁奚能举善矣，称其仇不为谄⑥，立其子不为比⑦。《书》曰⑧：“不偏不党，王道荡荡⑨。”祁奚之谓也。外举不避仇雠，内举不回亲戚，可谓至公矣。唯善，故能举其类。《诗》曰：“唯其有之，是以似之⑩。”祁奚有焉。

【注释】

①晋：春秋诸侯国名。周成王封弟叔虞于唐，叔虞之子燮（xiè）父改国号为晋。春秋时，其领土范围包括今山西大部与河北西南地区，地跨黄河两岸，后被其大夫韩、赵、魏三家所分而亡。祁奚：姬姓，祁氏，名奚，字黄羊。本为晋公族献侯之后，父为高梁伯，因其封地为祁（在今山西太原），遂以祁为氏。晋悼公时，任中军尉。晋军尉在军帅之下，众官之上，主管发众使民之事。老：告老退休。

②晋君：指晋悼公。春秋时晋国国君。姬姓，晋氏，名周，一作纠或雕，晋中兴之主。前573—前558年在位。他十四岁继位，修治内政，重用贤才，对外和戎遏楚，重振晋国霸业。

③嗣（sì）：继承，接续。

④后又问：根据《左传·襄公三年》，解狐将立而卒，故晋君又问。

⑤国尉：官名。《左传·襄公三年》作"中军尉"。无战事时主管士卒的训练，有战事则兼为其统帅驾驭兵车。

⑥称其仇不为谄（tāo）：举荐他的仇人而不犹疑。称，举荐。谄，疑惑，犹疑。《左传·昭二十六年》："天道不谄，不贰其命，若之何襄之？"杜预注："谄，疑也。"谄，诸本皆作"诌"，谓"举荐他的仇人而不是因为诌媚"，意亦通。

⑦比：勾结，偏爱。

⑧《书》：《尚书》。原称《书》，汉代以后被列入儒家主要经典之"五经"一，故又称《书经》。为中国上古历史文献汇编，辑录了春秋以前历代史官所收藏的重要史料。

⑨不偏不党，王道荡荡：见《尚书·洪范》，意为：不偏袒不结党，君王的大道是何等的平坦宽广！党，偏私。荡荡，平坦宽大的样子。

⑩唯其有之，是以似之：见《诗经·小雅·裳裳者华》。意为：因为

他有仁德,所以能推举像他的人。

【译文】

晋国大夫祁奚请求告老退休,晋悼公问他:"谁可以接替你呢?"祁奚回答说:"解狐可以。"悼公说:"他不是你的仇人么?"祁奚回答说:"君主问的是谁可以接替我,不是问谁是我的仇人。"于是,晋君便提拔了解狐。后来晋悼公又问:"谁可以担任国尉之职?"祁奚回答:"祁午可以。"晋悼公说:"他不是你的儿子么?"祁奚回答:"君主问的是谁可以担任国尉,不是问谁是我的儿子。"君子说,祁奚算是能够举荐贤能的人了,举荐他的仇人不犹疑,推举他的儿子也不为偏爱。《尚书》说:"不偏袒不结党,君王的大道是何等的平坦宽广!"说的就是祁奚啊。从外举荐不回避仇人,从内举荐不回避亲人,可以说是达到公平的极限了。只有贤能的人,才能举荐他的同类。《诗经》说:"因为他有仁德,所以能推举像他的人。"祁奚具备了这样的品德。

1.8　楚文王有疾①,召令尹曰:"常侍筦苏与我处②,常忠我以道,正我以义,吾与处,不安也;不见,不思也。虽然,吾有得也。其功不细,必厚爵之③。申侯伯与处④,常纵恣吾⑤,吾所乐者,劝吾为之;吾所好者,先吾服之⑥。吾与处,欢乐之;不见,戚戚也⑦。虽然,吾终无得也。其过不细,必疋遣之⑧。"令尹曰:"诺。"明日,王薨⑨。令尹即拜筦苏为上卿,而逐申侯伯,出之境。曾子曰⑩:"鸟之将死,其鸣也哀;人之将死,其言也善⑪。"言反其本性,文王之谓也。故孔子曰:"朝闻道,夕死可矣⑫。"于以开后嗣⑬,觉来世⑭,犹愈没身不寤者也⑮。

【注释】

①楚文王：底本作"楚共王"。卢文弨《群书拾补》谓为"文王"之误。《说苑·君道》即作楚文王，《吕氏春秋·长见》作荆文王。其说是，今据改。下文"文王"同。楚文王，芈姓，熊氏，名赀（zī），又作疵（cī），春秋早期楚国国君。前 689—前 677 年在位。

②常侍：官名。君王的侍从近臣，一说为宦官。筦（guǎn）苏：又作"管苏"。

③爵：爵位，爵号，官位。这里指授予官爵。

④申侯伯：又作申侯。楚文王宠臣。文王死后奔郑，后被郑人所杀。

⑤纵恣（zì）：肆意放纵。

⑥先吾服之：提前为我把事情办好。服，事。做、治之意。《说苑》作"吾所乐者，先我行之"。

⑦戚戚（qī）：忧伤的样子。《论语·述而》："君子坦荡荡，小人长戚戚。"何晏《集解》引郑玄曰："长戚戚，多忧惧。"

⑧亟（jí）：快速，迅速。

⑨薨（hōng）：古代称诸侯或有爵位者死为"薨"。

⑩曾子：孔子弟子，名参，字子舆，春秋末年鲁国南武城（今山东济宁嘉祥）人，后世儒家尊他为"宗圣"。

⑪"鸟之将死"以下四句：见《论语·泰伯》。意为：鸟快死的时候，它的叫声是悲哀的；人快要死的时候，他所说的话是善良的。

⑫朝闻道，夕死可矣：见《论语·里仁》。意为：早晨要是领悟了真理，就算晚上死去也值得。

⑬开：启。后嗣：子孙后裔。

⑭来世：后世，后代。

⑮寤：觉醒，觉悟。

【译文】

楚文王病重，召见令尹说："常侍筦苏与我相处时，经常用道理告诫我，用大义来纠正我，我与他相处，很不安心；见不到他，也不想念。虽然这样，我是有收获的。他的功劳不小，一定要赏赐他更高的爵位。申侯伯和我在一起时，常常让我肆意放纵，我喜欢做的，他劝我做，我爱好的，他提前为我做好。我与他相处，感到很快乐；见不到他，则心中不快。虽然这样，我终究没有什么收获。他的过错不小，必须赶紧把他赶走。"令尹说："遵命。"第二天，文王死了。令尹当即就拜筦苏为上卿，并黜退申侯伯，将其驱逐出境。曾子说："鸟快死的时候，它的叫声是悲哀的；人快要死的时候，他所说的话是善良的。"是说恢复了他们的本性，楚文王就是这样的。所以孔子说："早晨要是领悟了真理，就算晚上死去也值得。"用这样的话来开导子孙、觉悟后世，比那至死不悟的人要强得多。

1.9　昔者魏武侯谋事而当①，群臣莫能逮②，朝而有喜色③。吴起进曰④："今者有以楚庄王之语闻者乎？"武侯曰："未也。庄王之语奈何？"吴起曰："楚庄王谋事而当，群臣莫能逮，朝而有忧色。申公巫臣进曰⑤：'君朝有忧色，何也？'庄王曰：'吾闻之，诸侯自择师者王，自择友者霸，足己而群臣莫之若者亡⑥。今以不穀之不肖而议于朝⑦，且群臣莫能逮，吾国其几于亡矣⑧，吾是以有忧色也。'庄王之所以忧，而君独有喜色，何也？"武侯逡巡而谢曰⑨："天使夫子振寡人之过也⑩！天使夫子振寡人之过也。"

【注释】

①魏武侯：魏氏，名击，魏文侯之子，三家分晋后魏国的第二代国君。前395—前370年在位。魏，战国诸侯国名。国境包括陕西东部、山西西南部、河北南部、河南北部等。前225年被秦所灭。

②逮（dài）：及，赶上。

③朝：古代帝王接见官吏，发号施令的地方，与"野"相对。这里指君臣议事。

④吴起：战国时期出色的军事家、政治家。据《韩非子·外储说》、《吕氏春秋·骄恣》、《史记·吴起列传》等记载，吴起曾学于曾子，初为鲁将，攻齐有战功，后又归附魏文侯，屡立战功，为魏镇守西河，使秦不敢东向，韩、赵宾从。魏武侯时遭人陷害，奔逃到楚国，楚悼王拜为令尹，变法图强。楚悼王死后，被楚国贵族所杀。

⑤申公巫臣：姓屈，名巫，字子灵，春秋时期楚大夫，楚庄王封其于申，故又称"申公"或"申侯"。

⑥足己：自满自足，自以为是。贾谊《过秦论下》："秦王足己而不问，遂过而不变。"

⑦不穀：不善。古代王侯自称的谦词。不肖：谓子不似父，泛指不如人。这里也是庄王自谦之词。

⑧几（jī）：接近，达到。这里指将要。

⑨逡（qūn）巡：因有所顾虑而徘徊的样子。

⑩振：挽救，救治。寡人：寡德之人。古代王侯自称的谦词。

【译文】

　　从前，魏武侯和大臣讨论国事时提出的意见很妥当，大臣们没有能赶上他的，所以上朝理政时面有喜色。吴起进谏说："近来有人把楚庄王的话说给您听吗？"武侯说："没有啊。庄王的话是怎样说的呢？"吴起说："楚庄王在谈论国事时提出的意见很妥当，大臣们没有能赶得上他的，上朝理政时却面带忧色。申公巫臣进谏说：'大王上朝时面有忧色，这是为什么呢？'庄王说：'我听说，诸侯中能够自己选择老师的可以成就王业，能够自己选择朋友的可以成就霸业，自满自足、觉得大臣们中没有能赶得上的则会亡国。现在以我这样的无德无能之人，在朝廷上谈论政事,大臣们尚且赶不上我,我的国家将要灭亡了,我因此才面有忧色。'楚庄王所担忧的事情,您却面有喜色,这是为什么呢?"武侯举止不安地向吴起谢罪说:"上天让先生来补救我的过失啊! 上天让先生来补救我的过失啊!"

1.10　卫国逐献公①,晋悼公谓师旷曰②:"卫人出其君③,不亦甚乎?"对曰:"或者其君实甚也。夫天生民而立之君,使司牧之④,无使失性⑤。良君将赏善而除民患,爱民如子,盖之如天,容之若地。民奉其君,爱之如父母,仰之如日月,敬之如神明,畏之若雷霆。夫君,神之主也⑥,而民之望也。天之爱民甚矣,岂使一人肆于民上⑦,以纵其淫而弃天地之性乎⑧? 必不然矣。若困民之性,乏神之祀,百姓绝望,社稷无主⑨,将焉用之? 不去何为?"公曰:"善。"

【注释】

①卫国逐献公:据《左传·襄公十四年》记载,卫献公约其臣孙文子、甯惠子吃饭,二人穿着朝服在朝堂上从早上一直等到晚上,卫献公却到园林里打猎去了。孙、甯二人找到园林,卫献公又不按礼制,不脱皮冠就见二人,有意羞辱。孙文子、甯惠子大怒。孙文子回到封地戚地,甯惠子不上朝。卫献公又让大师唱《诗经·巧言》的最后一章给孙文子之子孙蒯听,讥讽孙文子无能而跋扈不臣。于是孙文子、甯惠子率家兵进入都城,卫献公求和,二人不许,卫献公遂出奔齐国。卫,古国名。周王朝的姬姓诸侯国,康叔为第一代国君,至懿公为狄所灭。献公,卫献公,名衎(kàn),春秋时卫国国君。前576年继位,前559年奔齐,在外十二年,前546年复入,立三年,前544年卒。

②师旷:春秋时代晋国的主乐太师,主要活动在晋悼公、晋平公时代,略早于孔子。名"旷",字"子野"。他是个盲人,故自称盲臣或瞑臣。姓氏没有传下来。"师"是乐师的通称。《庄子音义·骈拇》引《史记》云:"师旷,冀州南和人,生而无目。"可知他就是《国语·周语》所记载的"瞽献曲,史献书,师箴,瞍赋,矇诵"中瞽、瞍、矇之类,因而对历史典故非常熟悉。他的辨音能力很强,是当时的大音乐家,而且能演奏各种乐器,演奏技艺很高。

③出:驱逐。

④司牧之:牧养人民。司牧,管理,统治。

⑤无使失性:不要使他们失去生计。性,生,指生计。下文"困民之性"义同。

⑥神之主:主持祭祀神灵的人。《孟子·万章上》:"(天)使之主祭,而百神享之。"

⑦肆(sì):放纵,任意行事。

⑧淫:放纵,恣肆。

⑨社稷:土神和谷神。古时君主都祭祀社稷,后来就用社稷代表国家。

【译文】

卫国赶走了卫献公,晋悼公对师旷说:"卫国人驱逐了自己的国君,不是太过分了吗?"师旷回答说:"或许是他们的国君太过分了。上天为了牧养人民而设立国君,让他治理百姓,不要使他们失去生计。贤明的国君能奖赏做善事的人,替百姓除掉祸害,爱护他们就像爱护自己的孩子,像苍天一样覆盖他们,像大地一样容纳他们。百姓事奉国君,爱护他就像爱护父母一样,仰慕他就像仰慕日月一样,敬爱他就像敬爱神灵一样,畏惧他就像畏惧雷霆一样。国君,是主持祭祀神灵的人,又是百姓的指望。上天是非常爱护百姓的,怎么能使一个人凌驾于百姓之上,放纵其荒淫的行为,而舍弃天地善待众生的本性呢?一定不会这样。

如果国君困顿百姓的生计,缺乏对神灵的祭祀,使得百姓绝望,国家无主,这样的国君留着有什么用呢? 不把他赶走还干什么呢?"晋悼公说:"说得好!"

1.11　赵简子上羊肠之坂①,群臣皆偏袒推车②,而虎会独担戟行歌不推车③。简子曰:"寡人上坂④,群臣皆推车,会独担戟行歌不推车,是会为人臣侮其主。为人臣侮其主,其罪何若?"虎会对曰:"为人臣而侮其主者,死而又死。"简子曰:"何谓死而又死?"虎会曰:"身死,妻子又死,若是谓死而又死。君既已闻为人臣而侮其主者之罪矣,君亦闻为人君而侮其臣者乎?"简子曰:"为人君而侮其臣者何若?"虎会对曰:"为人君而侮其臣者,智者不为谋,辩者不为使,勇者不为斗。智者不为谋,则社稷危;辩者不为使,则使不通⑤;勇者不为斗,则边境侵。"简子曰:"善。"乃罢群臣不推车⑥,为士大夫置酒,与群臣饮,以虎会为上客⑦。

【注释】

①赵简子:赵氏,名鞅,又名志父,亦称赵孟、简主。春秋后期晋卿。羊肠之坂(bǎn):太行山坂道名。其狭窄盘曲如羊肠,北起泽州(今山西晋城),南至怀州(今河南沁阳)。坂,同"阪",山坡。

②偏袒:解衣裸露一臂,便于推车。

③虎会:石光瑛《新序校释》认为是"唐会"。唐会,即随会,也就是范武子,祁姓,士氏,名会,字季。春秋时晋国大夫。因封于随,称随会。并据《说苑·尊贤篇》认为此事是晋文侯与随会之事。戟:古代一种合戈、矛为一体的长柄兵器,能刺能砍。

④寡人:诸侯自谦之词。石光瑛《新序校释》认为,赵简子本为晋

卿，寡人之称，非所当有，当是韩、赵、魏三家分晋，"赵氏得国后，史臣追尊"之语。说可参。

⑤使：石光瑛《新序校释》据《艺文类聚》、《太平御览》等所引作"指事"，意为"役使"，亦通。

⑥乃罢群臣不推车：于是免去了群臣不推车的罪过。不，《艺文类聚》、《太平御览》引皆无。故卢文弨以之为衍文。按，若无"不"字，则"罢群臣推车"意为免去群臣推车之事。二者语意指向有所不同。

⑦上客：上等门客。按，春秋战国时代，有养士之风，有权势之人会招揽一些有才能的人，供给他们食宿，以便日后之用，这些被供养的人叫作"食客"或"门客"。食客又分为三六九等，每个等级的待遇不同，"上客"享受着最高待遇。

【译文】

赵简子要上狭窄曲折的羊肠坂，群臣都裸露一臂给他推车，只有虎会扛着战戟，一边走一边唱歌而不推车。赵简子说："我上山坡，大家都帮我推车，只有你虎会扛着戟一边走一边唱歌不推车，这是虎会身为臣子而侮辱他的君主。作为臣子而侮辱君主，该当何罪？"虎会回答说："作为臣子而侮辱他的君主，应该是死上加死。"赵简子说："什么叫作死上加死？"虎会说："他本人要死，妻子和孩子也要死，像这样就叫作死上加死。您已经听说了作为臣子而侮辱主上的罪过了，那您听说过作为君主却侮辱臣子是什么后果吗？"赵简子说："作为君主而侮辱他的臣子，后果会怎样？"虎会回答说："作为君主而侮辱臣子，智慧之人就不会给他出谋划策，雄辩之人就不会为他担任使者，勇敢之人也不会为他奋勇作战。智慧之人不出谋划策，那么国家就会陷入危险；雄辩之人不担任使者，那么国与国之间就不会互通使节；勇敢之人不奋勇作战，那么边境就会受到侵略。"赵简子说："说得好。"于是免去了群臣不推车的罪过，摆酒设宴，和群臣一同饮酒，尊虎会为上客。

1.12　昔者周舍事赵简子①，立赵简子之门，三日三夜。简子使人出问之曰："夫子将何以令我？"周舍曰："愿为谔谔之臣②，墨笔操牍③，随君之后，司君之过而书之④，日有记也，月有效也⑤，岁有得也。"简子悦之，与处。居无几何而周舍死，简子厚葬之。三年之后，与诸大夫饮，酒酣⑥，简子泣。诸大夫起而出曰："臣有死罪而不自知也。"简子曰："大夫反，无罪。昔者吾友周舍有言曰：'百羊之皮⑦，不如一狐之腋⑧。众人之唯唯⑨，不如周舍之谔谔⑩。'昔纣昏昏而亡⑪，武王谔谔而昌。自周舍之死后，吾未尝闻吾过也。故人君不闻其非、及闻而不改者亡，吾国其几于亡矣，是以泣也。"

【注释】

①周舍：《史记·赵世家》："赵简子有臣曰周舍，好直谏。"

②谔谔（è）：直言谏诤的样子。《韩诗外传》卷十："有谔谔争臣者，其国昌；有默默谀臣者，其国亡。"

③墨笔：将笔蘸上墨。墨，《太平御览》卷六百零三引《韩诗外传》作"秉"，文意亦通。今本《韩诗外传》仍作"墨"。牍（dú）：古代写字用的木片。

④司（sì）：通"伺"，观察，侦候。《太平御览》即引作"伺"。

⑤效：效果，功效。

⑥酣（hān）：喝酒喝得畅快。

⑦百：《韩诗外传》卷七、《史记·赵世家》、《商君列传》作"千"。

⑧一狐之腋（yè）：《礼记·玉藻》："士不衣狐白。"注云："狐之白者少，以少为贵也。"孔颖达疏："士不衣狐白，卿大夫得衣狐白。"狐白之裘为身份地位的象征，士因为级别不够，没有资格穿。腋，胳肢窝。这里指狐狸腋下之毛。

⑨众人：平庸普通之人。即《离骚》"众不可户说"之"众"。唯唯：应答词，这里指顺从而无所怀疑的样子。

⑩不如周舍之谔谔：按，以上四句即周舍之语。腋、谔叶韵（古韵同属铎部）。石光瑛《新序校释》以为周舍不当自誉如此，故据《韩诗外传》卷七、《战国策·秦策》，改"周舍"为"一士"，似求之过深。前文周舍已明确说"愿为谔谔之臣"，则此处自谓"不如周舍之谔谔"，亦无不妥。

⑪昏昏：这里指默默无声。《韩诗外传》卷七即引作"默默"。

【译文】

从前周舍在服事赵简子时，站在赵简子的门前，三天三夜没有离开。赵简子派人出来问他说："先生想要叫我做什么呢？"周舍说："我希望做个直言谏诤的臣子，笔上蘸墨，拿着木简，跟在您后面，监督您的过失，并把过失记录下来，每天都有所记，每月都见成效，每年都有所得。"赵简子非常高兴，把他留在身边。没过多久周舍却死了，赵简子便将他厚葬。三年后，赵简子和大夫们一同喝酒，喝得畅快时，赵简子哭了起来。大夫们纷纷站起来，离开坐席说："我们都有死罪但自己却不知道。"赵简子说："大夫们请返回坐席吧，你们无罪。从前我的朋友周舍说过：'一百张羊皮，比不上一只狐狸的腋皮。平庸普通之人的唯唯诺诺，不如周舍的直言谏诤。'以前商纣王因为群臣默默无声而灭亡，周武王因为群臣的直言谏诤而兴盛。自从周舍过世之后，我就没有听到过有人谈及我的过失。所以一国之君听不到自己的过失、以及听到后却不改正的，就会亡国，我的国家大概要灭亡了，所以我才哭啊。"

1.13　魏文侯与士大夫坐①，问曰："寡人何如君也？"群臣皆曰："君仁君也。"次至翟黄②，曰："君非仁君也。"曰："子何以言之？"对曰："君伐中山③，不以封君之弟，而以封君之长子，臣以此知君之非仁君。"文侯大怒而逐翟黄，黄起而出④。次至任座⑤，文侯问："寡人何如君也?"任座对曰："君仁君也。"曰："子何以言之?"对曰："臣闻之，其君仁者，其臣直。向翟黄之言直，臣是以知君仁君也。"文侯曰："善。"复召翟黄入，拜为上卿⑥。

【注释】

①魏文侯：魏氏，名斯。战国时魏国的建立者。前 445—前 396 年在位。根据《史记·魏世家》记载，他是战国时魏国的建立者，周威王时，与韩康子、赵襄子伐灭晋国智伯，分其地。前 403 年，周天子正式承认韩、赵、魏为诸侯。在位时礼贤下士，师事儒者子夏、田子方等，任用李悝、翟璜为相，吴起、乐羊为将，变法图强、振兴国力，使魏国一跃成为中原的强国。

②次：依次，按次序。翟黄：名触，魏文侯上卿。一作"翟璜"。

③君伐中山：《史记·魏世家》载，前 429 年，魏文侯伐中山，灭之，将其封给长子击。据《韩诗外传》卷八记载，魏文侯封太子击于中山，实际是想要废太子击而改立次子诉。故而翟黄这席话，实际是有为而发。中山，古国名。鲜虞人所建，故址在今河北灵寿至唐县一带，为魏文侯所灭。

④起而出：起，石光瑛《新序校释》据《艺文类聚》、《太平御览》以为当作"趋"。趋，古代一种礼节，以碎步疾行表示敬意。趋而出，趋出待罪。

⑤任座：魏之贤臣，文侯时为大夫，武侯时为相。

⑥上卿：古官名。周制天子及诸侯皆有卿，分上、中、下三等，最尊者谓上卿。《左传·成公三年》："次国之上卿，当大国之中，中当其下，下当其上大夫。小国之上卿，当大国之下卿，中当其上大夫，下当其下大夫。上下如是，古之制也。"

【译文】

　　魏文侯和士大夫们坐在一起,问道:"我是个什么样的君主?"大臣们都说:"您是有仁德的君主。"到了翟黄,翟黄说:"您不是仁德的君主。"魏文侯说"你为什么这么说呢?"翟黄回答:"您讨伐中山,攻取后不封给您的弟弟,却封给您的长子,我因此得知您不是有仁德的君主。"文侯大怒,驱逐翟黄,翟黄起身走了出去。轮到任座,魏文侯问:"我是个什么样的君主?"任座回答说:"您是有仁德的君主。"魏文侯说:"你为什么这么说呢?"任座回答说:"我听说,如果君主仁德,他的臣子就很正直。刚才翟黄的话很正直,臣下因此得知您是仁德之君。"文侯说:"说得好!"于是再次召回翟黄,擢升他为上卿。

　　1.14　中行寅将亡^①,乃召其太祝^②,而欲加罪焉。曰:"子为我祝,牺牲不肥泽耶^③?且斋戒不敬耶^④?使吾国亡,何也?"祝简对曰^⑤:"昔者吾先君中行穆子^⑥,皮车十乘^⑦,不忧其薄也,忧德义之不足也。今主君有革车百乘^⑧,不忧德义之薄也,唯患车不足也。夫舟车饰则赋敛厚^⑨,赋敛厚则民怨谤诅矣^⑩。且君苟以为祝有益于国乎?则诅亦将为损世亡矣^⑪,一人祝之,一国诅之,一祝不胜万诅,国亡,不亦宜乎?祝其何罪?"中行子乃惭。

【注释】

①中行(háng)寅:即荀寅,荀吴子,又称中行文子,春秋时晋国荀林父之后。中行,前632年,晋文公为了配合战车作战,在上、中、下"三军"之外增设三支步军,即中行、左行、右行。荀林父曾任晋军中行,后以中行为氏。中行与韩、赵、魏、智、范为晋之六卿。前497年,中行寅攻打赵简子,失败后逃到朝歌(今河南淇县),

赵简子围困朝歌攻伐,中行寅逃奔到邯郸,后逃亡于齐,其地为智伯、韩、赵、魏所分。事见《左传·定公十三年》、《哀公四年》与《史记·晋世家》等。亡:逃亡。

②太祝:官名。即《周礼·春官》中的大祝,掌祭祀祈祷之事。此处太祝名简。

③牺牲:供祭祀用的纯色全体牲畜,或者是指供盟誓、宴享用的牲畜。肥泽:指肉质肥美。

④斋戒:古人在祭祀之前,需要斋戒。斋戒之时,要改变日常的生活习惯以表尊重,如沐浴更衣、不饮酒、不吃荤、停止游乐、避免接触邪物等等,目的是整洁身心,以示虔诚。《孟子·离娄下》:"虽有恶人,斋戒沐浴,则可以祀上帝。"

⑤祝简:名叫简的太祝。

⑥中行穆子:荀吴,荀寅之父。又称中行吴、中行穆伯。晋平公、昭公时为卿,谥为"穆"。

⑦皮车:用兽皮装饰的车,这里指兵车。《周礼·天官·司裘》贾公彦疏:"皮车者,亦谓明器之车,以皮饰之。"孙诒让正义:"此革路亦称皮车。皮、革,散文通。《新序·杂事篇》云'中行穆子皮车十乘',谓兵车也。"另,赵仲邑《新序详注》据《论衡·解除》谓"皮"当作"有",可参。乘(shèng):古代称兵车,四马一车为一乘。

⑧革车:古代兵车的一种。

⑨赋敛厚:田赋,税收很重。厚,重。

⑩怨谤诅:因怨恨而毁谤、诅咒。《太平御览》即引作"民怨而谤诅矣"。

⑪则诅亦将为损世亡矣:此句意思不畅通,疑文字有误。《论衡·解除》及《太平御览》俱引"诅亦将为亡矣",《资治通鉴外纪》作"诅亦有损矣"。又,《晏子春秋·外篇·重而异者》亦有类似句"祝有益也,诅亦有损"。参考诸书,则此句当为:则诅亦有损,世

将为亡矣。意思是说：那么诅咒也会有损害，国家就将灭亡了。

【译文】

　　中行寅将要逃亡时，召来他的太祝想给他定罪。说："你为我祝祷，是祭神用的牲畜不肥美呢？还是斋戒时不恭敬呢？使我的国家灭亡了，是为什么呢？"太祝简回答说："以前我们先祖中行穆子只有十辆战车，他不为战车少担心，而只担心仁德太少。现在您有战车上百辆，不担心仁德不足，却唯恐战车不够。车辆船只装饰奢华就会增加百姓的赋税，赋税多了百姓就会因怨恨而毁谤、诅咒。况且您真的以为祈祷对国家有益吗？那么诅咒也会有损害，国家就将灭亡了。一个人祝祷，全国人诅咒，一人祝祷胜不过万人诅咒，国家灭亡不是很自然的吗？太祝有什么罪过呢？"中行寅于是惭愧不已。

　　1.15　秦欲伐楚①，使使者往观楚之宝器②。楚王闻之③，召令尹子西而问焉④，曰："秦欲观楚之宝器，吾和氏之璧、随侯之珠⑤，可以示诸⑥？"令尹子西对曰："臣不知也⑦。"召昭奚恤而问焉⑧，昭奚恤对曰："此欲观吾国得失而图之⑨，不在宝器，在贤臣。珠玉玩好之物，非宝重者⑩。"王遂使昭奚恤应之⑪。昭奚恤发精兵三百人，陈于西门之内，为东面之坛一，为南面之坛四，为西面之坛一。秦使者至，昭奚恤曰："君，客也，请就上位东面。"令尹子西南面，太宗子敖次之⑫，叶公子高次之⑬，司马子反次之⑭。昭奚恤自居西面之坛，称曰："客欲观楚国之宝器，楚国之所宝者，贤臣也。理百姓，实仓廪，使民各得其所，令尹子西在此；奉珪璧⑮，使诸侯，解忿悁之难⑯，交两国之欢，使无兵革之忧⑰，太宗子敖在此；守封疆，谨境界⑱，不侵邻国，邻国亦不见侵，叶公子高在此;理师旅⑲,整兵戎⑳,以当强敌,提枹鼓以动百万之众㉑,所使皆趋汤火,蹈白刃,出万死不顾一生之难,司马子反在此;怀霸、王之余议㉒,摄治乱之遗风㉓,昭奚恤在此。唯大国之所观㉔。"秦使者慄然无以对㉕,昭奚恤遂揖而去。秦使者反,言于秦君曰:"楚多贤臣,未可谋也。"遂不伐楚。《诗》云:"济济多士,文王以宁㉖。"斯之谓也。

【注释】

①秦:诸侯国名。战国时期包括今陕西大部和四川、甘肃、河南部分地区。楚:诸侯国名。战国时期包括今湖南、湖北全部及河南、安徽、江苏、浙江等部分地区。

②使使者:第一个"使"为动词,派使者。

③楚王:《渚官旧事》卷三作"宣王"。宣王即楚宣王,名良夫。前369—前340年在位。详见《史记·楚世家》。

④令尹子西:名申,楚平王子,楚昭王庶兄。楚昭王、楚惠王时(前515—前432)任楚国令尹,因而称令尹子西。按,子西在宣王前一百多年。

⑤和氏之璧:楚人卞和所献宝玉,见《韩非子·和氏》,本书《杂事第五》亦有记载。随侯之珠:随侯的宝珠。据《淮南子·览冥训》高诱注,随侯看见一条受伤的大蛇,用药将它治好。后来大蛇为了报恩,便从江里衔了一颗大宝珠给随侯,这就是随侯之珠。随,古国名,在今湖北随县。春秋时为楚之附庸,后为楚所灭。

⑥诸:"之乎"的合音,这里表示疑问。

⑦臣不知也:诸本皆无"臣"字。卢文弨《群书拾补》据《太平御览》三百零五卷和六百二十一卷引补,意更完整。陈茂仁《新序校证》从之。今据补。

⑧昭奚恤：楚宣王时大臣，曾任令尹，事迹多见《战国策》。按，本章
说昭奚恤与令尹子西、叶公子高同时，而子西与叶公子高皆楚昭
王、惠王时人，和《战国策》所载不同。又，《国语·楚语下》有"王
孙围论国宝"事，与此事相似。前人或以昭奚恤为王孙围之误，
说可参。王孙围，楚昭王时人，与令尹子西、叶公子高同时，在昭
奚恤之前。

⑨图：图谋，谋取。

⑩宝重：珍爱，重视。这里指被珍爱，被重视。《淮南子·说山训》：
"王侯宝之。"高诱注："宝，重也。"

⑪应：应付，接待。

⑫太宗子敖：又作太宗子牧、太宗子方、太宰子方。太宗，官名，相
当于《周礼》中的"大宗伯"，掌邦国祭祀、典礼等事。又，石光瑛
《新序校释》作"太宰"。太宰，《周礼》称冢宰为天官之长，掌建邦
之六典，以佐王治邦国。春秋列国亦多置太宰之官，职权不尽相
同。参下文，作"太宰"更佳。

⑬叶（shè）公子高：沈氏，名诸梁，字子高，是叶邑之长，称叶公。楚
惠王八年（前481）白公胜作乱，劫持楚惠王，叶公高率兵平定白
公之乱，身兼令尹、司马二职，待国家安定后交出职权，退休回叶
地养老。叶，春秋时楚国城邑，在今河南叶县。

⑭司马子反：据《左传·宣公十二年》及杜预注，司马子反，名侧，楚
庄王、楚共王时（前625—前560年）任楚国司马，和昭奚恤年代
相去甚远。故卢文弨《群书拾补》据《礼记》孔颖达疏及《渚宫旧
事》，作子发，其说是。子发，即景舍，楚宣王、威王时人，任司马。
司马，官名。古代中央政府中掌管军政和军赋的长官。

⑮奉珪（guī）璧：奉，捧着。珪璧，古代祭祀朝聘等所用的玉器。

⑯怨悁（yuān）：怨怒，愤恨。《战国策·赵策二》："秦虽僻远，然而
心怨悁含怒之日久矣。"悁，怒。

⑰兵革：兵器和甲胄的总称，泛指武器军备。此指战争。

⑱谨境界：严守边界。谨，严守。

⑲师旅：为古代军队编制，因以指军队。《诗经·小雅·黍苗》："我徒我御，我师我旅。"郑玄笺："五百人为旅，五旅为师。"

⑳兵戎：士兵。

㉑提枹（fú）鼓：提起鼓槌，拿起战鼓。这里指擂动战鼓，即《国语·齐语》"执枹鼓立于军门，使百姓皆加勇焉"之意。枹，鼓槌。

㉒怀霸、王之余议：心怀五霸三王遗留下来的法则。霸、王，古称有天下者为王，诸侯之长为霸。《管子·度地》："能为霸、王者，盖天子圣人也。"余议，遗法。议，通"义"，法则。一说"霸、王"指霸道和王道，亦通。

㉓摄治乱之遗风：摄取先王遗留下来治理国家的方法。治乱，谓治理混乱的局面，使国家安定太平。《孔子家语·哀公问政》"继绝世，举废邦，治乱持危，朝聘以时"之"治乱"，即此意。遗风，前代或前人遗留下来的风教。《史记·货殖列传》："故其民犹有先王之遗风。"

㉔大国：古时指大诸侯国。这里有对对方国家的尊敬之意。

㉕懁（jué）然：惊惧貌。《战国策·魏策三》："秦王懁然曰：'国有事，未澹下兵也，今以兵从。'"

㉖济济多士，文王以宁：见《诗经·大雅·文王》。济济，众多的样子。

【译文】

秦国想要攻打楚国，派使者到楚国去观看楚国国宝。楚王听到这个消息，召见令尹子西，问他说："秦国想要看我国的国宝，我们的和氏璧、随侯珠，可以给他看吗？"令尹子西回答说："臣不知道。"召见昭奚恤来问，昭奚恤回答说："这是要观察我国政事的得失而图谋利益。其目的不在于观看宝物，而是想看贤臣的有无。珠宝玉石这样的玩物，不是

被珍爱重视的国宝。"于是楚王便派昭奚恤应对秦国使者。昭奚恤调动
三百精兵,列队于都城西门内,在东面修筑了一座土坛,在南面修筑了
四座土坛,在西面修筑了一座土坛。秦国使者来了,昭奚恤说:"先生是
贵客,请到东面的上位就坐。"令尹子西、太宗子敖、叶公子高、司马子反
在南面的土坛上依次就坐。昭奚恤亲自坐在西面的土坛上,说:"客人
想要观看楚国的国宝,楚国最为珍爱的是贤臣。治理百姓,充实谷仓,
使百姓各得其所,有令尹子西在这里;手捧珪璧,出使诸侯,化解怨怒愤
恨,建立两国友谊,使国家没有战争的忧患,有太宗子敖在这里;镇守边
疆,严守边界,不侵略邻国,也不被邻国侵扰,有叶公子高在这里;治理
军队,整顿士兵,抵挡强敌,擂动战鼓来调动百万大军,使将士们都赴汤
蹈火,亲冒白刃,万死不辞,不顾身家性命,有司马子反在这里;心怀五
霸三王留存下来的法则,摄取先王遗留下来治理国家的方法,有昭奚恤
在这里。敬请大国使者观看。"秦国使者惊惧敬畏,无言以对,于是昭奚
恤拱手作揖后离开了。秦国使者回国,对秦王说:"楚国有很多贤臣,不
可以打楚国的主意。"于是不再进攻楚国。《诗经》说:"因为人才众多,
文王得以安宁。"说的就是这个意思啊。

　　1.16　晋平公欲伐齐①,使范昭往观焉②。景公赐之
酒③,酣,范昭曰:"愿请君之樽酌④。"公曰:"酌寡人之樽,进
之于客。"范昭已饮,晏子曰⑤:"彻樽⑥,更之。"樽觯具矣⑦,
范昭佯醉⑧,不悦而起舞,谓太师曰⑨:"能为我调成周之乐
乎⑩?吾为子舞之。"太师曰:"冥臣不习⑪。"范昭趋而出⑫。
景公谓晏子曰:"晋,大国也,使人来,将观吾政也。今子怒
大国之使者,将奈何?"晏子曰:"夫范昭之为人,非陋而不识
礼也⑬,且欲试吾君臣,故绝之也。"景公谓太师曰:"子何以
不为客调成周之乐乎?"太师对曰:"夫成周之乐,天子之乐

也。若调之，必人主舞之。今范昭，人臣也，而欲舞天子之乐，臣故不为也。"范昭归，以告平公曰："齐未可伐也。臣欲试其君，而晏子识之；臣欲犯其礼，而太师知之。"仲尼闻之曰："夫不出于樽俎之间，而知千里之外，其晏子之谓也！可谓折冲矣⑭，而太师其与焉⑮。"

【注释】

①晋平公：姬姓，名彪，春秋时期晋国国君。前557—前532年在位。欲伐齐：《史记·晋世家》载，晋平公在齐灵公时曾攻伐齐国一次，齐庄公时攻伐一次，崔杼弑齐庄公后，趁齐国内乱再次攻伐齐国。本章所说即是后一次伐齐之后的打算。齐，春秋时期诸侯国名，疆域在今山东北部、东部和河北的东南部。战国时进一步发展，为战国七雄之一。

②范昭：晋国大夫。

③景公：指齐景公，名杵臼。春秋时期齐国的国君。前547—前490年在位。

④愿请君之樽(zūn)酌：希望能允许我用您的酒杯喝酒。根据《仪礼·燕礼》郑玄注，诸侯与臣子所用酒樽不同，公用"瓦大（大樽）"，卿、大夫、士用"方壶"。范昭身为人臣而想用人君的酒樽饮酒，是一种僭越行为，不符合礼节，因此晏子要求换掉这个酒樽。樽，古代盛酒的器具。酌，饮酒。

⑤晏子：齐国贤相。名婴，字仲，谥"平"。历仕齐国灵公、庄公、景公三君。《晏子春秋》一书即是有关他的传说故事集。

⑥徹樽：撤去酒杯。徹，撤除、撤去。

⑦樽觯(zhì)具矣：新杯备办好了。觯，酒器。具，备办。

⑧佯(yáng)醉：假装喝醉。佯，假装。

⑨太师：乐官。多为盲者，故下文云"冥臣"。

⑩调：演奏。成周之乐：这里指天子之乐。成周，地名，故址在今河南洛阳。石光瑛《新序校释》以为周宣王曾作乐器，其音律流播，各国乐官从而习之，其乐为当时所尊尚，故范昭以为请。

⑪冥臣：盲臣。古代乐师的自称。冥，通"瞑"，目盲。

⑫趋：快走。

⑬陋：知识浅薄。

⑭"夫不出于樽俎（zǔ）之间"以下四句：此句意思不畅，疑文字有误。王念孙《读书杂志》认为当作"夫不出于樽俎之间，而知冲千里之外，其晏子之谓也"，知冲，即折冲，"可谓折冲矣"五字衍。其说是，译文从之。折冲，折退敌方战车。冲，冲车。《吕氏春秋·召类》"而折冲乎千里之外者"高诱注："冲，车。所以冲突敌之军，能陷破之也……使欲攻己者折还其冲车于千里之外，不敢来也。"樽俎，古代盛酒肉的器皿。樽以盛酒，俎以盛肉。后来常用做宴席的代称。又，石光瑛《新序校释》则认为"可谓折冲矣"五字非衍，当是古语，用以表"反复赞叹之意"，亦通。

⑮与：赞许。

【译文】

晋平公想要攻打齐国，派范昭前往观察。齐景公赐给他酒，喝得畅快时，范昭说："我请求用君主您的酒杯喝酒。"景公说："将我的酒杯斟满酒，进献给客人。"范昭喝完后，晏子说："把这酒杯撤下去，换只酒杯。"新杯备好了，范昭假装喝醉，很不高兴地起舞，对太师说："你能为我演奏成周之乐么？我合你的节奏跳舞。"太师说："盲臣没有学习过。"范昭便快速走了出去。景公对晏子说："晋国是大国，派使者过来，是要观察我国的政事。现在先生却触怒大国的使者，该怎么办？"晏子回答说："范昭的为人，并非是浅薄而不知礼节之人，他是想以此来试探我们君臣，所以才拒绝他。"景公又对太师说："先生为什么不为客人演奏成周之乐呢?"太师回答说:"成周之乐,是天子之乐。倘若演奏它,必须由君主合乐舞蹈。现在范昭,只不过是臣子,却想要用天子的音乐来跳舞,我因此不给他演奏。"范昭回去后,将其所见禀报给晋平公说:"齐国不可以攻打。我想要试探其君主,却被晏子识破了;我想要僭越其礼节,却被太师知道了。"孔子听到此事,说:"不离开宴席之间,就将敌人的战车折退于千里之外,大概说的就是晏子啊!而太师也是值得赞许的。"

1.17　晋平公浮西河①,中流而叹曰②:"嗟乎!安得贤士与共此乐者?"船人固桑进对曰③:"君言过矣。夫剑产干越④,珠产江汉⑤,玉产昆山⑥,此三宝者,皆无足而至。今君苟好士⑦,则贤士至矣。"平公曰:"固桑来!吾门下食客者三千余人⑧,朝食不足,暮收市租;暮食不足,朝收市租。吾尚可谓不好士乎?"固桑对曰:"今夫鸿鹄高飞冲天⑨,然其所恃者六翮耳⑩。夫腹下之毳、背上之毛⑪,增去一把⑫,飞不为高下。不知君之食客,六翮邪?将腹背之毳也⑬?"平公默然而不应焉。

【注释】

①浮:游,泛舟。《北堂书钞》、《艺文类聚》即引作"游"。西河:指龙门一带的黄河,因其在晋西,故得名。

②中流:指半渡,船到河水中间。

③固桑:《韩诗外传》作"盍胥",《说苑·尊贤》作"古乘",《汉书·古今人表》作"固来",其实都是一人。固、盍,古双声,胥、桑声亦相通。乘、桑、来形近而误。

④剑产干越:古书记载,吴越一带是出产宝剑的地方。干,国名,其

地近吴,后为吴所并。此处与"越"连言,指春秋时的吴国和越国。汉魏本、铁华馆本、四部本"干"皆作"于"。朱季海《新序校理》以"干"为是:"今谓字当为'干',宋本是也……盖剑之所产,故此称干越也。"石光瑛《新序校释》即作"干","干越"对下文"江汉","以二国对二水也"。

⑤珠产江汉:长江与汉水一带,以产宝珠出名。《吕氏春秋·重己》《淮南子·说山训》皆谓"江汉之珠"。《吕氏春秋》高诱注:"江汉有夜光之明珠,珠之美者也。"江汉,指长江与汉水一带及其附近的一些地区,古荆楚之地,在今湖北境内。

⑥玉产昆山:昆山,昆仑山。古书谓昆仑山盛产美玉,《尚书·胤征》谓:"火炎昆岗,玉石俱焚。"昆岗,即昆仑山。另,《史记·李斯列传》"今陛下致昆山之玉"、桓宽《盐铁论·力耕》"美玉珊瑚出于昆山"等,皆可证。

⑦苟:如果,假使。

⑧食客:春秋战国时寄食于豪门大家,为主人出谋划策、奔走帮忙的门客。

⑨今夫鸿鹄高飞冲天:今,表示假设的语气。鸿鹄,天鹅,似大雁而略大,飞得很高。

⑩恃(shì):依靠,仗着。六翮(hé):鸟双翅中的正羽,用以指鸟的两翼。《战国策·楚策四》:"奋其六翮而凌清风,飘摇乎高翔。"

⑪毳(cuì):鸟兽的细毛。比喻无足轻重的事物。

⑫增去一把:增加或者减少一把羽毛。去,除去。这里指拔去。

⑬腹背之毳:卢文弨《群书拾补》谓一本"之"下有"毛"字,石光瑛《新序校释》即补作"腹背之毛毳",以与上文"腹下之毳、背上之毛"相应。说可参。

【译文】

晋平公在西河之上泛舟,船到河中而感叹说:"哎! 怎样才能得到贤士与我共享此乐呢?"船夫固桑上前回答说:"君主这话错了。名剑出于吴越之国,宝珠产于长江、汉水一带,美玉盛产于昆仑山,这三种宝物,都没有长脚却到了您身边。现在您如果真的喜好贤士,贤士自然就会来到您身边了。"晋平公说:"固桑过来!我门下有食客三千多人,他们如果早饭不够吃,我晚上就去征收市租;晚饭不够吃,我第二天早晨就去征收市租。我难道说是不喜好贤士吗?"固桑回答道:"那天鹅高飞直冲天际,但它所依靠的却是翅膀上的几根正羽,而它腹、背上的细羽毛,增加或减去一把,飞翔的高低都不会受到影响。不知道您的食客,是翅膀上的正羽呢?还是腹、背上的细毛呢?"晋平公听后沉默不语无法应答。

　　1.18　楚襄王问于宋玉曰①:"先生其有遗行邪②?何士民众庶不誉之甚也③?"宋玉对曰:"唯,然,有之。愿大王宽其罪,使得毕其辞④。客有歌于郢中者⑤,其始曰《下里》、《巴人》⑥,国中属而和者数千人⑦;其为《阳陵》、《采薇》⑧,国中属而和者数百人;其为《阳春》、《白雪》⑨,国中属而和者,数十人而已也⑩;引商刻角,杂以流徵⑪,国中属而和者,不过数人。是其曲弥高者⑫,其和弥寡⑬。故鸟有凤而鱼有鲲⑭,凤鸟上击于九千里⑮,绝浮云,负苍天⑯,翱翔乎窈冥之上⑰,夫粪田之鷃⑱,岂能与之断天地之高哉⑲?鲲鱼朝发昆仑之墟⑳,暴鬐于碣石㉑,暮宿于孟诸㉒,夫尺泽之鲵㉓,岂能与之量江海之大哉?故非独鸟有凤而鱼有鲲也,士亦有之。夫圣人瑰意奇行㉔,超然独处㉕,世俗之民,又安知臣之所为哉?"

【注释】

　　①楚襄王:底本作"楚威王",误。根据《史记·屈原列传》,宋玉晚

于屈原。屈原在楚威王时尚幼,则宋玉未及楚威王朝。《文选·
宋玉对楚襄王问》即作"楚襄王"。楚襄王,即顷襄王,名横。战
国末期楚国的君主。前298—前263年在位。宋玉:战国末期楚
国辞赋作家,鄢(今湖北宜城)人。《史记·屈原列传》说:"屈原
既死之后,楚有宋玉、唐勒、景差之徒者,皆好辞而以赋见称。"
《韩诗外传》卷七、刘向《新序·杂事五》、傅毅《舞赋》中对其事迹
有零星记载。综合起来看,宋玉原是一位贫士,经人引荐做过楚
襄王的小臣如文学侍臣之类,当过大夫。顷襄王称之为"先生",
但实际上不被重用。

②遗行:失检的行为,即品行有失。《文选》李善注:"遗行,可遗弃
之行也。"

③士民:古代四民之一。《穀梁传·成公元年》:"古者有四民:有士
民,有商民,有农民,有工民。"范宁注:"学习道艺者。"这里泛指
士大夫。众庶:众民,百姓。不誉:不称誉,实际上指人家非议。
甚:很,极。

④毕其辞:把话说完。毕,完结。辞,言辞,文辞。

⑤郢(yǐng):地名。楚国国都,在今湖北江陵东北。

⑥《下里》、《巴人》:乐曲名,是当时通俗的音乐。《文选》五臣注:
"下曲名也。"《下里》,乡里歌谣。《巴人》,指巴人之曲。巴,古国
名,在今川东、鄂西一带。

⑦国中:都城中。属(zhǔ)而和(hè)者:跟着一起唱的人。属,跟着。
和,声音相应。

⑧为:唱。《阳陵》、《采薇》:也是楚国当时的乐曲,比《下里》、《巴
人》高雅。《淮南子·人间训》又作"《阳阿》、《采菱》"。《楚辞·
招魂》王逸注:"楚人歌曲也。"《太平御览》卷五百六十五引许慎
注:"楚乐之名也。"《文选》作"《阳阿》、《薤(xiè)露》"。

⑨《阳春》、《白雪》:古代楚国高雅的乐曲,较之于《阳陵》、《采薇》更

为复杂难唱。

⑩ 数十人而已也：只不过几十个人罢了。

⑪ 引商刻角，杂以流徵（zhǐ）：指唱的乐曲时而是高昂的商音，时而是清越的角音，还杂有流畅的徵音。形容乐曲的高雅美妙，抑扬顿挫。商、角、徵，这里指宫、商、角、徵、羽五音之"音阶"。商音较高，唱时要提高嗓音，所以称"引商"；角音清越，唱时要用力刻画，所以称"刻角"；徵音流畅，所以称"流徵"。一说"商、角、徵"指曲调，"引商刻角"是将曲调从商调降为角调；"流徵"是降徵调。说可参。

⑫ 弥：更加，越发。

⑬ 寡：少，缺少。

⑭ 故：句首发语词，与"夫"类似。凤：鹏。"凤""鹏"古音相通。一说"凤"指凤凰，传说中的瑞鸟。鲸：俗称"鲸鱼"。生长在海洋中的哺乳动物，形状像鱼，胎生，鼻孔在头的上部，用肺呼吸。体长可达三十米，是现在世界上最大的动物。或即《庄子·逍遥游》中的鲲。《文选》即作"鲲"。下同。

⑮ 凤鸟：《文选》作"凤凰"。击：冲击。这里指搏击长空。

⑯ 绝浮云，负苍天：化用《庄子·逍遥游》"绝云气，负青天"两句。绝，越过。负，背负，即背靠。苍天，青天。

⑰ 翱（áo）翔：飞翔，盘旋。窈（yǎo）冥：即杳冥，极远的高空。

⑱ 粪田：粪土之田。石光瑛《新序校释》作"卤（lǔ）田"，即今所谓盐碱地。备参。鹌（yàn）：鸟名。鹑的一种。

⑲ 断：判断，裁决。

⑳ 昆仑之墟：昆仑山下。昆仑，我国西部的著名大山。墟，山基，这里指山脚下。《尔雅·释水》郭璞注："山下基也。"

㉑ 暴（pù）：同"曝"，晒。鳍（qí）：鱼脊鳍。碣石：山名。在今河北昌黎北。

㉒孟诸：古大泽名。亦作"孟猪"或"孟潴（zhū）"。在今河南商丘东
　　北、虞城西北。

㉓尺泽：小池。《文选》李善注："尺泽，言小也。"鲵（ní）：动物名。身
　　体长而扁，生在山溪中。叫的声音像婴儿，俗称"娃娃鱼"。

㉔瑰（guī）意奇行：指高明的思想和奇异的行为。瑰与奇，互文见
　　义，都是奇异的意思。

㉕超然独处：指超出世事离群独居。

【译文】

楚襄王问宋玉说："先生大概是有失于检点的行为吧？为什么士民百姓一点儿都不说你好呢？"宋玉回答说："是，是的，有的。希望大王宽恕我的罪过，让我把话说完。有个在郢都中唱歌的客人，刚开始，唱的是《下里》、《巴人》，都城里能和着他唱的多达数千人；等到他唱《阳陵》、《采薇》时，都城里能和着他唱的有数百人；唱《阳春》、《白雪》时，都城里能和着他唱的不过几十人罢了；到他时而唱高昂的商音，时而唱清越的角音，还杂有流畅的徵音时，都城里能和着他唱的不过几个人了。这是因为曲调越高雅，能够和唱的人就越少。鸟类中有鹏鸟而鱼类中有鲸鱼，鹏鸟搏击九千里以上的高空，越过浮云，背负苍天，翱翔在最高远的天空中，粪田里的鷃，怎么能和它一起判断天地的高远呢？鲸鱼在早晨从昆仑山下出发，在碣石山晾晒它的鳍，晚上在孟诸休息，小池里的鲵鱼，怎么能和鲸鱼一起测量江海的广大呢？不仅仅鸟中有鹏、鱼中有鲸，士民之中也有高下之分。圣人思想高明行为独特，超脱世事而离群独居，世俗之人，又怎么能理解我的所作所为呢？"

1.19　晋平公闲居①，师旷侍坐②。平公曰："子生无目眹③，其矣子之墨墨也④。"师旷对曰："天下有五墨墨，而臣不得与一焉⑤。"平公曰："何谓也？"师旷曰："群臣行赂，以采名誉⑥，百姓侵冤⑦，无所告诉⑧，而君不悟⑨，此一墨墨也；忠臣

不用，用臣不忠，下才处高，不肖临贤⑩，而君不悟，此二墨墨也；奸臣欺诈，空虚府库⑪，以其少才，覆塞其恶，贤人逐，奸邪贵，而君不悟，此三墨墨也；国贫民罢⑫，上下不和，而好财用兵，嗜欲无厌⑬，谄谀之人⑭，容容在旁⑮，而君不悟，此四墨墨也；至道不明，法令不行，吏民不正，百姓不安，而君不悟，此五墨墨也。国有五墨墨而不危者，未之有也。臣之墨墨，小墨墨耳，何害乎国家哉？"

【注释】

①闲居：避客休闲而居。《礼记·孔子闲居》："孔子闲居，子夏侍。"陆德明释文："退燕避人曰闲居。"燕，通"宴"。

②侍坐：在尊长近旁陪坐。《礼记·曲礼上》："侍坐于所尊，敬毋余席。"孔颖达疏："谓先生坐一席，己坐一席，己必坐于近尊者之端，勿得使近尊者之端更有空余之席。"

③无目眹（zhèn）：底本作"无目眹"，误。今据铁华馆本、汉魏本、四部本改。底本亦有前人改"眹"为"眹"的痕迹。无目眹，指眼睛上下粘合无缝隙。眹，目缝。《周礼·春官·乐师》郑玄注引郑司农云："无目眹谓之瞽。"孙诒让《正义》："先郑云'无目眹'者，盖谓目缝粘合，绝无形兆。"

④墨墨：昏暗暗昧貌。《管子·四称》："政令不善，墨墨若夜。"尹知章注："言其昏暗之甚也。"《太平御览》引作"默默"，义同。

⑤与（yù）一：参与其一。与，参与。《太平御览》即引作"预"。

⑥群臣行赂，以采名誉：群臣贿赂人主左右以获取显名令誉。行赂，行贿。采，采获，求取。

⑦侵（jìn）冤：沉冤。侵，通"浸"，沉。

⑧告诉：亦作"告愬"，向上申诉。《吕氏春秋·振乱》："世主恣行，

　　与民相离,黔首无所告愬。"其义同。

⑨悟:醒悟。

⑩不肖临贤:指不贤之徒居高位统治贤才。临,临其上,即在……
　　之上。

⑪空虚府库:使府库空虚。《类说》卷三引作"府库空虚"。府库,旧
　　指国家贮藏财物、兵甲的处所。

⑫罢(pí):劳累。

⑬嗜(shì)欲:嗜好与欲望。多指贪图身体感官方面享受的欲望。
　　《荀子·性恶》:"妻子具而孝衰于亲,嗜欲得而信衰于友,爵禄盈
　　而忠衰于君。"其义同。厌:满足,后作"餍"。

⑭谄谀:谄媚阿谀。谄,底本作"谣"。"谣谀"文意不通,今据铁华馆
　　本改。

⑮容容:随众附和。《史记·张丞相列传》:"其治容容随世俗浮沉,
　　而见谓谄巧。"又,《说苑·臣术》:"怀其智,藏其能,容容乎与世
　　沉浮,上下左右观望,如此者具臣也。"

【译文】

　　晋平公休闲而居,师旷在一旁陪坐。晋平公说:"你生来目盲,你真
是昏暗得太厉害了!"师旷回答说:"天下有五种昏暗,但我却连一种也
没有。"平公说:"这话怎么说?"师旷回答:"群臣行贿来换取名誉,百姓
冤屈沉沉,无处申诉,而君主却不觉悟,这是第一种昏暗;忠臣不被重
用,被重用的大臣不忠诚,才能低下的身居高位,不贤之人反在贤人之
上,而君主却不觉悟,这是第二种昏暗;奸臣欺上瞒下,使得国家府库空
虚,并以他们浅薄的才能,掩盖他们的罪恶,贤人被放逐,奸邪之人成了
显贵,而君主却不觉悟,这是第三种昏暗;国家贫穷,百姓疲困,上下不
和睦,居上位的人聚敛财物、发动战争,嗜好和欲望无法满足,阿谀奉承
之人在身边随众附和,而君主却不觉悟,这是第四种昏暗;治国大道不
能昭明,法律政令不能施行,官吏行为不正,百姓不能安宁,而君主却不

觉悟,这是第五种昏暗。国家有这五种昏暗而不危亡,那是从来没有
的。我的昏暗,不过是个人的小昏暗罢了,对国家又有什么害处呢?"

　　1.20　赵文子问于叔向曰①:"晋六将军孰先亡乎②?"对
曰:"其中行氏乎③!"文子曰:"何故先亡?"对曰:"中行氏之
为政也,以苛为察,以欺为明,以刻为忠④,以计多为善⑤,以
聚敛为良⑥。譬之其犹鞟革者也⑦,大则大矣,裂之道也,当
先亡。"

【注释】

①赵文子:名武,又称赵孟。晋平公时(前557—前532年在位)为
　　正卿。叔向:晋大夫,姬姓,羊舌氏,名肸,字叔向,又字叔誉,因
　　被封于杨(今山西洪洞),以邑为氏,别为杨氏,又称叔肸、杨肸。
　　他出身晋国公族,历事晋悼公、晋平公、晋昭公三世。

②晋六将军:指晋国的韩氏、赵氏、魏氏、知氏、范氏、中行氏。这六
　　个家族在晋国世代为卿,又称为六卿。

③中行氏:晋国有上、中、下三支车军,后又增设中行、左行、右行三
　　支步军,来加强兵力。中行由荀林父率领,后荀林父以"中行"
　　为氏。

④以刻为忠:把刻薄伤民认为是忠心。《淮南子·道应训》作"以刻
　　下为忠",意更晓畅。

⑤计:计簿。这里指计簿所记的收入之数。一说"计"为计谋,指巧
　　诈之计。

⑥聚敛:搜刮、敛取钱财。

⑦鞟(kuò):通"廓",扩大,张大。《淮南子·道应训》即作"廓"。
　　《文子》则作"广",其义同。

【译文】

赵文子问叔向:"晋国掌握军权的六家哪一家最先灭亡呢?"叔向回答说:"大概是中行氏吧!"文子说:"他为什么最先灭亡呢?"叔向回答说:"中行氏处理政事,以苛刻为明察,以欺骗为明智,以刻薄伤民为忠心,以收入增多为善事,以搜刮敛财为才能。这就好比把兽皮拉大一样,大是大了,但也是破裂的路径,应当最先灭亡。"

1.21　楚庄王既讨陈灵公之贼①,杀夏徵舒②,得夏姬而悦之③,将近之。申公巫臣谏曰④:"此女乱陈国⑤,败其群臣⑥,孽女不可近也⑦。"庄王从之。令尹又欲取,申公巫臣谏,令尹从之⑧。后襄尹取之⑨。至恭王与晋战于鄢陵⑩,楚兵败,襄尹死,其尸不反⑪。数求晋,不与⑫。夏姬请如晋求尸⑬,楚方遣之,申公巫臣将使齐⑭,私说夏姬与谋。及夏姬行,而申公巫臣废使命⑮,道亡⑯,随夏姬之晋。令尹将徙其族⑰,言之于王曰:"申公巫臣谏先王以无近夏姬,今身废使命,与夏姬逃之晋,是欺先王也⑱。请徙其族。"王曰:"申公巫臣为先王谋则忠,自为谋则不忠,是厚于先王而自薄也,何罪于先王?"遂不徙。

【注释】

①楚庄王既讨陈灵公之贼:据《左传·宣公十年》记载,陈灵公、孔宁、仪行父和夏徵舒之母夏姬私通,有一次他们三人在夏家喝酒,陈灵公对仪行父开玩笑说:"徵舒像你。"仪行父回答:"也像您。"夏徵舒听到后非常生气,在马棚里埋伏了弓箭手,当陈灵公离席出门行至马棚时,将其射死,自立为陈侯,引起陈国内乱,孔宁和仪行父逃到楚国。次年,楚庄王率诸侯伐陈,杀夏徵舒。

贼，指杀害陈灵公的夏徵舒。陈灵公，名平国，春秋时陈国国君。
前 613—前 599 年在位。

②夏徵舒：字子南，夏姬之子，陈国大夫。

③夏姬：春秋时郑穆公之女，陈御叔之妻。据《列女传·孽嬖传》记
载，夏姬貌美，曾三为王后，七为夫人。

④申公巫臣：姓屈，名巫，字子灵。楚大夫。楚庄王封其于申，故又
称"申公"或"申侯"。

⑤此女乱陈国：因为夏姬与陈国君臣淫乱，导致其子杀死了陈灵
公，陈国灭亡，因此申公巫臣说"此女乱陈国"。

⑥败其群臣：指孔宁、仪行父出奔。

⑦嬖（bì）女：受宠爱的姬妾。

⑧令尹又欲取，申公巫臣谏，令尹从之：《左传·成公二年》记载，楚
庄王伐陈杀夏徵舒后，子反欲娶夏姬，申公巫臣谏以此女不祥，
天下多美妇人，何必夏姬。子反乃止。

⑨襄尹：楚国大夫连尹襄老。《左传·宣公十二年》载，连尹襄老在
晋楚邲之战中，被晋人射死，尸体也被抢走。

⑩恭王与晋战于鄢（yān）陵：根据《左传·成公十六年》记载，是年
（前 575），楚恭王因救郑和晋国战于鄢陵，楚军因司马子反醉酒
而败。恭王，指楚恭王，熊姓，名审，楚庄王之子。前 590—前 560
年在位。鄢陵，地名。在今河南鄢陵。

⑪襄尹死，其尸不反：反，同"返"，返回。这里指返乡。按，此事与
《左传》所记有出入。据《左传》，襄老死于前 597 年的邲之战，而
非前 575 年的鄢陵之战。

⑫数求晋，不与：邲之战中楚俘虏了晋知庄子荀首之子荀罃，知庄子
射死襄老，不还其尸，欲以交换其子。

⑬夏姬请如晋求尸：根据《左传·成公二年》记载，申公巫臣唆使夏
姬请求回到郑国迎受襄老的尸首，并且让郑国人召她回去。

⑭申公巫臣将使齐：根据《左传·成公二年》记载，晋国联合鲁国和卫国讨伐齐国。楚恭王即位后，将在这年冬天讨伐鲁国，以救齐国，恭王叫申公巫臣出使齐国，并把出兵之日告诉给齐国。

⑮申公巫臣废使命：根据《左传·成公二年》记载，申公巫臣出使齐国，将全部家产都带走了，到了郑国之后，叫人将送往齐国的聘币送回楚国，自己则和夏姬一同逃到晋国。

⑯道亡：在途中逃亡。即《史记·高祖本纪》"徒多道亡"之义。

⑰徙：流放。

⑱先王：指楚庄王，春秋五霸之一。

【译文】

楚庄王讨伐谋杀陈灵公的贼臣，杀死夏微舒，得到夏姬后很是喜欢其美貌，准备亲近她。申公巫臣进谏说："这个女人祸乱了陈国，败坏了陈国的很多大臣，像这种淫乱的女人是不可亲近的。"楚庄王听从了他的话。令尹又想要娶夏姬，申公巫臣又劝阻，令尹听从了他的话。后来襄尹娶了夏姬。等到楚恭王和晋国在鄢陵开战时，楚国战败，襄尹战死，他的尸体被晋国得到没有运回来。楚国多次请求晋国归还尸体，晋国都不给。夏姬请求去晋国要回尸体，楚国正要派夏姬去时，正赶上申公巫臣将要出使齐国，他私下里劝说夏姬，和她谋划好一同逃离楚国。等到夏姬出发后，申公巫臣放弃了出使齐国的使命，中途逃亡，跟随夏姬来到晋国。令尹打算流放申公巫臣的家族，就对楚王说："申公巫臣曾劝说先王不要亲近夏姬，现在他不执行出使齐国的使命，和夏姬逃到晋国，这是欺骗先王。请您允许我流放他的家族。"楚王说："申公巫臣为先王的谋划是忠心的，为自己的谋划却不是忠诚无私的，这是他为先王考虑得多，为自己考虑得少，他对于先王有什么罪过呢？"于是就没有流放他们。

杂事第二

【题解】

本卷共 20 章，综论君主之任贤修德、防止谗佞、礼贤下士，以及察纳善言、见微知著等品格。其中"昔者唐虞崇举九贤"章，以历史兴亡之事来说明任贤之功效与不用贤之祸败，指出"谮愬不行，斯为明也"，类似一卷之总纲。"庄辛谏楚襄王"章则反复劝谏顷襄王要远离谗佞、不忘国政，其层层设喻、铺排夸饰，颇具文学意味；而其与《战国策》文字之不同，更体现出《新序》一书之史料价值。"昔者邹忌以鼓琴见齐威王"与"齐有妇人"诸章，也是情节特别、语言整饬、趣味浓郁，富有文学性。本卷尤其值得注意的是较多汇集了先秦时期的隐语，譬如邹忌与淳于髡等"三称"、"三知之"的往来对答（"昔者邹忌以鼓琴见齐威王"章）、士庆与楚庄王关于"有大鸟，三年不蜚不鸣"与"蜚必冲天，鸣必惊人"的问对（"楚庄王莅政"章）、客为靖郭君所设"海大鱼"之辞（"靖郭君欲城薛"章），以及无盐女与齐宣王的动作表演及解答（"齐有妇人"章）等，皆是典型的隐语。而楚人献鱼与楚王之解（"楚人有献鱼楚王者"章）也具有隐语的意味。

2.1　昔者唐虞崇举九贤^①，布之于位，而海内大康^②，要荒来宾^③，麟凤在郊。商汤用伊尹^④，而文、武用太公、闳夭⑤，成王任周、召⑥，而海内大治，越裳重译⑦，祥瑞并降，遂安千载。皆由任贤之功也。无贤臣，虽五帝三王⑧，不能以兴。齐桓公得管仲有霸诸侯之策⑨，失管仲而有危乱之辱⑩。虞不用百里奚而亡⑪，秦缪公用之而霸⑫。楚不用伍子胥而破⑬，吴阖庐用之而霸⑭。夫差非徒不用子胥也，又杀之，而国卒以亡⑮。燕昭王用乐毅，推弱燕之兵，破强齐之仇，屠七十城⑯；而惠王废乐毅，更代以骑劫⑰，兵立破，亡七十城。此父用之，子不用，其事可见也。故阖庐用子胥以兴，夫差杀之而亡⑱；昭王用乐毅以胜，惠王逐之而败。此的的然若白黑⑲。秦不用叔孙通⑳，项王不用陈平、韩信而皆灭㉑，汉用之而大兴，此未远也。夫失贤者，其祸如彼，用贤者，其福如此。人君莫不求贤以自辅，然而国以乱亡者，所谓贤者不贤也。或使贤者为之，与不肖者议之；使智者图之，与愚者谋之。不肖嫉贤，愚者嫉智，是贤者之所以鬲蔽也㉒，所以千载不合者也。或不肖用贤而不能久也㉓，或久而不能终也，或不肖子废贤父之忠臣，其祸败难一二录也㉔，然其要在于己不明而听众口㉕。谮愬不行㉖，斯为明也。

【注释】

①唐虞崇举九贤：唐尧、虞舜推举了很多贤人。据《尚书·尧典》与《舜典》记载，尧命羲氏、和氏主管星历，制定历法，命羲仲定春分，命羲叔定夏至，命和仲定秋分，命和叔定冬至，并使之分别掌管春、夏、秋、冬的生产任务。并让舜代理他的职务。尧过世之后，舜成为了首领，他任用禹治理洪水，任用后稷主管农业，任用契主管教育，任用皋陶主管刑狱，任用垂掌管百工之职，任用益

主管山林渔猎,任用伯夷主管祭祀,任用夔掌管音乐,任用龙任纳言,负责传达命令。唐虞,唐尧与虞舜的并称。崇,尊崇,推崇。九,表示多的意思。

②海内:国境之内,全国。上古谓我国疆土四面临海,故称。《孟子·梁惠王下》:"海内之地,方千里者九。"焦循正义:"古者内有九州,外有四海……此海内,即指四海之内。"大康:安丰泰乐。据朱熹《诗集传》:"大康,过于乐也。"

③要荒来宾:都城以外及其遥远的要服和荒服之国都前来宾服。要荒,指要服和荒服。根据《尚书·益稷》记载:"弼成五服,至于五千。"孔安国传:"五服,侯、甸、绥、要、荒服也。服,五百里。四方相距为方五千里。"古代君王所管辖范围的外围,以五百里划为一区,由近及远分为侯服、甸服、绥服、要服、荒服,这五个区域,合称五服。要服和荒服是距离君王都城最远的区域。来宾,前来宾服。古代指藩属朝贡天子。

④商汤用伊尹:根据《史记·殷本纪》记载,伊尹早年卑贱,为了见到成汤不惜做了有莘氏的陪嫁,背着烹调用具,用做菜的道理比喻治国之道,以说服成汤,最后协助成汤实现了王道之治。也有人说伊尹是位隐士,成汤曾多次派人请他出山,破格重用,委以国事,最后伊尹辅佐成汤完成了王业。伊尹,商汤之贤相,伊氏,名尹,又名挚。

⑤太公:即姜尚,名望,字子牙,东海海滨人,俗称姜太公。他辅佐周文王,与谋翦商,后辅佐周武王灭商。因功封于齐,成为周代姜姓齐国的始祖。闳(hóng)夭:文王十臣之一,《尚书》伪孔传云:"闳氏,名夭。"《墨子·尚贤下》记载,闳夭是猎户出身,后得到文王的重用,为西土的臣服做出了很大贡献。《荀子》中称他面多毛发,以至看不到脸上的皮肤。

⑥成王任周、召(shào):根据《史记·周本纪》与《燕召公世家》记载,

周成王即位,年尚幼,于是周公摄政,平管蔡之乱,制礼法,经营洛邑,以为东都,与召公分陕地而治。陕地以西为召公管辖,有德政。周政权的巩固,周公和召公做出了巨大贡献。周成王,姬姓,名诵。前1042—前1021年在位。周、召,周公和召公的合称。周公,姬姓,名旦,亦称叔旦,周文王姬昌第四子。封地在鲁(治今山东曲阜),为鲁国始封君。因采邑在周(今陕西岐山北),故称周公或周公旦。召公,姬姓,名奭(shì),文王庶子。封地在燕(治今北京房山琉璃河),为燕国始封君。因食邑于召(在今陕西岐山西南),故称召公。

⑦越裳重译:越裳国害怕和周朝没有使者之往来,将其语言进行多次翻译后,前来朝见。根据《韩诗外传》卷五记载,越裳氏重九译而至,献白雉于周公。越裳,古国名,在今越南南部。重译,多次翻译。重,再,这里指多次。

⑧五帝三王:都为上古的明君,说法不一。五帝,《礼记·月令》认为是伏羲(太皞)、炎帝(神农)、黄帝、少皞(hào)、颛顼(zhuān xū);《世本》、《大戴礼记·五帝德》、《史记·五帝本纪》认为是黄帝、颛顼、帝喾、唐尧、虞舜;孔安国《尚书序》、皇甫谧(mì)《帝王世纪》认为是少昊(少皞)、颛顼、高辛(帝喾)、唐尧、虞舜。三王,指夏禹、商汤、周文王,也有以夏禹、商汤、周武王为三王的。

⑨齐桓公得管仲有霸诸侯之策:根据《史记·齐太公世家》与《管晏列传》记载,齐襄公在位时,好色残暴,与鲁桓公夫人通奸,杀鲁桓公。襄公的几个兄弟恐祸及己身,纷纷出逃。公子纠逃到鲁国,公子小白逃往莒(jǔ)国。鲍叔牙事公子小白,管仲事公子纠。后来公孙无知弑襄公篡位,被雍林人所杀。齐国的高氏和国氏两大家族派人到莒迎接公子小白,鲁国也派兵送公子纠回国争位。管仲伏击公子小白,用弓箭射中公子小白的衣带钩,公子小白佯死,管仲归以报鲁。公子小白先入齐即位,是为齐桓公。齐

桓公借鲁庄公之手杀公子纠，管仲被囚。齐桓公本打算杀死管仲，后接受鲍叔牙的建议，拜管仲为相，任政于齐。管仲乃辅佐齐桓公成为一代霸主。齐桓公，春秋时齐国国君，姜姓，吕氏，名小白。前685—前643年在位。在位时任用管仲等贤臣，实行"尊王攘夷"的政策，为春秋五霸之首。管仲，名夷吾，字仲，颍上（今属安徽）人，辅佐齐桓公称霸诸侯。今存有《管子》一书。策，汉魏本、铁华馆本、四部本作"荣"。朱季海《新序校理》："'策'同'策'，《说文·竹部》：'策，马箠也。'此借为'册'。……后人或探下文'而有危乱之辱'，辄谓'荣'与'辱'对，遂以'策'与'荣'之形误。"其说是。

⑩失管仲而有危乱之辱：《史记·齐太公世家》记载，管仲死后，齐桓公任用易牙、开方、竖刁等小人为政。齐桓公又多内宠，桓公与管仲立宠姬郑姬之子为太子。管仲死后，其余五个同是内宠所生的儿子与易牙、开方、竖刁等勾结争立为君。待桓公死后，五公子相互厮杀争位，公室危乱，无暇办理齐桓公之丧葬，桓公过世六七十天，尸体腐烂，尸虫都爬到了门外。

⑪虞（yú）不用百里奚而亡：《左传·僖公二年》记载，晋献公设计灭虞国和虢国，虞公不听宫之奇的建议，以致虞国灭亡。百里奚在虞国作大夫之时，并没有受到虞公的重用，百里奚也没有为虞公献计献策。《孟子·万章上》："百里奚不谏，知虞公之不可谏也。"虞，古诸侯国名。在今山西平陆。百里奚，虞人。根据《史记·秦本纪》，晋献公灭虞、虢，虏虞大夫百里奚。晋嫁女与秦缪公，以之为陪嫁奴隶。百里奚亡楚。缪公闻百里奚贤，欲重金赎之，恐楚人不与，乃用五张黑羊皮赎回，授以国政，号曰"五羖大夫"。

⑫秦缪（mù）公用之而霸：据《孟子·万章上》与《史记·秦本纪》记载，秦缪公任百里奚为相，辅佐秦缪公治理秦国，后百里奚又向

秦缪公推荐了蹇叔。秦缪公因为任用百里奚、蹇叔等贤臣,明修政治,最终称霸西戎。秦缪公,即秦穆公。名任好,春秋时期秦国国君。前659—前621年在位。春秋五霸之一。

⑬楚不用伍子胥而破:《史记·伍子胥列传》记载,楚平王时,伍子胥的父亲伍奢为太子建的太傅,费无忌为少傅。太子建不喜欢费无忌,费无忌便在楚平王前说太子建欲弑王自立。伍奢为给太子建辩护,惹恼楚平王,杀了伍奢和伍子胥的哥哥伍尚。伍子胥为报父兄之仇逃到吴国,助吴王阖闾得王位,伐楚,攻破郢都。伍子胥,名员,又作伍员、申胥等,春秋时楚人。

⑭吴阖庐用之而霸:吴王阖庐在位时,任用伍子胥打败楚国。阖庐又东征至庳(bì)庐,西伐至巴蜀,北迫齐晋,号令中原,成一代霸业。阖庐,又称"阖闾",春秋时期吴国国君,未继位前称公子光。《荀子·王霸篇》将其归为春秋五霸之一。

⑮夫差非徒不用子胥也,又杀之,而国卒以亡:根据《史记·吴太伯世家》与《伍子胥列传》记载,吴王阖庐被越王句践所败,夫差即位,败句践于会稽。句践贿赂吴太宰嚭(pǐ),用美色宝器向夫差求和,夫差不听伍子胥的忠告,与句践讲和。又不听伍子胥的忠告,对句践毫不防备,将精兵调往北方伐齐,与诸侯争霸,导致国力空虚。后又听太宰嚭谗言,逼令伍子胥自杀。伍子胥死后十二年,吴国为句践所灭,夫差自杀。夫差,春秋时期吴国末代君主,吴王阖庐之子。前495—前473年在位。

⑯"燕昭王用乐毅"以下四句:据本书《杂事》第三"燕易王时大国乱"章与"乐毅为昭王谋"章记载,燕王让位于燕相子之,三年后国大乱,为齐国所破。燕昭王即位,招贤臣乐毅、邹衍等人,用乐毅为上将军,率燕国、赵国、韩国、魏国、秦国之师伐齐,大破齐军。待诸侯之师回去之后,乐毅率燕国军队继续进攻,拿下齐国七十余城。燕昭王,名职,战国时燕国国君。前311—前279年

在位。乐毅,魏将乐羊后裔,燕昭王拜为上将军,封为昌国君。昭王死后,惠王疏远他。乐毅奔赵,封望诸君。

⑰惠王废乐毅,更代以骑劫:燕昭王死后,惠王即位,此时乐毅正攻打齐国的即墨,坚守于此的田单得知惠王和乐毅有怨,便设法离间。惠王听信田单所散布的谣言,派骑劫代替乐毅,后为田单所破。乐毅原来攻下的七十余城,被齐国收复。惠王,战国时燕国国君,燕昭王之子。前278—前272年在位。骑劫:燕将,骑姓,生平不详。

⑱夫差杀之而亡:底本"而"下有小字注"一有以字",铁华馆本同。汉魏本、四部本有"以"字。

⑲此的的然若黑白:这些事像黑白一样分明。的的然,分明的样子。

⑳秦不用叔孙通:《史记·叔孙通列传》载,秦末暴政,百姓反抗。陈胜在山东起兵,秦二世问何故,有人说是造反,二世大怒。叔孙通便说其为群盗,自有地方官吏平定,二世遂喜。可见叔孙通知道秦不能用己,所以才敷衍了事,以便脱身。叔孙通,初为秦博士,秦末先为项羽部属,后归刘邦。汉立国后,被刘邦拜为博士,为汉制定了一整套礼仪制度,又拜太子太傅,力谏刘邦不可废长立幼。

㉑项王不用陈平、韩信而皆灭:根据《史记·陈丞相世家》与《淮阴侯列传》记载,陈平、韩信曾经都是项羽的部下,项羽不识英雄,因而陈平、韩信不被重用,后来二人投奔刘邦,为汉朝的建立立下卓越功劳。项王,即项羽。名籍,字羽,下相(今江苏宿迁)人。陈平,阳武(今河南南阳)人,初从项羽,后归刘邦。楚汉战争中,他六出奇计,助刘邦得天下。汉朝建立,封曲逆侯,历仕惠帝、吕后、文帝,任丞相,与周勃在平诸吕之乱中起到了至关重要的作用。韩信,淮阴(江苏淮安)人,初从项羽,后归刘邦,拜为大将,

屡立战功，封为齐王，灭项羽后又封为楚王。他是辅佐刘邦建立
汉朝的主要功臣，与张良、萧何并称"汉初三杰"。汉朝建立后，
因被诬谋反降为淮阴侯，后被吕后设计杀害。

㉒鬲(gé)蔽：阻隔，蔽障。鬲，通"隔"。阻隔。

㉓或不肖用贤而不能久也：石光瑛《新序校释》据《群书治要》引改
作"或不肖用贤，或用贤而不能久也"，肖、肯形近而误。说可参。

㉔其祸败难一二录也：由此句"难一二录也"及上文"此未远也"等
可以看出，本章文字当为刘向整理时所发之议论。

㉕要：要点，关键。

㉖谮愬(zèn sù)不行，斯为明也：《逸周书·谥法》："谮诉不行曰
明。"谮愬，亦作"谮诉"，谗毁攻讦。

【译文】

从前，唐尧和虞舜举荐了很多贤能的人，分别安排在恰当的职位
上，国家因此大治，都城以外及其遥远的要服、荒服之国都前来宾服，麒
麟和凤凰这样祥瑞的神兽出现在郊野。商汤任用伊尹，周文王和周武
王任用太公吕尚和闳天，周成王任用周公旦和召公奭，国家太平，越裳
国也远道来朝，其语言经过了多次翻译，很多吉祥的征兆也同时降临，
于是国家久经千年都平安无事。这些都是因为任用贤人的功效。没有
贤臣，虽然是五帝三王，也不能使国家兴盛。齐桓公得到管仲便有雄霸
诸侯的策略，失去管仲便遭受危乱的耻辱。虞国不任用百里奚而亡国，
秦缪公任用百里奚而称霸诸侯。楚国不用伍子胥而被吴国攻破，吴王
阖庐任用伍子胥而称霸。夫差不但不用伍子胥，反而杀死了他，国家最
后灭亡。燕昭王任用乐毅，率领弱小的燕国军队，打败了强大的齐国，
攻占齐国七十座城池；而燕惠王却废弃乐毅不用，让骑劫代替他的位
置，燕国军队马上就被攻破，以致丧失了已得的七十座城池。这是父亲
任用贤才，儿子却不用，事情的结果清晰可见啊。所以阖庐任用伍子胥
而兴盛，夫差杀了他而亡国；昭王任用乐毅而克敌制胜，惠王驱逐乐毅

便惨遭失败。这样的对比像黑白一样分明。秦国不任用叔孙通,项羽不任用陈平、韩信,结果都惨遭灭亡,汉朝重用他们而大为兴盛。这是年代不远的事情。所以失去贤人,就有那样的祸患,重用贤人,又有这样的福祉。君主没有不寻求贤臣来辅佐自己的,但是国家仍有变乱灭亡之祸,原因是他所谓的贤臣其实并不贤能。有的君主委派贤能之人做事,却跟不贤之人批评议论;让才智之人决策,却又和愚昧之人另行谋划。不贤之人嫉妒贤能之人,愚昧之人嫉妒才智之士,这就是贤能之人为什么被阻隔、蔽障的缘故,所以千年也难得君臣遇合。有些愚昧之主虽任用贤臣却不能长久,有些虽能长久却不能有始有终,有些愚昧之君废弃了贤明父王的忠臣,由此引起的灾祸和失败是难以一一记录的,而它的关键在于自己不明智而听信众人的谗言。能使谗毁攻讦的言辞行不通,这才是君主的贤明啊。

2.2　魏庞恭与太子质于邯郸①,谓魏王曰②:"今一人来言市中有虎,王信之乎?"王曰:"否。"曰:"二人言,王信之乎?"曰:"寡人疑矣。"曰:"三人言,王信之乎?"曰:"寡人信之矣。"庞恭曰:"夫市之无虎明矣,三人言而成虎。今邯郸去魏远于市,议臣者过三人,愿王察之也。"魏王曰:"寡人知之矣。"及庞恭自邯郸反③,谗口果至④,遂不得见⑤。

【注释】

①魏:战国时诸侯国名。魏国本为西周时分封国,姬姓,前661年被晋献公攻灭,将其封给毕万,前403年,周天子承认毕万之后魏斯为诸侯。前225年被秦所灭。庞恭:魏惠王太子的老师。邯郸:战国时赵国的都城,治今河北邯郸西南。

②魏王:魏惠王,名罃(yīng),谥号为"惠"。战国时魏国国君。前

369—前319年在位。前364年将都城从安邑迁往大梁（今河南开封），所以魏惠王又叫梁惠王。梁惠王在位的前二十几年内，梁在战国诸雄中最为强大，因之第一个封王。

③反：同"返"，返回。

④谗（chán）口：谗言，指陷害别人的坏话。《诗经·小雅·十月之交》："无罪无辜，谗口嚣嚣。"

⑤遂不得见：据《战国策·魏策二》："于是辞行，而谗言先至。后太子罢质，果不得见。"则谗言是在庞恭出发之后就产生了的。

【译文】

　　魏国的庞恭将和太子到邯郸去作人质，临行前，庞恭对魏王说："假如有一个人来对大王说集市上有老虎，大王相信吗？"魏王说："不信。"庞恭说："有两个人这么说，大王相信吗？"魏王说："我有些怀疑了。"庞恭说："三个人这么说，大王相信吗？"魏王说："那我就相信了。"庞恭说："集市上明明没有老虎，只要三个人说有老虎，就可以使人相信果真有老虎了。现在邯郸距魏国要比这里到集市远得多，而议论我的人要远远超过三个，这一点，希望大王明察。"魏王说："我知道了。"等到庞恭从邯郸返回魏国时，陷害他的坏话果然出现了，他最终没有见到魏王。

　　2.3　甘茂下蔡人也①，西入秦，数有功，至武王②，以为左丞相③，樗里子为右丞相④。樗里子及公孙子⑤，皆秦诸公子也，其外家韩也⑥。数攻韩⑦。秦武王谓甘茂曰："寡人欲容车至周室者⑧，其道乎韩之宜阳⑨。"欲使甘茂伐韩，取宜阳，以通道至周室⑩。甘茂曰："请约魏与伐韩。"令向寿辅行⑪。甘茂既约魏，魏许甘茂。还至息壤⑫，谓向寿曰："子归言之王，魏听臣矣，然愿王勿伐也。"向寿归以告王，王迎甘茂于息壤，问其故，对曰："宜阳，大县也，名为县，其实郡也⑬。今王倍数险⑭，行千里攻之，难。昔者曾参之处郑⑮，人有与曾参同名姓者杀人。人告其母曰：'曾参杀人。'其母织自若也。顷然⑯，一人又来告之，其母曰：'吾子不杀人。'有顷，一人又来告，其母投杼下机⑰，逾墙而走。夫以曾参之贤与其母信之也⑱，然三人疑之，其母惧焉。今臣之贤也不若曾参，王之信臣也，又不如曾参之母之信曾参也，疑臣者非特三人也⑲，臣恐大王投杼也。魏文侯令乐羊将而攻中山⑳，三年而拔之，乐羊反而语功，文侯示之谤书一箧㉑。乐羊再拜稽首曰：'此非臣之功也，主君之力也。'今臣羁旅也㉒，樗里子、公孙子二人挟韩而议㉓，王必信之，是王欺魏而臣受韩之怨也。"王曰："寡人不听也㉔。"使伐宜阳。五月而宜阳未拔。樗里子、公孙子果争之，武王召甘茂，欲罢兵。甘茂曰："息壤在彼。"王曰："有之。"因悉起兵㉕，使甘茂将击之，遂拔宜阳。及武王薨㉖，昭王立，樗里子、公孙子谗之。甘茂遇罪，卒奔齐。故非至明，其孰能毋用谗乎？

【注释】

①甘茂下蔡人也：甘茂，又作"甘戊"。根据《史记·甘茂列传》记载，甘茂事史举先生，学百家之说，通过张仪、樗里疾求见秦惠王，惠王任为将军。秦武王时参与平定蜀地，任左丞相。秦昭王时因向寿、公孙奭谮毁而逃齐，任上卿，出使楚国。后卒于魏。下蔡，战国时楚地名，当今安徽凤台。

②武王：即秦武王。秦武王，嬴姓，名荡。战国时秦国国君。前310—前307年在位。

③左丞相：官名。丞相是古代辅佐君主的最高行政长官。战国秦

武王二年始置左右丞相。秦以后各朝时废时设。

④樗(chū)里子:名疾,秦惠王异母弟,滑稽多智,号智囊。

⑤公孙子:《史记·甘茂列传》作"公孙奭"。赵仲邑《新序详注》认为即《战国策·韩策》的"公孙郝"。"郝"、"奭"古音通。《战国策·秦策二》作"公孙衍",非。

⑥其外家韩也:樗里子、公孙子的母家是韩国。根据《史记·樗里子列传》记载,樗里子是秦惠王同父异母的弟弟。韩,战国时诸侯国名,战国七雄之一,后为秦所灭,故国在今山西东南部、河南西北部,治今河南新郑。

⑦数攻韩:石光瑛《新序校释》认为此句有脱字,当作"秦数攻韩"。其说是。赵仲邑《新序详注》则认为当作"数相韩",盖就樗里子、公孙子而言,似不妥。陈茂仁《新序校证》谓当作"数政韩",亦非。

⑧欲容车至周室:想要通车至周天子的王城洛邑。容车,车可安容,即通车之意。《史记·秦本纪》:"武王谓甘茂曰:'寡人欲容车通三川,窥周室,死不恨矣。'"一说容车指送葬时载运死者衣冠、画像之车,似与此处语言环境不合。周室,这里指周天子的王城洛邑。

⑨其道乎韩之宜阳:取道于韩国的宜阳。道,取道,经过。宜阳,地名。在今河南宜阳西。

⑩通道:开辟道路。

⑪向寿:据《史记·甘茂列传》记载,向寿为秦昭王母宣太后的同族,原本为楚国人,但在秦国和秦昭王一同长大,后相秦昭王。

⑫息壤:秦国地名。

⑬名为县,其实郡也:宜阳辖区虽为县,却相当于郡的规模。秦国当时的区域行政制度为郡县制,郡县制是郡和县的并称,郡管辖县。秦始皇统一中国,分国内为三十六郡,为郡县政治之始。汉

初封建制与郡县制并行,其后郡县遂成常制。

⑭倍数险:秦伐宜阳,要从函谷关出去,向东经过崤山,险要的地方很多。《史记·甘茂列传》张守节《正义》:"数险谓函谷及三崤五谷。"倍,通"背",这里指冒着。

⑮郑:《战国策·秦策二》、《史记·甘茂列传》作"费"。石光瑛《新序校释》据校改为"鄪(bì)",是。鄪,地名,即费,鲁邑,在今山东费县西南。

⑯顷然:片刻,一会儿。与下文"有顷"同义。

⑰投杼下机:扔下织布用的梭子,走下织布机。后以"投杼"比喻谣言众多,动摇了对最亲近者的信心。杼,梭子。

⑱夫以曾参之贤与其母信之也:赵仲邑《新序详注》认为应作"夫以曾参之贤与其母之信之也",以与下文"又不如曾参之母之信曾参也"相对,可参。

⑲非特:不仅,不只。《韩非子·六反》:"此非特无术也,又乃无行。"义与此同。

⑳乐(yuè)羊:《汉书·古今人表》又作"乐阳"。攻中山:据《史记·六国年表》记载,在前409年,魏文侯曾攻中山。中山,古国名。鲜虞人所建,在今河北灵寿至唐县一带。

㉑谤书一箧(qiè):一箱子诋毁诽谤乐羊的书信。箧,箱子一类的东西。

㉒羁(jī)旅:寄居异乡的旅客。《左传·庄公二十二年》:"齐侯使敬仲为卿,辞曰:'羁旅之臣……敢辱高位?'"杜预注:"羁,寄也;旅,客也。"甘茂是楚人,仕于秦,故自称"羁旅"。

㉓挟韩而议:怀有对韩国的私心来议论。挟,怀抱,怀有。

㉔寡人不听也:《战国策·秦策二》、《史记·甘茂列传》句下有"请与子盟",义更完整。故下文甘茂才说"息壤在彼",意思是"息壤的誓言还在那里"。

㉕悉：全，都。

㉖薨（hōng）：古代称诸侯或有爵位者的死为"薨"。

【译文】

甘茂是下蔡人，西行入秦国，多次立功，到秦武王时，被任命为左丞相，樗里子为右丞相。樗里子和公孙子，都是秦国的王族公子，他们的母家都是韩国。秦国多次攻打韩国。秦武王对甘茂说："我想要坐车至周天子的王城洛邑，大概要取道韩国的宜阳吧。"秦武王想让甘茂率兵攻打韩国，取得宜阳，以开辟通往王城洛邑的道路。甘茂对秦武王说："请让我去与魏国定约，一起攻打韩国。"武王同意，让向寿协助甘茂，一道前往魏国。甘茂邀请魏国结盟，魏国答应了甘茂的邀请。回来的途中到达息壤，甘茂对向寿说："先生先回去告诉大王，魏国答应我的请求，但是我希望大王不要攻打韩国。"向寿回去后把甘茂的话禀报给武王。武王到息壤迎接甘茂，问他不攻打韩国的原因，甘茂回答说："宜阳是大县，名义上是县，实际上是郡。现在大王出兵冒着重重危险，行军千里，攻打韩国，难啊。从前，曾参在费地居住，有个和曾参同名同姓的人杀了人。有人告诉他的母亲说：'曾参杀人了。'他的母亲听后神色自若照旧织布。一会儿，又有一人来告诉她这件事，她说：'我的儿子不会杀人。'又过了一会儿，又有人来告诉她，她赶紧扔了梭子下织布机，翻墙跑掉了。以曾参那样的贤人和他母亲对他的信任，也只要有三个人怀疑他杀了人，他的母亲就害怕起来。现在我的贤德不如曾参，大王对我的信任也不如曾参母亲对曾参的信任，怀疑臣下的人远不止三个，我害怕大王会像曾参母亲那样扔掉梭子啊。魏文侯曾让乐羊带兵攻打中山，出兵三年才把中山攻占，乐羊回来请功，魏文侯拿出一箱子毁谤他的书信给他看。乐羊行跪拜大礼，说：'攻占中山不是臣下的功劳，是君主的力量啊。'现在我只不过是个寄居异乡的旅客，要是樗里子和公孙子二人怀有对韩国的私心来议论此事，大王一定会相信他们，这是大王欺骗魏国而我也会受到韩国的怨恨啊。"秦武王说："我是不会听信他们的话的。"让甘茂率兵攻打宜阳。过了五个月,宜阳还没有被攻破。樗里子和公孙子果然对此有了争议,秦武王召回甘茂,想要罢兵停战。甘茂说:"大王在息壤的诺言还在那里!"秦武王说:"有这回事。"于是便调集全部兵力,让甘茂率领猛攻,终于攻下了宜阳。等到武王过世之后,秦昭王即位,樗里子和公孙子谗害甘茂,甘茂遭遇罪祸,最后逃到了齐国。所以,不是最贤明的君主,又有谁能不听信谗言呢?

2.4　楚王问群臣曰①:"吾闻北方畏昭奚恤②,亦诚何如?"江乙答曰③:"虎求百兽食之,得一狐。狐曰:'子毋敢食我也。天帝令我长百兽,今子食我,是逆帝命也。以我为不信,吾为子先行,子随我后,观百兽见我无不走④。'虎以为然,随而行,兽见之皆走。虎不知兽畏己而走也,以为畏狐也。今王地方五千里,带甲百万,而专任之于昭奚恤也⑤。北方非畏昭奚恤也,其实畏王之兵甲也⑥,犹百兽之畏虎。故人臣而见畏者,是见君之威也。君不用,则威亡矣⑦。"

【注释】

①楚王:《战国策·楚策》作"荆宣王",即楚宣王。名良夫。战国时楚国国君。前369—前340年在位。

②北方:指北方的诸侯,如陈、赵、魏、燕等国。昭奚恤:楚国宗室,曾为令尹。《史记》作"昭鱼"。

③江乙:又叫江一、江尹,楚宣王时大臣。

④走:逃跑。

⑤专任:专门交付给。

⑥兵甲:汉魏本、四部本作"甲兵"。《战国策·楚策一》亦作"甲兵"。

⑦君不用，则威亡矣：石光瑛《新序校释》："乙之言，盖短昭奚恤之无
威，借以诔楚王耳。"其说可参。《战国策·楚策一》即载有多则
江乙"恶昭奚恤"之言。

【译文】

楚宣王问群臣说："我听说北方的诸侯害怕昭奚恤，真是这样么？"
江乙回答："老虎寻求百兽来吃，抓到一只狐狸。狐狸说：'你不敢吃我。
天帝命令我充当百兽的首领，如果你吃了我，就是违抗天帝的命令。你
要是认为我说的不是真话，就让我走在你前面，你跟在后面，看看百兽
见到我没有不逃跑的。'老虎以为有理，就跟在狐狸后面行走，百兽看到
后都逃跑了。老虎不知百兽是因为害怕自己才逃跑，还以为是害怕狐
狸呢。现在大王的国土方圆五千里，拥有上百万的军队，这些军队专门
交由昭奚恤掌握。北方的诸侯不是害怕昭奚恤，其实是害怕大王的军
队啊，就像是百兽害怕老虎一样。所以说，人臣之所以被别人畏惧，这
正显示了君主的威势。君主要是不任用他，他的威势也就没有了。"

2.5　鲁君使宓子贱为单父宰①。子贱辞去，因请借善
书者二人，使书宪书教品②，鲁君予之。至单父，使书，子贱
从旁引其肘③。书丑，则怒之；欲好书，则又引之。书者患
之，请辞而去。归以告鲁君，鲁君曰："子贱苦吾扰之，使不
得施其善政也。"乃命有司毋得擅征发单父④，单父之化大
治⑤。故孔子曰："君子哉子贱！鲁无君子者，斯安取斯⑥？"
美其德也。

【注释】

①鲁君：赵仲邑《新序详注》认为此鲁君应该是鲁哀公。鲁哀公，姬
　姓，名蒋，又作将。春秋时鲁国国君。前494—前476年在位。

宓(fú)子贱：鲁国人，名不齐，字子贱，孔子弟子。《史记·仲尼弟子列传》谓小孔子三十岁。《孔子家语·七十二弟子解》则谓小孔子四十岁。又，《孔子家语·七十二弟子解》记载：孔子弟子宓子贱为单父宰，鸣琴而单父治，甚得民心，孔子美之。单(shàn)父宰：单父的最高长官。单父，地名。春秋时鲁国所辖，在今山东单县南。

②宪书：法律之书。教品：教令之书。

③引：牵引。

④有司：指官吏。古代设官分职，各有专司，故称。毋：铁华馆本、汉魏本、四部本作"无"。擅：擅自。征发：征集调遣人力或物资。

⑤化：教化。大治：谓政治修明，局势安定。《礼记·礼器》："是故圣人南面而立，而天下大治。"

⑥斯安取斯：第一个"斯"字，指这个人，第二个"斯"字，指这种品德。安，哪里。语出《论语·公冶长》，原文是："君子哉若人！鲁无君子者，斯焉取斯！"朱季海《新序校理》："是向作'安'者，以汉人语代之耳。"

【译文】

鲁国国君派宓子贱担任单父的长官。子贱在辞别时，向鲁国请求借用两个善长书法的人，让他们书写法律条文和教令例规，鲁君派给了他。到单父后，让这两个人书写，子贱则从旁边牵引他们的胳膊肘。他们写得不好，子贱就发怒；他们想写得好些，子贱就又从旁牵制他们。这两个书写的人很苦恼，便向子贱告辞离开。回去后将这件事报告给鲁君，鲁君说："子贱是担心我干扰他，使他不能够施行美好的政令啊。"于是命令官员不得擅自征调单父的人力和物资，单父的教化达到大治。所以孔子说："子贱真是个君子呀！鲁国要是没有君子，那么这个人是从哪里学来的好品德呢？"这是在赞美他的道德品行啊。

2.6　楚人有献鱼楚王者曰："今日渔获,食之不尽,卖之不售,弃之又惜,故来献也。"左右曰:"鄙哉辞也!"楚王曰:"子不知渔者,仁人也。盖闻囷仓粟有余者①,国有饿民②;后宫多幽女者③,下民多旷夫④;余衍之蓄聚于府库者⑤,境内多贫困之民。皆失君人之道。故庖有肥鱼⑥,厩有肥马⑦,民有饿色。是以亡国之君,藏于府库⑧。寡人闻之久矣,未能行也。渔者知之,其以此喻寡人也⑨。且今行之。"于是乃遣使恤鳏寡而存孤独⑩,出仓粟、发币帛而振不足⑪,罢去后宫不御者⑫,出以妻鳏夫⑬。楚民欣欣大悦⑭,邻国归之。故渔者一献余鱼,而楚国赖之,可谓仁智矣。

【注释】

①囷(qūn)仓:粮仓。囷,古代一种圆形的谷仓。粟(sù):北方通称谷子,去皮后为小米。

②饿民:底本"民"下有小字注"一本作下民多饥"。汉魏本、铁华馆本、四部本同。

③后宫多幽女:后宫里有很多幽居无偶的女子。后宫,妃嫔所居的宫殿。幽女,幽居无偶的女子。

④旷夫:无妻的成年男子。《孟子·梁惠王下》:"当是时也,内无怨女,外无旷夫。"

⑤余衍(yǎn)之蓄:多余的积蓄。衍,多余。

⑥故:底本"故"下有小字注"一有厨字",汉魏本同;铁华馆本注作"一有囷字";四部本有"厨"字。庖(páo):厨房。

⑦厩(jiù):马棚。

⑧藏于府库:谓藏财货于府库。

⑨喻:使人明白。

⑩鳏（guān）寡：老而无妻或无夫的人，引申指老弱孤苦的人。《诗经·小雅·鸿雁》："爰及矜人，哀此鳏寡。"《毛传》："老而无妻曰鳏，偏丧曰寡。"存：恤问，劳问。这里指慰问。孤独：年幼无父和年老无子的人。孤，幼而无父。独，老而无子。

⑪出仓粟：拿出仓库中贮藏的米谷，开仓放粮。发币帛：发放财物。币帛，泛指财物。振：救济。

⑫不御者：这里指未被君王纳为嫔妃侍妾的宫女。

⑬妻：这里用作动词，与人为妻。

⑭欣欣：开心的样子。《诗经·大雅·凫鹥》："旨酒欣欣，燔炙芬芬。"《毛传》："欣欣然，乐也。"

【译文】

楚国有个给楚王献鱼的人，对楚王说："今天捕获了很多鱼，吃又吃不完，卖又卖不掉，丢弃又太可惜，所以来献给您。"楚王身边的人说："这话说得真粗鄙啊！"楚王说："你们不知道这位渔夫，是一位仁德之人。我听说过国家粮仓里谷物富余的，国内就有挨饿的百姓；后宫里宫女很多的，百姓中就会有很多光棍汉；多余的钱财聚集在国库里的，国家就会有很多贫苦穷困的人。这都违背了君主的正道。所以厨房里有肥美的鱼，马厩里有肥壮的马，而百姓却面带饥色。所以亡国之君，才会把财物藏在国库里。我听到这个道理很久了，就是未能施行。渔夫知道这一点，大概是用献鱼的办法来开导我吧。现在就可以着手实行了。"于是便派遣使者去抚恤鳏夫寡妇，慰问孤儿和年老无子的人，开仓放粮、发放财物，赈济贫困的人，遣散后宫中未被纳为嫔妃侍妾的宫女，把她们嫁给没有妻室的人。楚国的百姓非常高兴，邻国的人也来归附楚国。所以这位渔夫一给楚王献剩余的鱼，整个楚国都因他而获益，他可以说是有仁德、聪明的人了。

2.7 昔者邹忌以鼓琴见齐威王①，威王善之。邹忌曰：

"夫琴所以象政也②。"遂为王言琴之象政状及霸王之事。威王大悦,与语三日,遂拜以为相。齐有稷下先生③,喜议政事。邹忌既为齐相,稷下先生淳于髡之属七十二人④,皆轻忌,以谓设以辞,邹忌不能及⑤。乃相与俱往见邹忌。淳于髡之徒礼倨⑥,邹忌之礼卑⑦。淳于髡曰:"狐白之裘,补之以弊羊皮,何如?"邹忌曰:"敬诺。请不敢杂贤以不肖。"淳于髡曰:"方内而员钘⑧,如何?"邹忌曰:"敬诺。请谨门内⑨,不敢留宾客。"淳于髡等曰:"三人共牧一羊,羊不得食,人亦不得息,何如?"邹忌曰:"敬诺。减吏省员⑩,使无扰民也。"淳于髡等三称,邹忌三知之,如应响⑪。淳于髡等辞屈而去。邹忌之礼倨,淳于髡等之礼卑。故所以尚干将、莫邪者⑫,贵其立断也;所以贵骐骥者⑬,为其立至也。必且历日旷久乎?丝氂犹能挈石⑭,驽马亦能致远⑮。是以聪明捷敏,人之美材也。子贡曰:"回也闻一以知十⑯。"美敏捷也。

【注释】

①邹忌:亦作"驺忌",战国初期人。据《史记·田敬仲完世家》记载,以鼓琴游说齐威王,威王以为相三十余年,封于下邳(pī),号成侯。齐威王:底本作"齐宣王",误。此据《史记·田敬仲完世家》改,下文"威王"同。齐威王,田氏,名因奇,亦名引或牟,又作婴齐。战国时齐国国君。前356—前320年在位。

②夫琴所以象政也:《史记·田敬仲完世家》详细记载邹忌对齐威王谈琴象政的道理:大弦声音浑厚温和,如同君王宽和的气度;小弦声音高亢清脆,如同宰相的精明干练;手指持弦时紧而有力,放弦时手指舒缓,如同国家政令的有张有弛。琴声和谐而悠

扬,大弦和小弦相互配合,曲折婉转,互不干扰,犹如四季的周而复始。

③稷(jì)下先生:稷下学宫里的学者。稷下,地名,齐国都城临淄(今山东淄博)的稷门(西门)附近的地区。一说指稷山之下。据徐幹《中论·亡国》载,战国初期,齐桓公田午在此创建学宫,招致学者。齐威王、宣王时达到鼎盛,容纳了诸子百家的诸多学派,成为战国学术的中心。或称其为"稷下学派"则不妥。

④淳于髡(kūn):根据《史记·滑稽列传》记载,淳于髡是战国时齐国人,博闻强识,滑稽多辩。是稷下先生的代表人物之一。属:同一类人,等辈。

⑤以谓设以辞,邹忌不能及:认为设下委婉曲折的言辞,邹忌一定不能回答。《史记·田敬仲完世家》裴骃《集解》引作"以为设以微辞,邹忌必不能及"。微辞,委婉而隐含讽谕的言辞。类似于先秦时期的"隐"或隐语"。谓,通"为"。

⑥倨(jù):傲慢。

⑦卑:这里指谦恭。

⑧方内(ruì):方形的榫头。内,通"枘",榫头。员釭(gāng):圆形的车轴孔。员,同"圆"。釭,车毂口穿轴用的铁圈,这里指车轴孔。方的榫头和圆形的轴孔,是无法贯穿的,比喻格格不入。

⑨谨门内:看好门户。

⑩减吏省员:裁减官吏,节省人员。省,简易,减免。

⑪淳于髡等三称,邹忌三知之,如应响:淳于髡等人三次提问,邹忌三次知道答案,回答迅疾如同回声一样。这是先秦时期一种称之为"五称三穷"的比赛,类似于后来的五局三胜制。三称,三次提问。三知之,三次知道答案,指回答上问题。应响,陈茂仁《新序校证》认为"文不辞",当为"响应"之"误乙"。按,"应响"即"响应",不烦改字。

⑫干将、莫邪：均为宝剑名。据《吴越春秋·阖闾内传》记载，干将、莫邪，为春秋时吴国人干将和他的妻子莫邪奉楚王之命所铸成的两柄宝剑，雄剑名干将，雌剑名莫邪。

⑬贵骐骥(qí jì)：以骐骥为贵，指看重骏马。贵，石光瑛《新序校释》据《史记集解》引改作"尚"，亦通。

⑭氂(máo)：牦牛尾。这里指牦牛尾上的长毛。挈(qiè)：举，提起。

⑮驽马：劣马，跑得不快的马。

⑯回也闻一以知十：见《论语·公冶长》，原文为："子谓子贡曰：'女与回也孰愈？'对曰：'赐也何敢望回？回也闻一以知十，赐也闻一以知二。'"意思是"孔子对子贡说：'你和颜回哪个更强些？'子贡回答：'我怎么敢和颜回比？他听到一件事可以推演知道十件事，我听到一件事只能推知两件事。'"

【译文】

从前，邹忌用弹琴谒见齐威王，威王很赞赏他。邹忌对威王说："琴是可以用来象征政事的。"于是为威王讲解琴是如何象征政事以及霸、王大业的事情。威王非常开心，接连和邹忌谈了三天，便拜邹忌为相国。齐国稷下学宫里的学者，喜欢议论政事。邹忌担任齐相之后，稷下学者淳于髡等七十二人，都轻视邹忌，认为设下委婉曲折的言辞，邹忌一定不能回答。于是他们一起去见邹忌。淳于髡他们的态度很傲慢，邹忌的态度很谦卑。淳于髡等人说："白狐狸毛的皮衣，补上块破羊皮，怎么样？"邹忌回答说："恭敬受教。不敢把不贤能的人掺杂到贤能的人里去。"淳于髡等又说："方的榫头，圆的轴孔，怎么样？"邹忌回答说："恭敬受教。一定要看好门户，不敢留住闲杂客人。"淳于髡等人说："三个人共同牧养一只羊，羊不能吃到食物，人也不能得到休息，怎么样？"邹忌回答说："恭敬受教。裁减官吏，节省人员，使他们不要骚扰百姓。"淳于髡等人三次用提问刁难，邹忌三次都能知道答案，对答迅疾像回声一样。淳于髡等人再也无话可说，只好告辞离去。这时邹忌神态轻松骄傲,而淳于髡等人则垂头丧气。因此,之所以看重干将、莫邪这样的宝剑,是因为它们能立即削断东西;之所以看重骏马,是因为它能迅速地到达目的地。如果一定要旷日持久,那么丝线和牦牛尾上的长毛积多了也能吊起石头,劣等的马也能到达很远的地方。因此聪明敏捷,是人上好的才能。子贡说:"颜回听到一件事可以推演知道十件事。"就是在赞美他敏捷的才智啊。

2.8　昔者燕相得罪于君①,将出亡,召门下诸大夫曰:"有能从我出者乎?"三问,诸大夫莫对。燕相曰:"嘻!亦有士之不足养也。"大夫有进者曰:"亦有君之不能养士,安有士之不足养者? 凶年饥岁,士糟粕不厌②,而君之犬马有余谷粟;隆冬烈寒③,士短褐不完④,四体不蔽,而君之台观帷幙锦绣⑤,随风飘飘而弊⑥。财者,君之所轻;死者,士之所重也。君不能施君之所轻,而求得士之所重,不亦难乎?"燕相遂惭,遁逃⑦,不复敢见。

【注释】

①燕相:《战国策·齐策四》作"管燕",《韩诗外传》卷七作"宋燕相齐"。疑此处"燕相"为"管燕相齐"之缺省而误。下文"燕相"亦当为"管燕"。

②糟粕(zāo pò):酒滓,这里指粗恶的食物。

③隆冬烈寒:深冬严寒。

④士短褐不完:士人所穿的粗布短衣都不完整。短褐,裋(shù)褐,指粗布短衣。古代贫贱者或僮竖之服。《墨子·非乐上》:"昔者齐康公兴乐万,人不可衣短褐,不可食糠糟。"孙诒让注:"短褐,即裋褐之借字。"

⑤台观：泛指楼台馆阁等高大建筑物。帷幨（wéi jiān）锦绣：用花纹色彩精美鲜艳的丝织品制成的围在台观四周的幕布。锦，有彩色花纹的丝织品。绣，绣花的丝织品。

⑥弊：破旧，破损。

⑦遁（dùn）逃：逃走。遁，逃避。

【译文】

从前，燕相得罪了国君，将要逃亡到别国去，他召集门下的士大夫说："有能跟我一起出逃的吗？"问了三次，士大夫们没有一个应答的。燕相说："唉！看来士人也不值得奉养啊！"有个士大夫进言说："只有君主不能够养士，哪有士人不值得奉养呢？遇到荒年粮食欠收，士人粗恶的食物都吃不饱，而您的狗马却有多余的粮食吃；深冬严寒，士人粗布短衣都不完整，连四肢都遮蔽不了，而您的台观上做帘幕用的布精美华丽，随风飘扬直到破旧。财物，是君主应该轻视的；生死，是士人所重视的。您不能把应该轻视的东西给予士人，却想要求得士人所重视的，这不是很困难么？"燕相于是非常惭愧，便偷偷逃走，再也不敢见大家。

2.9　晋文公出猎①，前驱曰："前有大蛇，高如隄②，阻道竟之③。"文公曰："寡人闻之，诸侯梦恶则修德，大夫梦恶则修官，士梦恶则修身④，如是而祸不至矣。今寡人有过，天以戒寡人。"还车而反。前驱曰："臣闻之，喜者无赏，怒者无刑⑤。今祸福已在前矣，不可变，何不遂驱之？"文公曰："不然。夫神不胜道，而妖亦不胜德，祸福未发，犹可化也。"还车反，宿斋三日⑥，请于庙曰⑦："孤少牺不肥⑧，币不厚，罪一也；孤好弋猎⑨，无度数，罪二也；孤多赋敛，重刑罚，罪三也。请自今以来者，关市无征⑩，泽梁无赋敛⑪，赦罪人，旧田半税，新田不税。"行此令未半旬，守蛇吏梦天帝杀蛇，曰："何故当圣君道为？而罪当死⑫。"发梦视蛇⑬，臭腐矣。谒之，文公曰："然。夫神果不胜道，而妖亦不胜德，奈何其无究理而任天也？应之以德而已。"

【注释】

①晋文公：春秋时期晋国国君。姬姓，名重耳。晋献公之子，晋惠公之兄，春秋五霸之一。前636—前628年在位。他年少时因骊姬之乱流亡列国十九年，回国后励精图治，开创了晋国长达一个多世纪的中原霸权。立九年而薨，谥号为"文"。

②高如隁：如岸堤一样高。"隁"同"堤"。《博物志·异闻》作"如拱"，拱为双手合抱，形容大蛇之粗。

③阻道竟之：大蛇盘伏横阻着大路，把路都塞满了。竟，完，尽。

④诸侯梦恶则修德，大夫梦恶则修官，士梦恶则修身：贾谊《新书·春秋》作："天子梦恶则修道，诸侯梦恶则修政，大夫梦恶则修官，庶人梦恶则修身。"《群书治要》卷四十四引桓谭《新论》作："《周书》曰：'天子见怪则修道，诸侯见怪则修政，大夫见怪则修职，庶人见怪则修身。'"修官，尽职地处理公务。《左传·襄公十六年》："修官，烝于曲沃。"杨伯峻《春秋左传注》解释为"选任贤能"。

⑤喜者无赏，怒者无刑：高兴的人不要给他奖赏，发怒的人不要给他惩罚。结合下句"今祸福已在前矣，不可变"及后文"奈何其无究理而任天"，则这句大约是说要听天由命的意思。

⑥宿斋：古代指举行祭祀等礼仪前的斋戒。

⑦庙：宗庙，供奉、祭祀祖先之所。

⑧孤少牺不肥：贾谊《新书·春秋》、应劭《风俗通义·怪神》作"孤牺不肥"，则"少"字为衍文。陈茂仁《新序校证》云："'孤牺不肥，币不厚'，与下文二句，句法正一律矣。"石光瑛《新序校释》认为，

晋文公返国时,年纪已经不小了,故此句疑有脱文。说皆可参。牺,古代称做祭品用的纯色牲畜。

⑨弋(yì)猎:射猎,狩猎。弋,用带绳子的箭射猎。

⑩关市无征:关口和市场上不征税。即《孟子·梁惠王下》"关市讥而不征"之意。

⑪泽梁:用石头筑成的拦水捕鱼的一种装置。这里指捕鱼。《礼记·王制》:"獭祭鱼,然后虞人入泽梁。"郑玄注:"梁,绝水取鱼者。"泽,水所汇集处。

⑫而:你。

⑬发梦:梦觉,梦醒。朱季海《新序校理》:"发,醒也。《招魂》别本云'娱酒不发,沉日夜些',是其义。"

【译文】

晋文公外出打猎,开路的人禀报说:"前方有条大蛇,如岸堤一样高,它横阻着大路,把路都塞满了。"文公说:"我听说,诸侯要是梦到不祥之物就要修养德行,大夫要是梦到不祥之物就要尽职地处理公务,士人要是梦到不祥之物就要加强自我修养,这样的话,祸患就不会降临了。现在我有过失,上天用这条大蛇来惩戒我。"于是命令掉过车头返回去。开路的人说:"我听说,高兴的人不要给他奖赏,发怒的人不要给他惩罚。现在福祸已经出现在眼前,无法改变,为什么不直接往前走呢?"文公说:"不是这样。神怪不能战胜正道,妖邪也不能战胜仁德,祸福尚未明确,还是可以化解的。"于是掉转车头返回,斋戒三天,在宗庙向祖先祷告:"我祭祀时用的牲畜并不肥美,财物也不丰厚,这是第一桩罪过;我喜好打猎,又没有节制,这是第二桩罪过;我对百姓征税太多,对罪人刑罚过重,这是第三桩罪过。从今以后,关卡和集市都不征税,到湖泊捕鱼也不收税,赦免罪人,原有的田地收半税,新开垦的田地免税。"这个政令发布后不到五天,看守大蛇的官吏梦见天帝将大蛇杀死,并说:"你为什么阻挡圣明君主的道路?你的罪过应当处死。"梦醒后去看大蛇，已经腐朽了。于是便谒见文公，文公说："真是这样。神怪果然不能战胜正道，妖邪果然不能战胜仁德，为什么不追究祸福道理，却要听天由命呢？用德行去回应它就是了。"

2.10　梁君出猎①，见白雁群，梁君下车，彀弓欲射之②。道有行者，梁君谓行者止，行者不止，白雁群骇③。梁君怒，欲射行者。其御公孙袭下车抚矢曰④："君止。"梁君忿然作色而怒曰："袭不与其君而顾与他人⑤，何也？"公孙袭对曰："昔齐景公之时，天大旱三年，卜之曰：'必以人祠，乃雨。'景公下堂顿首曰：'凡吾所以求雨者，为吾民也。今必使吾以人祠，乃且雨，寡人将自当之。'言未卒而天大雨方千里者⑥，何也？为有德于天而惠于民也。今主君以白雁之故而欲射人⑦，袭谓主君譬，无异于虎狼⑧。"梁君援其手与上车，归入庙门⑨，呼万岁，曰："幸哉，今日也！他人猎皆得禽兽，吾猎得善言而归。"

【注释】

①梁君：即魏君。魏惠王将都城从安邑迁往大梁，所以魏又称梁。《金楼子·杂记下》作"周君"。

②彀（gòu）弓：拉满弓。

③骇：本意指马受惊。这里指雁群受惊。

④御：驾车的人。公孙袭：《群书治要》、《金楼子·杂记下》、《艺文类聚》、《太平御览》等皆引作"公孙龙"。故石光瑛《新序校释》、赵仲邑《新序详注》以"袭"为"龙"之误。按，马非百《中国古名家言》则以为"止射之事，不必为公孙龙"。其说是。后出诸书作"龙"而此作"袭"者，正可见本书所据史料之不同。抚：用手

按住。

⑤与：帮助。

⑥方：地区，地域。这里指面积。

⑦而欲射人：《群书治要》作"而欲射杀之"，义更晓畅。

⑧袭谓主君譬，无异于虎狼：我（公孙袭）给君王您打比方，您就好
　　像是虎狼一样。《艺文类聚》引《庄子》作："主君譬人，无异于豺
　　狼也。"《金楼子·杂记下》作："君以雁射人，无乃虎狼也。"谓，通
　　"为"。譬，铁华馆本、汉魏本、四部本皆作"言"，盖"譬"之残字
　　（"譬"上半部分"辟"残损，仅存下半部分"言"字），后人遂误此句
　　为"袭谓主君言"。

⑨庙：这里指王宫的前殿，泛指朝廷。石光瑛《新序校释》据《群书
　　治要》引改作"郭"，郭、庙形近而误。亦通。郭门，外城的门。

【译文】

魏国国君外出打猎，看见一群白雁，魏君下了车，拉满弓准备猎射
白雁。路上有个行人，魏君让行人停下来，但是行人没有止步，惊动了
白雁群。魏君发怒了，想要射杀行人。魏君的车夫公孙袭赶紧下车按
住箭说："君王快停下来。"魏君气得脸色大变，发怒道："公孙袭你不帮
助你的国君却帮助别人，这是什么缘故？"公孙袭回答说："以前齐景公
在位时，天大旱三年，占卜后卜辞说：'必须要用活人祭祀才会降雨。'景
公走下殿堂，对天叩头说：'我之所以求雨，是为了我的百姓。现在一定
要让我用活人来祭祀才下雨，那就用我作祭品吧。'话还没有说完，天上
就下起了方圆几千里的大雨，这是为什么呢？因为他能够顺应天意、施
惠百姓啊。现在主君您因为行人惊吓了白雁就要将其射杀，我给您打
比方，您就好像是虎狼一样。"魏君拉着公孙袭的手和他一起上车，回到
宗庙的大门时，高呼万岁，说："今日真是幸运啊！别人打猎都是得到了
猎物，我打猎却是得到善言回来的。"

2.11　武王胜殷①,得二虏而问焉,曰:"而国有妖乎②?"一虏答曰:"吾国有妖。昼见星而雨血③,此吾国之妖也。"一虏答曰:"此则妖也④,虽然,非其大者也。吾国之妖,其大者,子不听父,弟不听兄,君令不行,此妖之大者也。"

【注释】

①武王胜殷:指武王伐纣,战于牧野,灭商,纣王自杀。根据"夏商周断代工程"的最新成果,武王伐纣的年代为前1046年。殷,即商朝,都城在今河南安阳境内。盘庚迁都到殷之后,"商"又被称作"殷"。

②而:你的。妖:怪诞、怪异的征兆。

③雨(yù)血:下血雨。雨,下雨。

④则:确实,的确。朱季海《新序校理》:"此'则'之用于让步句者。"

【译文】

武王灭商,得到两个俘虏,于是问他们说:"你们的国家有妖异吗?"一个俘虏回答说:"我们国家有妖异。大白天能看到星辰,并且天上下血雨,这就是我国出现的妖异。"另一个俘虏回答说:"这确实是妖异,尽管如此,还不是最大的妖异。我们国家的妖异,最大的是作儿子的不听从父亲,作弟弟的不听从兄长,君主的命令不能贯彻执行,这才是最大的妖异。"

2.12　晋文公出田①,逐兽,砀入大泽②,迷不知所出。其中有渔者,文公谓曰:"我,若君也③。道安从出?我且厚赐若。"渔者曰:"臣愿有献。"公曰:"出泽而受之。"于是遂出泽。公令曰:"子之所欲以教寡人者何等也?愿受之。"渔者曰:"鸿鹄保河海之中,厌而欲移徙之小泽,则必有九缯之忧④;鼋鼍保深渊⑤,厌而出之浅渚⑥,则必有罗网钓射之忧。今君逐兽,砀入至此,何行之太远也?"文公曰:"善哉!"谓从者记渔者名。渔者曰:"君何以名为? 君其尊天事地,敬社稷,固四国⑦,慈爱万民,薄赋敛,轻租税者,臣亦与焉。君不敬社稷,不周四国,外失礼于诸侯,内逆民心,一国流亡,渔者虽得厚赐,不能保也。"遂辞不受,曰:"君亟归国⑧,臣亦反吾渔所。"

【注释】

①出田:外出打猎。田,狩猎。

②砀(dàng)入大泽:冲荡到了大沼泽里。砀,同"荡",冲荡。

③若:你,你的。

④九缯:《群书治要》、《太平御览》引作"丸缯"。孙诒让《札迻》:"九缯当为丸缯,九、丸形近而误。"其说是。丸,弹丸。缯,通"矰",古代射鸟用的箭,用丝绳子系住,以便取回猎物。

⑤鼋(yuán)鼍(tuó)保深渊:大鳖和鳄鱼安全地居住在深潭中。鼋,大鳖。鼍,扬子鳄。也称鼍龙、猪婆龙。体长丈余。

⑥渚(zhǔ):水中的小块陆地。

⑦固四国:保卫四方边境。固,朱季海《新序校理》据何焯校,谓当作"周","周四国"即"协和四国"。说可参。国,境。一说四国为"四方之国",因为晋文公是霸主,因此要保卫四方的诸侯。

⑧亟(jí):快速,迅速。

【译文】

　　晋文公外出田猎,在追逐野兽时,四处冲荡,误入一大片沼泽地,迷失了方向,不知道从哪里出去。沼泽中有一个渔夫,文公对他说:"我是你的国君。哪条路能走出去呢? 告诉我,我要重重地赏赐你。"渔夫说:

"我想给您有所献言。"文公说："等从沼泽地里出去后我再受教。"于是渔夫便带着晋文公走出了沼泽地。文公对渔夫说："您想要教诲我的是什么呢？我愿意受教。"渔夫说："天鹅安全地生活在大河大海中，厌烦了想要迁到小沼泽中，必定会有被弹丸、弓箭射中的危险；大鳖和鳄鱼安全地生活在深潭里，厌烦了想要迁居到水浅的小洲上，必定会有渔网、钓钩及弓箭的危险。现在您追逐野兽，冲荡进了这片大沼泽，为什么走得这样远呢？"晋文公说："说得对啊！"吩咐随从记下渔夫的名字。渔夫说："国君记我的名字做什么呢？国君如果能够尊崇天地，慎重地对待祖上的基业，保卫四方的边境，慈爱百姓，减轻赋税的话，那么我也能因此受到恩惠。国君如果不敬重祖上的基业，不保卫四方的边境，对外失礼于各国诸侯，对内不顺应民意，使得全国百姓流离失所，我这个渔夫即使得到了重赏，也是不能保住的。"他并没有接受赏赐，说："国君您赶紧回都城吧！我也要回我打渔的地方了。"

2.13　晋文公逐麋而失之[1]，问农夫老古曰[2]："吾麋何在?"老古以足指曰："如是往[3]。"公曰："寡人问子，以足指何也?"老古振衣而起曰[4]："一不意人君如此也[5]！虎豹之居也，厌闲而近人，故得；鱼鳖之居也，厌深而之浅[6]，故得；诸侯厌众而亡其国[7]。《诗》云：'维鹊有巢，维鸠居之[8]。'君放不归，人将居之。"于是文公恐，归遇栾武子[9]。栾武子曰："猎得兽乎？而有悦色。"文公曰："寡人逐麋而失之，得善言，故有悦色。"栾武子曰："其人安在乎?"曰："吾未与来也。"栾武子曰："居上位而不恤其下[10]，骄也；缓令急诛[11]，暴也；取人之言而弃其身，盗也。"文公曰："善。"还载老古与俱归。

【注释】

①麇（mí）：兽名。指麋鹿。

②老古：《太平御览》卷八百三十二引作"老者"，下同。

③如是往：从这里跑了。

④振衣：抖衣去尘，整衣。《楚辞·渔父》："新沐者必弹冠，新浴者
　　必振衣。"王逸注："去尘秽也。"

⑤一：乃，竟。

⑥之：往，到。

⑦诸侯厌众而亡其国：《太平御览》引作"诸侯之居也，厌众而远游，
　　故亡其国。"意更完备。厌众，厌倦群臣。

⑧维鹊有巢，维鸠居之：见《诗经·召南·鹊巢》。鹊，喜鹊。鸠，鸤
　　鸠，布谷鸟。

⑨栾（luán）武子：晋国大夫，姬姓，栾氏，名书。按，栾书主要活动于
　　晋文公的孙子晋景公（前599—前581年在位）和重孙晋厉公（前
　　580—前573年在位）时期，为上卿，晚于晋文公四十多年，二人
　　不同时。疑有误。

⑩恤：体恤，体察。

⑪缓令急诛：慢于教令而急于责求。诛，要求，索取。

【译文】

　　晋文公追逐一只麋鹿却追失了，问农夫老古说："我的麋鹿跑到哪
里去了？"老古用脚指着说："朝这边跑了。"文公说："我问您话，您却用
脚来指给我，为什么啊？"老古抖衣去尘站起来说："想不到一国之君竟
然是这个样子！虎豹在山林里居住，它们厌倦安静的生活而接近人，所
以被人抓住；鱼鳖在水里居住，厌倦深水里的生活而游到浅水，所以被
人捕获；诸侯厌倦和群臣共事而跑到荒郊野岭，就会亡国。《诗经》上
说：'喜鹊做了巢，布谷鸟占着住。'君主要是放荡不归，别人就将住到您
的宫殿里了。"于是文公害怕起来，连忙回去，路上遇到栾武子。栾武子

说：“您猎到很多野兽吧？看上去这样高兴。”文公说：“我追赶一只麋鹿追失了，却得到了善言，所以才这么高兴。”栾武子问：“那个人现在哪里？”文公说：“我没有把他带回来。”栾武子说：“高居上位的人不体恤他的臣民，就是骄纵；慢于教令而急于责求，就是残暴；接受了别人的善言却把别人抛弃，就是盗窃。”文公说：“说得对。”于是返回去载着老古一同回来了。

2.14　扁鹊见齐桓侯①，立有间，扁鹊曰：“君有疾在腠理②，不治将恐深。”桓侯曰：“寡人无疾。”扁鹊出，桓侯曰：“医之好利也，欲治不疾以为功。”居十日，扁鹊复见，曰：“君之疾在肌肤③，不治将深。”桓侯不应。扁鹊出，桓侯不悦。居十日，扁鹊复见，曰：“君之疾在肠胃，不治将深。”桓侯不应。扁鹊出，桓侯又不悦。居十日，扁鹊复见，望桓侯而还走。桓侯使人问之，扁鹊曰：“疾在腠理，汤熨之所及也④；在肌肤，针石之所及也⑤；在肠胃，大齐之所及也⑥；在骨髓，司命之所，无奈何也⑦。今在骨髓，臣是以无请也。”居五日，桓侯体痛，使人索扁鹊，扁鹊已逃之秦矣。桓侯遂死。故良医之治疾也，攻之于腠理。此事皆治之于小者也。夫事之祸福，亦有腠理之地，故圣人蚤从事矣⑧。

【注释】

①扁鹊：据《史记·扁鹊仓公列传》、《周礼·天官》载，扁鹊，秦氏，名越人，字少齐。师从长桑君，据说他能洞见人五脏的症结。家居齐国卢邑，世称卢医。因其医术高明，所以人们就用传说中的上古神医扁鹊的名字来称呼他。齐桓侯：《韩非子·喻老》作“蔡桓侯”。他书又作“魏桓侯”、“晋桓侯”、“齐桓公”等。也有人认

为是"赵桓子"、"秦武王"。其人已难确知。

②腠(còu)理:皮肤上的纹理,指皮表。

③肌肤:肌肉与皮肤。

④汤(tàng)熨(yùn):中医的一种治疗方法。用热水熨帖患处以散
寒止痛。《史记·扁鹊仓公列传》:"疾之居腠理也,汤熨之所及
也。"汤,加热。熨,用药热敷。及,达到,至。这里指治愈。

⑤针石:用金属做的针和石头做的针刺入一定的穴位治病,指针
灸。古代针灸用石针,后世用金针。

⑥大齐(jì):《韩非子·喻老》作"火齐",即火剂汤,大、火形近而误。
齐,同"剂"。汉魏本、四部本即作"大剂"。火剂汤是古代清火的
汤药名,这里指用来治理肠胃的汤药。《史记·扁鹊仓公列传》:
"臣意(淳于意)饮以火齐汤,一饮得前后溲,再饮大溲,三饮而
疾愈。"

⑦司命之所,无奈何也:《韩非子·喻老》作:"司命之所属,无奈何
也。"意为疾病到了骨髓,便是司命之神所掌管的,医药就没有办
法了。司命,神名。掌管生命的神。《庄子·至乐》:"吾使司命
复生子形,为子骨肉肌肤。"

⑧蚤:通"早"。

【译文】

扁鹊谒见齐桓侯,站了一会儿,扁鹊说:"君主您有疾病,在皮肤表
层,要是不医治恐怕会加深。"桓侯说:"我没有什么疾病。"扁鹊告辞出
去后,桓侯对身边的人说:"当医生的好利喜功,想要给无病之人治病来
请功。"过了十天,扁鹊又来谒见,说:"您的病已经深入到肌肉与皮肤里
面了,再不医治,会越来越深。"齐桓侯没有理睬。扁鹊告辞出去,齐桓
侯很不高兴。过了十天,扁鹊又来谒见齐桓侯,对他说:"您的病已经深
入到肠胃了,不医治,将会越来越严重。"桓侯仍然没有理睬。扁鹊告辞
出去,桓侯又很不高兴。过了十天,扁鹊又来拜见,一见齐桓侯转身就

跑。桓侯派人追上问他原因,扁鹊回答说:"病症在表皮,用汤剂热敷就能治愈;病症在肌肉与皮肤,用针灸就能治愈;在肠胃时,服火剂汤就能治愈;当深入骨髓时,便是司命之神所掌管的,医药就没有办法了。现在君主的病症已经深入到骨髓,所以我也就不能再劝他医治了。"过了五天,桓侯身体疼痛,派人找扁鹊,扁鹊已经逃到秦国去了。桓侯便病死了。因此医术高明的医生治病,会在病症萌发于表皮时下药,这就是凡事都要从问题还小时治理的例子。事情的祸福,也有类似于表皮的时候,所以圣人总是及早从事。

2.15　庄辛谏楚襄王曰①:"君王左州侯,右夏侯,从新安君与寿陵君②,同轩淫衍侈靡③,而忘国政,郢其危矣④。"王曰:"先生老悖欤⑤?妄为楚国妖欤⑥?"庄辛对曰:"臣非敢为楚妖,诚见之也。君王卒近此四子者,则楚必亡矣!辛请留于赵以观之。"于是不出十月,王果亡巫山、江汉、鄢、郢之地⑦。

【注释】

①庄辛:楚庄王之后,以"庄"为氏,《汉书·古今人表》作"严辛",盖避汉明帝讳。其年约小屈原二十余岁,仕于楚怀王、顷襄王朝。楚襄王:即顷襄王,芈姓,名横,怀王之子。战国末期楚国国君。前298年—前263年在位。

②君王左州侯,右夏侯,从新安君与寿陵君:州侯、夏侯、新安君、寿陵君,此四人均为楚襄王的宠臣,事奉襄王左右。

③同轩淫衍侈靡:指楚襄王与几个奸邪谄佞之徒同车鬼混,行为放荡、生活奢侈。同轩,同车。轩,古代一种有围棚或帷幕的车。诸本皆从"同轩"处断句,属上读,今据赵逵夫先生《庄辛〈谏楚襄王〉考校兼论〈新序〉的史料价值》改。淫衍,行为放荡。淫,过

度。衍,溢。侈靡,指生活浪费。侈,奢侈。靡,浪费。

④郢:楚国国都,在今湖北江陵北。

⑤惛(hūn):通"惽",糊涂不明。钦:句末语气词。

⑥妄:虚妄,胡说。妖:妖孽,这里指不祥之言。

⑦于是不出十月,王果亡巫山、江汉、鄢(yān)、郢之地:根据《史记·楚世家》,顷襄王十九年(前 280),楚割上庸、汉北地予秦;二十年(前 279),秦拔西陵;二十一年(前 278),秦拔郢。则楚亡其巫山、江汉、鄢、郢之地前后三年。"不出十月"者,夸张之言耳。十月,《战国策·楚策四》作"五月"。朱季海《新序校理》:"'五'、'十'古文相似。"巫山,山名。在今四川巫山县一带。江汉,长江与汉水之间及其附近的一些地区。鄢,地名。楚国别都,在今湖北宜城境内。

【译文】

庄辛劝谏楚襄王说:"君王您的左边是州侯,右边是夏侯,后面跟着新安君和寿陵君,和他们同乘一车鬼混,行为放荡、奢侈浪费,忘记处理国家政事,郢都大约危险了!"楚襄王说:"先生老糊涂了么? 是在胡说楚国的不祥么?"庄辛回答:"我不敢说楚国的不祥,是真的看到了。君王要是始终亲近这四个人的话,楚国一定会灭亡! 我请求您允许我留在赵国观察形势。"于是不到十个月,襄王果然失去了巫山、江汉、鄢、郢等地。

　　于是王乃使召庄辛至于赵①。辛至,王曰:"嘻! 先生来耶。寡人以不用先生言,至于此,为之奈何?"庄辛曰:"君王用辛言则可,不用辛言,又将甚乎此! 庶人有称曰:'亡羊而固牢,未为迟;见兔而呼狗,未为晚②。'汤武以百里王③,桀纣以天下亡,今楚虽小,绝长继短,以千里数④,岂特百里哉!

【注释】

①至：《战国策·楚策四》无此字，似为衍文。

②"亡羊而固牢"以下四句：羊虽已丢失，及时修补羊圈尚不为迟；已看到兔子，再呼叫狗也不为晚，尚有捕捉的希望。牢，羊圈。按，此二句应是当时之俗语。

③汤武以百里王（wàng）：根据《孟子·公孙丑上》记载，汤以七十里，文王以百里而王天下。《管子·轻重》记载："汤以七十里之薄，兼桀之天下。"薄，即"亳"，商都之一。汤，商汤，商朝的开国君主。武，周武王，周朝的开国君主。王，称王。

④以千里数：可以用千里来计数。以，用。《战国策·楚策四》作"犹以数千里"，义更晓畅。

【译文】

于是襄王派人把庄辛从赵国召回来。庄辛回来后，襄王对他说："唉！先生回来了。我以前没有听从先生的劝告而落到这种地步，现在我应该怎么办呢？"庄辛回答说："大王要是听从我的意见，还可以挽救，如果不听从我的意见，那么后果还会更加严重！百姓常说：'羊虽已丢失，及时修补羊圈尚不为迟；已经看到了兔子，再呼叫狗去追也不为晚。'商汤和周武王凭借百里的地盘而成就王业，夏桀和商纣拥有天下而最后灭亡。现在楚国虽然小，截长补短，也有上千里的国土，岂止是百里呢？

"且君王独不见夫青蛉乎①？六足四翼，蜚翔乎天地之间②，求蚊虻而食之③，时甘露而饮之，自以为无患，与民无争也。不知五尺之童子，胶丝竿④，加之乎四仞之上⑤，而下为虫蛾食已⑥。青蛉犹其小者也，夫爵㑇啄白粒⑦，仰栖茂树，鼓其翼，奋其身，自以为无患，与民无争也。不知公子王孙，左把弹，右摄丸，定操持⑧，审参连⑨，故昼游乎茂树，夕和乎酸咸⑩。爵犹其小者也，鸿鹄嬉游乎江汉，息留乎大沼，俛啄鳝鲤⑪，仰奋陵衡⑫，修其六翮，而陵清风，飘摇高翔⑬，一举千里，自以为无患，与民无争也。不知弋者选其弓弩⑭，修其防翳⑮，加缯缴其颈⑯，投乎百仞之上，引纤缴，扬微波，折清风而殒⑰。故朝游乎江河，而暮调乎鼎俎⑱。

【注释】

① 青蛉(líng)：蜻蜓。

② 蜚(fēi)：通"飞"。

③ 蚊虻(méng)：蚊，蚊子。虻，昆虫的一科，种类很多，身体灰黑色，长椭圆形，头阔，触角短，黑绿色复眼，翅透明。生活在野草丛里，雄的吸植物的汁液，雌的吸人、畜的血。

④ 胶丝竿：指把黏质粘在竹竿之上，用来粘取空中飞虫。张国铨《新序校注》："今小儿持竿胶蛛丝以黏取青蛉。"

⑤ 仞(rèn)：古时的长度单位。具体长度说法不一，一般认为七尺或八尺，也有人认为是五尺六寸。石光瑛《新序校释》谓，周尺多是八尺为一仞，汉尺多是七尺为一仞。《汉书·食货志》应劭注谓五尺六寸为一仞，似汉末之尺。

⑥ 蛾(yǐ)：同"蚁"。蚂蚁。

⑦ 爵：通"雀"，麻雀。俛(fǔ)：同"俯"。

⑧ 定操持：弓弹拿得很正、瞄得很准。操持，操作。

⑨ 审：正。参(cān)连：据郑众《周礼》注记载，参连是五射的一种。先射一箭，然后再连续射三箭。《周礼·地官·保氏》郑玄注："五射：白矢、参连、剡注、襄尺，井仪也。"贾公彦《疏》："参连者，前放一矢，后三矢连续而去也。"

⑩故昼游乎茂树,夕和乎酸咸:白天还在茂密的树丛中飞翔嬉戏,傍晚已经被辅以佐料烹调,成了桌上的美味。酸咸,泛指烹调用的佐料。

⑪鳒(yǎn)鲤:鲇鱼和鲤鱼。

⑫仰奋陵衡:抬起头来啄食菱草和杜蘅。陵,通"菱",一年生水生草本植物,果实有硬壳,有角,称"菱"或"菱角",可食,菱属植物的泛称。衡,同"蘅",即杜蘅,香草,今俗名马蹄香。《战国策·楚策四》作"仰啮(niè)陵衡",啮,啄咬。

⑬廳(biāo)摇:即飘摇,飞翔的样子。《战国策·楚策四》即作"飘摇"。

⑭弋(yì):古代射飞鸟多用带有丝缴的矢,称之为"弋"。弩(nǔ):一种利用机械力量射箭的弓。

⑮防翳(yì):弋者用来隐蔽身体的东西,披在身上作为伪装,以便于近距离的发矢。

⑯缯(zēng):通"矰(zēng)",系有生丝细绳用来射飞鸟的箭。缴(zhuó):系在箭尾用来射鸟的生丝绳。

⑰引纤缴,扬微波,折清风而殒:此三句逻辑顺序当为:"引纤缴,折清风而殒,扬微波。"意为:天鹅拖引着纤细的箭缴,从天上折翼陨落下来,跌在水中,激起水波。因行文需要而调整("扬微波"与"引纤缴"皆为三字句)。折清风,折于清风,指鸟被射落后向下坠落,同风的方向垂直,如同在风中折落。折,这里指折翼。扬微波,被射落的鸟跌在水中,激起水波。南方楚国河流交横、沼泽相望,故云。

⑱鼎俎(zǔ):泛称割烹的用具。鼎,古代烹煮用的器物,一般是三足两耳。俎,古代祭祀时放祭品的器物。也指切肉板。

【译文】

"况且君王难道没看见那蜻蜓么?它六脚四翅,在天地之间飞翔,寻觅蚊子和虻虫来吃，等待着甘甜的露水来喝，自己觉得没有什么祸患，与人无争。却不知道那五尺儿童在竿子上布满黏丝，把竿子举到两三丈高来捉它，从而成了虫蚁的食物。蜻蜓的事算是小的，那黄雀俯身啄食白米，仰头飞到茂盛的树上栖息，它鼓动着翅膀，腾身飞起，自己觉得没什么祸患，与人无争。却不知道公子王孙们，左手拿着弹弓，右手捏着弹丸，拿稳弓箭，瞄准射去，白天还在茂密的树丛中飞翔嬉戏，傍晚已经被辅以佐料烹调了。黄雀的事算是小的，那天鹅在长江、汉水里遨游嬉戏，在大湖泊里停留休息，俯下身子啄食鲇鱼、鲤鱼，抬起头啄食菱草、杜衡，它梳理着翅膀上的羽毛，凌驾于清风之上，飘摇飞翔，一飞千里，自己觉得没有什么祸患，与人无争。却不知道猎人选好了弓弩，整理好伪装物，用系有丝绳的短箭瞄准天鹅的脖子，射到几百丈高的上空，天鹅拖引着纤细的箭缴，从天上折翼陨落下来，跌在水中，激起水波。所以天鹅早晨还在江河之上遨游，晚上已经被放在锅里面烹调了。

　　"鸿鹄犹其小者也，蔡侯之事故是也①。蔡侯南游乎高陵②，北径乎巫山③，逐麋麇麕鹿④，彉溪子⑤，随时鸟⑥，嬉游乎高蔡之囿⑦，溢满无涯，不以国家为事。不知子发受令宣王⑧，厄以淮水⑨，填以巫山⑩，庚子之朝⑪，缨以朱丝⑫，臣而奏之乎宣王也⑬。蔡侯之事犹其小也，今君王之事遂以⑭。左州侯，右夏侯，从新安君与寿陵君，淫衍侈靡，康乐游娱，驰骋乎云梦之中⑮，不以天下与国家为事。不知穰侯方与秦王谋⑯，寘之以黾厄⑰，而投之乎黾塞之外⑱。"襄王大惧，形体悼栗⑲，曰："谨受令。"乃封庄辛为成陵君而用计焉⑳，与淮北之地㉑。

【注释】

① 蔡侯之事：指子发受楚宣王之命灭蔡事，当在楚宣王十五年（前355）以后的几年中。蔡侯指蔡圣侯。旧多以为指楚灵王十年（前531）的楚灵王灭蔡事，遂改"蔡圣侯"为"蔡灵侯"，改"楚宣王"为"楚灵王"，以"子发"为"弃疾"之误。或以为指楚惠王四十二年（前447）楚复灭蔡事，遂以"楚宣王"为"楚惠王"之误。

② 高陵：高陵为楚国地名，当在高蔡以南不远处，沅水南岸。"陵"为先秦楚语。《战国策·楚策四》作"高陂"，在今湖南湘阴南。

③ 径：经过，行径。朱季海《新序校理》："寻《楚辞·招魂》'经堂入奥'。'经'作'径'……今作'经'者，后人依音改字耳。是《新序》作'径'，犹有故记楚语之真。"

④ 麋（mí）：麋鹿。麇（jūn）：同"麋"。麞（zhāng）：同"獐"，哺乳动物，形状像鹿，毛较粗，头上无角，雄的有长牙露出嘴外。

⑤ 彏（guō）：拉满弓弩。溪子：古代强弓名。《战国策·韩策一》："天下之强弓劲弩，皆自韩出，溪子、少府、时力、距来皆射六百步之外。"《淮南子·俶真训》："乌号之弓，溪子之弩，不能无弦而射。"高诱注：溪子，为弩所出国名。或曰，溪，蛮夷也，以柘桑为弩，因曰溪子之弩也。一曰，溪子阳，郑国善为弩匠，因以名也。

⑥ 时鸟：指候鸟，因其按时令而来，故名。

⑦ 高蔡之囿（yòu）：据饶宗颐《楚辞地理考》，高蔡在武陵，今湖南常德。当是蔡国所在之地。高蔡之"高"，当由"高陵"而来。囿，古代帝王养禽兽的园林。

⑧ 子发：即令尹子发。宣王：即楚宣王。名良夫。战国时楚国国君。前369—前340年在位。

⑨ 厄（è）以淮水：驻兵淮水，扼住其要道。淮水，据《楚辞地理考》即湘水。

⑩ 填：这里指布兵。

⑪ 庚子之朝：楚国灭蔡之日。《战国策·楚策四》无此四字，其史实不可确知。

⑫ 缨（yīng）：缚系，捆绑。

⑬ 臣：使之为臣。奏：献。

⑭ 今君王之事遂以：石光瑛《新序校释》据《太平御览》引，作"今君王之事又是也"。

⑮ 云梦：即云梦泽。"云"是地名，楚人名泽曰"梦"，"云梦"本指云地之"梦"，后来这个大湖向东向南转移，以后汉江以北、以南的"梦"便都称之为"云梦"。

⑯ 穰（rǎng）侯：秦昭王母宣太后之异父长弟，姓魏，名冉，封于穰（今河南邓县东南），时任秦相，为秦国进攻诸侯，扩充国土，有大功。事见《史记·穰侯列传》。秦王：指秦昭王。嬴姓，名则。战国时秦国国君。前306—前251年在位。在位期间治国有方，任用穰侯、范雎等一批贤能之士，使秦国实力更为雄厚，领土进一步扩张，为秦国最后统一六国打下了坚实的基础。

⑰ 寘（zhì）：这里指置兵布防。黾（miǎn）厄：即黾塞。战国时的要塞，其地有大小石门，凿山通道，地势险厄，为古时九大要塞之一，故址在今河南信阳西南的平靖关，当时是楚国的要塞。

⑱ 投之乎黾塞之外：指将其驱逐到陈地。陈在黾塞北面，故曰外。底本"外"下有小字注"一有而字"。汉魏本、铁华馆本同。

⑲ 悼（dào）栗：惊恐战栗。悼，恐惧。

⑳ 成陵君：庄辛封号。成陵，《战国策·楚策四》作"阳陵"。按，战国阳陵在今河南许昌西北，西面临近颍水，其地当在楚境以内。顷襄王时占有阳陵。"陵"为楚人水边陆地之称，故"成陵"应在江河湖泽附近。

㉑ 与淮北之地：底本作"与举淮北之地十二诸侯"，文字有错乱。赵逵夫先生《庄辛〈谏楚襄王〉考校兼论〈新序〉的史料价值》认为，

"举"及"十二诸侯"五字当为衍文。"与"乃"举"字之借,传抄中有人在"与"字旁注"举"字,以明本字,抄者不知其义,看作补缺之字,而抄入正文,遂成"与举淮北之地"。"十二诸侯"四字,乃是刘向《新序》所据原材料中别一篇开头文字误抄入此篇。其说是,今据改。《战国策·楚策四》即作"与淮北之地也"。与,通"举",攻取。

【译文】

"天鹅的事还算是小的,蔡侯的事也是这样的。蔡侯南游到高陵,北游过巫山,追逐着麋、麈、麇、鹿这样的野兽,他拉满名叫溪子的强弓,追逐候鸟,在高蔡的园囿里嬉戏游玩,志得意满快乐无边,不把国家大事放在心上。却不知道子发已经接到宣王的命令,驻兵淮水,扼住其要道,布兵巫山,在庚子那天,用红绳将蔡侯捆绑,作为囚徒献给宣王。蔡侯的事情还是小的,大王您的事也是这样。您左边有州侯,右边有夏侯,后边跟着新安君和寿陵君,荒淫无度、奢侈浪费,游戏嬉游,驱车驰骋在云梦泽中,不把天下和国家大事放在心上。却不知道穰侯正在和秦王商议,在黾塞置兵布防,将您驱赶到黾塞之外了。"楚襄王听后十分惧怕,浑身发抖,说:"我恭敬地接受您的教诲。"于是封庄辛为成陵君并采纳了他的计谋,复取了淮北的旧地。

2.16　魏文侯出游①,见路人反裘而负刍②。文侯曰:"胡为反裘而负刍。"对曰:"臣爱其毛。"文侯曰:"若不知其里尽而毛无所恃邪③?"明年,东阳上计钱布十倍④,大夫毕贺。文侯曰:"此非所以贺我也。譬无异夫路人反裘而负刍也,将爱其毛,不知其里尽,毛无所恃也。今吾田地不加广,士民不加众,而钱十倍,必取之士大夫也⑤。吾闻之,下不安者,上不可居也。此非所以贺我也。"

【注释】

①魏文侯:魏氏,名斯。根据《史记·魏世家》记载,他是战国时魏国的建立者,周威王时,与韩康子、赵襄子伐灭晋国智伯,分其地。前403年,周天子正式承认韩、赵、魏为诸侯。前445—前396年在位。在位时礼贤下士,师事儒者子夏、田子方等,任用李悝、翟璜为相,吴起、乐羊为将,变法图强、振兴国力,使魏国一跃成为中原的强国。

②反裘:反穿着皮衣,使皮上的毛向内。裘,皮衣。刍(chú):喂牲畜的草。

③若:你。恃:依托。

④东阳:魏国的城邑。在太行山之东。上计:战国、秦汉时地方官于年终将境内户口、赋税、盗贼、狱讼等项编造计簿,遣吏逐级上报,奏呈朝廷,借资考绩,谓之上计。钱布十倍:税款收入是前一年的十倍。布,钱币。

⑤必取之士大夫也:一定是通过士大夫从百姓那里收来的。石光瑛《新序校释》引《淮南子·人间训》:"解扁为东封,上计而入三倍。有司请赏之。文侯曰:'吾土地非益广也,人民非益众也,入何以三倍?'对曰:'以冬伐木而积之,于春浮之河而鬻之。'文侯曰:'民春以力耕,暑以强耘,秋以收敛,冬闲无事。又伐林而积之,负轭而浮之河,是用民不得休息也,民以弊矣。虽有三倍之入,将焉用之!此有功而可罪也。'"与此当为一事。可参。

【译文】

魏文侯外出游玩,在路上看到一个人反穿着皮袄,背着喂牲畜的草。文侯问:"你为什么反穿皮袄来背草呢?"路人回答:"我这是爱惜皮袄上的毛。"魏文侯说:"你不知道皮袄的皮磨破,毛就没有依托了么?"第二年,东阳上报的赋税收入是前一年的十倍,大夫们都来祝贺。魏文侯说:"这不是向我祝贺的理由。打比方说,这和那路人反穿皮袄来背草没有什么区别。他是爱惜毛，却不知道皮磨坏，毛也就无所依托了。现在我的耕地没有扩大，人民也没有增多，而税款却比以往多了十倍，这一定是通过士大夫从百姓那里收来的。我听说过，下面不安定，居上位的人也不能安居。这不是向我庆祝的理由。"

2.17　楚庄王问于孙叔敖曰："寡人未得所以为国是也①。"孙叔敖曰："国之有是，众非之所恶也②，臣恐王之不能定也。"王曰："不定独在君乎？亦在臣乎？"孙叔敖曰："国君骄士曰：'士非我无逌贵富③。'士骄君曰：'国非士无逌安强。'人君或至失国而不悟，士或至饥寒而不进，君臣不合，国是无逌定矣。夏桀、殷纣不定国是，而以合其取舍者为是，以为不合其取舍者为非，故致亡而不知。"庄王曰："善哉！愿相国与诸侯士大夫共定国是④，寡人岂敢以褊国骄士民哉⑤！"

【注释】

①楚庄王：名侣，一作吕或旅，谥号为"庄"。春秋时楚国国君。前625—前614年在位。楚庄王即位后，楚国国力日渐强大，威震中原，成为春秋五霸之一。孙叔敖：芈（mǐ）姓，蒍（wěi）氏，楚王族，又称其蒍艾猎、蒍敖，楚国令尹，父为楚成王、穆王时重要大臣蒍贾。《荀子·非相》称他是"期思之鄙人"，在海边被楚庄王举用，后出任楚国令尹，辅佐楚庄王治理国事，国力提升，政绩赫然。故《吕氏春秋·赞能》说："期思之鄙人有孙叔敖者，圣人也。"国是：国策，国家大计。

②众非：众多奸邪之人。《吕氏春秋·应同》："尧为善而众善至，桀为非而众非来。"其义同。

③遒(yóu)：通"由"。

④诸侯士大夫：当时楚国僭号称王，对其附属国国君亦称诸侯。

⑤褊(biǎn)国：小国。褊，狭小。底本、汉魏本、四部本作"褊"，误，
　　今据铁华馆本改。

【译文】

　　楚庄王问孙叔敖说："我不知道怎样来制定国策。"孙叔敖说："国家有国策，是众多奸邪之人所厌恶的，我怕大王不能够制定。"庄王说："不能制定的原因是在国君呢？还是在臣子呢？"孙叔敖说："国君轻慢士人说：'士人没有我就不会有富贵。'士人轻慢国君说：'国家没有我们就不能安定富强。'君主甚至失去了国家还不觉悟，士人甚至到了饥寒交迫的境地也不去出仕，君臣不和睦，国策就无从确定了。夏桀和商纣不确定国策，而是以合乎他们取舍标准的为对，以不合乎他们取舍标准的为错，因此而导致亡国还不知道原因。"庄王说："说得好！希望相国能和大夫们一同制定国策，我怎么敢凭借褊狭的楚国来轻慢士人百姓呢？"

　　2.18　楚庄王莅政①，三年不治②，而好隐戏③，社稷危，国将亡。士庆问左右群臣曰④："王莅政事，三年不治，而好隐戏，社稷危，国将亡，胡不入谏？"左右曰："子其入矣。"士庆入，再拜而进隐曰⑤："有大鸟，来止南山之阳⑥，三年不蜚不鸣⑦，不审其故何也？"王曰："子其去矣，寡人知之矣。"士庆曰："臣言亦死，不言亦死⑧，愿闻其说。"王曰："此鸟不蜚，以长羽翼；不鸣，以观群臣之慝⑨。是鸟虽不蜚，蜚必冲天；虽不鸣，鸣必惊人。"士庆稽首曰："所愿闻已。"王大悦士庆之问，而拜之以为令尹，授之相印。士庆喜，出门，顾左右笑曰："吾王成王也⑩。"中庶子闻之⑪，跪而泣曰："臣尚衣冠御郎十三年矣⑫，前为豪矢⑬，而后为藩蔽⑭。王赐士庆相印而

不赐臣，臣死将有日矣。"王曰："寡人居泥涂中[15]，子所与寡人言者，内不及国家，外不及诸侯，如子者，可富而不可贵也。"于是乃出其国宝璧玉以赐之，曰："忠信者，士之行也[16]；言语者，士之道路也。道路不修治，士无所行矣。"

【注释】

①莅(lì)政：临朝掌管政事。

②三年不治：《史记·楚世家》记载："庄王即位三年，不出号令，日夜为乐，令国中曰：'有敢谏者死无赦。'"

③隐戏：以隐语为戏。隐语，即谜，是先秦以来的一种文学形式，类似于后来的谜语。多用于外交、朝廷等一些特定的场合，因其手法含蓄委婉，故多用来劝谏。后来则渐渐趋于游戏。

④士庆：《吕氏春秋·重言》作"成公贾"，《韩非子·喻老》作"右司马"，《吴越春秋》、《史记·楚世家》及《文心雕龙·谐隐》皆作"伍举"。《史记·滑稽列传》又作淳于髡谏齐威王事。可见此事流传多样，已难以确知。

⑤再拜而进隐曰：底本作"再拜而进曰隐"，误。石光瑛《新序校释》认为"曰隐"当倒乙，《韩非子·喻老》、《史记·楚世家》及《滑稽列传》等，俱以"隐"在"曰"前，而《楚世家》"进隐曰"三字连文，尤为明证。其说是，今据改。进隐，进献隐语。下文"有大鸟"云云即其所献隐语。

⑥南山之阳：即南山的南面。山南水北为阳。

⑦蜚：通"飞"。

⑧不言亦死：石光瑛《新序校释》："言则处讳被诛，不言国危亡，身难独免，是进退俱死也。"

⑨群臣之慝(tè)：群臣的恶行。慝，邪恶，恶念。这里指恶行。

⑩成王：成就王道。

⑪中庶子:官名。国君、太子的近侍之臣。

⑫尚:执掌。衣冠御郎:据孙诒让《札迻》,中庶子御郎,即《韩非子·说疑》所谓的郎中,负责更值的宿卫。

⑬豪矢(shǐ):据孙诒让《札迻》,豪矢为嚆矢,即响箭。发射时箭未到而声先至。射者必以嚆矢定远近,比喻事物的开端或先行者,这里指保护君王的前驱。

⑭藩(fān)蔽:屏障。指保护君王的后卫。

⑮泥涂:污泥之中,这里比喻此前不理朝政的状况。

⑯士之行(xìng)也:行,谓品行。石光瑛《新序校释》据《渚宫旧事》作"士之德行也",亦可参。

【译文】

楚庄王临朝掌管政事,三年不治理国家,而喜好隐语游戏,社稷危险,国家将亡。士庆问周围大臣:"大王临朝掌管政事,三年不治理国家,而喜好隐语,社稷危险,国家将亡,你们为什么不入朝进谏呢?"周围大臣说:"还是您入朝进谏吧!"士庆进宫,行了两次叩拜的大礼,进献隐语说:"有一只大鸟,落到南山的阳面,三年不飞也不鸣叫,不知道这是什么原因?"庄王说:"先生您回去吧,我知道了。"士庆说:"我说了是死,不说也是死,希望能听到大王对这个隐语的解释。"庄王说:"此鸟不飞,是为了让羽翼丰满;不鸣叫,是为了观察群臣的恶行。此鸟虽然不飞,一飞起来便直冲天际;虽然不鸣叫,一鸣起来必会惊人。"士庆行跪拜大礼,说:"这正是我所希望听到的。"庄王对士庆的提问非常满意,便封他为令尹,并把相印交付给他。士庆很高兴,走出宫门后环顾那些大臣笑道:"我们的大王必能成就王道。"中庶子听说这件事之后,跪下哭着说:"我执掌衣冠侍郎这个职位已经十三年了,在前面就给您冲锋开路,在后边就给您保护殿后。大王赐给士庆相印而不赐给我,看来我的死期是要到了。"庄王对他说:"我此前不理朝政如同身陷污泥中,你所与我谈论的,对内不涉及国家政事,对外不涉及诸侯外交,像你这样的人,可以让你富有却不能让你尊贵。"于是就拿出璧玉国宝赐给他,说:"忠信,是士人的品行;言语,是士人的道路。道路要是不修整,士人就没有可走的道路了。"

2.19　靖郭君欲城薛①,而客多以谏。君告谒者②:"无为客通事③。"于是有一齐人曰:"臣愿三言④,过三言,臣请烹。"谒者赞客⑤,客曰:"海大鱼。"因反走。靖郭君曰:"请少进。"客曰:"否,臣不敢以死戏。"靖郭君曰⑥:"嘻! 寡人毋得已⑦,试复道之。"客曰:"君独不闻海大鱼乎? 网弗能止,缴不能牵⑧,砀而失水⑨,陆居则蝼蚁得意焉⑩。且夫齐,亦君之水也,君已有齐⑪,奚以薛为? 君若无齐,城薛犹且无益也⑫。"靖郭君大悦,罢民,弗城薛也。

【注释】

①靖郭君:田婴,齐威王的少子,齐宣王庶母弟,孟尝君田文之父。宣王时为相国,闵王时封于薛,又称薛公。薛,齐国的城邑,在今山东薛城东南(一说江苏邳县西南)。

②谒者:负责为客人通报、传达的人。

③通事:通报传达。

④三言:底本作"一言"。按,下文"海大鱼"为三言,则此处"一言"误。《韩非子·说林》、《淮南子·人间训》均作"三言"。今据改。下文"三言"同。

⑤赞:引见。

⑥靖郭者曰:底本无"曰"字,此据汉魏本、四部本补。

⑦毋得已:不能止,不能听了半句话就算了。已,止。

⑧缴:这里指钩丝。《淮南子·人间训》作"钩"。

⑨砀(dàng):冲荡。

⑩蝼(lóu)蚁:蝼蛄和蚂蚁。

⑪已:石光瑛《新序校释》据《韩非子·说林下》、《战国策·齐策一》、《太平御览》作"长",意为"长有齐国之庇护",亦通。

⑫城薛犹且无益也:《战国策·齐策一》作"虽隆薛之城到于天,犹之无益也",《韩非子·说林下》作"虽隆薛城至于天,犹无益也",吴师道《战国策补正》引《新序》作"虽隆薛之城到天,犹且无益也"。石光瑛《新序校释》据此作"虽隆薛之城到天,犹且无益也"。可参。

【译文】

靖郭君要在薛地筑城,很多门客来谏阻。靖郭君告诉传达的人说:"不要给客人通报。"这时候有一个齐国人说:"我只希望说三个字,超过三个字,我请求接受烹刑。"传达的人引见了这位门客。门客说:"海大鱼。"说完转身就跑。靖郭君叫住他说:"请你稍微说清楚点。"门客说:"不行,我不敢拿性命当儿戏。"靖郭君说:"哎!我不能听了半句话就算了,请你重新解说它。"门客说:"您难道没有听说过海里的大鱼么?海里的大鱼,渔网不能够把它捕获,钩丝也不能牵动它,它被冲荡到陆地上失去了水,那么蝼蛄、蚂蚁也可以如愿吃掉它。况且齐国就是您的水啊,您已经有了齐国,哪里用得着在薛地筑城呢?您要是失去了齐国,在薛地筑城也没有什么好处。"靖郭君听完非常高兴,于是停止百姓的劳役,不再在薛地筑城。

2.20　齐有妇人,极丑无双,号曰无盐女①。其为人也,臼头深目②,长肚大节③,昂鼻结喉④,肥项少发,折腰出胸⑤,皮肤若漆。行年三十,无所容入⑥,衒嫁不售⑦,流弃莫执⑧。于是乃拂拭短褐⑨,自诣宣王⑩,愿一见。谓谒者曰:"妾,齐之不售女也,闻君王之圣德,愿备后宫之扫除^⑪,顿首司马门外^⑫,唯王幸许之。"谒者以闻。宣王方置酒于渐台^⑬,左右闻之,莫不掩口而大笑曰:"此天下强颜女子也^⑭!"

【注释】

①无盐女:根据《列女传》卷六记载,无盐女,又称钟离春,无盐人,为齐宣王王后。无盐,地名。在今山东东平。

②臼(jiù)头:头顶如同臼一样凹下。臼,春米用的器具。

③肚:汉魏本、四部本作"壮"。石光瑛《新序校释》作"肘"。"肚"、"壮"、"肘"形近而误,"长肘"与"大节"对文。可参。

④昂鼻:鼻子高昂。结喉:喉头凸出隆起。

⑤折腰:弯曲的腰,即驼背。出胸:凸胸。

⑥无所容入:没有地方可以接纳,指无人愿娶。

⑦衒嫁不售:自我夸饰以求嫁人,亦不得嫁。衒,自夸。售,此指求得出嫁。

⑧流弃莫执:如同货物散弃于地,也无人拿取。执,拿。

⑨拂拭:掸拂、擦拭尘土。短褐:粗麻做成的短衣。

⑩诣:晋谒,造访。宣王:齐宣王,田氏,名辟疆,齐威王之子。战国时齐国国君。前319—前301年在位。史载他喜好隐语。

⑪愿备后宫之扫除:愿意打扫后宫。这里是指愿意作君王的嫔妃。扫除,指妾。语本《礼记·曲礼下》:"纳女于天子曰备百姓,于国君曰备酒浆,于大夫曰备扫洒。"

⑫顿首司马门外:在司马门外给大王叩头。意即在司马门外等候齐王召见。司马门,皇宫的外门。《史记·项羽本纪》:"章邯恐,使长史欣请事。至咸阳,留司马门三日,赵高不见,有不信之心。"裴骃《集解》:"凡言司马门者,宫垣之内,兵卫所在,四面皆有司马,主武事。总言之,外门为司马门也。"

⑬渐台：齐宫中台名，是用来赏乐的高台。

⑭强颜：厚颜，不知羞耻。

【译文】

　　齐国有位女子，相貌极丑，举世无双，人称无盐女。她的长相，头顶像臼臼一样，眼窝深陷，腹部肥长，骨节粗大，鼻子高昂，喉头凸起，脖子肥硕，头发稀少，驼背凸胸，皮肤漆黑。已经三十岁了，还是没有人愿意娶她，她自我夸饰以求婚嫁，也无人愿娶，就如同货物散弃到地上也无人拿取一样。这时候，她掸拂干净自己的粗布短衣，自行去找齐宣王，想求一见。她对传达的人说："我就是那个齐国嫁不出去的女子，听说大王有圣人般的道德，愿为大王打扫后宫，在司马门外给大王叩头恭候，希望得到君王的恩准。"传达的人将这件事禀报给齐宣王。宣王正在渐台设宴饮酒，在场的群臣听说这件事之后，没有不捂住嘴大笑的，都说："这真是天底下脸皮最厚的女子啊！"

　　于是宣王乃召而见之，谓曰："昔先王为寡人取妃匹①，皆已备有列位矣。寡人今日听郑卫之声②，讴吟感伤③，扬《激楚》之遗风④。今夫人不容乡里布衣⑤，而欲干万乘之主⑥，亦有奇能乎？"无盐女对曰："无有，直窃慕大王之美义耳。"王曰："虽然，何喜？"良久，曰："窃尝喜隐⑦。"王曰："隐固寡人之所愿也，试一行之。"言未卒，即隐矣⑧。宣王大惊，立发《隐书》而读之⑨，退而惟之，又不能得。明日，复更召而问之，又不以隐对，但扬目衔齿⑩，举手拊肘⑪，曰："殆哉，殆哉！"如此者四。宣王曰："愿遂闻命。"

【注释】

①妃匹：妻室，配偶。

②郑、卫之声：指春秋战国时郑、卫等国的民间音乐。因儒家认为其音淫靡，不同于雅乐，故斥之为淫声。《吕氏春秋·季夏纪》："郑卫之声，桑间之音，此乱国之所好，衰德之所说。"

③讴：歌唱。

④扬：这里指扬歌，高声歌唱。《激楚》：曲名。《汉书·司马相如传》："鄢郢缤纷，《激楚》、《结风》。"颜师古注引郭璞曰："《激楚》，歌曲也。"石光瑛《新序校释》认为，"激"为激昂之义，"楚"为凄楚之义。遗风：前代遗留下来的音乐。《淮南子·原道训》："扬郑卫之浩乐，结《激楚》之遗风。"高诱注："遗风，犹余声也。"

⑤布衣：借指平民。古代平民不能衣锦绣，故称。朱季海《新序校理》以"布衣"属下读，即"布衣而欲干万乘之主"，则其所指当为无盐女。说可参。

⑥干：干谒。万乘之主：指大国的国君。

⑦喜隐：爱好隐语。隐，即"谜"。

⑧即隐：底本作"忽然不见"，误。赵逵夫先生《屈原与他的时代》说："《新序》中文字率皆据当时所见先秦文献编成。原文应作'即隐'，指开始说谜，编者误解文意，写作'忽然不见'。"其说是，今据改。

⑨《隐书》：汇集、说解隐语的书。

⑩扬目衔齿：仰头上视，咬着牙齿。

⑪举手拊肘：举起手，拍着胳膊肘。

【译文】

于是宣王便召见了无盐女，说："以前先王给我迎娶妻室，后宫的妃嫔都已齐备。今日我欣赏着郑、卫的乐曲，讴歌吟唱伤感悲伤的曲子，高声歌唱《激楚》之乐。现在您都不能被乡里的百姓接纳，却想求得万乘之国的君主，难道你有什么特殊的才能吗？"无盐女回答说："没有，只是仰慕大王美好的德义罢了。"齐宣王又问："尽管这样，你总有什么爱好吧?"无盐女过了好一会儿才说:"我曾很喜欢隐语。"宣王说:"隐语本来也是我喜欢的,你试着说一个吧。"话还没有说完,无盐女就开始说隐语了。宣王非常吃惊,立刻打开《隐书》查看,退朝后仔细思考,还是想不明白。第二天,宣王重新召见无盐女询问,她还是不说隐语的答案,只是仰头上视,咬着牙齿,举起手来,拍着胳膊肘说:"危险了,危险了!"这样说了四遍。宣王说:"我愿意完全听您的指教。"

　　无盐女对曰:"今大王之君国也①,西有衡秦之患②,南有强楚之难③。外有二国之难④,内聚奸臣,众人不附。春秋四十⑤,壮男不立⑥。不务众子,而务众妇。尊所好而忽所恃。一旦山陵崩弛⑦,社稷不定,此一殆也。渐台五重,黄金白玉,琅玕龙疏⑧,翡翠珠玑⑨,莫落连饰⑩,万民罢极⑪,此二殆也。贤者伏匿于山林,谄谀强于左右⑫,邪伪立于本朝,谏者不得通入,此三殆也。酒浆流湎⑬,以夜续朝。女乐俳优⑭,从横大笑⑮。外不修诸侯之礼,内不秉国家之治,此四殆也。故曰:'殆哉,殆哉!'"

【注释】

① 君国:治理国家。

② 衡秦:衡,通"横",强横。一说秦国讲连横,所以叫衡秦。一说衡在地理上指东西向,秦国在齐国的西面,所以叫衡秦。

③ 难:怨仇,仇敌。汉魏本、四部本、《新序校释》作"雠",亦通。

④ 二国:指秦、楚二国。战国时,言强者,必以秦楚并称。底本作"三",今据《初学记》卷十九、《后汉书》注、《太平御览》卷三百八十二等引《列女传》改。一说"三"指韩、赵、魏三国;一说指"秦楚以外其他敌国"(陈茂仁《新序校证》)。均可参。

⑤春秋四十：年龄都四十了。春秋，这里指人的年龄。

⑥壮男不立：长子不立为太子。

⑦山陵崩阤(zhì)：比喻帝王的死亡，是委婉的说法。崩，崩溃。阤，段玉裁《说文解字注》："大曰崩，小曰阤。"

⑧琅玕(láng gān)：似珠玉的美石。《尚书·禹贡》："厥贡惟球、琳、琅玕。"孔安国传："琅玕，石而似珠。"孔颖达疏："琅玕，石而似珠者。"龙疏：即龙兹，珠玉名。《荀子·正论》："犀象以为树，琅玕、龙兹、华觐以为实。"王先谦《荀子集解》引郭庆藩曰："上言以为树，下言以为实，盖谓植树犀象，而以珠玉为之实也。"

⑨玑：不圆的珠子，为珍珠的一种。

⑩莫落连饰：覆盖缠绕，牵引缀饰。莫落，《列女传》作"幕络"，莫、幕通；落、络通。

⑪罢(pí)：疲劳。

⑫谄谀：谄，底本作"谘"。汉魏本、四部本同。"谘谀"文意不通，今据铁华馆本改。下"谄谀"同。

⑬酒浆流湎：即"流湎酒浆"。沉溺在美酒之中。流湎，沉溺。《列女传》即作"沉湎"。

⑭女乐：歌舞乐伎。俳(pái)优：古代以乐舞谐戏为业的艺人。

⑮从横：肆意横行，无所顾忌。从，同"纵"。

【译文】

无盐女回答说："现在大王您治理国家，西面有秦国连横之谋的忧患，南方有楚国这样强大的仇敌。境外有秦、楚两国的威胁，国内奸臣聚集，民心涣散。大王已经四十岁了，还没有确立长子为太子。不为儿子们操心，而为妻妾们操心。尊崇自己喜好的人却忽视自己所要依靠的人。一旦君王不幸归天，国家必不稳定，这是第一个危险。君王的渐台有五层高，黄金白玉、珍宝美玉、翡翠珍珠覆盖缠绕，牵引缀饰，百姓却疲惫到了极点，这是第二个危险。贤能的人隐藏在山林之中，谄媚阿谏的人多在君王身边,奸邪虚伪的人在朝廷上得势,忠言进谏的人却不能入朝见到大王,这是第三个危险。大王沉湎于饮酒作乐,夜以继日。歌伎舞女肆意横行、开怀大笑。对外不与诸侯结交,对内不操持国家政务,这是第四个危险。所以说:'危险啊! 危险啊!'"

于是宣王掩然无声①,意入黄泉②,忽然而昂,喟然而叹曰③:"痛乎无盐君之言! 吾今乃一闻寡人之殆④,寡人之殆几不全。"于是立停渐台,罢女乐,退谄谀,去雕琢⑤。选兵马,实府库,四辟公门⑥,招进直言,延及侧陋⑦。择吉日,立太子⑧,进慈母⑨,显隐女⑩,拜无盐君为王后。而国大安者,丑女之力也。

【注释】

①掩然:暗然。

②意入黄泉:形容沉思之深。黄泉,地下。

③喟然:感叹、叹息的样子。

④一:语气助词,用来加强语气。殆:危险,过失。

⑤雕琢:这里指精美的装饰。

⑥四辟公门:打开四方的朝门。古称国君之外门为"公门"。辟,打开。

⑦侧陋:处在僻陋之处的或地位卑贱的贤者。

⑧立太子:册立太子。太子,名地(一说名遂),即齐闵王。

⑨进慈母:齐宣王承认自己的养母等于自己的母亲,使进于上位。慈母,指齐宣王的养母。她是宣王父亲的妾,奉宣王父命,养育宣王。

⑩显隐女:尊显进献隐语的女子。隐女,这里指无盐女。

【译文】

于是齐宣王暗然无语，沉思之深如到地下黄泉，他猛地抬起头，长叹一声，说："无盐君的这席话，说得真让人痛伤啊！我今天才知道了自己的危险处境。我的危险处境几乎到了不能保全国家的地步。"于是立刻停止渐台宴乐，解散歌伎舞女，罢免谄媚阿谀之人，去除精美雕饰之物。挑选精兵良马，充实国库的储备，敞开四方的朝门，招纳直言进谏的人，身处僻陋或地位卑贱的贤者也得到选用。选择良辰吉日，册立太子，进奉慈母，尊显这位进献隐语的无盐女，拜封她为王后。而国家也日益强盛，国泰民安，都是这位丑女的功劳啊。

卷第三

杂事第三

【题解】

本卷共 7 章，主要是臣子与君主之间的言辞与书信，分别为孟子对梁惠王之辞（"梁惠王谓孟子"章）、荀子与临武君议兵之辞（"孙卿与临武君议兵于赵孝成王前"章）、唐且说秦王之辞（"昔者秦魏为与国"章）、郭隗对燕昭王之辞（"燕易王时国大乱"章）、（"乐毅为昭王谋"章）、乐毅报燕惠王书（"乐毅使人献书燕王曰"章），以及邹阳上梁孝王书（"齐人邹阳客游于梁"章）。其中"燕惠王遗乐毅书"一篇，《战国策·燕策》与《史记·乐毅列传》作燕王喜与乐间书，与本书不同，马骕《绎史》、梁玉绳《史记志疑》均以本书为是，由此可见其史料价值。"邹阳上梁孝王书"则同于《史记·邹阳列传》中的相关文字。如果联系刘向两度因祸入狱之事，则亦可从中看出作者深沉的感喟。

3.1　齐宣王谓孟子曰①："寡人有疾，寡人好色。"孟子曰："王诚好色，于王何有？"王曰："若之何好色可以王？"孟子曰："大王好色②。《诗》曰：'古公亶父，来朝走马。率西水浒，至于岐下。爰及姜女，聿来胥宇③。'大王爱厥妃，出入必与之偕。当是时，内无怨女，外无旷夫。王若好色，与百姓同之,民唯恐王之不好色也。"王曰:"寡人有疾,寡人好勇。"孟子曰:"王若好勇,于王何有?"王曰:"若之何好勇可以王?"孟子曰:"《诗》曰:'王赫斯怒,爰整其旅。以按徂旅,以笃周祜,以对于天下④。'此文王之勇也。文王一怒而安天下之民,今王亦一怒而安天下之民,民唯恐王之不好勇也。"

【注释】

①齐宣王谓孟子曰:齐宣王,底本作"梁惠王"。根据《孟子·梁惠王下》记载,这是齐宣王和孟子问答的话。故"梁惠王"当作"齐宣王"。今据改。齐宣王,名辟疆,齐威王之子。战国时期齐国国君。前319—前301年在位。孟子,名轲,邹(今山东邹城)人,战国时期儒家代表人物,后人尊为"亚圣"。有《孟子》一书。

②大王:亦作"太王",即古公亶(dǎn)父。周朝之先祖。根据《史记·周本纪》记载,古公亶父继承了后稷、公刘的事业,积德行义,得到国人的爱戴。后因为狄人入侵,古公亶父带国人迁到岐山下。周王朝由此兴盛起来。

③"古公亶父"以下六句:见《诗经·大雅·绵》。来朝,犹言及早。走马,驰马。率,循,沿着。浒,水边,指漆水岸边。爰,于是。姜女,古公亶父之妃太姜,王季之母,有台氏之女。《列女传·母仪传》赞太姜曰:"贞顺率导,靡有过失。太王谋事迁徙,必与。太姜,君子谓太姜广于德教。"聿,助词。用于句首或句中。宇,居处。

④"王赫斯怒"以下五句:见《诗经·大雅·皇矣》,所记乃周文王伐密之事。斯,语助词。旅,军队。按,阻止之意。《孟子》引作"遏",《释文》云:"按,本又作'遏',此二字俱训止也。"按、遏双声。徂旅,莒国。笃,巩固。祜(hù),福。对,显扬。

【译文】

　　齐宣王对孟子说:"我有个缺点,那就是喜爱女色。"孟子答道:"如果大王真的喜爱女色,那对大王您实行王道又有什么影响呢?"齐宣王说:"为什么喜爱女色还可以称王天下?"孟子答道:"从前太王也喜爱女色。《诗经》写道:'古公亶父清晨驱马疾驰,沿着豳地西边漆水河岸,来到岐山之下。还带着他的妻子姜氏,来这里视察居处。'太王喜爱他的妃子姜氏,进出都和她形影不离。那个时候,没有嫁不出去的哀怨女子,没有找不到妻子的成年男子。大王假若真的喜爱女色,就跟百姓一道,百姓唯恐大王您不喜爱女色呢。"齐宣王说:"我有个缺点,我喜欢勇敢。"孟子答道:"如果大王真的喜欢勇敢,那对大王您实行王道又有什么影响呢?"齐宣王说:"为什么喜欢勇敢还可以称王天下呢?"孟子答道:"《诗经》写道:'文王勃然大怒,于是整顿军队,阻止侵略莒国的敌人,来巩固周王朝的福祉,以显扬于天下。'这就是周文王的勇敢。文王赫然一怒,就安定了天下的人民。如今大王您赫然一怒,也能安定天下的人民,百姓便会唯恐大王您不喜欢勇敢呢。"

　　3.2　孙卿与临武君议兵于赵孝成王前①。王曰:"请问兵要。"临武君对曰:"上得天时②,下得地利,后之发,先之至③,此用兵之要术也。"孙卿曰:"不然。臣之所闻古之道:凡战,用兵之术,在于一民。弓矢不调,羿不能以中微④;六马不和,造父不能以御远⑤;士民不亲附,汤、武不能以胜⑥。故善用兵者,务在于善附民而已。"临武君曰:"不然。夫兵之所贵者,势利也⑦;所上者,变诈攻夺也。善用之者,奄忽焉莫知所从出⑧。孙、吴用之⑨,无敌于天下。由此观之,岂必待附民哉?"孙卿曰:"不然。臣之所言者,王者之兵,君人之事也。君之所言者,势利也;所上者,变诈攻夺也。仁人之兵,不可诈也。彼可诈者,怠慢者也,落单者也⑩,君臣上下之间,涣然有离德者也。若以桀诈桀,犹有幸焉。若以桀诈尧,譬之若以卵投石,若以指绕沸⑪,若羽蹈烈火,入则焦没耳,夫又何可诈也? 故仁人之兵,铤则若莫邪之利刃,婴之者断⑫;锐则若莫邪之利锋⑬,当之者溃。圆居而方止⑭,若盘石然⑮,触之者陇种而退耳⑯,夫又何可诈也? 故仁人之兵,或将三军同力,上下一心。臣之于君也,下之于上也,若子之事父也,若弟之事兄也,若手足之捍头目而覆胸腹也。诈而袭之,与先惊而后击之,一也。夫又何可诈也? 且夫暴乱之君,将谁与至哉? 彼其所与至者,必其民也。民之亲我,驩然如父母⑰;好我,芳如椒兰。反顾其上,如灼黥,如仇雠⑱。人之情虽桀、跖⑲,岂有肯为其所恶而贼其所好者哉? 是犹使人之孙子自贼其父母也⑳。《诗》曰:'武王载斾,有虔秉钺。如火烈烈,则莫我敢曷㉑。'此之谓也。"孝成王、临武君曰:"善! 请问王者之兵。"孙卿曰:"将率者,末事也。臣请列王者之事,君人之法㉒。"

【注释】

①孙卿:即荀子,名况,战国时赵国猗氏(今山西安泽)人。战国后期儒家代表人物,著有《荀子》三十二篇。事见《史记·荀卿列传》。临武君:疑为楚将。《荀子》杨倞注:"临武君盖楚将,未知姓名。"赵孝成王:名丹,战国时赵国国君。前265—前245年在位。

②天时:《周礼·春官·大史》贾公彦疏:"天时谓天文见时候者。"古时战争前先要占验天文,以定军事行动的吉凶。

③后之发,先之至:发兵于敌人之后,却先于敌人到达。《孙子·军争》曰:"故迂其途,而诱之以利,后人发,先人至,此知迂直之计者也。"

④羿不能以中微:即使是善射的后羿,也不能射中很小的目标。羿,有穷国国君,先世世为射官,帝喾赐其彤弓素矢,封之于钼。石光瑛《新序校释》案:"其后善射者皆谓之羿,故帝喾、尧时俱有羿。"中微,射中很小的目标。按,各本皆脱"微"字,今据《荀子》、《韩诗外传》补。"中微"与下文"御远"对文,文义更为晓畅。

⑤造父:周穆王之御,伯益十三世孙,以善于驾车著称。《史记·秦本纪》记载:"造父以善御幸于周缪王,得骥、温骊、骅骝、騄耳之驷,西巡狩,乐而忘归。徐偃王作乱,造父为缪王御,长驱归周,一日千里以救乱。缪王以赵城封造父,造父族由此为赵氏。"

⑥汤、武:商汤和周武王的并称。汤,子姓,名履,今人多称商汤,又称成汤。他是商朝的建立者。其在位时,爱护百姓,施行仁政,深得民众的拥护,后灭夏。事见《史记·商本纪》。武,即周武王。他是西周王朝的建立者。率众伐纣,攻破朝歌(今河南淇县),灭商后定都镐京(今陕西西安西南沣水东岸)。《易经·革》曰:"汤武革命,顺乎天而应乎人。"事见《史记·周本纪》。

⑦势利:以势争利。势,指兵力部署和作战方式。

⑧奄忽:疾速,倏忽。

⑨孙、吴:古代著名军事家孙武和吴起的合称。《史记》将孙武和吴起合传,为《孙子吴起列传》。孙武,字长卿,春秋时期齐国乐安(今山东广饶)人,今存有《孙子兵法》十三篇。吴起,卫国人。根据《韩非子·外储》、《吕氏春秋·骄恣》、《史记·吴起列传》记载,吴起学于曾子,初为鲁将,攻齐有战功,后又归附魏文侯,立战功。魏武侯时遭人陷害,奔逃到楚国,被楚悼王拜为令尹,变法图强,楚悼王死后,被楚国贵族所杀。今存有《吴起兵法》

六篇。

⑩落单：羸弱疲惫。《荀子·议兵》作"路亶"。清王念孙曰："路单，犹羸惫也。……或言路亶，或言路单，或言落单，其义一而已矣。"

⑪以指绕沸：用手指搅动沸汤。底本作"以脂浇沸"，误。脂，汉魏本和四部本、《荀子·议兵》、《韩诗外传》皆作"指"。今据改。绕，通"挠"，搅动。

⑫铤则若莫邪之利刃，婴之者断：仁人的军队，横扫直前的时候就像莫邪宝剑锋利的剑刃一样，所碰触的都会被斩断。铤，疾走。《荀子·议兵》和《韩诗外传》卷三作"延"，意为横扫。石光瑛《新序校释》认为，后人不知此论阵形，误以为论兵，故加金旁。可参。婴，触犯。

⑬锐：直捣。《荀子》作"兑"。"兑"、"锐"通。卢文弨《群书拾补》："谓直捣则其锋利，遇之者溃也。"

⑭圆居而方止：防守时的阵形或圆或方。石光瑛《新序校释》谓："延锐圆方，皆阵形也。"赵仲邑《新序详注》进而指出，延、锐应为进攻时的阵形，圆、方应为防守时的阵形。

⑮盘石：磐石，厚而大的石头，比喻稳定坚固。

⑯陇种：狼狈逃跑的样子。即龙钟、踉跄。《荀子》杨倞注曰："盖皆摧败披靡之貌。"

⑰驩然如父母：驩然，欢喜的样子。驩，同"欢"。另，石光瑛《新序校释》："各本'如'上有'然'字，《荀》、《韩》无。案此与下句整对，'然'字不当有。"说可参。

⑱如灼黥（qíng），如仇雠（chóu）：就如同被火烧、受黥刑，如同看到仇敌一样。黥，古代的刑罚，指在人脸上刺字并涂墨。雠，同"仇"。

⑲桀、跖：夏桀和盗跖的合称。桀，夏末代君主，根据《史记·夏本

纪》记载，帝桀之时，桀不修德，很多诸侯背叛夏，百姓也不堪忍
受其暴政，后为商汤所取代。跖，春秋时的大盗，据说为当时贤
人柳下惠之弟。率领盗匪数千人，横行天下，人称盗跖。《庄
子·盗跖》：“盗跖从卒九千人，横行天下，侵暴诸侯。”石光瑛《新
序校释》认为跖为黄帝时之大盗，后遂以为盗之通称，不专属一
人。可参。

⑳贼：残害，伤害。

㉑“武王载斾”以下四句：见《诗经·商颂·长发》。武王，这里指成
汤。载斾，打起大旗。有虔，即虔虔，恭敬虔诚。秉钺，拿起大
斧。曷，通“遏”，阻止。

㉒臣请列王者之事，君人之法：此处文意未完，当有缺文。石光瑛
《新序校释》：“大抵此下必有脱文，不可考矣。”其说是。《荀子·
议兵》此下尚有大段文字。

【译文】

　　孙卿和临武君在赵孝成王面前讨论用兵之术。赵孝成王说：“请问
用兵的要领是什么？”临武君答道：“上能得到天时，下能得到地利，发兵
于敌人之后，却先到达，这就是用兵的要领啊。”孙卿说：“不是这样。我
听说古时候用兵的大道是：大凡战争，用兵的要领在于民心一致。如弓
和箭不能协调，即使是善射的后羿也不能射中很小的目标；驾车的六匹
马不能和睦，即使是善驾的造父也不能驾驭它们走远路；百姓不亲近依
附，即使是贤明的商汤、周武王也不能取得胜利。所以善于用兵的人，
就应该致力于民心的归附而已。”临武君说：“并非如此。用兵最重要
的，是乘势争利；所崇尚的，是用机变、巧诈的方法去攻占夺取。善于运
用这些的人，用兵神出鬼没使敌人无迹可寻。孙武、吴起运用这种兵
术，天下无敌。由此看来，何必一定要等到民心归附呢？”孙卿答道：“不
是这样。我说的，是实行王道的用兵之术，贤明的君主所遵从的事业。
您所说的，是乘势争利，所崇尚的是用机变、巧诈的方法去攻占夺取。

而对于仁者的军队,是不可以用巧诈之术的。可以欺诈的,是那些防备松懈、疲劳衰弱、君臣上下之间离心离德的军队。如果以无道昏君桀去欺诈像桀那样的人,也许还有侥幸成功的机会。若是以无道昏君桀去欺诈贤圣之君唐尧,犹如用鸡蛋去砸石头,用手指去搅动滚沸的开水,就像是把羽毛放在烈火之上,一放进去就会立刻烧焦化为灰烬,怎么可能使用诈术呢? 所以说有仁德的军队,横扫的时候就像莫邪宝剑的利刃一样,所碰触的都会被斩断;直捣的时候就如莫邪的利锋一样,凡是碰到的都会溃散。防守时的阵形或圆或方,都如磐石般屹立不动,所触犯的人都会仓皇狼狈而逃,又怎么使用诈术呢? 所以说有仁德的军队,将使三军同心协力,彼此之间团结一心。人臣对待自己的国君,在下位者对待自己的上级,其态度如同儿子事奉自己的父亲,如同弟弟事奉自己的兄长,如同用手脚去保护自己的头脑和眼睛,掩盖自己的胸部和腹部。用欺诈去突袭,与先惊动然后再去攻击,结果都是一样的。又怎么可以使用欺诈之术呢? 而且那些残暴的昏君,将率领谁与他一起作战呢? 那些同他一起来的,一定是他的老百姓。百姓亲附我,高兴得就像见了父母;喜欢我,就像喜欢芳香的椒兰一样。回过头看他们的君主,就像被火烧、被在脸上刺字,就像见到仇敌一样。以人之常情来说,即使是夏桀、盗跖那样的人,哪有肯为了自己厌恶的人去残害自己喜爱的人呢? 这就如同让自己的孙子、儿子去残害自己的父母一样。《诗经》说:'汤王出征旌旗扬,手拿大斧多刚强。好比猛火熊熊炎,谁人胆敢来阻挡。'说的就是这种情况。"孝成王、临武君说:"好。那请问王者如何用兵?"孙卿答道:"将帅,是次要的。臣请大王允许我论述一下王道如何施行,君主怎样治理百姓。"

3.3　昔者秦魏为与国[①],齐楚约而欲攻魏[②]。魏使人求救于秦。冠盖相望[③],秦救不出。魏人有唐且者[④],年九十余,谓魏王曰[⑤]:"老臣请西说秦,令兵先臣出,可乎?"魏王曰："敬诺。"遂约车而遣之⑥。且见秦王⑦。秦王曰："丈人罔然⑧，乃远至此，甚苦矣！魏来求救数矣⑨，寡人知魏之急矣。"唐且答曰："大王已知魏之急而救不至，是大王筹策之臣失之也耳⑩。夫魏一万乘之国也⑪，称东藩，受冠带，祠春秋者⑫，为秦之强，足以为与也。今齐楚之兵已在魏郊矣，大王之救不至，魏急则且割地而约齐楚，王虽欲救之，岂有及哉？是亡一万乘之魏，而强二敌之齐楚也。窃以为大王筹策之臣失之矣。"秦王惧然而悟，遽发兵救之，驰骛而往⑬。齐楚闻之，引兵而去，魏氏复故。唐且一说，定强秦之策，解魏国之患，散齐楚之兵，一举而折冲消难⑭，辞之功也。孔子曰："言语：宰我、子贡⑮。"故《诗》云："辞之集矣，民之洽矣。辞之怿矣，民之莫矣⑯。"唐且有辞，魏国赖之，故不可以已。

【注释】

①秦魏为与国：秦和魏是盟友国。秦，诸侯国名，战国七雄之一。战国初期都栎阳（今陕西富平东南），秦孝公迁都咸阳，后灭六国，统一天下。魏，诸侯国名，战国七雄之一。建都安邑（今山西夏县西北），后迁都大梁，故又称梁。与，相亲。《荀子》杨倞注曰："与，相亲与之国。"

②齐楚约而欲攻魏：根据《史记·魏世家》记载，这件事情发生在前266年。齐，诸侯国名。公元前11世纪，西周封吕尚于齐，建立姜姓齐国，都营丘（今山东潍坊昌乐）。齐献公时迁至临淄（今山东临淄）。春秋时，齐桓公为五霸之一。春秋后期，田氏逐渐控制了齐国政权，后田和时取得了周天子的承认，替代姜氏拥有了齐国，故战国时的齐国为田氏齐国，为战国七雄之一。楚，诸侯国名。芈姓，受封于周成王，都丹阳，周人称之为荆蛮，后建都

鄢，战国时为七雄之一。约，结盟，协议。这里引申为合谋。

③冠盖相望：指使者一路上往来不绝。冠盖，指使者。

④唐且：《史记》作"唐雎"。魏臣，春秋楚灭唐之后，其子孙以国为氏，《战国策·魏策四》又载其为安陵君说秦始皇事，疑为伪托，详见缪文远《战国策考辨》。

⑤魏王：即魏安釐王，又称魏安僖王。名圉，战国时魏国国君。前276—前243年在位。

⑥约车：准备车马。约，准备，具办。《战国策》高诱注："约，具也。"

⑦秦王：即秦昭王，也称昭襄王。根据《史记·秦本纪》、《甘茂列传》之《索隐》记载，昭襄王为秦惠文王之子，秦武王之弟，名稷，又作侧、则，前306—前251年在位。

⑧冏然：窘急遑遽的样子。

⑨数（shuò）：屡次，多次。

⑩筹策之臣：筹谋策划的大臣。策，原为计数之物，这里指筹谋策划。耳：朱季海《新序校理》据嘉靖翻宋本，谓"字当作'且'，下属为句"。可参。

⑪万乘之国：兵车万辆的大国。乘，四匹马拉的车。《孟子·梁惠王上》曰："万乘之国，弑其君者，必千乘之家；千乘之国，弑其君者，必百乘之家。"

⑫称东藩，受冠带，祠春秋：魏国自称为秦国在东边的附庸，接受秦国赐予的官服，并且每年按时助祭秦国的先祖。称东藩，古时封建诸侯用来屏藩王室，因此称诸侯之国为藩国，魏在秦的东面，所以称作东藩。受冠带，表示遵守秦国的法制。冠带，冕服。按照《仪礼》记载，诸侯朝贡天子，天子赐予车子和冕服。祠春秋，指春秋来助祭。

⑬驰骛（wù）：疾驰，奔腾。

⑭折冲消难：克敌制胜并且化解了魏国的危难。折冲，使敌人的战

车折返,即克敌制胜。孙星衍曰:"折,挫之也。考折冲者,敌来
伐而先有以逆折之,含不战而胜之意。"消难,消除魏国的危难。

⑮宰我、子贡:孔子的两位学生。宰我,字子我,亦称宰予,春秋末
鲁人。子贡,姓端木,名赐,春秋末卫人,比孔子小三十一岁。
《论语·先进》载:"子曰:'从我于陈蔡者,皆不及门也。德行:颜
渊、闵子骞、冉伯牛、仲弓;言语:宰我、子贡;政事:冉有、季路;文
学:子游、子夏。'"

⑯"辞之集矣"以下四句:见《诗经·大雅·板》。集,和顺。洽,融
洽。怿,和悦。莫,安定。

【译文】

从前,秦国和魏国是互相交好的盟国,齐国和楚国要合谋攻伐魏
国。魏王派人向秦国求救。使者来往不绝,沿路前后可以互相望见,但
是秦国的救兵就是不见动静。魏国有一位名叫唐且的人,已经九十多
岁了,他对魏王说:"老臣请求去西边的秦国游说,定让秦国的救兵先于
臣从秦国出发,您看可以吗?"魏王恭敬地说:"遵从您的意思。"于是准
备好车马就将唐且派遣到了秦国。唐且见到秦王,秦王说:"您老人家
如此窘急慌张,从魏国来到这里,真是辛苦了!魏国前来求救已经好几
次了,我知道魏国的处境非常窘迫。"唐且回答说:"大王您知道魏国的
急迫而救兵却迟迟不到,是大王您筹谋策划的大臣们的失策啊。魏国
是拥有兵车万辆的大国,却自称为秦国东边的屏藩,遵守秦国的法制,
每年按时为秦国的先祖助祭,那是因为秦国足够强大,值得作为相亲之
国啊。如今齐楚两国的军队已经到达了魏国的都城附近,大王的救兵
仍然不发,那么魏国情急之下只能向齐楚两国割地求和,到那时大王您
即使想发兵救援,又怎么能来得及呢?这是失去了一个拥有兵车万辆
的魏国而增强了齐楚两个敌国的实力。所以我认为是大王您筹谋策划
的大臣们的失策啊。"秦王大吃一惊顿然醒悟,于是发兵救援,日夜兼程
赶往魏国。齐楚两国听到这个消息,就撤兵回国了,魏国重新恢复了旧

有的国土。唐且的一次游说，决定了强大的秦国的外交政策，解除了魏国的危难，遣散了齐楚两国的军队。一次游说就克敌制胜并且化解了魏国的危难，这是言辞的功劳啊。孔子说："弟子中善于辞令的有：宰我、子贡。"所以《诗经》说："朝廷的政令辞气温和协调，百姓就相处的融洽团结。朝廷的政令辞气愉悦，百姓生活就安定。"唐且有善辩的言辞，魏国依赖他得以保全，所以他的言辞不是一般人所能及的。

3.4　燕易王时国大乱①，齐闵王兴师伐燕②，屠燕国，载其宝器而归。易王死，及燕国复，太子立为燕王，是为燕昭王③。昭王贤，即位，卑身厚币，以招贤者。谓郭隗曰④："齐因孤国之乱而袭破燕，孤极知燕小力少，不足以报。然得贤士与共国，以雪先王之丑，孤之愿也。先生视可者，得身事之。"隗曰："臣闻古之人君，有以千金求千里马者，三年不能得。涓人言于君曰⑤：'请求之。'君遣之，三月，得千里马，马已死，买其骨五百金，反以报君。君大怒曰：'所求者生马，安用死马捐五百金？'涓人对曰：'死马且市之五百金，况生马乎？天下必以王为能市马，马今至矣。'于是不期年⑥，千里马至者二。今王诚欲必致士，请从隗始。隗且见事，况贤于隗者乎？岂远千里哉？"于是昭王为隗筑宫而师之⑦。乐毅自魏往，邹衍自齐往，剧辛自赵往，士争走燕⑧。燕王吊死问孤，与百姓同甘苦二十八年，燕国殷富，士卒乐轶轻战⑨。于是遂以乐毅为上将军，与秦、楚、三晋合谋以伐齐⑩。乐毅之策，得贤之功也。

【注释】

① 燕易王时国大乱：根据《战国策·燕策一》、《史记·燕召公世家》记载，这件事发生在燕王哙五年。前316年，燕王哙听信苏代之言，将王位让于燕相子之；前314年，燕将市被、太子平等人谋攻子之，变乱达数月之久，齐将匡章攻燕，大破燕国，燕王哙、子之皆被杀。沈钦韩说："刘向误以燕易王为王哙。"燕易王，燕后文公之子，秦惠王之婿，前332—前320年在位，共十二年。

② 齐闵王兴师伐燕：根据《战国策·燕策一》、《孟子》记载，齐伐燕当在齐宣王时期。周广业《孟子出处时地考》曰："孟子事齐宣王始末，本书甚明，自《史记》误以伐燕一事系之湣王十年，以致诸家聚讼。"齐闵王，齐宣王之子，名地，一名遂。诸书或作愍王、湣王，前300—前284年在位。

③ 燕昭王：燕王哙之子。名职。前311—前279年在位。

④ 郭隗（wěi）：其事迹仅见于《战国策·燕策一》，战国时燕国人，燕昭王师。

⑤ 涓人：亦称为中涓，主管清洁洒扫之人。《汉书·陈胜传》："胜故涓人将军吕臣为苍头军。"颜师古注："涓，洁也。涓人，主洁除之人。"

⑥ 期（jī）年：一周年。期，周期。

⑦ 筑宫而师之：修筑房屋拜郭隗为老师。《事类赋》九引《新序》云："燕昭王置千金于台上，以延天下之士，谓之黄金台，先礼郭隗。"

⑧ "乐毅自魏往"以下四句：乐毅，魏将乐羊后裔，燕昭王拜为上将军，率赵、秦、韩、魏、燕五国之兵伐齐，下七十余城，封为昌国君，昭王死后，惠王疏远他，奔走赵，封为望诸君。邹衍，战国时齐人，又称为邹子、"谈天衍"，稷下学派著名学者，主张"五德终始说"和"大九州说"。剧辛，战国时赵人，仕于燕，破齐有功，后为燕攻赵，为庞煖（nuǎn）所杀。有《剧子》九篇。

⑨士卒乐轶轻战：士兵们生活安乐又轻死敢战。轶，通"逸"，安逸。
石光瑛《新序校释》说："轶本谊为车相出，经典多借为安佚字。"

⑩与秦、楚、三晋合谋以伐齐：乐毅和秦、楚、赵、魏、韩一起谋划讨
伐齐国。根据《史记·燕召公世家》记载，此事当在前284年。

【译文】

　　燕易王为政时，国家大乱，齐闵王乘机发兵攻打燕国，屠杀燕国百
姓，并装载着掠夺来的珍宝器物返回齐国。燕易王死后，燕国恢复社
稷，太子立为燕王，这就是燕昭王。昭王非常贤明，他继承王位后，降尊
屈贵礼贤下士，用丰厚的财物去招揽人才。昭王对郭隗说："齐国乘着
我国内乱而突然偷袭，攻破我国，我深知燕国国力贫弱，不能报仇雪恨。
希望能得到贤能之士与我共同治理国家，以洗刷先王的耻辱，这是我的
愿望啊。先生您看谁能和我共同治理国家，我愿亲自事奉他。"郭隗说：
"我听说古时候有一位君主，用千金购买千里马，三年也不能得到。有
一位清洁洒扫之人对君主说：'让我帮您去找寻吧。'国君就派他去，三
个月后，终于见得一匹千里马，但是马已经死了，就用五百金将马骨买
下，返回国都报告国君。国君勃然大怒说：'我所求购的是活马，哪里用
得着花费五百金买匹死马。'洒扫之人回答说：'死马都要用五百金买下
来，何况是活马呢？天下人一定认为大王您是真心购买马匹，千里马也
就不请自来了。'于是不到一年，就得到了两匹千里马。如今大王您诚
心延揽贤能之士，那么就请从我开始吧。连我这样的人都能受到大王
的重用，何况是比我贤明的人呢？又岂会认为千里为遥而不肯来到燕
国呢？"于是燕昭王为郭隗修筑房屋并拜为老师。此事传开后，乐毅从
魏国前来，邹衍从齐国前来，剧辛从赵国前来，贤能之士都争先恐后地
涌向燕国。燕昭王祭奠为国牺牲的死者，慰问孤苦之人，与燕国百姓同
甘共苦二十八年，燕国百姓生活殷实富足，士兵生活安乐又轻死敢战。
于是就拜乐毅为上将军，与秦、楚、赵、魏、韩一起谋划讨伐齐国。乐毅
的计策，是得助于贤能之士的功效啊。

3.5　乐毅为昭王谋,必待诸侯兵,齐乃可伐也。于是乃使乐毅使诸侯,遂合连四国之兵以伐齐①,大破之。闵王亡逃,仅以身脱匿莒②。乐毅追之,遂屠七十余城。临淄尽降③,唯莒、即墨未下④。尽复收燕宝器而归,复易王之辱。乐毅谢罢诸侯之兵,而独围莒、即墨。时田单为即墨令⑤,患乐毅善用兵,田单不能诈也,欲去之,昭王又贤,不肯听谗。会昭王死,惠王立,田单使人谗之惠王⑥,惠王使骑劫代乐毅,乐毅去之赵,不归燕。骑劫既为将军,田单大喜,设诈大破燕军⑦,杀骑劫,尽复收七十余城。是时齐闵王已死,田单得太子于莒,立为齐襄王⑧。

【注释】

①合连四国之兵以伐齐:《战国策·燕策》作"合五国之兵而攻齐"。《史记·乐毅列传》作"并护赵、楚(实为秦)、韩、魏、燕之兵以伐齐"。梁玉绳说:"伐齐者六国,此漏举秦,燕、齐、楚三《世家》可证,《秦纪》及赵、魏《世家》失书楚,《韩世家》止言与秦攻齐,《孟尝君列传》又失书韩、楚。"石光瑛《新序校释》说:"上章言与秦楚三晋合谋以伐齐,《策》《史》亦有此语,则六国均与伐明矣。《六国表》燕齐表均止五国,有秦无楚,盖行文偶然脱节,未足为与。"

②莒(jǔ):地名。今山东莒县。

③临淄:地名。古齐国国都,今山东临淄。

④即墨:地名。今山东平度东南。下:攻克。

⑤田单:根据《史记·田单列传》记载,田单为齐国临淄人,即墨百姓因田单熟悉军事,就推他为将抗击燕军,后来他迎立齐襄王有功,封为安平君。

⑥谗之惠王:即谗之于惠王。惠王,燕昭王之子。前278—前272

年在位。根据《史记·乐毅列传》和《田单列传》记载,惠王做太子时,与乐毅有矛盾。田单知道后,就派人到燕国散布谣言,说乐毅名为伐齐,实则是想做齐王,所以故意缓攻即墨,以等待齐人归附。因此齐人不惧乐毅,就怕燕国派别的将军前来。惠王果然中计,派骑劫代替了乐毅。

⑦设诈大破燕军:据《史记·田单列传》,田单先是派城中富户出城约降,趁齐军松懈,摆出"火牛阵"大破齐军。

⑧齐襄王:名法章。齐闵王之子。前283—前265年在位。根据《史记·田敬仲完世家》记载,齐闵王被淖齿杀死后,其太子变易姓名,成为莒太史家的佣人。等淖齿离开莒后,齐亡臣就把法章立为齐王。

【译文】

乐毅为燕昭王出谋划策,他主张一定要等到各诸侯国的军队集结之后,才可以出兵讨伐齐国。于是燕昭王便派乐毅出使各诸侯国,联合四国的军队共同讨伐齐国,大破齐国。齐闵王战败逃跑,仅保住一条性命躲藏在莒城。乐毅乘胜追击,接连攻克了七十多座城池。连齐国的都城临淄也都全部投降了,只剩下莒和即墨两个城池没有攻克。于是乐毅命军队将齐国所掠燕国的珍贵器物全部载回,洗刷了易王兵败的耻辱。乐毅辞谢各诸侯的军队,只留燕国军队围攻莒和即墨。当时田单为即墨的长官,他所忧虑的是乐毅善于用兵,自己不能用诈术骗其上钩,想要离间他,昭王却又很贤明,不肯听信谗言。此时燕昭王恰好死去,燕惠王即位,田单便派人向燕惠王进谗言,燕惠王派骑劫代替乐毅,乐毅奔走赵国,不再回燕。骑劫当了将军之后,田单高兴极了,施用诈术大破燕军,杀死了骑劫,重新收复了被占领的七十多座城池。此时齐闵王已经死去,田单在莒城寻得太子,便立太子为齐襄王。

而燕惠王大惭,自悔易乐毅,以致此祸。惠王乃使人遗乐毅书曰①:"寡人不佞,不能奉顺君志,故君捐国而去,寡人不肖明矣。敢谒其愿②,而君弗肯听也。故使使者陈愚志,君诚谕之。语曰:'仁不轻绝,智不轻怨。'君于先王,世之所明知也。寡人望有非,则君覆盖之,不虞君明弃之也;望有过,则君教诲之,不虞君明罪之也③。寡人之罪,百姓弗闻。君微出明怨,以弃寡人,寡人必有罪矣,然恐君之未尽厚矣。谚曰:'厚者不损人以自益,仁者不危躯以要名。'故覆人之邪者,厚之行也;救人之过者,仁之道也。世有覆寡人之邪,救寡人之过,非君恶所望之?今君厚受德于先王之成尊,轻弃寡人以快心,则覆邪救过,难得于君矣。且世有厚薄,故施异;行有得失,故患同④。今寡人任不肖之罪,而君有失厚之累,于为君择无所取。

【注释】

①惠王乃使人遗乐毅书:根据《战国策·燕策三》记载,这封信是燕王喜写给乐毅的儿子昌国君乐间的。乐间因为谏阻伐赵,与燕王喜意见不合,在燕将栗腹伐赵失败后,乐间就跑到了赵国,因此燕王喜写这封信来责备他。杨宽认为此书"当出于后世拟托,更不可信"。

②谒:禀告,陈述。《仪礼》郑玄注:"谒,告也。"

③"寡人望有非"以下六句:石光瑛《新序校释》:"旧本'弃罪'二字,与鲍本《国策》互倒,当从鲍本为是。'明罪'与'覆盖'谊反,'明弃'与'教诲'谊反,事与望违,故曰'不虞'。若依旧本,则文意乖隔矣,此传写者误。"鲍本《战国策》"明弃"即与下文"明罪"互乙。说可参。

④且世有厚薄,故施异;行有得失,故患同:此句文意不明,疑有错

乱。石光瑛《新序校释》据鲍本《战国策·燕策三》校作:"且世有薄而故厚施,行有失而故惠用。"意为:世人薄待于我而我却厚施于他,他的行为有错而我却恩惠于他。"患"与"惠","同"与"用",皆形近而误。译文即从之。

【译文】

此时的燕惠王惭愧至极,后悔更换了乐毅而招致了这场灾难。惠王就派人为乐毅送去一封书信说:"我没有才能,不能恭敬地顺从您的志愿,所以您抛弃燕国而奔走他国,我的不贤明是多么的明显。冒昧地告诉您我的心愿,而您又不肯细听。所以就派遣使者告诉您我的心意,希望您能真正明白。谚语说:'仁德之人不轻易拒绝别人,聪明之人不轻易怨恨别人。'您和先王的关系,天下人都是知晓的。我希望当我犯错的时候,您能包容我,不料您竟然公开地抛弃我;我希望当我有过错的时候,您能谆谆教诲,不料您竟然公开地指责我。我的罪过,老百姓都不清楚。您悄悄地离去表明对我一定有所怨恨,如此离弃寡人,那么我一定是有罪过了,但恐怕您也不够宽容吧。谚语说:'敦厚之人一定不会损害他人的利益使自己受益,仁德之人一定不会冒着生命危险来博取虚名。'所以遮掩别人的错误行为,是一种敦厚行为的表现;纠正别人的错误,是仁德的做法。普天之下能够遮掩寡人过失、纠正寡人错误的人,除了您还能指望谁呢? 如今您受到先王的厚爱才有了今日的尊贵,但您却为了一己快意而轻易地抛弃了寡人,那么遮掩补救寡人的人,也就难以指望于您了。世人薄待于我而我却厚施于他,他的行为有错而我却恩惠于他。如今寡人背负不贤的罪名,而您有摒弃忠厚的恶名,所以寡人认为您的行为是不足取的。

"国有封疆,犹家之有垣墙,所以合好覆恶也。室不能相和,出讼邻家,未为通计也;怨恶未见,而明弃之,未为尽厚也。寡人虽不肖,未如殷纣之乱也①;君虽未得志,未如商容、箕子之累也②。然不内尽寡人，明怨于外，恐其适足以伤高义而薄于行也。非然，苟可以成君之高，明君之义，寡人虽恶名，不难受也。本以为明寡人之薄，而君不得厚；扬寡人之毁，而君不得荣，是一举而两失也。义者不毁人以自益，况伤人以自损乎？愿君无以寡人之不肖，累往事之美。昔者柳下季为理于鲁，三绌而不去③。或曰：'可以去矣。'柳下季曰：'苟与人异，恶往而不绌乎？犹且绌也，宁故国耳。'柳下季不以绌自累，故自前业不忘④；不以去为心，故远近无议。寡人之罪，国人不知，而议寡人者天下⑤。谚曰：'仁不轻绝⑥，知不简功。'简功弃大者⑦，仇也；轻绝厚利者，怨也。仇而弃之，怨而累之，宜在远者，不望之乎君。今寡人无罪，君岂怨之乎？愿君捐忿和怒，追顺先王，以复教寡人。意君曰⑧：'余将快心以成而过，不顾先王以明而恶。'使寡人进不得循初⑨，退不得变过，此君所制，唯君图之。此寡人之愚志，敬以书谒之。"

【注释】

①殷纣：即帝辛。商朝末代君主，名受，为帝乙少子，后世人称殷纣王。根据《史记·殷本纪》记载，帝辛年少时天资聪颖，闻见甚敏，材力过人，深得帝乙欢心。后因好酒淫乐，唯妲己之言是从，命师涓作新淫之声、北里之舞，流酒为池，悬肉为林，使人裸体相逐其间，为酷刑，残杀忠臣，以致民怨载道，终为周武王所灭。

②商容、箕子：根据《史记·殷本纪》记载，两人皆为贤臣。商容因为直谏为纣王所贬。箕子屡谏纣王不听，便装疯弃官为奴。累：忧患。

③昔柳下季为理于鲁，三绌而不去：《论语·微子篇》曰："柳下惠为士师，三黜。人曰，子未可以去乎。曰，直道而事人，焉往而不三黜，枉道而事人，何必去父母之邦。"即是此事。柳下季，即展禽，名获，字禽。食邑在柳下，谥惠，故又称柳下惠。春秋时鲁国贤大夫。绌，通"黜"。贬退，排斥，废除。

④故自前业不忘：所以一直被人们所怀念。

⑤而议寡人者天下：《战国策·燕策三》作"而议寡人者遍天下"，文意更晓畅。卢文弨《群书拾补》："当从《策》补。"

⑥仁不轻绝：意为仁者不轻易断绝利益。石光瑛《新序校释》："疑当作'仁不绝利'，始与下句相配，于下文'简弃大功'、'轻绝厚利'等句，意亦相贯。今作'轻绝'，盖涉上文'仁不轻绝'，及下'轻绝厚利'而误。《国策》亦同。"可参。

⑦简功弃大：《战国策》作"简弃大功"，与"轻绝厚利"对句。意为怠慢、放弃自己的卓越功劳。简，怠慢。

⑧意君曰：底本作"寡人意君之曰"，石光瑛《新序校释》据《战国策·燕策三》校作"意君曰"。"寡人"二字当涉上文衍。其说是，今从之。意，猜测，料想。《庄子·胠箧》："夫妄意室中之藏，圣也。"郭庆藩注："意，度也。"

⑨循初：《战国策·燕策三》作"修功。"石光瑛《新序校释》："二字形近易误，然文谊两通，功与过对较优，且循初不过遵循成宪，无所谓进也。"译文从之。

【译文】

"一个国家有他的疆域，就像家宅有围墙，是用来和好遮短的。家中不能相处融洽，找邻居评理，这不是通达之计；怨恨和厌恶还没有完全表现出来，就公然离弃，这不能说是忠厚的。寡人虽然不贤，但还没有到商纣王那样混乱的地步；您虽然不得意，也还没有到商容、箕子那种悲惨的境地。但您在国内不尽职于我，却跑到其他诸侯国抱怨我，我害怕您这么做正好损害了您高尚的仁义也使您的行为显得浅薄。假如，您这么做可以彰显您的高洁，表明您的恩义，那么寡人即使背负恶名，也不会觉得难过。您本以为这样做可以表明寡人待您之轻薄，但您却没有得到忠厚的美名；夸大对寡人的诽谤，您也没有得到尊贵，这样的行为给我们都带来了损伤。仁义之人不损害他人而给自己带来好处，更何况是损人而不利己呢？希望您不要因为寡人的不贤，而损害到您以前的美名。古时柳下季为鲁国治狱之官，三次被黜退，但是仍不忍心离开鲁国。有人对他说：'您还是走吧。'柳下季说：'如果我与人的政见不合，那么到哪里去不会被黜退呢？既然都会被黜退，那么我宁愿待在父母之邦。'柳下季不以黜退为负担，所以他以前的功业一直被人们所传颂。他不以离去为自己的心志，所以各诸侯国都对他没有非议。寡人的罪名，燕国百姓不知，但是全天下的人都在指责寡人。古谚语说：'仁者不轻易断绝利益，智者不轻视自己的功业。'怠慢放弃自己卓越功劳的人，是仇恨的表现；轻易丢弃有丰厚利益回报的人，是怨愤的表现。因为仇恨而放弃功业，因为怨愤而损害自己的美名，那是关系疏远之人的行为，我不希望是您。如今我没有犯什么大的罪过，您难道还怨恨我吗？希望您能抛弃怨恨和愤怒，遵循先王的遗志，来继续教导寡人。我猜想您会说：'我要你心里愧疚我才会痛快，为了让人们都知道你的恶行，我也顾不得先王待我之情了。'您这样做是使寡人向前不能修习功业，向后又不能改变自己的过错，这一切都由您来决断，所以希望您能仔细考虑。这就是我一点粗浅的见解，就以书信的形式恭敬地呈示给您。"

3.6　乐毅使人献书燕王曰[①]："臣不肖，不能奉承王命，以顺左右之心，恐抵斧钺之罪，以伤先王之明，有害足下之义，故遁逃自负以不肖之罪，而不敢有辞说。今王数之以罪，恐侍御者不察先王之所以畜臣之理，不白乎臣之所以事先王之心,故不敢不以书对。

【注释】

①乐毅使人献书燕王:底本"燕王"下注有"一有报字"四字,四部本与之同。陈茂仁《新序校证》则谓此注文"当据改作'报',附入正文",其说不妥。

【译文】

乐毅派人给燕惠王献上一封书信说:"臣下不贤,不能遵守您的命令,以顺承您亲近之臣的心意,害怕遭受刀斧诛杀的重罪,以此损害到先王的明德,也伤害了足下的道义,所以私自逃跑,背负着不贤的罪名,却不敢有所辩解。如今大王您罗列出我的数条罪状,我害怕您的亲近之臣不能明察先王畜用我的道理,不能明白我之所以事奉先王的心意,所以不得不写信作为答复。

"臣闻贤圣之君,不以禄私亲,功多者授之;不以官随爱,能当者处之。故曰:'察能而授官者,成功之君也;论行而结交者,立名之士也。'臣以所学观先王举措,有高世主之心,故假节于魏①,以身得察于燕。先王过举,擢之宾客之中,立之群臣之上,不谋父兄②,以为亚卿。臣自以为奉令承教,可幸无罪,故受命而不辞。先王命臣曰:'我有积怨深怒于齐,不量轻弱,欲以齐为事。'臣对曰:'夫齐者,霸王之余业,战胜之遗事③,闲于兵革④,习于战攻。王若欲攻之,必与天下图之。图之⑤,莫若径结赵。且淮北宋地,楚、魏之愿也⑥。赵若许约,楚、魏尽力,四国攻之,齐可大破也。'王曰:'善。'臣乃受命,具符节,南使赵,顾反,起兵攻齐。以天之道,先王之灵,河北之地,随先王而举之,济上之兵⑦,受命而胜之。轻卒锐兵,长驱至齐,齐王遁逃走莒,仅以身免。珠玉货宝,车甲珍器,皆收入燕。大吕陈于元英,故鼎反于历室,齐器设于宁台⑧,蓟丘之植⑨,植于汶篁⑩。五伯以来⑪,功业之盛,未有及先王者也。先王以为快其志,以臣不损令,故裂地而封臣,使比小国诸侯⑫。

【注释】

①假节:借用出使的凭证。假,借也。节,使者出使他国所持信物。《掌节》注曰:"节,犹信也,行者所执之信。"乐毅本非出使,而是借事使燕,以查燕昭王贤否。

②父兄:同姓宗亲。《孟子·滕文公》云:"父兄百官皆不欲。"赵岐注:"父兄百官,滕之同姓异姓诸臣也。"

③霸王之余业,战胜之遗事:齐国继承了先王称霸诸侯的功业,又有多次取得战争胜利的事迹。霸王,指齐桓公,齐桓公曾为春秋五霸之首,所以说霸王之余业。《战国策·燕策二》及《史记·乐毅列传》都作"霸国"。余业,留传下来的基业、功业。《史记·乐毅列传》:"齐,霸国之余业也,地大人众,未易独攻也。"遗事,犹余业,前代留下来的事迹。

④闲:通"娴",熟习。

⑤图之:《史记·乐毅列传》作"与天下图之"。石光瑛《新序校释》:"盖此句复举,重在上三字,不重在'图之'二字。言天下之大,欲与共伐齐,从何处着手,然后落出下意云莫若先结赵,是三字万不可省。古人遇叠句多作两点,传写者以为只叠二字,故仅存'图之'二字,而不知其文谊不完也。"可参。

⑥淮北宋地,楚、魏之愿也:淮北和宋地,楚国和魏国早就想得到

了。根据《史记·宋微子世家》和《田敬仲完世家》记载,前 286
年,齐、楚、魏灭宋,三分其地。而齐国又南略楚国的淮北,西侵
三晋。所以楚国当然意欲重新夺回淮北,而魏国当然想夺取宋
地了。

⑦济上之兵:指五国军队破齐于济西。济,指济水。根据《水经注》
记载,济水自荥泽(今河南荥阳南)东流至乘氏县(今山东巨野)
西,分为二,南为荷水,又东北流至琅槐县(今山东广饶)故城北,
会河水入海。

⑧大吕陈于元英,故鼎反于历室,齐器设于宁台:齐国的大吕钟如
今陈列在元英官,被齐国掠去的宝鼎也重新放在了历室官,齐国
的宗庙祭器全部陈设在宁台之上。大吕,齐钟名。《吕氏春秋·
侈乐》曰:"齐之衰也,作为大吕。"元英、历室,皆为燕宫殿名。历
室,《史记》"历"作"磨",所以又称作"磨室"。宁台,燕台名。

⑨蓟丘:即燕国都城蓟城,在今北京西南部。《史记正义》认为其城
之"西北隅有丘",故称蓟丘。

⑩汶(wèn)篁:汶水的竹田。汶,水名。济水的支流,在今山东境
内。篁,竹田。《汉书》"篁竹之中",注曰:"竹田曰篁。"

⑪五伯:即五霸。主要有三种说法。《白虎通义·号篇》和《风俗通
义·皇霸》认为是:昆吾氏、大彭氏、豕韦氏、齐桓公、晋文公。
《孟子》赵岐注认为是:齐桓公、晋文公、秦穆公、宋襄公、楚庄王。
《荀子》中则认为是齐桓公、晋文公、楚庄王、吴王阖闾、越王句
践。赵仲邑《新序详注》谓:"乐毅把五伯和燕昭王相比,对五伯
的认识应和《荀子》相同。"

⑫比小国诸侯:大国的卿相与大国国内的封君,相当于小国的诸
侯,自春秋以来一直如此。比,相当。

【译文】

"我听说有贤明圣德的君主,不将俸禄赏赐给那些与自己关系亲近

的人,而是给予功勋卓著之人;不会将官爵随意赏赐给自己所喜欢的人,而是给予称职之人。所以说:'量才而给予官职,才是成就功业的君主;分析他人的品行才去结交,这样的人才能够树立名声。'臣下我用自己的学识观察先王的作为,有雄霸诸侯的雄心,所以借替魏国出使的机会,得以亲自到燕国体察。先王对我关照有加,将我从众多宾客之中提拔出来,给予我高于其他大臣的职位,未和同姓宗亲商议,就任我为亚卿之职。我自认为可以奉守命令秉承教言,可以幸免于无罪,所以坦然接受命令而无所推辞。先王命令我说:'对于齐国我有深仇大恨,不考虑燕国兵微势弱,想图谋齐国。'我回答说:'齐国,继承了先王称霸诸侯的功业,又有多次取得战争胜利的事迹。经常习练兵器,操演攻战之事。大王如果想要攻伐齐国,就一定要联合天下诸侯讨伐。联合天下诸侯讨伐,莫过于直接联合赵国。况且淮北和宋地,楚国和魏国早就想得到了。如若赵国答应,楚、魏两国全力共同出兵,四国军队一起讨伐齐国,齐国必然大败。'先王说:'好。'臣于是接受先王的命令,持出使信物,南行出使赵国,回到燕国后,就联合四国之兵一起讨伐齐国。因为顺应天意,凭依先王的灵威,河北之地顺着先王的心意被占领了,济水之上的部队,接受先王的命令战胜了齐军。轻装上阵的精锐部队,长驱直入,攻入齐都临淄,齐王逃跑到了莒地,只是保住了自己的性命。其他的珠玉珍宝,车辆装备,全部被运送到了燕国。齐国的大吕钟如今陈列在元英宫,被齐国掠去的宝鼎也重新放在了历室宫,齐国的宗庙祭器全部陈设在宁台之上。蓟丘的植被,被移植在汶水边的竹田里。自春秋五霸以来,功勋卓著之人,没有比得上先王的。先王实现了他的志向所以非常快意,因为我完全完成了他的命令,所以将自己的一片国土分给了臣下,使我能和小国的诸侯比肩。

"臣闻贤圣之君,功立不废①,故著于《春秋》②;蚤知之士,名成而不毁,故称于后世。若先王之报怨雪丑,夷万乘之齐,收八百年之积③,及其弃群臣之日,余令诏后嗣之义法,执政任事,循法令,顺庶孽④,施及萌隶⑤,皆可以教后世。臣闻善作者不必善成,善始者不必善终。昔伍子胥说听于阖闾,吴为远迹至郢;夫差不是也,赐之鸱夷,沉之江⑥。故夫差不计先论之可以立功也,沉子胥而不悔⑦;子胥不蚤见王之不同量也,故入江而不化。夫免身而全功,以明先王之迹,臣之上计也;离亏辱之诽⑧,堕先王之明,臣之大恐也。临不测之罪,以幸为利⑨,义之所不敢出也。臣闻君子绝交无恶言,去臣无恶声。臣虽不肖,数奉教于君子。臣恐侍御者亲交之说,不察疏远之行,故敢以书谢。”

【注释】

①功立不废:建立功业而不荒废。根据《战国策·燕策二》和《史记·乐毅列传》记载,此处应作“功立而不废”,以和下句“名成而不毁”相对。

②《春秋》:列国史书的统称。《春秋》之意有二,一指专言鲁史的史书,还有就是泛指列国之史。孔颖达《春秋左传正义》曰:“周世法则,每国有史记,同名《春秋》。独言鲁史记者,仲尼修鲁史所记,以为《春秋》。”

③八百年之积:八百年的积蓄。齐自吕尚始封,中经田氏代姜氏为国君,到这时已有八百三十多年,称八百年是举其整数而言。积,积蓄。这里指上文中所提到的“珠玉货宝,车甲珍器”。

④执政任事,循法令,顺庶孽:执掌政权办理国事,要遵循法令,使兄弟之间相处和顺。底本“顺庶孽”下有小注“史作余教未衰,执政任事之臣,修法令,慎庶孽”。慎,顺。朱季海《新序校理》:“古书‘慎’或通‘顺’。”庶孽,妾所生之子。《说文·子部》:“孽,庶

子也。"

⑤萌隶：平民和奴隶。喻微贱。萌，通"氓"。百姓，黎民。《吕氏春秋》高诱注曰："萌，民也。"

⑥"昔伍子胥说听于阖闾"以下五句：《史记》记载，楚平王听信费无极的谗言，将伍子胥的父亲伍奢和兄长伍尚杀害，伍子胥逃至吴国，受到吴王阖闾重用。前506年，伍子胥带兵攻进楚都，掘楚平王墓，鞭尸三百，以报父兄之仇，吴国遂也成为诸侯一霸。前483年，太宰嚭（pǐ）向夫差进谗，说伍子胥欲借齐国反吴，夫差听信谗言，赐伍子胥剑让其自尽，伍子胥死后，夫差将伍子胥的尸体裹起来，投之江中。伍子胥，名员，又作申胥。阖闾，又作"阖庐"，继位前名光，春秋时期吴王，《荀子·王霸篇》将其归为春秋五霸之一。夫差，春秋时期吴国末代君主，吴王阖闾之子。郢，地名。春秋战国时期楚国都，今位于湖北荆州城郊外东北处。鸱（chī）夷，皮囊。《史记》司马贞《索隐》引韦昭曰："以皮作鸱鸟形，名曰鸱夷，鸱夷，皮楹也。"

⑦故夫差不计先论之可以立功也，沉子胥而不悔：石光瑛《新序校释》据《史记·乐毅列传》，移"故"字于"沉"字前，以与下句"故入江而不化"相对。可参。

⑧离亏辱之诽：遭受屈辱的毁谤。离，同"罹"，遭受。

⑨以幸为利：以侥幸的举动为个人谋私利。

【译文】

"我听说贤明有圣德的君主，建立功业而不荒废，所以他们的事迹能够载入青史；有先见之明的智士，能够保住自己的美名而不损毁，所以受到后人的赞誉。就如同先王报仇雪恨，平定了拥有兵车万辆的齐国，将齐国八百年的积蓄收为己有，等到他去世的时候，遗令诏告后继之人为政之法，执掌政权办理国事，要遵循法令，使兄弟之间相处和顺，恩泽能够惠及卑贱之人，这些都可以教法后世。我听说，善于首创并不一定能够善于完成,有好的开始并不一定有好的结局。从前伍子胥游说阖闾,意见被采纳,因此吴国能够深入到楚国的郢都;但是夫差不信任他,杀了他,把他的尸体装在皮囊里沉入江河。夫差不考虑伍子胥先前的论断可以建立功业,所以将伍子胥投入江中并不后悔;而伍子胥不能及早发现阖闾与夫差气量的不同,所以沉入江中而痴心不改。免于杀身之祸而又保全功业,以彰显先王的功绩,这是臣子的上策;遭受屈辱的毁谤,败坏先王的美名,这是臣子最为担心的。面临不可预测的罪名,以侥幸的举动为个人谋取私利,这是崇尚道义的人所不敢做的。我听说君子之间停止交往但是互不责骂,遭到君主抛弃的臣子不能指责君主的过失,臣下虽然不贤,但多次受到君子的教诲。臣怕您听信左右亲近之臣的谗言,不能明察我这个被疏远的臣下的行为,所以用这封书信来答谢大王。”

3.7　齐人邹阳客游于梁①。人或谗之于孝王②,孝王怒,系而将欲杀之③。邹阳客游,见谗自冤,乃从狱中上书。其辞曰:“臣闻忠无不报,信不见疑,臣常以为然,徒虚语尔。昔者荆轲慕燕丹之义,白虹贯日,太子畏之④;卫先生为秦画长平之计,太白食昴,昭王疑之⑤。夫精变天地,而信不谕两主,岂不哀哉!今臣尽忠竭诚,毕义愿知⑥,左右不明,卒从吏讯,为世所疑,是使荆轲、卫先生复起,而燕、秦不悟也,愿大王熟察之。昔者玉人献宝,楚王诛之⑦;李斯竭忠,胡亥极刑⑧。是以箕子佯狂⑨,接舆避世⑩,恐遭此变也。愿大王熟察玉人、李斯之意,而后楚王、胡亥之听,无使臣为箕子、接舆所叹。臣闻比干剖心⑪,子胥鸱夷,臣始不信,乃今知之。愿大王熟察之,少加怜焉。

【注释】

①邹阳:西汉齐国人。根据《史记·邹阳列传》和《汉书·邹阳传》记载,本文应为邹阳投奔梁孝王之初所作。前151年,梁孝王门下的羊胜、公孙诡等人嫉妒邹阳,向梁孝王进谗言,邹阳被害下狱,将受死刑,故上书自明。梁:西汉诸侯国,都睢阳。

②孝王:梁孝王,名武,汉文帝之子,汉景帝少弟,其封地在梁,死后谥"孝"。

③系而将欲杀之:底本无"而"字。又,"系"下有小注"一有而字"四字,汉魏本、四部本正文皆有"而"字,今据补。

④昔者荆轲慕燕丹之义,白虹贯日,太子畏之:荆轲仰慕燕太子丹的义气,白虹横贯太阳,太子还疑心他不肯效命。荆轲,战国末期卫人,祖先是齐国人,后徙居于卫,卫人称之庆卿,至燕后,燕人称之荆卿。燕丹,燕王喜太子,后世也称为太子丹。曾为质于秦,秦王嬴政待其无礼,回国后,网罗壮士荆轲等人刺杀秦王,失败后秦攻燕,燕王喜杀丹献秦。白虹贯日,据《列士传》记载,荆轲出发后,太子丹望气,见白虹横贯太阳却未能完全穿过,就已经认为自己的计划不能成功了。这里用来形容荆轲精诚感天,以与卫先生之事为配。畏,疑心。石光瑛《新序校释》:"此畏字当训'疑',变文言'畏',与下'疑'字相避,其谊故不殊也。"

⑤卫先生为秦画长平之计,太白食昴(mǎo),昭王疑之:卫先生为秦昭王策划长平之战后应采取的计策,金星运行到昴宿的位置,昭王还怀疑他另有图谋。卫先生,根据《史记·邹阳列传》裴骃《集解》引苏林之说,长平之战后,白起欲一举灭赵,就派卫先生回秦劝说秦昭王增派军队和粮草,却被范雎所害,事情没有成功,但是卫先生精诚上达于天,故太白为之食昴。长平,地名。战国赵邑,今山西高平西北的王报村。根据《史记·白起列传》记载,前260年,白起于长平大破赵军,活埋赵国降卒四十万。太白食昴,

金星运行到昴宿的位置。太白，星名。即金星。《史记·邹阳列传》裴骃《集解》引如淳曰："太白乃天之将军也。"昴，二十八星宿之一。西方白虎七宿的第四宿，古人认为昴所对应的为赵国的封地。"天之将军"食代表赵国的昴宿，古人认为应该就是赵国灭亡的先兆。昭王，即秦昭襄王。名稷，又作侧、则，战国时秦国国君。前306—前251年在位。

⑥毕义愿知：倾尽我的所有谋虑希望大王您知晓。义，通"议"，谋虑。《史记·邹阳列传》、《汉书·邹阳传》及《文选》都作"议"。

⑦玉人献宝，楚王诛之：卞和献璞玉于楚王，楚王却责罚他。玉人，这里指卞和，又称和氏，襄阳南漳人。根据《韩非子》记载，卞和于深山之中得到一块未经雕琢的璞玉，先后向楚武王、楚文王献玉，玉匠不识，卞和却被砍去了双脚。后楚成王继位，卞和抱其玉而哭，楚成王命人剖石，果得美玉，即"和氏璧"。诛，惩罚，责罚。

⑧李斯竭忠，胡亥极刑：李斯对秦国竭尽忠心，胡亥却将他腰斩。李斯，战国末楚国上蔡（今河南上蔡西南）人，后期法家代表人物，辅佐秦始皇统一中国，官至丞相，秦二世胡亥听信赵高谗言，杀李斯，李斯死前上书，数自己七大罪，其实是七大功，证明自己对秦政权的忠心。胡亥，秦始皇之子，与赵高、李斯共谋，承袭帝位，亦称作秦二世。前209—前207年在位。

⑨箕子伴狂：根据《史记·殷本纪》、《宋微子世家》记载，箕子是商纣王的叔父，纣无道，箕子屡谏不听，便装疯弃官为奴。

⑩接舆避世：接舆，战国时楚人，根据《韩诗外传》及《高士传》记载，接舆看见楚国的政治混乱，便伴狂不仕，躬耕自食，楚昭王听说后，便派使臣送他一百镒金子请他出仕为官，等使臣走后，他便和妻子易姓而遁。

⑪比干剖心：比干是殷帝丁的次子，商纣王的叔父。根据《史

记·殷本纪》记载,纣淫乱不止,比干强谏,纣怒,剖比干心。

【译文】

　　齐人邹阳在梁国游历。有人向梁孝王进谗言,孝王震怒,将他拘囚起来准备杀掉。邹阳游历在外,被人诬陷自觉很是冤枉,于是就在狱中给梁孝王写了一封书信。信中说:"我听说待人忠诚没有得不到回报的,待人诚信就不会被怀疑,我过去认为这是正确的,如今看来都是虚假的话。从前荆轲仰慕燕太子丹的义气,临别之时白虹横贯太阳,太子因此而心生疑惧;卫先生为秦昭王策划乘长平之战一举灭赵的计谋,太白星侵犯到昴宿,昭王因此而怀疑他另有图谋。他们的精诚感天动地,但是其诚信却不被两位君主所明白,这难道不是很悲哀的吗?如今臣下我尽忠竭虑,倾尽我的所有谋虑希望大王您知晓,但是您的亲近之臣是非不分,最终还是让我遭受狱吏的审讯,我的忠诚也被世人所怀疑,这就好比是让荆轲、卫先生复生,燕太子丹、秦昭王也不会醒悟啊,所以希望大王您能够深思熟虑。从前下和献璞玉给楚王,楚王却对他施以酷刑;李斯对秦国竭尽忠心,胡亥却将他腰斩。所以箕子假装癫狂,接舆隐居避世,就是害怕遭到这种变故。希望大王您能够详察下和、李斯的这种心意,而摒弃楚王、胡亥听信谗言的做法,万不要让臣下的遭遇被箕子、接舆所慨叹。臣听说比干被开膛挖心,伍子胥被杀死装进皮囊扔进江里,臣最初不相信,如今才知道这是真实的。所以希望大王您一定要仔细明察,对我稍加怜悯。

　　"谚曰:'有白头而新①,倾盖而故②。'何则?知与不知也。昔者樊於期逃秦之燕,藉荆轲首,以奉丹之事③;王奢去齐之魏,临城自刭,以却齐而存魏④。王奢、樊於期,非新于齐、秦而故于燕、魏也。所以去二国、死两君者,行合于志,而慕义无穷也。是以苏秦不信于天下,为燕尾生⑤;白圭战

亡六城,为魏取中山⑥。何则？诚有以相知也。苏秦相燕,
燕人恶之于燕王,燕王按剑而怒,食之以𫘦𫘫⑦;白圭显于中
山,中山人恶之于魏文侯,文侯投以夜光之璧⑧。何则？两
主二臣,剖心折肝相信,岂移于浮辞哉!

【注释】

①白头而新:意谓两个人相交至老还是不互相了解,像新认识的
一样。

②倾盖而故:意谓两个人在路上偶然相遇,在停车立谈之间,就已
互相了解,像老朋友一样。倾盖,停车对语时双方车盖互相依
靠。《志林》云:"倾盖者,道行相遇,骈车对语,两盖相切,小敬之
谊,故云倾盖也。"

③"昔者樊於(wū)期逃秦之燕"以下三句:根据《史记·刺客列传》
记载,樊於期原为秦国将军,后因得罪秦王嬴政而逃往燕国,被
燕太子丹收留。燕太子丹派荆轲谋刺秦王时,荆轲请求以其首
级与富庶之地督亢(在河北涿县一带)地图作为进献秦王的礼
物,以利行刺,樊於期知道后,自刎而死。

④"王奢去齐之魏"以下三句:根据《史记·邹阳列传》裴骃《集解》
引《汉书音义》说,王奢原为齐臣,逃亡到了魏国。后来齐伐魏,
王奢登城对齐将说:"现在您来不过是为了我的缘故,从道义上
来说,我不能苟且偷生连累魏国。"于是拔剑自刎。刭(jīng),
刎颈。

⑤苏秦不信于天下,为燕尾生:苏秦是战国时东周洛阳人,著名的
游说之士。根据《史记·苏秦列传》记载,他游说燕、赵、韩、魏、
齐、楚,合纵抗秦,为纵约长、六国相,封武安君。苏秦是燕昭王
的亲信,为协助燕昭王向齐复仇到齐国行反间,做了许多不利于
齐国的事,最后被齐王发现,将其车裂。苏秦在别的国家看来,

是个反复无常的小人；但对于燕国来说，却是忠心耿耿，矢志不渝的坚贞之士。为燕尾生，《史记·苏秦列传》司马贞《索隐》："苏秦于秦，不出其信；于燕，则出尾生之信。"尾生，根据《庄子·盗跖》记载，尾生与一女子约于桥下相会，女子逾时未来，而大水至，尾生守信不肯离开，抱桥柱而死。

⑥白圭战亡六城，为魏取中山：白圭原为中山国将领，因战败失掉六城，畏惧被诛而逃至魏国，魏文侯厚遇之，后来他帮助魏国灭掉中山。中山，古诸侯国名。鲜虞人所建，故址在今河北灵寿至唐县一带。

⑦驶騠(jué tí)：良马名。《淮南子·齐俗训》"骐骥驹驶騠"，高诱注曰："驶騠，北翟之良马也。"

⑧文侯投以夜光之璧：底本无"文侯"二字。石光瑛《新序校释》据《史记·邹阳列传》、《汉书·邹阳传》及《文选》补。其说是，今从之。夜光之璧，即和氏璧。

【译文】

"谚语说：'有人相交到老却还像新识一样，有人停车对语片刻便如同故友。'这是为什么呢？这就是知心与不知心的区别了。从前樊於期从秦国逃到燕国，将自己的首级交给荆轲，以助其为燕太子丹刺杀秦王；王奢从齐国逃亡到魏国，在城墙之上拔剑自刎，以此使齐国退兵保全魏国。王奢、樊於期与齐、秦并非是新交而和燕、魏也并不是故识，之所以离开齐、秦而为燕、魏两国赴死，那是因为燕、魏两国君主的行为符合他们的期望，所以他们对燕、魏两国君主怀有深深的仰慕之情。所以尽管苏秦对天下人都能不讲诚信，但他对燕国就像尾生一样忠诚无二；白圭为中山大将时连丢六城，后效忠魏国时为魏国攻下了整个中山。为什么呢？就是为了报答知遇之恩啊！苏秦为燕国国相时，燕国人向燕王说苏秦的坏话，燕王手握长剑怒斥其人，并杀了名贵的驶騠宝马给苏秦吃；白圭显赫于中山国之时，中山有人向魏文侯说白圭的坏话，魏文侯将夜光璧赏赐给白圭。这是为什么呢？就是因为这两位君主与两位臣子，肝胆相照，他们的关系又怎么会因为虚浮不实的言辞所动摇呀！

"故女无美恶，居宫见妒；士无贤不肖，入朝见嫉。昔者司马喜膑于宋，卒相中山①；范雎拉胁折齿于魏，卒为应侯②。此二人者，皆信必然之画，捐朋党之私，挟孤独之交，故不能自免于嫉妒之人也。是以申徒狄蹈流之河③，徐衍负石入海④，不容于世，义不苟取，比周于朝，以移主上之心。故百里奚乞食于道路，缪公委之以政⑤；甯戚饭牛车下，而桓公任之以国⑥。此二人者，岂藉宦于朝，假誉于左右，然后二主用之哉？感于心，合于行，坚于胶漆，昆弟不能离，岂惑于众口哉？故偏听生奸，独任成乱。昔鲁听季孙之说逐孔子⑦，宋信子冉之计逐墨翟⑧。夫以孔墨之辩而不能自免，何则？众口铄金，积毁销骨。是以秦用由余而霸中国⑨，齐用越人子臧而强威、宣⑩。此二国岂拘于俗，牵于世，系奇偏之辞哉⑪！公听共观，垂名当世。故意合则胡、越为兄弟，由余、子臧是也；不合则骨肉为仇雠，朱、象、管、蔡是也⑫。今人主如能用齐、秦之明，后宋、鲁之听，则五伯不足侔，三王易为比也⑬。

【注释】

①司马喜膑于宋，卒相中山：《史记集解》引晋灼曰："司马喜三相中山。"司马喜，战国时卫人，又作司马憙。膑，挖去膝盖骨。

②范雎拉胁折齿于魏，卒为应侯：范雎，又作"范且"，字叔，战国时魏人。根据《史记·范雎列传》和《韩非子·外储说左上》记载，

范雎与魏国中大夫须贾出使齐国,齐襄王听说范雎有辩才,使人赠其金及酒肉。须贾以为范雎对齐王泄露了魏国的隐秘,回国后谮毁于魏相魏齐,魏齐使人痛打范雎,以致其肋骨打断、牙齿掉落。后来范雎偷偷地逃亡到秦国,并以远交近攻之策游说秦昭王,昭王便用他为相,封为应侯。拉胁,断肋。

③申徒狄蹈流之河:申徒狄,殷末人。根据《庄子·盗跖》记载,申徒狄屡谏君王而不听,于是跳河自杀。蹈流之河,《史记·邹阳列传》作"自沉于河",司马贞《索隐》:"《新序》作'抱瓮自沉于河'。"王念孙《读书杂志》说:"今《新序》作'蹈流之河',后人改之也。"石光瑛《新序校释》说:"抱瓮之河,负石入海,文势为对。"可参。

④徐衍负石入海:徐衍,周朝末年人,因不满乱世,遂负石沉海而死。《史记》裴骃《集解》引《列士传》曰:"周之末世人。"

⑤百里奚乞食于道路,缪公委之以政:百里奚,春秋时虞国人。据《史记·秦本纪》,虞为晋所灭,百里奚被俘,被当做晋女的陪嫁奴隶送给秦国。百里奚中途逃走,被楚人捕获。秦缪公知其贤,假意用五张黑羊皮将其换至秦国,任以国政,遂为秦国名臣。又,据《汉书》注应劭之说,百里奚想求见秦缪公,但没有路费,只得一路乞食到了秦国,秦缪公用之为相。缪公,即秦穆公,名任好,春秋时期秦国国君,前659—前621年在位。其任内获得了百里奚、蹇叔、丕豹、公孙支等贤臣的辅佐,国力大盛,死后谥号"缪",一作"穆"。《孟子》赵岐注将其作为春秋五霸之一。

⑥甯戚饭牛车下,而桓公任之以国:甯戚,春秋时卫人,为齐桓公主要辅佐者之一。据《汉书》注,齐桓公夜返,甯戚见后敲打牛角,并高歌自己生不逢时。齐桓公召其对谈,并任为大夫。

⑦鲁听季孙之说逐孔子:《史记·孔子世家》记载,前496年,孔子由大司寇代理相事,鲁国大治。齐国听闻后,便送了八十位漂亮

的歌伎舞女,一百二十四匹装饰华美的马给鲁国,季桓子接受后,
不理朝政,孔子便离开了鲁国。季孙,季桓子,名斯,春秋时鲁国
卿大夫。季孙氏在春秋时期世掌鲁政。

⑧宋信子冉之计逐墨翟:其事不详。子冉,其事不详。或以为即子
罕,如《汉书·邹阳传》颜师古注引文颖曰:"子冉,子罕也。"墨
翟,春秋末年鲁人,宋大夫,墨家学派的创始人,今本《墨子》存有
墨翟及其后学之作。

⑨秦用由余而霸中国:由余,一作繇余,其祖先原为晋国人,后因避
乱逃到西戎。根据《史记·秦本纪》记载,戎王派由余出使秦国,
秦穆公和他谈论治国大略,为其才能所吸引。为得到由余,秦穆
公送给戎王舞女歌伎,使其耽于声乐。由余屡谏不听,最后便投
靠了秦国,秦穆公拜为上卿,采纳了由余的谋略,兼并了西戎十
二个国家,遂称霸西戎。又,石光瑛《新序校释》据《史记·邹阳
列传》、《汉书·邹阳传》、《文选》,作"戎人由余",与下句"越人子
臧"相对。可参。

⑩齐用越人子臧而强威、宣:子臧,又作夷吾。沈钦韩《汉书疏证》
云:"《盐铁论·相刺篇》曰:'越人夷吾,戎人由余,待译而后通,
并显齐秦。则子臧又名夷吾。'"石光瑛《新序校释》:"由、夷一声
之转,吾、余音谊俱近,故云。"威、宣,齐威王和齐宣王的并称。
齐威王,战国时齐国国君,前356—前320在位。齐宣王,齐威王
之子,名辟疆,战国时齐国国君,前319—前301年在位。

⑪系奇偏之辞:被片面的言辞所左右。奇偏,偏于一方面,片面。

⑫朱:尧之子丹朱,不肖,所以尧让帝位于舜而不给他。象:舜异母
弟,屡次想杀害舜,皆未成功。管、蔡:根据《史记·周本纪》记
载,周武王封弟叔鲜于管,叔度于蔡,成王即位后因年小,所以周
公摄政,管叔、蔡叔怀疑周公怀有野心,便联合殷商后代武庚起
兵作乱,被周公平定。管叔被杀,蔡叔被流放。

⑬三王：指夏、商、周三代开国国君。有二说：一为夏禹、商汤、周文
　　王；一为夏禹、商汤、周武王。按，此处应是就后者而言。

【译文】

"因此，女子不管美丑，只要入宫中就会被人妒嫉；士子无论贤与不
贤，进入朝廷就会遭受忌恨。从前司马喜在宋国受到膑刑，最后在中山
国当了国相；范雎在魏国被打断了肋骨和牙齿，最后在秦国被封为应
侯。这两个人，都相信自己的谋略终会被采用，不结党营私，在朝廷之
上孑然独立，因此自然不能避免被嫉妒之人谋害。所以申徒狄谏君不
听便投河而死，徐衍背负石头入海而亡，他们不被世俗所容，坚守正义
不苟合取容，不在朝廷之上结党营私来改变君主的心意。所以百里奚
在路边乞食，秦缪公将国政托付于他；甯戚给人赶车喂牛，而齐桓公将
国政托付于他。这两个人，难道是借助朝廷之臣，让君主身边之人虚言
赞誉，然后两位君主才重用他们吗？他们性情相感，行为相和，关系牢
固胜过胶漆相粘，即使是亲兄弟也难以离间，又怎么会因为他人的言辞
而迷惑呢？所以偏听一面之辞国家就会大乱，独用臣子就会受蔽而乱
成。从前鲁国听信季孙的谗言逼走孔子，宋国听信子冉的计谋赶走墨
翟。以孔子、墨翟的善辩之才也不能免除于谗言之患，这是为什么呢？
众人的诽谤虽是金石也可熔化，聚积的诋毁任是骨头也可销毁。所以
秦国任用由余而称霸中原，齐国任用越人子臧而在威王、宣王时代国势
强盛。这两个国家难道会为流俗偏见所拘束，为社会所牵累，为偏狭荒
诞之辞所束缚吗？公正地听取意见、全面地观察情况，就会流名当世。
所以情意合，即使是相距千里之远的胡、越也会成为兄弟，由余、子臧
便是这样；意不相合，即使是骨肉之亲也会成为仇敌，丹朱、象、管叔、蔡
叔便是这样。如果君主能像齐、秦两国的君主一样贤明，而摒弃宋、鲁
两国君主听信谗言的做法，那么五霸也不能出其上，和三代圣君比肩也
是很容易的了。

"是以圣王觉悟，捐子之之心①，能不说于田常之贤②，封比干之后，修孕妇之墓③，故功业覆于天下。何则？欲善无厌也。夫晋文公亲其雠而强霸诸侯④，齐桓公用其仇而一匡天下⑤。何则？慈仁殷勤，诚加于心，不可以虚辞借也⑥。至夫秦用商鞅之法，东弱韩、魏，立强天下，而卒车裂商君⑦；越用大夫种之谋，擒劲吴，霸中国，卒诛其身⑧。是以孙叔敖三去相而不悔⑨，於陵仲子辞三公为人灌园⑩。今世主诚能去骄傲之心，怀可报之意⑪，披心腹，见情素，隳肝胆⑫，施德厚，终与之穷通⑬，无变于士，则桀之狗可使吠尧⑭，跖之客可使刺由⑮。况因万乘之权，假圣王之资乎？然则荆轲之沉七族⑯，要离之燔妻子⑰，岂足为大王道哉？

【注释】

①捐子之之心：抛弃像子之那样心怀叵测的臣子。子之，战国时燕人，燕王哙时为相国，根据《战国策·燕策》记载，子之欲得燕权，便和苏代相互勾结，苏代为齐出使燕，告诉燕王哙：齐宣王之所以不能称霸，是因为他不信任臣子。所以燕王哙对子之愈加信任。后效法禅让，将王位让于子之，终于导致了燕国的内乱。齐国也乘燕内乱之际攻燕，杀燕王哙，擒子之。

②说：同"悦"，赏识。田常：即陈恒，春秋时齐国大臣。田、陈古音相通。后人避讳汉文帝刘恒讳称他为田常，亦称田成子。根据《史记·田敬仲完世家》记载，田常和监止为齐简公左右相时，田常欲除监止，故为百姓借粮时以大斗借出，小斗收回，百姓们都歌颂他。最终田常将监止和齐简公全部杀死，另立齐平公，进一步地控制了齐国政权。

③修孕妇之墓：纣王残暴，曾剖孕妇之腹，观看胎儿，武王克殷后，

为被残杀的孕妇修墓。《尚书·泰誓》曰："刳剔孕妇。"《吕氏春秋·过理》云："剖孕妇而观其化,杀比干而视其心。"

④晋文公亲其雠而强霸诸侯:根据《史记·晋世家》记载,晋文公返国后,晋怀公故臣吕省、郤芮图谋烧王宫,杀文公,宦官履鞮知其谋,求见文公。文公因自己为公子时,履鞮屡次为献公追杀自己而不见,宦官履鞮便说,替人君做事不敢有二心,那时只知服从君命,而且举管仲与齐桓公的故事为例,于是文公接见了他,这才躲过了吕省、郤芮的叛乱。晋文公,姬姓,名重耳,谥号曰"文",春秋中前期晋国国君。前636—前628年在位。他是晋献公之子,晋惠公之兄,年少时遭骊姬之乱流亡列国十九年,回国后励精图治,开创了晋国长达一个多世纪的中原霸权。

⑤齐桓公用其仇而一匡天下:据《史记·齐太公世家》与《管晏列传》记载,齐襄公在位时,好色残暴,杀鲁桓公。他的兄弟恐祸及己身,纷纷出逃。公子纠逃到鲁国,公子小白逃往莒(jǔ)国。鲍叔牙事公子小白,管仲事公子纠。后来公孙无知弑襄公篡位,被雍林人所杀。齐国的高氏和国氏两大家族派人到莒迎接公子小白,鲁国也派兵送公子纠回国争位。管仲在小白归国途中伏击,用弓箭射中小白的衣带钩,公子小白装死,管仲归以报鲁。公子小白先入齐即位,是为齐桓公。齐桓公借鲁庄公之手杀公子纠,管仲被囚。齐桓公后接受鲍叔牙的建议,拜管仲为相,终成一代霸主。

⑥不可以虚辞借:犹今之所谓"不能用空话打发人。"借,应付。

⑦"至夫秦用商鞅之法"以下四句:商鞅,战国时卫人,公孙氏,名鞅,封于商,号商君。商鞅在秦变法执政约二十年,秦国大治,史称"商鞅变法",为后来秦国统一六国奠定了基础。根据《史记·秦本纪》及《商君列传》记载,秦孝公任他为相后,实行政治改革,国富民强,秦孝公四年(前358),败韩于西山。秦孝公二十二年(前340),他带领秦国军队进攻魏国,逼魏割让河西之地,迫使魏

都从安邑迁往大梁,但是由于政治改革触犯了秦国贵族的利益,所以秦孝公死后,他被人诬告谋反,秦惠王对他施以车裂之刑。

⑧"越用大夫种之谋"以下四句:大夫种,文氏,名种,字禽,春秋时越大夫。根据《吕氏春秋》高诱注、《史记·越王句践世家》《太平寰宇记》注的记载,句践任用了范蠡和大夫种,灭了吴国,称霸诸侯,范蠡功成身退,大夫种不退。吴灭亡当年,句践猜忌其能,赐剑让其自裁。

⑨孙叔敖三去相而不悔:孙叔敖,蒍氏,名敖,字孙叔,春秋时期楚国期思(今河南固始)人,官至楚国令尹。《史记索隐》曰:"三得相不喜,知其才之自得也;三去相不悔,知非己之罪也。"

⑩於(wū)陵仲子辞三公为人灌园:於陵仲子,即陈仲子,亦称陈仲、田仲。齐人。《史记·邹阳列传》《汉书·邹阳传》《文选》皆作"於陵子仲"。据《史记》司马贞《索隐》,陈仲子之兄为齐卿,食禄万钟。他以为不义,迁至楚地於陵,自称於陵仲子,楚王欲聘他为相,他携妻遁逃,为人灌园。

⑪怀可报之意:《文选》李善注:"言士有功可报者思必报。"《汉书补注》引王文彬曰:"'报'当属士言,豫让所谓'众人遇我,以众人报之;国士遇我,以国士报之'也。人主诚隆礼以待士,自为可报之地。阳欲梁王怀此意也。"

⑫戄(huī)肝胆:倾出肝胆。《史记·淮阴侯列传》作"输肝胆"。

⑬终与之穷通:始终如一地和他们同安乐,共患难。穷,困窘。通,显通。

⑭桀之狗可使吠尧:《战国策·齐策六》:"跖之狗吠尧,非贵跖而贱尧也,狗固吠非其主也。"意同。

⑮跖:盗跖。由:许由,一作许繇,字武仲,尧舜时代的贤人,尧知其贤德,欲禅让君位,许由坚辞不就。

⑯荆轲之沉七族:荆轲为燕太子丹刺秦王事见《史记·刺客列传》,

然其中无所谓"沉七族"之说。《论衡·语增》有所谓秦王"诛轲九族",复"夷其一里"云云,乃王充以其为"增(夸大)"者。周寿昌《汉书注校补》按:"古无族诛。汉设三族刑止矣,亦承秦酷法也。……邹阳不过甚其辞以明秦酷,何关事实也?"沉,没,被诛灭。七族,《史记集解》引张晏曰:"上至高祖,下至玄孙。"《史记索隐》曰:"父之族、姑之子、姐妹之子、女子之子、母之族、从子、妻父母。"他说不录。

⑰要离之燔(fán)妻子:要离,春秋时吴国人,善击剑。吴王阖闾欲杀王子庆忌,而苦于无人能用,要离自告奋勇,为使庆忌相信,他让吴王阖闾将自己的妻子儿女焚杀。刺死庆忌后亦自杀。事见《吕氏春秋·忠廉》、《吴越春秋·阖闾内传》。石光瑛《新序校释》曰:"疑要离事出于战国游侠之徒所傅会。……邹阳好奇,遂引用之耳。"《史记·邹阳列传》作"要离之烧妻子"。之,底本无。按,上文云"荆轲之沉七族",此处则应作"要离之燔妻子",以成对句。今所《史记》补。燔,焚烧。

【译文】

"所以圣贤君主觉悟明白后,就会抛弃像子之那样心怀叵测的臣子,就不会欣赏田常伪善的贤德,而是封赏比干的后代子孙,重修纣所杀孕妇的坟墓,那么自己的功业就会遍及天下。这是为什么呢?因为人的好善之心永不会满足。那晋文公能够亲近他以前的仇敌所以称霸诸侯,齐桓公任用他的仇人从而匡正天下。这是为什么呢?那是因为他们待人慈和仁爱而不懈怠,且诚心正意,而不是用虚浮不实的言辞应付人。秦国使用商鞅变法,削弱了东边的韩、魏两国,很快使自己成为天下的强国,但最终却将商鞅处以车裂之刑;越国采用大夫文种的谋略,制服了强大的对手吴国,称霸中原,但是最后却诛杀文种。所以孙叔敖三次被黜免相国之职而毫不后悔,於陵仲子辞退三公的高位为人浇灌菜园。假如现在的君主真正能够摒弃傲慢之心,怀有让人真心回报的诚意,敞开胸怀,展现自己的真情实意,披肝沥胆,亲施仁德厚爱,无论困厄或显达,都不会改变对待士人之心,那么夏桀的狗可以让它去吠咬唐尧,盗跖的门客也可以让他去刺杀许由。何况是依靠万辆兵车的权势,凭借圣贤君王的天资呢?既然这样,那么荆轲被秦王诛灭七族,要离为效忠吴王阖闾而焚烧妻子和子女,哪里值得对大王道说呢?

　　"明月之珠、夜光之璧,以暗投人于道路^①,众无不按剑相眄者^②,何则?无因至前也。蟠木根柢,轮囷离奇^③,而为万乘器者^④,以左右先为之容也^⑤。故无因而至前,虽出随侯之珠,夜光之璧,只足以结怨而不见得。故有人先游,则以枯木朽株,树功而不忘。今使天下布衣穷居之士,虽蒙尧、舜之术^⑥,挟伊、管之辩^⑦,素无根柢之容,而欲竭精神,开忠信,辅人主之治,则人主必袭按剑相眄之迹矣。是使布衣不得当枯木朽株之资也。是以圣王制世御俗^⑧,独化于陶钧之上^⑨,能不牵乎卑乱之言,不惑乎众多之口。故秦皇帝任中庶子蒙嘉之言,以信荆轲之说,故匕首窃发^⑩。周文王校猎泾渭,载吕尚而归,以王天下^⑪。秦信左右而弑,周用乌集而王^⑫。何则?以其能越挛拘之语,驰域外之议,独观于昭旷之道也。今人主沉于谄谀之辞^⑬,牵于帷墙之制^⑭,使不羁之士与牛骥同皁^⑮,此鲍焦之所以忿于世,而不留于富贵之乐也^⑯。

【注释】

　　①以暗投人于道路:在黑暗的道路上把东西扔给人。投,投赠。

②按剑相眄（miǎn）：恼怒欲斗的样子。眄，斜视。

③蟠木根柢（dǐ），轮囷（qūn）离奇：那些树根弯曲盘蜒的大树，弯曲而姿态奇特。轮囷离奇，《史记》作"轮囷离诡"，皆叠韵。《史记集解》张晏曰："根柢，下本也；轮囷离诡，委曲盘戾也。"柢，树的主根，也泛指树根。

④为万乘器：成为帝王的观赏物。

⑤容：颜师古曰："雕刻加饰。"

⑥蒙：受，承接。

⑦挟伊、管之辩：持有伊尹、管仲的才辩。伊、管，伊尹和管仲，古时贤臣。伊尹，伊氏，名尹，又名挚，出生于有莘国空桑涧（今河南洛阳嵩县莘乐沟），根据《史记·殷本纪》记载，伊尹早年卑贱，为了见到成汤，不惜做了有莘氏的陪嫁，背着烹调用具，用做菜的道理比喻治国之道说服成汤，协助成汤实现了王道之治。也有人说伊尹是位隐士，成汤曾多次派人请他出山，破格重用，委以国事，最后伊尹辅佐成汤完成了王业。

⑧制世御俗：即指治理国家。御，驾驭，统治。

⑨独化于陶钧之上：意指要独立自主地运用管理之权。独化，独立运作。陶钧，制作陶器时用的转轮，这里比喻治国的大道。颜师古曰："陶家名转者为钧，盖取周回调钧耳。言圣王制驭天下，亦犹陶人转钧。"

⑩"故秦皇帝任中庶子蒙嘉之言"以下三句：《史记·刺客列传》记载，荆轲到了秦后，用千金之币厚赠秦王宠臣中庶子蒙嘉，于是蒙嘉劝秦王接见荆轲，遂有刺秦之事。蒙嘉，底本作"蒙恬"，误。铁华馆本、汉魏本、四部本同。崇文书局本作"蒙嘉"，今据改。《汉书》颜师古注曰："蒙者，庶子名。今流俗书本蒙下辄加恬字，非也。"王先谦《汉书补注》引顾炎武说："《史记》秦王宠臣中庶子蒙嘉，为先言于秦王。非蒙恬，亦非蒙名，传文脱嘉字耳。"

⑪"周文王校猎泾渭"以下三句:《史记·齐太公世家》记载,姜太公博学多识,曾事奉商纣王,纣王昏庸残暴,遂弃去。西伯侯姬昌有一次外出打猎,在水边遇到正在垂钓的姜太公,任为军师。文王死后,周武王姬发尊姜太公为师。姜太公辅佐武王,多次为武王出谋划策,为推翻商朝做出了巨大贡献。吕尚,即姜尚,名望,字子牙,俗称姜太公。因功封于齐,成为姜姓齐国的始祖。

⑫乌集:比喻周文王与姜太公的君臣偶合。王先谦《汉书补注》以"乌集"为"乌合":"秦王未为荆轲所杀,亦未以此亡,是信左右不指蒙嘉,则用乌集亦不指太公也。秦二世信赵高,杀身亡国,是信左右而杀亡也。乌集,犹言乌合。……周武王伐纣至孟津,八百诸侯不期而会,若乌鸟之集然,是用乌集而王也。"按,王说非是。"秦信左右而弑",非谓为荆轲所杀,乃是说有"弑"之事。则"乌集"亦当指太公也。

⑬今人主沉于谄谀之辞:人主,铁华馆本作"主上"。谄,底本作"谄",误。今据铁华馆本改。下"谄"字同。

⑭牵于帷墙之制:被宫禁帷裳内侍奉的臣妾所牵制。墙,《礼记》郑玄注曰:"墙,帷裳也。"

⑮使不羁之士与牛骥同皂:让卓荦不群、才识高远之士与牛马同槽而食。一说"与"即"如",此句意思是说,让卓荦不群、才识高远之士与平庸之辈同处,就如同牛与马同槽一样。周寿昌《汉书注校补》曰:"言使才识高远之士,与庸流并进,如牛与骥共一皂耳。"可参。皂,喂牛马的食槽。《方言》卷五:"枥,梁、宋、齐、楚、北燕之间或谓之皂。"郭璞注:"养马器也。"

⑯此鲍焦之所以忿于世,而不留于富贵之乐也:鲍焦是周末隐士,《庄子·盗跖》之《释文》引司马彪说,他因不满时政而隐居,靠采蔬为生。

【译文】

"明月之珠,和氏之璧,暗中扔给道路上的行人,众人无不手握长剑警惕凝视,这是为什么呢?因为它无缘无故地出现在自己的眼前。那些树根弯曲盘蜒的大树,弯曲而姿态奇特,却能够成为大国君主的观赏物,是因为君主的亲近之臣事先对它进行了雕刻装饰。所以说无缘无故地出现在自己的眼前,即使是随侯之珠,夜光之璧,只会结怨而不会被感激。所以有人事先介绍,即使是枯朽的树木,也可以派上用场而不被人忘记。现在天下的布衣平民,虽然身怀尧舜的治国之道,具有伊尹、管仲的才辩,却没有被像盘曲的树根那样得到雕刻装饰,却想要尽心竭力,呈献忠信,辅佐君主治理国家,那么君主一定会因袭手握长剑警惕明珠玉璧的做法。这就使布衣平民连枯树朽木那样的机会也没有了。因此圣贤之君驾驭天下,就应如同陶匠使用陶轮一样独立自主,不会被鄙俗纷乱之言所拖累,不会被众人之口所迷惑。所以秦始皇听信中庶子蒙嘉的话,相信了荆轲的说辞,刺秦的匕首也就偷偷拿了出来;周文王在泾渭一带狩猎,遇到吕尚,与他同车而回,最终称王天下。秦始皇听信亲近之臣的话而几乎被刺杀,周文王能任用偶然遇得的吕尚而称王天下。这是为什么呢?是因为他们能够超越拘束迂腐的言辞,冲破世俗议论的限制,独自领悟了光明豁达的治国大道啊。如今君主沉溺于阿谀奉承之辞,被宫禁帷裳内的侍奉之臣牵制,让卓荦不群的士人与牛马同槽而食,这就是鲍焦之所以愤世嫉俗,而不留恋富贵享乐的原因啊。

"臣闻盛饰以朝者,不以私污义;砥砺名号者①,不以利伤行。故里名胜母,而曾子不入②;邑号朝歌,墨子回车③。今使天下寥廓之士④,笼于威重之权⑤,胁于势位之贵,回面污行⑥,以事谄谀之人,求亲近于左右,则士有伏死崛穴岩薮之中耳⑦,安有尽精神而趋阙下者哉?"书奏孝王,孝王立出之,卒为上客⑧。

【注释】

①砥砺名号:自修于名声。砥砺,《汉书》作"底厉",颜师古注曰:"底厉,言其自修廉隅,若磨厉于石也。"

②里名胜母,而曾子不入:《淮南子·说山训》:"曾子立孝,不过胜母之间。"《汉书》颜师古注:"曾子至孝,以胜母之名不顺,故不入也。"曾子,孔子弟子,名参,字子舆,春秋末年鲁国南武城(山东济宁嘉祥)人,后世儒家尊他为"宗圣"。或以"不过胜母之间"为孔子事。

③邑号朝歌,墨子回车:墨子主张"非乐",故不入名叫"朝歌"之城。《淮南子·说山训》云:"墨子非乐,不入朝歌之邑。"或以之为颜渊事。

④今使:铁华馆本作"今欲使"。寥廓:即"恢廓",志向远大。《文选》即作"恢廓"。

⑤笼:笼络,束缚。

⑥回面污行:面貌奸邪,行为肮脏。回,邪恶。《史记》司马贞《索隐》:"回,邪也。"污,肮脏。颜师古曰:"污,不洁也。"

⑦崛穴岩薮(sǒu):洞穴水泽。崛,通"窟",洞窟。掘、堀皆为其假借字,颜师古曰:"堀与窟同。"薮,水泽,特指有浅水和茂草的沼泽地带。

⑧卒为上客:底本"客"下有小字注"申徒狄蹈流之河,流字史作雍字",铁华馆本同。汉魏本、四部本无此注。

【译文】

"臣听说过,盛装入朝的,不会因为私欲而玷污道义;磨炼操行的,不会因为私利而损害自己的德行。因此,里巷名叫'胜母',曾子就不会进去;城邑名叫'朝歌',墨子就调转车头。现在要让天下志向远大的士人,被威重的权力所笼络,被地位的显赫所胁持,让他们面貌奸邪行为肮脏，以事奉那些阿谀奉承之人，求得君王左右之臣的亲近，那么这些怀有远大志向的士人宁愿老死在洞穴水泽之中，哪里会有尽心竭力效忠朝廷的人呢？"书信呈奏到梁孝王那里后，孝王马上放邹阳出狱，邹阳终为梁孝王的上宾。

卷第四

杂事第四

【题解】

本卷共 28 章,主要是说为君之道。称颂明君之举贤授能、知人善任、讲守信用、厚德爱人、广开言路、以诚感人等优秀品格。值得留意的是,相较于其他四卷,本卷尤其多说齐桓公、晋文公、楚庄王等"五霸"事:齐桓公事有"管仲言齐桓公"、"有司请吏于齐桓公"、"晋平公问于叔向"、"昔者齐桓公与鲁庄公为柯之盟"、"桓公与管仲、鲍叔、甯戚饮酒"、"桓公田"、"昔者齐桓公出游于野"等 7 章,晋文公事有"晋文公伐原"、"晋文公将伐邺"、"晋文公田于虢"3 章,楚庄王事有"楚庄王伐郑"、"晋人伐楚"2 章,并及管仲、晏婴、赵武、师旷、叔向、子产、钟子期等良臣贤士的嘉言善行。这也体现出刘向的国家理想与政治追求。本卷之中,"昔者齐桓公与鲁庄公为柯之盟"章称誉齐桓公之不负盟约,"楚庄王伐郑"章盛赞楚庄王之"不避强暴,不威弱小","郑人游于乡校"章赞扬子产之不塞言路,"哀公问孔子"章详述孔子之论"哀、忧、劳、惧、危","楚惠王食寒菹而得蛭"章称颂楚惠王之仁德等,皆可为本卷之代表。至于"宋康王时"一章,谴责宋康王淫威暴行,极有"谏书"的意味;而其中"臣向愚以《鸿范传》推之"云云,则又透露出刘向之于本书的撰述之功。

4.1 管仲言齐桓公曰①:"夫垦田创邑,辟土殖谷②,尽地之利,则臣不若甯戚③,请置以为田官④。登降揖让⑤,进退闲习⑥,臣不如隰朋⑦,请置以为大行⑧。蚤入晏出⑨,犯君颜色,进谏必忠,不重富贵,不避死亡,则臣不若东郭牙⑩,请置以为谏臣⑪。决狱折中⑫,不诬无罪,不杀无辜,则臣不若弦宁⑬,请置以为大理⑭。平原广圃⑮,车不结轨⑯,士不旋踵,鼓之,而三军之士视死若归,则臣不若王子成甫⑰,请置以为大司马⑱。君如欲治国强兵,则此五子者足矣;如欲霸王,则夷吾在此。"夫管仲能知人,桓公能任贤,所以九合诸侯⑲,一匡天下,不用兵车,管仲之功也。《诗》曰:"济济多士,文王以宁⑳。"桓公其似之矣。

【注释】

①管仲:名夷吾,字仲,颍上(今属安徽)人,齐国上卿,辅佐齐桓公称霸诸侯,今存有《管子》一书。齐桓公:姜姓,吕氏,名小白,春秋时齐国国君。前685—前643年在位。在位时任用管仲等贤臣,实行"尊王攘夷"的政策,为春秋五霸之首。

②辟土:扩大耕地面积。

③甯戚:春秋时卫人,为齐桓公主要辅佐者之一。据《汉书》注,齐桓公夜返,甯戚见后敲打牛角,并高歌自己生不逢时。齐桓公召其对谈,并任为大夫。

④田官:官名。职掌农事。这里指掌管农业的最高长官。

⑤登:升。

⑥闲:通"娴"。娴习,熟悉。

⑦隰(xí)朋:齐大夫。根据《国语》韦昭注云:"朋,齐庄公之曾孙戴仲之子,成子也。"《通志》:"庄公子廖,事桓公,封于隰阴,故以为氏。"

⑧大行：官名。掌管外交的官职。《管子》尹知章注云："大行，大使之官。"《周礼·秋官》作大行人，汉称典客，景帝时改名大行，武帝太初元年改名大鸿胪，《汉书·百官公卿表》作大行令。

⑨蚤：通"早"。晏：迟。朱季海《新序校理》："'晏'者'蚤'之反，盖齐语。"谓为齐地方言。

⑩东郭牙：春秋时期齐国的谏臣。《管子·小问》作"东郭邮"，《说苑·权谋》作"东郭垂"。

⑪谏臣：负责批评、劝谏君主的官职。《管子·小匡》作"大谏之官"。

⑫折中：判断依照标准不偏不倚，公平合理。朱熹《楚辞集注》："折中，谓事理有不同者，执其两端而折其中也，若《史记》所谓'六艺折中于夫子'是也。"

⑬弦宁：《韩非子·外储说左下》作"弦商"，《吕氏春秋·勿躬》作"弦章"。

⑭大理：官名。掌刑罚的最高长官。陈奇猷《韩非子集释》引太田方曰："《礼·月令》注：'理，治狱官也。有虞氏曰士，夏曰大理，周曰大司寇。'"

⑮囿（yòu）：园囿，园林。

⑯结轨：轨迹交结。

⑰王子成甫：春秋时齐国的将军，《通志》以他为姬姓，《魏王基碑》称他是比干之后。《管子·小匡》、《吕氏春秋·勿躬》作"王子城父"，《韩非子·外储说左下》作"公子成父"。石光瑛《新序校释》："成、城，父、甫，古字并通。"

⑱大司马：官名。掌军旅之事。

⑲九合诸侯：多次召集诸侯举行盟会。《论语·宪问》："子曰：桓公九合诸侯，不以兵车，管仲之力也。""九"是虚数，表示很多次之意。

⑳济济多士,文王以宁:见《诗经·大雅·文王》。济济,众多貌。

【译文】

　　管仲对齐桓公说:"开垦田地创建城邑,扩大耕地种植谷物,充分发挥土地的作用,臣下不如宁戚,请任他为田官之职。宾主相见的礼仪,举止行动的熟悉,臣下不如隰朋,请任他为大行之职。朝会早入晚出,君主发怒时也敢于直谏,进谏一定出于忠心,轻视富贵,不贪生怕死,臣下不如东郭牙,请任他为谏臣之职。判决狱讼公平合理,不诬陷无罪之人,不妄杀无辜之人,臣下不如弦宁,请任他为大理之职。原野辽阔猎场广大,兵车不会出现交错混乱的轨迹,士兵不会转身逃跑,战鼓声起,三军的战士全都视死如归,臣下不如王子成甫,请任他为大司马之职。国君您如果只要国家安定兵强马壮,那么这五位臣子就足够了,如果要成就霸业,则臣下管夷吾在此听候差遣。"因为管仲能识别人才,桓公能善用贤人,所以多次召集诸侯举行盟会,以匡正天下,而不用武力,这是管仲的功劳啊。《诗经》说:"众多人才济济一堂,文王可以放心安宁。"齐桓公大概相似吧。

　　4.2　有司请吏于齐桓公①,桓公曰:"以告仲父。"有司又请,桓公曰:"以告仲父。"若是者三。在侧者曰:"一则告仲父,二则告仲父,易哉为君!"桓公曰:"吾未得仲父则难,已得仲父,曷为其不易也?"故王者劳于求人,佚于得贤②。舜举众贤在位③,垂衣裳④,恭己无为⑤,而天下治。汤、文用伊、吕⑥,成王用周、邵⑦,而刑措不用,兵偃而不动,用众贤也。桓公用管仲则小也,故至于霸,而不能以王。故孔子曰:"小哉!管仲之器⑧。"盖善其遇桓公,惜其不能以王也。至明主则不然,所用大矣。《诗》曰:"济济多士,文王以宁。"此之谓也。

【注释】

①有司：官吏。古代设官分职，各有专司，故称。吏：通"事"。《吕氏春秋·任数》、《韩非子·难二》作"事"，《群书治要》引同。"吏"即古"事"字，见石光瑛《新序校释》引卢文弨《群书拾补》、王国维《观堂集林·释史》等。又，此句《韩非子·难二》作"齐桓公时，晋客至，有司请礼"。"请礼"即请示礼仪之事。亦可证此处"吏"即"事"。

②佚：安逸，安乐。

③舜举众贤在位：根据《尚书·舜典》记载，尧过世之后，舜成为了首领，他让禹治理洪水，让后稷主管农业，让契主管教育，让皋陶主管刑狱，用垂掌管百工之职，用益主管山林渔猎，命伯夷主管祭祀，用夔掌管音乐，让龙任纳言，负责传达命令。

④垂衣裳：端坐无为，衣服下垂。后用以称颂帝王无为而治。王充《论衡·自然》："垂衣裳者，垂拱无为也。"

⑤恭己：谓恭谨以律己。

⑥汤、文用伊、吕：商汤、周文王任用贤臣伊尹、吕尚。据《史记·殷本纪》、《齐太公世家》记载，伊尹用做菜的道理比喻治国之道，以说服成汤，协助成汤实现了王道之治。吕尚博学多识，曾事奉商纣王，见纣王昏庸残暴，便离他而去。周文王得吕尚后任用他为军师，为推翻商王朝做出了巨大贡献。

⑦成王用周、邵：根据《史记·周本纪》与《燕召公世家》记载，周成王即位，年尚幼，于是周公摄政，平管蔡之乱，制礼法，经营洛邑，以为东都，与召公分陕地而治，陕地以西为召公管辖。周公和召公为周政权的巩固，做出了巨大贡献。邵，即召公奭(shì)。

⑧小哉！管仲之器：《论语·八佾》作"管仲之器小哉"。石光瑛《新序校释》："此与上'易哉为君'皆倒句法。"器，器量。

【译文】

有关官吏向齐桓公请示事情,桓公说:"去禀告仲父。"有关官吏又有事来请示,桓公说:"去禀告仲父。"如此情形已经有好多次。陪侍桓公左右之人说:"第一次是禀告仲父,第二次还是去禀告仲父,作君主真是太容易了!"桓公说:"我没得到仲父辅佐之时作君主很是艰难,得到仲父之后,怎么能不容易呢?"所以说君主在寻求贤人时颇为劳苦,但是得到人才之后就安逸了。舜任用了很多贤能的人使其各得其位,自己长衣下垂、恭谨律己无为,而天下已太平安宁。商汤、周文王任用贤臣伊尹、吕尚,周成王任用周公、邵公,置刑法而不用,兵器搁置没人动,这是任用众位贤人的缘故。桓公任用管仲只是略有小成,所以只能称霸诸侯,而不能称王天下。所以孔子说:"太狭小了!管仲的器量。"这大概是赞赏他和桓公的遇合,而叹惜他不能辅佐桓公实行王道。至于圣明的君主则不同,他所举用的都是器量宽宏的贤人。《诗经》说:"众多人才济济一堂,文王可以放心安宁。"说的就是这个意思。

4.3　公季成谓魏文侯曰①:"田子方虽贤人②,然而非有土之君也③,君常与之齐礼④。假有贤于子方者,君又何以加之?"文侯曰:"如子方者,非成所得议也。子方,仁人也。仁人也者,国之宝也;智士也者,国之器也⑤;博通士也者,国之尊也。故国有仁人,则群臣不争;国有智士,则无四邻诸侯之患;国有博通之士,则人主尊。固非成之所议也。"公季成自退于郊,三日请罪⑥。

【注释】

①公季成:魏文侯同母弟。根据梁玉绳《汉书人表考》记载,又叫魏成子、季成子、公孙季成、魏季成、楼季。魏文侯:魏氏,名斯。战

国时魏国国君。前 445—前 396 年在位。根据《史记·魏世家》记载,他是战国时魏国的建立者,周威王时,与韩康子、赵襄子伐灭晋国智伯,分其地。前 403 年,周天子正式承认韩、赵、魏为诸侯。在位时礼贤下士,师事儒者子夏、田子方等,任用李悝、翟璜为相,吴起、乐羊为将,变法图强、振兴国力,使魏国一跃成为中原的强国。

②田子方:亦称田方,名无择,字子方。根据《吕氏春秋·当染》、梁玉绳《汉书人表考》记载,田子方受业于子贡,是魏文侯的老师。

③有土之君:拥有封地的君主。

④齐礼:与君主对等的礼节。齐,同等。《广韵·齐韵》:"齐,等也。"

⑤国之器:国家的利器。

⑥自退于郊,三日请罪:石光瑛《新序校释》:"古者请罪,必待命于郊,示将退位也。"郊,城市周围的地区。《尔雅·释地》:"邑外谓之郊。"

【译文】

公季成对魏文侯说:"田子方固然是位贤德之士,可他并非是拥有封地的君主,您总是待他用君主同等的礼节。假如有比子方更为贤德的人,您又用什么礼节来对待呢?"文侯说:"像子方这样的人,不是公季成你所能评议的。子方,是真正的仁德之人。仁德之人,是国家的宝器;智谋之士,是国家的利器;博学通达之人,是国家的尊长。因此,国家有了仁德之人,大臣们就不会互相争宠;国家有了智谋之士,就不会有四邻各国侵扰的忧患;国家有了博学通达之人,国君就会受到拥戴。所以这不是公季成你所能评议的。"公季成听了之后退至郊外,三天以后向魏文侯请罪。

4.4　魏文侯弟曰季成,友曰翟黄①,文侯欲相之而未能

决,以问李克②。克对曰:"君若置相,则问乐商与王孙苟端孰贤③。"文侯曰:"善。"以王孙苟端为不肖,翟黄进之;乐商为贤,季成进之,故相季成。故知人则哲,进贤受上赏。季成以知贤,故文侯以为相。季成、翟黄,皆近臣亲属也,以所进者贤别之,故李克之言是也。

【注释】

①翟黄:名触,魏文侯上卿。一作"翟璜"。根据《史记·魏世家》,他曾向魏文侯推荐过西门豹、乐羊、李克、屈侯鲋等贤臣。

②李克:又作"里克"。战国时魏国人。据《韩诗外传》、《汉书·艺文志》、《淮南子》高诱注的记载,他是子夏弟子,魏文侯、魏武侯的相。

③则问乐商与王孙苟端孰贤:根据《史记·魏世家》记载,魏文侯问李克,成(季成)与璜(翟黄,璜亦作"黄")谁可以选为国相,李克建议看他两人平日里所接触的人。魏文侯遂拿定主意。乐商,《吕氏春秋·举难》作"乐腾",生平不祥。王孙苟端,生平不详。

【译文】

魏文侯的弟弟叫季成,他的朋友叫翟黄,魏文侯想要从他们之中选出一人任国相,但犹豫不决,便拿这件事来请教李克。李克回答说:"君主若是想要选定国相,就要看看乐商与王孙苟端这两个人谁贤能。"魏文侯说:"好!"他认为王孙苟端不贤能,是翟黄推荐的;乐商贤能,是季成推荐的,所以任季成为国相。因此善于识人便是明智,能够推举贤人的应该受到最高的奖赏。季成善于知人善任,所以魏文侯才把他任命为国相。季成、翟黄,都是文侯的近臣、亲属,根据他们所推荐的人是否贤能来鉴别他们本人,所以李克的话是对的。

4.5　孟尝君问于白圭曰^①："魏文侯名过于桓公,而功不及五伯^②,何也?"白圭对曰:"魏文侯师子夏^③,友田子方,敬段干木^④,此名之所以过于桓公也。卜相则曰^⑤:'成与黄孰可?'此功之所以不及五伯也。以私爱妨公举^⑥,在职者不堪其事,故功废。然而名号显荣者,三士翊之也^⑦。如相三士,则王功成,岂特霸哉!"

【注释】

①孟尝君:田氏,名文,字孟,尝为邑名,所以又称孟尝君,战国四公子之一。继承其父封地薛,又称薛公。白圭:战国时周人,名丹,字圭。

②五伯:春秋五霸。伯,通"霸"。主要有三种说法。《白虎通义·号篇》和《风俗通义·皇霸》认为是:昆吾氏、大彭氏、豕韦氏、齐桓公、晋文公。《孟子》赵岐注认为是:齐桓公、晋文公、秦穆公、宋襄公、楚庄王。《荀子》中则认为是齐桓公、晋文公、楚庄王、吴王阖闾、越王句践。

③子夏:孔子的弟子,卫国人,姓卜,名商,字子夏。是孔子之后儒家经典的主要传承者。魏文侯之师。

④段干木:姓段干,名木,战国初年魏国人。子夏弟子。

⑤卜:择。

⑥私爱:根据上文,季成与翟黄都是魏文侯的亲属亲近之人。

⑦三士:指子夏、田子方、段干木。翊(yì):通"翼",辅佐。朱季海《新序校理》:"六国古文齐人书'翼'作'翊'。"

【译文】

孟尝君问白圭:"魏文侯的名声要超过齐桓公,而功绩却赶不上春秋时的五霸,这是为什么?"白圭回答:"魏文侯以子夏为老师,以田子方为朋友,尊敬段干木,这就是他的名声要超过齐桓公的原因。在选择国相之时他却说:'季成和翟黄谁可以?'这就是他的功绩赶不上五霸的原因。因为私人感情妨碍公正的选拔,在职的人不能胜任工作,所以功业不立。然而他的名声之所以显荣于世,那是因为三位贤臣辅佐的原因。如果他能举用这三位贤臣为国相,那么王道的功业也能成就,岂止只是成为霸主呢!"

4.6　晋平公问于叔向曰①:"昔者齐桓公九合诸侯,一匡天下,不识其君之力乎? 其臣之力乎?"叔向对曰:"管仲善制割②,隰朋善削缝③,宾胥无善纯缘④,桓公知衣而已。亦其臣之力也。"师旷侍,曰:"臣请譬之以五味:管仲善断割之⑤,隰朋善煎熬之⑥,宾胥无善齐和之⑦,羹以熟矣⑧,奉而进之,而君不食,谁能强之⑨? 亦君之力也⑩。"

【注释】

①晋平公:名彪,春秋时期晋国国君。前557—前532年在位。叔向:晋大夫,姬姓,羊舌氏,名肸,字叔向,又字叔誉,因被封于杨(今山西洪洞),以邑为氏,别为杨氏,又称叔肸、杨肸。他出身晋国公族,历事晋悼公、晋平公、晋昭公三世。是当时著名贤臣。

②制割:剪裁而制衣。比喻制定国家的大政方针。制,裁,裁定,裁衣。割,剥。

③削缝:缝连大小之布而得其宜。比喻对大政方针进行补充、修正。削,分,割裂。缝,以针线连缀。

④宾胥无:齐国大夫。姓宾。见《广韵》注。《管子·大匡》称其"坚强以良,可以为西土"。纯缘:沿着衣服的边缘作修饰,比喻对政策进行完善。

⑤断割：切剥。

⑥煎熬：煎、熬均是将生的食材加工成熟食的方法，这里指烹饪食材。《方言》载："凡以火而干五谷之类，自山而东，齐楚以往谓之熬。……凡有汁而干，谓之煎。"

⑦齐(jì)和：调和。齐，同"剂"，这里指各种佐料。

⑧羹(gēng)：调和五味的汤。这里泛指烹制好的美味。以：通"已"，已经。

⑨强：勉强。

⑩亦君之力也：朱季海《新序校理》谓："'君'上有'其'字。"可参。

【译文】

晋平公问叔向说："以前齐桓公曾多次会盟诸侯，匡正天下，不知道这是君主的功劳呢？还是臣子的功劳呢？"叔向回答："管仲善于剪裁而制衣，隰朋善于缝连大小之布而得其宜，宾胥无善于沿着衣服的边缘作修饰，桓公只是知道穿上衣服罢了。这是臣子的功劳啊。"师旷在旁边陪坐，说："为臣愿用烹制菜肴来做比喻：管仲善于用刀切剥食材，隰朋善于烹饪食材，宾胥无善于用佐料调和，美味羹汤已熟，捧到君主面前，君主不吃，谁敢勉强他吃呢？这也是君主的功劳啊。"

4.7　昔者齐桓公与鲁庄公为柯之盟①，鲁大夫曹刿谓庄公曰②："齐之侵鲁，至于城下，城坏压境③，君不图与？"庄公曰："嘻！寡人之生不若死。"曹刿曰："然则君请当其君，臣请当其臣。"及会，两君就坛，两相相揖。曹刿手剑拔刃而进，迫桓公于坛上曰："城坏压境，君不图与？"管仲曰："然则君何求？"曹刿曰："愿请汶阳田④。"管仲谓桓公曰："君其许之。"桓公许之，曹刿请盟，桓公遂与之盟。已盟，标剑而去⑤。左右曰："要盟可倍⑥，曹刿可仇⑦，请倍盟而讨曹刿⑧。"管仲曰:"要盟可负,而君不负;曹刿可仇,而君不仇,著信天下矣⑨。"遂不倍。天下诸侯翕然而归之⑩,为鄄之会⑪,幽之盟⑫,诸侯莫不至焉。为阳谷之会⑬,贯泽之盟⑭,远国皆来。南伐强楚,以致菁茅之贡⑮;北伐山戎,为燕开路⑯。三存亡国⑰,一继绝世⑱,尊事周室,九合诸侯,一匡天下,功次三王⑲,为五伯长,本信起乎柯之盟也。

【注释】

①鲁庄公:名同,春秋时期鲁国国君。前693—前662年在位。柯之盟:据《左传》记载,发生于前681年。前684年,鲁国与齐国在长勺开战,齐国被鲁国打败,后来齐国联合宋国,鲁国又将宋国打败。鲁国此次在柯地与齐国会盟的目的是与齐国言和。《公羊传》、《史记·齐太公世家》中记载与《左传》不同:前681年,齐国兴师伐鲁,鲁国战败,于是想把遂地献给齐国,作为请和的条件,桓公答应了鲁国,于是与鲁国在柯地会盟,这才有了曹刿劫桓公的故事。柯,地名。故城在今山东谷阳东北。

②曹刿:又作曹翙、曹昧或曹沫。鲁人,曾为鲁将。《史记·刺客列传》说他在柯之盟之前,打过三次败仗,失地很多。

③城坏压境:城墙坍塌,敌军大军压境。比喻齐侵鲁之甚。《公羊传·庄公十三年》何休注:"齐数侵鲁取邑,比喻侵深也。"徐彦疏:"谓齐比来攻鲁城,令至坏败,抑压鲁竟,以为己物也。"

④汶阳田:据《左传》记载,汶阳之田是鲁僖公赐给季氏的,后归齐。至前589年齐国与晋国战于鞍,齐国战败。同年鲁国与齐国于上郓会盟,齐国便把汶阳归还给了鲁国。汶阳,地名。在今山东泰安西南。

⑤标:通"摽(biào)",抛弃。《史记·刺客列传》作"投其匕首"。

⑥要(yāo)盟可倍：被威胁而促成的盟约是可以背弃的。要，要挟，威胁。倍，通"背"，背弃，违背。

⑦仇：报复。

⑧讨：讨伐，诛戮。

⑨信著天下：使信用著称于天下。

⑩翕(xī)然：一致的样子。

⑪鄄(juàn)之会：前680年，齐桓公联合陈、曹，后平定宋国内乱，宋人归服。同年冬天，齐桓公与宋公、卫侯、郑伯会于鄄。次年（前679），齐桓公又会宋公、陈侯、卫侯、郑伯于鄄。此年齐桓公称霸。鄄，地名。在今山东鄄城西北。

⑫幽之盟：前679年，郑侵宋，次年（前678）夏，齐桓公联合宋、卫伐郑。同年冬，郑人服，于是桓公与鲁、齐、陈、卫、郑、许、滑、滕盟于幽。齐桓公成霸主之功。幽，地名。在今河南民权东北。

⑬阳谷之会：前658年，楚国伐郑。次年（前657），齐桓公与宋、江、黄会盟于阳谷，商讨伐楚之策。伐楚之后，齐桓公得攘夷之功。阳谷，地名。在今山东阳谷北。

⑭贯泽之盟：江、黄这样的远方国家也归附了齐国，于是齐桓公和宋、江、黄诸国于前658年会盟于贯。江，周代国名。赢姓。在今河南正阳西南。前629年灭于楚。黄，古国名。故城当在今河南潢川西。下文"远国皆来"指的便是江、黄之国。贯泽，地名。在今山东曹县南。

⑮南伐强楚，以致菁茅之贡：前656年，齐桓公率领诸侯伐楚，责备楚国没有进贡菁茅，妨碍了周王室的祭祀活动，且周昭王南征时死在了楚国，以此作为征讨楚国的原因。楚国答应了进贡。菁茅，一种茅草，将其扎成一束，祭祀时用以滤酒。

⑯北伐山戎，为燕开路：据《左传·庄公十三年》、《史记·齐太公世家》记载，山戎讨伐燕国，燕庄公向齐桓公告急，于是桓公向北征

讨山戎，一直到东北方的孤竹之国。回来时燕庄公为了送齐桓
公而出了疆界。齐桓公说："除了天子之外，诸侯相送是不能走
出自己的国境的。我身为诸侯，不能对燕国无礼。"于是便把燕
庄公所走过的齐国土地赠予了燕国。山戎，北狄，又名无终。
《国语·齐语》韦昭注："山戎，今鲜卑。"

⑰三存亡国：《左传·僖公十九年》"齐桓公存三亡国"，杜预注："三
亡国，鲁、卫、邢"。鲁、卫、邢三国，皆因内乱或外患而靠齐桓公
援助才得以转危为安，亡而复存。《国语·齐语》云："桓公忧天
下诸侯，鲁有夫人、庆父之乱，二君弑死，国绝无嗣。桓公闻之，
使高子存之。狄人攻邢，桓公筑夷仪以封之。狄人攻卫，卫人出
庐于曹，桓公城楚丘以封之。天下诸侯称仁焉，是故诸侯归之。"
然鲁虽有庆父之难，其实未亡，故武井骥《刘向新序纂注》引傅逊
说，以三存亡国为"邢、卫、杞"。可参。

⑱一继绝世：鲁庄公弟庆父和鲁庄公的夫人哀姜私通，哀姜想让庆
父为国君。在庄公死后，庆父杀死太子般，又杀死鲁闵公，鲁国
国绝无嗣。齐桓公便让高奚到鲁国立僖公为国君，使鲁庄公一
系得以延续。

⑲三王：一说指夏禹、商汤、周文王；一说指夏禹、商汤、周武王。

【译文】

从前，齐桓公和鲁庄公在柯地会盟，鲁国大夫曹刿对庄公说："齐国
侵占鲁国的领土，已经兵临城下，我们的城墙坍塌敌军大军压境，您还
不图谋安鲁之策吗？"庄公说："哎！我实在是生不如死啊。"曹刿说："既
然这样，那么就请国君您应对齐国的国君，让我应对齐国的大臣。"在盟
会时，齐桓公和鲁庄公登坛就位，两人行拱手之礼。曹刿拔出利剑走上
前，在坛上胁迫桓公说："如今我国的城墙坍塌齐国大军压境，这时您还
没有安鲁之意吗？"管仲问："既然这样，那么你有什么要求呢？"曹刿说：
"希望齐国归还汶阳的土地。"管仲对桓公说："国君您答应他吧。"于是

桓公便答应了。曹刿请求齐国与鲁国结盟，于是桓公与鲁国结盟。结盟完毕，曹刿扔下宝剑扬长而去。桓公左右的大臣们说："受威胁的盟约是可以背弃的，曹刿也是可以报复的，请国君背弃盟约同时杀掉曹刿。"管仲说："受威胁的盟约可以背弃，而国君却不背弃；曹刿可以报复，而国君却不报复，那么国君信守诺言的名声就会彰显于天下。"于是没有背弃盟约。自此天下诸侯全都开始归附齐桓公，他在鄄地召开集会，幽地举行会盟，诸侯们没有不前来参加的。他在阳谷召开集会，贯泽举行会盟，远方的国家都来出席。他挥师南下讨伐强大的楚国，使楚国为周王室进贡菁茅；举兵北上讨伐山戎，给燕国开路。曾三次复立已经灭亡的国家，一度保存断绝祭祀的国家，尊奉周王室，多次会盟诸侯，使天下得到匡正，功绩仅次于三王，成为春秋五霸之首，其根本是柯地会盟所建立起的信用啊。

4.8　晋文公伐原①，与大夫期五日，五日而原不降，文公令去之。吏曰："原不过三日将降矣，君不如待之。"君曰："得原失信，吾不为也。"原人闻之曰："有君义若此，不可不降也。"遂降。温人闻之②，亦请降。故曰："伐原而温降。"此之谓也。于是诸侯归之，遂侵曹伐卫③，为践土之会④，温之盟⑤。后南破强楚⑥，尊事周室，遂成霸功，上次齐桓⑦，本信由伐原也。

【注释】

①晋文公伐原：根据《左传》、《史记·周本纪》以及本书《谋善》记载，晋文公在助周襄王平定王子带之乱，奉襄王复位后，周襄王以温、原赐文公。温、原不想归附晋国，文公出兵讨伐温、原之地。原，古邑名。春秋时为晋国的城邑，在今河南济源西北。

②温：古邑名。在今河南温县南。

③侵曹伐卫：根据《左传》记载，在晋文公流亡之时，曾路过曹、卫两国，曹君和卫君均对晋文公无礼。后来曹、卫归附了楚国。前633年冬，楚国包围宋国。次年（前632）春，宋国向晋国求救，于是晋文公"侵曹伐卫"以解救宋国之围。曹，古诸侯国名。始封君为周武王之弟叔振铎。卫，古诸侯国名。始封君为周武王弟康叔封。

④践土之会：前632年，晋文公联合齐国、宋国、秦国的军队在城濮击败楚国。同年，晋国与鲁、齐、宋、蔡、郑、卫、莒于践土会盟。践土，地名。在今河南荥泽西北。

⑤温之盟：《左传》载，卫、许不服晋国，晋文公同鲁、齐、宋、蔡、郑、陈等国会盟于温，商讨征伐卫、许两国。

⑥后南破强楚：指前632年的晋、楚城濮之战，楚军战败。后，陈茂仁《新序校证》据《左传》，认为破楚事在践土之会前，故当为衍文。按，《新序》记事未必与《左传》完全一致，不可遽断"后"字为衍。

⑦次：并列。

【译文】

晋文公讨伐原邑，与大夫们约定要用五天的时间，五天后原邑还没有投降，晋文公下令退兵。有位官员说："原用不了三天就会投降了，您不如再等待几日。"文公说："得到原而失去信用，我是不会去做的。"原人听到后说："有这样讲信用的君主，不能不归降他。"于是就投降了晋国。温人听到了这件事之后，也请求归降晋国。所以说："讨伐原而使温归降。"说的就是这回事。于是诸侯都归顺了晋国，晋国于是攻打曹国讨伐卫国，主持了践土的集会，在温地和诸侯会盟。后来晋国在南面击败强大的楚国，尊敬事奉周王室，成为了诸侯中的霸主，功绩和齐桓公并列，其根本是在攻打原时所建立起来的信用啊。

4.9　昔者赵之中牟叛①,赵襄子率师伐之②。围未合而城自坏者十堵③,襄子击金而退士④。军吏曰:"君诛中牟之罪,而城自坏,是天助也。君曷为去之?"襄子曰:"吾闻之于叔向曰:'君子不乘人于利,不迫人于险。'使之城而后攻。"中牟闻其义,乃请降。《诗》曰:"王犹允塞,徐方既来⑤。"此之谓也。襄子遂灭知氏⑥,并代⑦,为天下强,本由伐中牟也。

【注释】

①赵之中牟叛:根据《淮南子·道应训》记载,赵简子死后,还没有下葬,中牟便臣服于齐国,因此赵襄子率师伐齐。因为当时的郑国也有中牟之邑,故曰"赵之中牟叛"。中牟,地名。在今河北邢台、邯郸之间。

②赵襄子:名无恤,又称赵孟。根据《史记·赵世家》记载,赵襄子本是赵简子的庶子,其母是翟婢,地位低贱,于赵氏诸公子中最为贤能,后被赵简子立为太子。

③堵:古代城墙的计量单位,墙长、高各一丈为一堵。一说古代用板筑法筑土墙,板的长度就是堵的长度,五层板即为堵的高度。

④击金而退士:敲击金钲指挥军队撤退。金,指军中作信号用的乐器钲。

⑤王犹允塞,徐方既来:见《诗经·大雅·常武》。犹,谋略。允,诚信。塞,充实。徐方,徐国,九夷之一,故地在今安徽泗县北。

⑥灭知(zhì)氏:根据《史记·赵世家》记载,前427年,知伯立晋懿公为晋君,知伯为人狂傲,想要赵氏、韩氏、魏氏各拿出一部分土地,韩氏和魏氏都给了,赵襄子没有给。于是知氏、韩氏、魏氏三家攻赵。后来赵氏派人游说韩、魏,而知伯也暴露出并吞三家的野心,于是韩、魏叛知伯,与赵氏联合反攻知氏,知氏灭亡,赵、

魏、韩共分其地。知氏,即智伯瑶(或作"摇"),春秋末期晋国的
六卿之一。知,同"智"。

⑦并代:根据《史记·赵世家》,襄子的姐姐是代王夫人,襄子请代
王,让自己的厨师们在用长柄铜枓给代王与其随从进羹时,突然
用铜枓打死了代王和他的随从,接着发兵灭掉了代国。代,古诸
侯国名。故地在今河北蔚县附近。石光瑛《新序校释》则认为
"代"是唐人避太宗之讳而改,"并代"当为"并世",意思是世代为
天下强国。可参。

【译文】

　　从前,赵氏领地中的中牟谋反,赵襄子率军讨伐。合围还没有完成
城墙却自己坍塌了十堵,赵襄子鸣金退兵。有军官说:"您来讨伐中牟
的反叛之罪,而中牟的城墙自己坍塌,这是上天在帮助我们。您为什么
要撤退呢?"赵襄子说:"我从向叔那里听说:'君子不乘人之危,不在别
人危难之时去逼迫人。'让他们把城墙修好了再进攻。"中牟人听说赵
襄子的德义,便请求归降。《诗经》说:"大王的谋略诚实守信而充实,所
以徐国仰慕圣德而归服。"说的就是这类事情。赵襄子最终消灭了知
氏,兼并了代国,成为天下的强者,其根本是在讨伐中牟时所施行的
义举。

　　4.10　楚庄王伐郑①,克之。郑伯肉袒②,左执旄旌③,
右执鸾刀④,以迎庄王。曰:"寡人无良,边陲之臣,以干天之
祸⑤,是以使君王昧焉辱到弊邑⑥。君如怜此丧人⑦,锡之不
毛之地,唯君王之命。"庄王曰:"君之不令臣,交易为言⑧,是
以使寡人得见君之玉面也,而微至乎此⑨。"庄王亲自手旌,
左右麾军,还舍七里⑩。将军子重进谏曰⑪:"夫南郢之与
郑⑫,相去数千里,诸大夫死者数人,斯役死者数百人⑬。今

克而不有⑭，无乃失民力乎？”庄王曰：“吾闻之：古者盂不穿⑮，皮不蠹⑯，不出四方⑰，以是见君子重礼而贱利也。要其人，不要其土。人告从而不赦，不祥也。吾以不祥立乎天下，蓄之及吾身何日之有矣⑱！”既而晋人之救郑者至⑲，请战⑳，庄王许之。将军子重进谏曰：“晋，强国也，道近力新。楚师疲劳，君请勿许。”庄王曰：“不可。强者我避之，弱者我威之，是寡人无以立乎天下也。”遂还师以逆晋寇。庄王援枹而鼓之㉑，晋师大败。晋人来，渡河而南，及败奔走，欲渡而北，卒争舟，而以刃击引㉒，舟中之指可掬也㉓。庄王曰："嘻！吾两君之不相能也㉔，百姓何罪！"乃退师以辟晋寇㉕。《诗》曰：“柔亦不茹，刚亦不吐。不侮鳏寡，不畏强御㉖。”庄王之谓也。

【注释】

①楚庄王伐郑：据《左传》记载，前598年夏，楚和陈、郑会盟于辰陵，其后郑人又投靠晋国。次年春，楚庄王因郑国背盟而伐郑。

②郑伯：即郑襄公，名坚，春秋时郑国国君。前604—前587年在位。肉袒：去衣露体。古代在祭祀或谢罪时表示恭敬和惶惧。

③旄（máo）旌：亦作“茅旌”，杆端饰有旄牛尾的旗帜，旄，通“茅”。《公羊传》何休注：“茅旌，祀宗庙所用迎道神指护祭者。”旌，古代旗的总称。

④鸾刀：刀环有铃的刀，古代祭祀时割牲用。《诗经·小雅·信南山》：“执其鸾刀，以启其毛，取其血膋（liáo）。”毛传：“鸾刀，刀有鸾者，言割中节也。”孔颖达疏：“鸾即铃也。谓刀环有铃，其声中节。”郑襄公左手执旄旌，右手执鸾刀，坦露上身，这种装扮表示郑国从此以后不祭祀自己的宗庙，有让楚国灭郑之意。

⑤寡人无良，边陲之臣，以干天之祸：意思为：寡人不善，作为边疆的臣子，惹下了大祸。按，此句理解有分歧。一说为：寡人得罪了楚国边境的官吏，惹下了大祸。一说"无良边陲之臣"是指郑国的边境之臣不善，在郑楚边境挑衅滋事，激怒大国。均可参。无良，不善。干，触犯。

⑥昧焉：匆忙的样子。《韩诗外传》、《公羊传》作"沛焉"，意为匆促。弊邑：即敝邑，对本国的谦称。

⑦丧（sàng）人：亡国之人。

⑧君之不令臣，交易为言：你们国家的不善之臣，往来说一些不好的话。一说"交易为言"意思是郑、楚两国的不善之臣，相互说一些不好的言论，不独指郑国之不善臣。不令，不好，不善。交易，犹往来。为言，即伪言，坏话。为，通"伪"。

⑨微至乎此：不至于到这个地步。微，无。王念孙《经传释词》："微，无也。"

⑩舍：立营舍。《左传·宣公十二年》作"退三十里"。《史记·楚世家》作"引兵去三十里而舍"。

⑪子重：根据《左传·宣公十一年》及杜预注记载，子重为公子婴齐，楚庄王弟，楚庄王时为左令尹。因为率领军队，又称他将军。

⑫南郢：地名。即郢都，故城在今湖北荆州东北。郑：此指郑国都城，在今河南新郑。

⑬厮役：亦作厮役，指干杂事的劳役。厮，即厮，古代干粗活的男性奴隶或仆役。《公羊传》何休注："艾草为防者曰厮，汲水浆者曰役。"

⑭克：战胜。

⑮盂（yú）：盛饮食或其他液体的圆口器皿。

⑯蠹（dù）：蛀蚀。

⑰不出四方：根据石光瑛《新序校释》的说法，古代天子给诸侯封

地,诸侯有义务向天子缴纳贡物。但是明王尚德不尚利,即使诸侯不进贡,就算盂穿、裘破,衣食无法得到满足,也不会调动兵力,征讨四方。

⑱菑(zāi):同"灾",灾害,祸患。

⑲晋人之救郑:根据《左传》记载,前597年,荀林父率领晋国中军,由先縠(hú)辅佐;士会率上军,由郤克辅佐;赵朔率下军,栾书辅佐;赵括、赵婴齐为中军大夫,巩朔、韩穿为上军大夫,荀首、赵同为下军大夫,韩阙为司马,出兵救郑。

⑳请战:先縠请战。

㉑枹(fú):鼓槌。

㉒引:牵引,拉。此指攀引舟船者。

㉓掬:两手相合捧物。也指两手相合所捧的量。

㉔相能:彼此亲善和睦。

㉕轶(yì):即逸,放掉。

㉖"柔亦不茹(rú)"以下四句:见《诗经·大雅·烝民》。茹,吞下。强御,强暴凌弱者。

【译文】

楚庄王讨伐郑国,将其攻克。郑襄公坦露上身,左手拿着旌旄,右手拿着鸾刀,前来迎接庄王。他对庄王说:"寡人不善,作为边疆之臣,惹下了滔天大祸,因而使大王匆忙中受辱来到我们国家。假如大王怜悯我这个亡国之人,赐给我一块不长草的地方,我愿意听从大王的命令。"庄王说:"你国家的不好的臣子,往来说一些不好的话,因此才使我有机会见到您的尊颜,而不至于到您说的地步。"庄王亲自手持旌节,指挥军队,后退七里然后扎营。将军子重进谏说:"南郢与郑国,相距数千里,随军攻打郑国的大夫战死好几位,兵卒劳役也死了数百人。现在攻克郑国却不占有,岂不是白费了人力?"庄王说:"我听说,古时仁德的君主即使盂穿、裘破,也不会调动兵力征讨四方,这是因为君子重视礼仪而轻视财利。要的是对方服罪,而不是贪求对方的领土。对方已表明顺从却不赦免,那是不吉利的。如果我以这种不吉利的行为立足于天下,那么灾祸就会随时降临到我的头上!"不久,前来救助的晋国军队到了,请与楚军交战,庄王答应了。将军子重进谏说:"晋国,是诸侯之中的强国,距郑国近,战斗力强。我们的军队已经疲惫,请求大王不要答应开战。"庄王说:"不可以。见到强者我就回避,遇见弱者我就威慑,这样我就无法立足于天下了。"于是调转军队迎战晋军。庄王手拿鼓槌亲自击鼓,晋军大败。晋军前来时,曾渡过黄河向南进军,等到战败奔逃时,想要渡过黄河向北逃窜。士卒抢争船只渡河,已经登船的士卒就用兵刃砍那些抓住船舱的人的手,船中被砍掉的手指多得可以用双手捧起。庄王说:"哎,我们两国君主不和睦,百姓们有何罪过!"于是下令军队撤军放走了争船渡河的晋军。《诗经》说:"柔软的东西不吞掉,坚硬的东西不吐出。不欺负孤寡之人,也不畏惧强梁之徒。"说的就是楚庄王啊。

4.11　晋人伐楚①,三舍不止②,大夫曰:"请击之。"庄王曰:"先君之时③,晋不伐楚,及孤之身而晋伐楚,是寡人之过也,如何其辱诸大夫也?"大夫曰:"先君之时④,晋不伐楚,及臣之身,而晋伐楚,是臣之罪也,请击之。"庄王俛泣而起⑤,拜诸大夫。晋人闻之曰:"君臣争以过为在己,且君下其臣犹如此,所谓上下一心,三军同力,未可攻也。"乃夜还师。孔子闻之曰:"楚庄王霸,其有方矣。下士以一言而敌还⑥,以安社稷,其霸不亦宜乎?"《诗》曰:"柔远能迩,以定我王⑦。"此之谓也。

【注释】

①晋人伐楚:庄王初年,因为争夺陈、宋、郑等国的控制权,晋国和

楚国多次发生战争。

②舍：军队行军三十里为一舍。

③先君：指楚穆王。名商臣，春秋时楚国国君。前613—前591年在位。

④先君之时：石光瑛《新序校释》据《淮南子》作"先臣之时"。大夫们言"先臣之时"与庄王之言"先君之时"相配，指君臣各自引咎自责。春秋时多世卿，因以称先臣。可参。

⑤俛（fǔ）：同"俯"。

⑥下士：屈身于人，指礼下其臣。

⑦柔远能迩（ěr），以定我王：见《诗经·大雅·民劳》。柔，怀柔，安抚。能，亲善，相善。迩，近处。

【译文】

晋国讨伐楚国，距楚国只有九十里还不停止前进，楚国的大夫们对楚庄王说："请下令攻击晋军。"楚庄王说："先王在世时，晋国不攻打楚国，等我即位后晋国却来攻打楚国，这是我的过错，怎么能使诸位大夫受辱呢？"大夫们说："先王在世时，晋国不攻打楚国，等到我们辅佐大王时，晋国却来攻打楚国，这是臣下的过错，请求您下令出击晋军吧。"楚庄王俯身哭泣，然后站起来，拜谢诸位大夫。晋国人听说这件事之后说："君主和臣子争着承担过错，而且作为君主能够如此谦虚地屈身于臣子之下。这就叫做君臣上下一心，全军齐心协力，这是不可以进攻的。"于是便在夜间撤兵回去了。孔子听说这件事之后说："楚庄王能够称霸，是有道理的。他能礼下其臣，用一句话使敌国退兵，以维持国家社稷的安定，他成就霸业不是很应该的么？"《诗经》说："安抚远方的国家，亲善邻近的人民，来使周王室安定。"说的就是这个意思。

4.12　晋文公将伐邺①，赵衰言所以胜邺②，文公用之而胜邺。将赏赵衰，赵衰曰："君将赏其末乎？赏其本乎？赏

其末则骑乘者存③,赏其本则臣闻之郤虎④。"公召郤虎曰:
"衰言所以胜邺,遂胜,将赏之,曰:盖闻之子,子当赏。"郤虎
对曰:"言之易,行之难,臣言之者也。"公曰⑤:"子无辞。"郤
不敢固辞,乃受赏。

【注释】

①邺(yè):地名。齐桓公始筑城,后属晋国。在今河北临漳西。

②赵衰:字子馀,谥成子。从重耳出亡多年。重耳继位为晋文公,
　赵衰为晋国大夫,辅佐晋文公完成霸业。所以胜邺:攻取邺的方
　法。《吕氏春秋·不苟论》作"所以胜邺之术",文意更为晓畅。

③骑乘者:骑马驾车的人。

④郤(xì)虎:亦作"郤子虎"或"郤叔虎",姬姓,名豹。晋大夫。晋献
　公征伐翟人,叔虎奋勇当先,攻破翟城。事后晋献公把郤邑(今
　山西沁水下游一带)封给他,为郤氏先祖。

⑤公曰:底本及铁华馆本"公"下衍有"子"字,朱季海《新序校理》:
　"上文并言'公',宋本误衍'子'字。"说是。今据汉魏本、四部
　本删。

【译文】

　　晋文公将要攻伐邺城,赵衰提出了攻取邺城的谋略,晋文公采用后
攻下了邺城。他要奖赏赵衰,赵衰说:"君主是要奖赏末端呢? 还是要
奖赏根本呢? 如果奖赏末端,那么骑马驾车的兵士都在;如果奖赏根
本,那么我的谋略是从郤虎那里听来的。"文公召见郤虎说:"赵衰提出
了攻取邺城的谋略,攻取了邺城,我要奖赏他。他说:他是从你这里听
来的,你应该受到奖赏。"郤虎回答说:"说起来容易,做起来就难了,臣
下是'说'的那一方罢了。"文公说:"你就不要推辞了。"郤虎不敢执意推
辞,于是接受了赏赐。

4.13　梁大夫有宋就者①,为边县令②,与楚邻界。梁之边亭与楚之边亭皆种瓜③,各有数。梁之边亭人动力④,数灌其瓜,瓜美;楚人窳而稀灌其瓜⑤,瓜恶。楚令因以梁瓜之美⑥,怒其亭瓜之恶也。楚亭人心恶梁亭之贤己,因往夜窃搔梁亭之瓜⑦,皆有死焦者矣。梁亭觉之,因请其尉⑧,亦欲窃往报搔楚亭之瓜,尉以请宋就。就曰:"恶! 是何可? 构怨祸之道也⑨。人恶亦恶,何褊之甚也⑩! 若我教子,必每暮令人往,窃为楚亭夜善灌其瓜,勿令知也。"于是梁亭乃每暮夜窃灌楚亭之瓜。楚亭旦而行瓜⑪,则又皆以灌矣⑫,瓜日以美,楚亭怪而察之,则乃梁亭也⑬。楚令闻之,大悦,因具以闻楚王。楚王闻之,怒然愧⑭,以意自闵也⑮,告吏曰:"微搔瓜者⑯,得无有他罪乎? 此梁之阴让也⑰。"乃谢以重币,而请交于梁王。楚王时则称说梁王⑱,以为信。故梁楚之欢,由宋就始。语曰:"转败而为功,因祸而为福。"《老子》曰:"报怨以德⑲。"此之谓也。夫人既不善,胡足效哉!

【注释】

①宋就:生平不详,其事迹似仅见于此篇。

②为边县令:县令,一县之行政长官。又,汉魏本、四部本"为"上有"尝"字。

③边亭:边地的亭。战国时设于边地、要地、交通线附近的乡一级地方行政机构称亭,设亭长。

④动(qú)力:勤劳尽力。动,劳累,劳苦。

⑤窳(yǔ):懒惰。

⑥楚令:楚国的县令。令,官名,古代某部门或机构的长官。

⑦搔(sāo)：挠，抓。这里指拔扯。

⑧尉：古代官名，掌管军事。这里指亭长。亭长负责监视动静、捕
　捉逃犯、解送服役者等。

⑨构怨祸：贾谊《新书·退让》作"构怨召祸"，意更晓畅。

⑩褊(biǎn)：狭小。

⑪行瓜：浇灌瓜田。

⑫以：通"已"，已经。《新书·退让》即作"已"。

⑬则乃梁亭也：《新书·退让》作"则梁亭之为也"。

⑭恕(nì)然：忧思，忧伤的样子。

⑮以意自闵(mǐn)：内心感到自责。闵，同"悯"，这里指悯悔、自责。

⑯微：非，要不是。底本作"徵"，诸本同。石光瑛《新序校释》据《新
　书》改。今从之。

⑰阴让：在暗中以礼谦让他人。一说为"暗中责备"，亦通。

⑱时则称说：底本作"时称则祝"，疑有误。贾谊《新书》、卢文弨《群
　书拾补》作"时则称说"。石光瑛《新序校释》从之。今据改。

⑲报怨以德：见《老子》第六十三章。德，恩惠。怨，仇恨。

【译文】

　　梁国有一位叫宋就的大夫，担任边境的县令，这个县与楚国相邻。
梁国的边亭和楚国边亭都种瓜，各自都有所种瓜的数目。梁国边亭的
人勤劳尽力，经常灌溉瓜田，因此瓜香甜繁茂；楚人懒惰不经常灌溉瓜
田，因此瓜长得不好。楚国的县令因为梁国的瓜长得好，于是便责骂
自己边亭的人没有把瓜种好。楚国边亭的人因梁国边亭的人比自己
贤能而产生了憎恨之心，于是就趁着夜色偷偷地到梁国边亭的瓜田里
拔扯瓜，致使很多瓜都蔫死枯黄了。梁国边亭的人知道了这件事后，
就向亭尉请示，也想要偷偷地到楚国边亭的瓜田里拔扯瓜。亭尉就此
事请示宋就。宋就说："不行！怎么可以这样做？这是结怨招祸的办
法。别人为非作歹你也效法为恶，那样心胸就太狭窄了！如果让我来

教你们,一定是每晚派人到楚国边亭的瓜田,偷偷地为楚国边亭的瓜田浇水灌溉,并且不要让楚人知道。"于是梁国边亭的人每天晚上都偷偷地去浇灌楚国边亭的瓜田。楚国边亭的人天明时浇灌瓜田,发现都已经浇灌过了。瓜一天天越长越好,楚国边亭的人感到很奇怪而仔细检查,才知道是梁国边亭的人做的。楚国县令听说后非常高兴,把这件事告诉给了楚王。楚王听完后,又忧虑又惭愧,从内心感到自责,他对官吏说:"莫不是那些拔扯瓜的人还有其他的罪过?这是梁国在暗中以礼谦让啊。"于是楚王用厚礼向宋就表示歉意,希望和梁国国君结交。楚王时常称说梁王,认为他是守信之人。所以梁国和楚国的结好,是由宋就开创的。古语有言:"使危败转化为功业,由祸患得到福瑞。"《老子》说:"用恩德去回报怨恨。"说的就是这个意思。若他人心存不善,又哪里值得去仿效呢?

4.14　梁尝有疑狱①,群臣半以为当罪,半以为无罪,虽梁王亦疑。梁王曰:"陶之朱公②,以布衣富侔国③,是必有奇智。"乃召朱公而问曰:"梁有疑狱,狱吏半以为当罪④,半以为不当罪,虽寡人亦疑。吾子决是,奈何?"朱公曰:"臣鄙民也,不知当狱⑤。虽然,臣之家有二白璧,其色相如也,其径相如也,其泽相如也,然其价,一者千金⑥,一者五百金。"王曰:"径与色泽相如也,一者千金,一者五百金,何也?"朱公曰:"侧而视之,一者厚倍⑦,是以千金。"梁王曰:"善。"故狱疑则从去⑧,赏疑则从与⑨,梁国大悦。由此观之,墙薄则亟坏⑩,缯薄则亟裂⑪,器薄则亟毁,酒薄则亟酸。夫薄而可以旷日持久者,殆未有也。故有国畜民施政教者,宜厚之而可耳⑫。

【注释】

①疑狱:疑难案件。《礼记·王制》孔颖达疏:"疑狱,谓事可疑难断者也。"狱,讼案。

②陶之朱公:根据《史记·货殖列传》记载,范蠡帮助越王句践灭吴之后,功成身退,乘扁舟浮于江湖,入陶之后,变姓名为朱公,经商致富。人称陶朱公。陶,地名。在今山东定陶西北,当时属宋。

③侔(móu):等同。国:诸侯国。

④狱吏:赵仲邑《新序详注》据贾谊《新书·连书》,以"狱"为衍文。"吏"即指上文之"群臣"。说亦通。

⑤当狱:判决案件。当,判处。

⑥千金:千镒金。镒,二十两为一镒。金,指黄铜。

⑦倍:加倍,照原数等加。

⑧去:免去,免罪。

⑨与:给与,嘉奖。

⑩亟:快速,迅速。

⑪缯:古代对丝织品的总称。

⑫厚:指治国的宽厚。

【译文】

　　梁国曾有一件疑难案件,大臣中有一半认为该判罪,一半认为无罪,梁王对此也没办法下结论。梁王说:"陶地的朱公,身为平民百姓但其财富可以和诸侯国相比,他一定有出人意料的智慧。"于是梁王召见朱公问道:"梁国有一件疑难案件,断案的官员中一半认为该判罪,一半认为无罪,我也没办法下结论。你若断这个案件,该如何办案?"朱公回答:"我是一个见识鄙薄的人,不懂如何判案。虽然如此,我家里有两块白璧,颜色相同,直径相同,色泽相同。至于它们的价格,一块价值千镒金,另一块价值五百镒金。"梁王回答:"直径和色泽都相同,一块价值千镒金，另一块价值五百镒，这是为什么呢？"朱公说："要是从它们的侧面看，一块要比另一块厚一倍，因此厚的价值千镒。"梁王说："说得好。"因此，刑罚有疑虑时便遵照免去的做法，奖赏有疑虑时便遵照给予的做法，梁国上下非常高兴。照这样看来，墙壁薄了就坏得快，丝帛薄了就裂得快，器皿薄了就碎得快，酒质薄了就酸得快。那些薄的东西能够长久保存的，大概还没有吧。因此治理国家、蓄养人民、施行政令教化的人，应该让他更多宽厚才好啊。

4.15　楚惠王食寒菹而得蛭①，因遂吞之，腹有疾而不能食。令尹入问曰："王安得此疾也？"王曰："我食寒菹而得蛭，念谴之而不行其罪乎②，是法废而威不立也，非所以使国闻也；谴而行其诛乎③，则庖宰食监④，法皆当死，心又不忍也。故吾恐蛭之见也，因遂吞之。"令尹避席再拜而贺曰⑤："臣闻天道无亲，惟德是辅⑥。君有仁德，天之所奉也，病不为伤。"是夕也，惠王之后⑦，蛭出，故其久病心腹之疾皆愈⑧。天之视听，不可谓不察也⑨。

【注释】

①楚惠王：亦作献惠王，名章，春秋战国之际楚国国君。前488—前432年在位。寒菹（zū）：凉的菹菜。菹，又作"蕺（jí）"，即蕺菜，今俗称鱼腥草。《广雅疏证》："唐《本草》注云：'蕺菜叶似荞麦，肥地亦能蔓生，茎紫赤色，多生湿地山谷阴处，山南、江左好生食之，关中谓之蕺菜。'"蛭（zhì）：即蚂蟥（huáng）。环节动物。体一般长而扁平，略似蚯蚓，前后各有一个吸盘。生活在淡水或湿润处，能吸人畜的血。

②谴：责备，斥责。行其罪：确定他的罪罚。

③诛:惩罚,责罚。

④庖宰:主管膳食的官员。食监:监督膳食制作的官员。

⑤避席:古人席地而坐,离席起立,以示敬意。再拜:拜了又拜,表示恭敬,是古代的一种礼节。

⑥天道无亲,惟德是辅:见《尚书·蔡仲之命》。意思是:上天对人无亲疏之分,只有有德行的人才会得到上天的辅佐。

⑦之后:如厕。今陇东方言中即称如厕为"就后"。

⑧疾:石光瑛《新序校释》据《新书》、《论衡》改为"积"。王充认为"积"大概是"积血",而蛭能吸血,故能消除淤血。陶弘景认为蛭能够去结积。

⑨谓:底本无。诸本同。贾谊《新书》有"谓"字。按,"天之视听,不可谓不察也"于意为长。今据补。察:明辨,详审。

【译文】

　　楚惠王在吃凉菹菜时发现了一只蚂蟥,便将其吞进肚子里,肠胃因此患病不能进食。令尹进宫问道:"大王怎么得的这个病?"楚惠王回答:"我吃凉菹菜时看到里面有一只蚂蟥,想到要是责备当事人而不治他的罪吧,那就是废弃法律而使权威无法树立,这不是让国家人民所应听到的;要是责备当事人确定他的责罚吧,那么厨师与监管膳食的人,按照刑法都应被处死,我心里又不忍那样做。因此,我怕蚂蟥被人发现,就将其吞到了肚子里。"令尹离席起立行再拜大礼并祝贺惠王说:"下臣听说上天对人无亲疏之分,只有有德行的人才会得到上天的辅助。大王有仁德,会得到上天的帮助,这病对于您不足为害。"当天晚上,惠王如厕,蚂蟥被排泄出去,他肠胃中的老毛病也都痊愈了。上天的所见与所听,不能说不是明晰的。

　　4.16　郑人游于乡校①,以议执政之善否。然明谓子产曰②:"何不毁乡校?"子产曰:"胡为? 夫人朝夕游焉,以议执政之善否。其所善者,吾将行之;其所恶者,吾将改之。是吾师也,如之何毁之? 吾闻为国忠信以损怨,不闻作威以防怨③。譬之若防川也,大决所犯,伤人必多,吾不能救也,不如小决之使导。吾闻而药之也④。"然明曰:"蔑也乃今知吾子之信可事也⑤。小人实不材,若果行此,其郑国实赖之,岂唯二三臣⑥!"仲尼闻是语也,曰:"由是观之⑦,人谓子产不仁,吾不信也。"

【注释】

①乡校:古代地方学校。周代特指六乡州党的学校。乡,周制一万两千五百户为一乡。乡校在冬季时教书教学,其余季节是集会议论的公共场所。

②然明:郑大夫鬷(zōng)蔑,字明,相貌丑陋而有见识。子产:郑国大夫公孙侨,字子产,谥成子,又称公孙成子。曾为郑国国相,执政二十余年,是历史上著名的贤相。郑国夹于晋、楚等大国之间而有国际地位,实因子产之功。

③防:防止,防备。

④吾闻而药之也:我听到这些议论,并将其作为医治过失的药物啊。《孔子世家·正论解》和《左传·襄公三十一年》"吾"之前有"不如"二字。

⑤蔑:然明的名。乃今:《左传·襄公三十一年》作"今而后"。

⑥二三臣:根据《左传·襄公三十一年》、《论语·宪问》以及何晏集解,应指子产所任用的裨谌、游吉、公孙挥等几位大臣。

⑦由:汉魏本、四部本作"以"。

【译文】

郑国人在乡校游玩,并在此议论执政者的得失。然明对子产说:

"为什么不废除乡校呢?"子产回答:"为什么要废除呢? 人们或早或晚到这里游玩,还可以在此议论执政者的得失。他们认为是好的政令,我就推行下去;他们厌恶的政令,我就会修改完善。他们实际上就是我的老师啊,为什么要将乡校废除呢? 我听说用忠信来治理国家可以减少人民怨恨,没听说过用强硬的威势手段来防止人民怨恨。这就像防范河水决堤一样,河水猛涨后河堤大决口,那么一定会伤害很多人,我不能挽救,不如将河堤凿开一个小决口让河水缓缓流出然后因势利导。当我听到这些议论后将其作为医治治国过失的良药。"然明说:"我蔑蔑呀现在才知道您确实是可以事奉的人了。小人实在不贤能,如果真的按您说的这样做,真是郑国可以依赖的治国之策啊,又岂止是对我们这些臣子有利!"孔子听到这些话,说:"从此事来看,别人说子产没有仁德,我是不相信的。"

4.17　桓公与管仲、鲍叔、甯戚饮酒①,桓公谓鲍叔:"姑为寡人祝乎!"鲍叔奉酒而起曰:"祝吾君无忘其出而在莒也②,使管仲无忘其束缚而从鲁也③,使甯子无忘其饭牛于车下也④。"桓公辟席再拜曰:"寡人与二大夫,皆无忘夫子之言,齐之社稷,必不废矣。"此言常思困隘之时⑤,必不骄矣。

【注释】

①桓公:齐桓公。鲍叔:亦称鲍叔牙,齐大夫,姒姓。鲍叔与管仲交好。鲍叔事桓公,管仲事公子纠。桓公与公子纠争位,管仲助公子纠,射桓公中带钩,桓公即位后囚管仲,鲍叔力谏,并劝桓公以管仲为相,齐国果然大治。甯戚:春秋时卫人,后入齐事桓公,为齐大夫,齐桓公主要辅佐者之一。

②出而在莒(jǔ):指桓公为公子时为避其兄襄公而逃亡在莒国。

莒,周代诸侯国名,在今山东莒县一带。

③使管仲无忘其束缚而从鲁:根据《左传·庄公八年》、《史记·齐太公世家》记载,管仲曾被鲁国派去伏击公子小白,在小白归国途中,用弓箭射中小白的衣带钩,公子小白佯死,管仲归以报鲁。公子小白先入齐即位,是为齐桓公。齐桓公借鲁庄公之手杀公子纠,管仲被囚,齐桓公本打算杀死管仲,后接受鲍叔牙的建议,拜管仲为相,任政于齐,管仲终辅佐齐桓公成为一代霸主。

④使宁子无忘其饭牛于车下:根据《汉书》注应劭之说,齐桓公夜出返回,宁戚见后击牛角而歌自己生不逢时。齐桓公召其对谈,遂任为大夫。

⑤隘(ài):穷困,窘迫。

【译文】

　　齐桓公和管仲、鲍叔、宁戚一起喝酒,齐桓公对鲍叔说:"且为寡人祝祷求福吧!"鲍叔捧着酒杯站起来说:"祝愿我的国君不要忘记出奔逃亡在莒地的事情,使管仲不要忘记被捆绑从鲁国羁押而出的事情,使宁戚不要忘记喂牛于车下的事情。"齐桓公离开席位行再拜之礼感谢鲍叔说:"寡人和身边的两位大夫,都永远不会忘记您的这一番教诲,齐国的社稷,就一定不会废绝了。"这话是说时常想到自己身处穷困窘迫的日子,就一定不会产生骄傲之心了。

　　4.18　桓公田①,至于麦丘,见麦丘邑人②,问之:"子何为者也?"对曰:"麦丘邑人也。"公曰:"年几何?"对曰:"八十有三矣。"公曰:"美哉寿乎! 子其以子寿祝寡人。"麦丘邑人曰:"祝主君:使主君甚寿,金玉是贱,人为宝③。"桓公曰:"善哉! 至德不孤,善言必再,吾子其复之。"麦丘邑人曰:"祝主君:使主君无羞学,无恶下问;贤者在侧,谏者得入④"。桓公曰:"善哉!至德不孤,善言必三,吾子一复之。"麦丘邑人曰:"祝主君:使主君无得罪于群臣百姓。"桓公怫然作色曰⑤:"吾闻之,子得罪于父,臣得罪于君,未尝闻君得罪于臣者也。此一言者,非夫二言者之匹也,子更之。"麦丘邑人坐拜而起曰⑥:"此一言者,夫二言之长也⑦。子得罪于父,可以因姑姊叔父而解之⑧,父能赦之;臣得罪于君,可以因便辟左右而谢之⑨,君能赦之。昔桀得罪于汤⑩,纣得罪于武王⑪,此则君之得罪于其臣者也,莫为谢,至今不赦。"公曰:"善!赖国家之福、社稷之灵,使寡人得吾子于此。"扶而载之,自御以归,礼之于朝,封之以麦丘而断政焉。

【注释】

①田:打猎。

②麦丘邑人:即麦丘封人。封人是春秋时管理、镇守边疆的地方官。麦丘,齐国的城邑,在今山东莱芜。

③人为宝:石光瑛《新序校释》据《初学记》、《寰宇记》等所引,作"以人为宝",可参。

④贤者在侧,谏者得入:底本作"贤者在傍,谏者得人"。石光瑛《新序校释》:"旧本'侧'作'傍','人'作'入',大误。《外传》作'使吾君好学士而不恶问,贤者在侧,谏者得入。'字亦作'侧'。'侧'、'入'为韵,与上祝'寿'、'宝'为韵同,浅人以'傍'、'侧'同谊妄改之。'人'字是'入'之误。"今据改。

⑤怫(fèi)然:发怒的样子。

⑥坐拜:跪拜。

⑦二言之长(zhǎng):前两句话的纲领。长,指居先、居首位者。

⑧姑姊:父之姐。

⑨便辟(pián bì)：君王左右的宠信之臣。

⑩桀得罪于汤：根据《史记·夏本纪》记载，夏桀无道，囚商汤于夏台，后又将商汤释放。商汤修德于诸侯，带领诸侯讨伐夏桀并将其放逐。

⑪纣得罪于武王：根据《史记·周本纪》记载，殷纣囚周文王于羑里，后周武王率领诸侯讨伐殷纣，纣因兵败而自焚。

【译文】

齐桓公外出打猎，到了麦丘，碰见了麦丘邑人，齐桓公问他说："您是什么人？"回答说："是麦丘的地方官。"桓公问："您多大年纪了？"回答说："八十三岁了。"桓公说："好啊！这么高寿！请用您的高寿为寡人祝祷吧。"麦丘邑人说："祝主君，使主君寿比南山，轻视珠玉珍器，以百姓为宝。"齐桓公说："说得好！大德不应孤单，良言必须重复，请您再说一个吧！"麦丘邑人说："祝主君，使主君不以好学为羞，不以向地位低的人请教为耻；贤能之士伴随左右，劝谏之人得以入朝为官。"齐桓公说："说得好！大德不应孤单，良言必须说三项，请您再说一个吧！"麦丘邑人说："祝主君，使主君不要得罪群臣和百姓。"齐桓公听后勃然大怒，脸色大变说："我只听说过，儿子得罪于父亲，臣下得罪于君主，没听说过君主得罪臣下的。这一句言辞，不能与前两句祝祷相比，请您更换一句。"麦丘邑人跪拜之后站起来说："这一句，是前两句的纲领。儿女得罪了父亲，可以通过姑母叔父来排解，父亲能赦免他；臣下得罪了君主，可以通过君主的左右亲信谢罪，君主能赦免他。以前夏桀得罪了商汤而遭到亡国流放，商纣得罪了周武王而遭到灭国自焚，这就是君主得罪于臣下的例证，不会有认错的机会，如今他们的罪过还没被赦免。"桓公说："好！依靠国家的福祉、社稷的威灵，使寡人在这里得到了您。"于是将麦丘邑人扶上车，亲自驾车而回，在朝堂之上以礼相待，并把麦丘之地封给他，让他参与处理朝政。

4.19　哀公问孔子曰①:"寡人生乎深宫之中,长于妇人之手,寡人未尝知哀也,未尝知忧也,未尝知劳也,未尝知惧也,未尝知危也。"孔子辟席曰:"吾君之问,乃圣君之问也。丘,小人也②,何足以言之?"哀公曰:"否。吾子就席。微吾子③,无所闻之矣。"孔子就席曰:"然④。君入庙门,升自阼阶⑤,仰见榱栋⑥,俯见几筵⑦,其器存,其人亡。君以此思哀,则哀将安不至矣?君昧爽而栉冠⑧,平旦而听朝,一物不应,乱之端也。君以此思忧,则忧将安不至矣?君平旦而听朝,日昃而退⑨,诸侯之子孙,必有在君之门廷者⑩。君以此思劳,则劳将安不至矣?君出鲁之四门,以望鲁之四郊,亡国之墟列,必有数矣。君以此思惧,则惧将安不至矣?丘闻之,君者,舟也;庶人者,水也。水则载舟,水则覆舟。君以此思危,则危将安不至矣?夫执国之柄,履民之上,懔乎如以腐索御奔马⑪。《易》曰:'履虎尾⑫。'《诗》曰:'如履薄冰⑬。'不亦危乎?"哀公再拜曰:"寡人虽不敏,请事此语矣⑭。"

【注释】

①哀公:姬姓,名蒋,或作将,春秋时鲁国国君。前494—前467年在位。

②小人:这里为谦词,谓见闻浅薄的人。鲁哀公为君,故孔子自谦。

③微:非。《荀子·哀公》、《孔子家语·五仪解》作"非"。

④然:赵仲邑《新序详注》谓"然"字当删:"因上文哀公说:'微吾子,无所闻之矣。'如有'然'字,孔子就是居之不疑了。"可参。

⑤阼(zuò)阶:大堂东面的台阶,主人登堂之阶。

⑥榱（cuī）栋：屋椽及栋梁。

⑦几（jī）筵：犹几席。几和席，为古人凭依、坐卧的器具。一说几席
　　乃祭祀的席位，后亦因以称灵座。

⑧昧爽而栉（zhì）冠（guàn）：黎明之时梳头戴帽。昧爽，拂晓，黎明。
　　爽，明。栉冠，梳头戴帽。

⑨昃（zè）：太阳偏西。

⑩诸侯之子孙，必有在君之门廷者：石光瑛《新序校释》曰："《〈孔
　　子〉家语》作'诸侯子孙，得来为宾，行礼揖让，慎其威仪'……数
　　语即此二句之注释。"又曰："讽哀公敬慎不怠，毋遗远人羞。言
　　君平明视朝，日昃而退，以为劳矣，及见诸侯子孙有远去其国，至
　　鲁为宾，行礼揖让，慎其威仪者，其劳不更甚乎。"

⑪懔（lǐn）：危惧的样子。

⑫履虎尾：见《易经·履卦》。比喻处境危险。

⑬如履薄冰：见《诗经·小雅·小宛》。比喻处境艰险。

⑭此：汉魏本、四部本作"斯"。

【译文】

　　鲁哀公问孔子说："我出生在深邃的后宫之中，在妇人的手中长大，我不曾知道什么是悲哀，不曾知道什么是忧愁，不曾知道什么是劳苦，不曾知道什么是恐惧，不曾知道什么是危险。"孔子离开座位说："国君所问之事，是圣贤明君所问的。孔丘我是一个见闻浅薄的人，哪里配说这些呢？"哀公说："不是。先生请入席。要是没有先生，我就没有地方知道这些了。"孔子入席就坐说："好吧。国君您走进宗庙的大门，从东边的台阶登堂，抬头看见屋椽及栋梁，低头看见几席，那些器物都还在，但那时的人都已经不见了，您由此而思及悲哀，那么悲哀之情又怎么会不来呢？您黎明之时就梳洗穿戴，天刚亮就上朝听政，任何一事有所不当，就会成为混乱的源头。您由此而思及忧愁，那么忧愁之情又怎么会不来呢？你清晨就上朝听政，傍晚才退朝，诸侯们的子孙一定有在朝堂

外等候事奉您的,您由此而思及劳苦,那么劳苦之情又怎么会不来呢?您走出鲁国国都四边的城门,远望鲁国四边的野外,那些亡国的废墟,一定有很多。您由此而思及恐惧,那么恐惧之情又怎么会不来呢?而且我听说,君主,如同船;百姓,如同水。水能载船,水亦能翻船。您由此而思及危险,那么危险之情又怎么会不来呢?掌握国家大权,身居万民之上,心头惴惴不安就像用一根腐朽的绳索来驾驭狂奔的马一样。《周易》说:'踩到虎尾。'《诗经》说:'像在薄冰上行走。'这不是很危险的吗?"哀公再次拜谢孔子说:"我虽然迟钝,也要从您说的这些话做起。"

4.20　昔者齐桓公出游于野①,见亡国故城郭氏之墟②。问于野人曰③:"是为何墟?"野人曰:"是为郭氏之墟。"桓公曰:"郭氏者曷为墟?"野人曰:"郭氏者善善而恶恶④。"桓公曰:"善善而恶恶,人之善行也,其所以为墟者,何也?"野人曰:"善善而不能行⑤,恶恶而不能去,是以为墟也。"桓公归,以语管仲,管仲曰⑥:"其人为谁?"桓公曰:"不知也。"管仲曰:"君亦一郭氏也。"于是桓公招野人而赏焉。

【注释】

①野:郊外。

②郭氏之墟:郭氏旧城的废墟。赵仲邑《新序详注》据《路史·国名纪》认为,郭氏先祖为夏后的御者,封国在博之聊城(今山东聊城)。

③野人:指居住在都城郊野的人。与"国人"相对。

④恶(wù)恶:厌恶邪恶。

⑤行:用。与下句"去"相对。桓谭《新论》即作"用"。

⑥管仲曰:底本、汉魏本、铁华馆本、四部本"曰"前脱"管仲"二字,

卢文弨《群书拾补》曰："此处当叠二字"。今据补。

【译文】

　　从前，齐桓公出游到郊外，看见已亡之国郭氏旧城的废墟，就向郊野之人问道："这是什么废墟？"郊野之人答道："这是郭氏旧城的废墟。"桓公说："郭氏旧城如何成了废墟呢？"郊野之人答道："郭氏喜欢美德厌恶邪恶。"桓公说："喜欢美德厌恶邪恶，这是人的善良行为，却因此他的旧城变成了废墟，是什么原因呢？"郊野之人答道："喜欢美德但不能任用贤臣，厌弃邪恶但不能除去奸佞，所以郭氏旧城变成了废墟。"桓公回到齐都之后，把这件事情告诉管仲，管仲说："那个人是谁？"齐桓公说："不知道。"管仲说："国君您也是一位郭氏。"于是齐桓公召见了郊野之人并且给他赏赐。

　　4.21　晋文公田于虢①，遇一田夫而问曰②："虢之为虢久矣，子处此故矣，虢亡，其有说乎？"对曰："虢君断则不能，谏则无与也③。不能断又不能用人，此虢之所以亡。"文公以辍田而归④，遇赵衰而告之⑤。赵衰曰："今其人安在？"君曰："吾不与之来也。"赵衰曰："古之君子⑥，听其言而用其人；今之君子，听其言而弃其身。哀哉！晋国之忧也。"文公乃召赏之。于是晋国乐纳善言，文公卒以霸。

【注释】

①田：打猎。虢（guó）：古诸侯国名。春秋时为晋献公所灭，故址在今山西平陆境内。

②田：汉魏本、四部本作"老"。

③与：赞同，赞许。

④以：通"已"。辍：停止。

⑤赵衰：字子馀，谥成子。从重耳出亡多年，重耳继位为晋文公，赵
　衰为晋卿，辅佐晋文公完成霸业。

⑥君子：对统治者和贵族男子的通称。古代地位高或德行高都可
　称君子。

【译文】

晋文公在虢国故地打猎，遇到一位农夫问道："虢国之为虢国已很久远了，您住在这里时间也很长了，对于虢国灭亡，您有什么说法吗？"农夫答道："虢国君主决断国家政事犹豫不决，别人进谏他又不能采纳。犹豫不决而又不能采纳意见，这就是虢国灭亡的原因。"文公听了之后就停止打猎回来，半路遇见赵衰就把这件事情告诉了他。赵衰问道："现在这个人在哪里？"晋文公说："我没有和他一起回来。"赵衰说："古代的君主，采纳了别人的建议就任用他；现在的君主，采纳了别人的建议却把他弃之不顾。悲哀啊！这就是晋国的忧患啊。"晋文公便召见这位农夫并给他赏赐。从此晋国乐于采纳良言，晋文公也终于称霸诸侯。

4.22　晋平公过九原而叹曰①："嗟乎！此地之蕴吾良臣多矣！若使死者起也，吾将谁与归乎？"叔向对曰②："其赵武乎③！"平公曰："子党于子之师也。"对曰："臣敢言赵武之为人也。立若不胜衣，言若不出于口④，然其身举士于白屋下者四十六人⑤，皆得其意，而公家甚赖之。及文子之死也，四十六人皆就宾位⑥，是其无私德也，臣故以为贤也。"平公曰："善。"夫赵武，贤臣也。相晋，天下无兵革者九年。《春秋》曰："晋赵武之力，尽得人也⑦。"

【注释】

①晋平公：名彪。春秋时期晋国国君。前557—前532年在位。九

　　原：为春秋时期晋国卿大夫的墓地。今山西绛县北境。

②叔向：晋大夫，姬姓，羊舌氏，名肸，字叔向，又字叔誉，因被封于
　　杨（今山西洪洞），以邑为氏，别为杨氏，又称叔肸、杨肸，他出身
　　晋国公族，历事晋悼公、晋平公、晋昭公三世，是当时著名贤臣。

③赵武：晋卿，赵氏，名武，赵盾之孙，赵朔之子。晋平公十二年（前
　　546）继范宣子为晋正卿执政，修文德，弃征战，与楚弭兵，中原始
　　宁。谥"文"，又称赵文子、赵孟。

④立若不胜衣，言若不出于口：形容敬畏之貌。言若不出于口，指
　　口不善言辞。于，《韩非子·外储说左下》、《子华子·虎会问》等
　　无。则"言若不出口"与上"立若不胜衣"对句。

⑤举士：《礼记·檀弓下》、《韩非子·外储说左下》、《群书治要》引
　　皆作"所举士"。白屋：用茅草盖顶的屋子。指贫士所居之室。

⑥宾位：宾客的席位。石光瑛《新序校释》说："就宾位，谓以客礼待
　　之，不引为私匿也。"

⑦晋赵武之力，尽得人也：根据《穀梁传·襄公三十年》记载，澶渊
　　之会，中国不侵伐夷狄，夷狄不进犯中国八年，这都是晋国赵武
　　与楚国屈建的功劳。尽，石光瑛《新序校释》作"盖"："尽、盖形近
　　易误，此字作尽无意。"可参。

【译文】

　　晋平公经过晋国卿大夫墓地九原的时候叹息道："唉！这里埋葬了
我国多少的贤臣啊！如果让死者复活，那我将选择和谁一起回去呢？"
叔向答道："大概是赵武吧！"晋平公说："您是在偏向您的老师吧。"叔向
答道："请让我说说赵武的为人处世。他站着时好像连衣服都承受不
住，说话的时候又不善言辞，但是他一生所举荐的贫寒之士有四十六
人，充分实现了他举荐的初衷，而且国家也很依赖他们。赵文子去世，
这四十六个人吊唁都在宾客的席位，这表明赵文子待人没有私人的恩
惠，所以臣下认为他是位贤臣。"晋平公说："对。"赵武，是位贤臣，他做

晋国的相国,使天下没有战乱达九年之久。《春秋》说:"晋国赵武的功劳,全都在于他的举用贤才。"

4.23　叶公诸梁问乐王鲋曰①:"晋大夫赵文子为人何若?"对曰:"好学而受规谏。"叶公曰:"疑未尽之矣。"对曰:"好学,智也;受规谏,仁也。江出汶山②,其源若瓮口,至楚国,其广十里。无他故,其下流多也。人而好学受规谏,宜哉其立也。"《诗》曰:"其惟哲人,告之话言,顺德之行③。"此之谓也。

【注释】

①叶(shè)公诸梁:卢文弨《群书拾补》据《北堂书钞》卷九十七引校作"叶公沈诸梁"。沈诸梁,即叶公子高,沈氏,名诸梁,字子高,是楚国叶邑之长,称叶公。叶,春秋时楚国城邑,在今河南叶县。乐王鲋:晋大夫,又称乐桓子。晋平公的宠臣,为人有才能但贪贿。

②汶山:山名。即岷山,位于甘肃西南、四川北部。

③其惟哲人,告之话言,顺德之行:见《诗经·大雅·抑》。话言,善言。顺德之行,遵照道德而实行。

【译文】

　　叶公沈诸梁向乐王鲋问道:"晋国的大夫赵文子为人处世怎么样?"乐王鲋答道:"他为人很好学又能接受劝谏。"叶公说:"恐怕说的还不够吧。"乐王鲋说:"好学,是智慧;能接受劝谏,是仁德。长江发源于岷山,它的源头只有瓮口那么大,流至楚国,河宽达到十里,没有别的原因,只是因为其下游容纳了很多支流罢了。一个人好学又能接受劝谏,他能够有所建树是很应该的。"《诗经》说:"只有圣哲之人,你告诉他金玉良言,他就会遵照道德去实行。"说的就是这样。

4.24　钟子期夜闻击磬声者而悲^①,且召问之曰:"何哉,子之击磬若此之悲也?"对曰:"臣之父杀人而不得,臣之母得而为公家隶,臣得而为公家击磬^②。臣不睹臣之母,三年于此矣。昨日为舍市而睹之^③,意欲赎之,无财,身又公家之有也,是以悲也。"钟子期曰:"悲在心也,非在手也,非木非石也。悲于心而木石应之,以至诚故也。"人君苟能至诚动于内,万民必应而感移。尧、舜之诚,感于万国,动于天地,故荒外从风^④,凤麟翔舞^⑤,下及微物,咸得其所。《易》曰:"中孚,豚鱼吉^⑥。"此之谓也^⑦。

【注释】

①钟子期:钟氏,名期,楚人钟仪之族,古代音乐鉴赏家。《吕氏春秋·本味》记载他与俞伯牙高山流水、知音相赏之事。击磬声者:《吕氏春秋·精通》作"击磬者"。石光瑛《新序校释》认为"声"、"者"二字有衍误,"今有'声'又有'者',文意稍重叠"。按,"夜闻击磬声者而悲"句意亦通。朱季海《新序校理》:"此于'击磬声'下著'者'字(年按,"字"原作"学",疑误,今径改),则其悲者磬声,非子期悲也。"磬,一种打击乐器,多用玉或石制作。

②"臣之父杀人而不得"三句:此三"得"都应从《吕氏春秋·精通》作"得生",文意方完整。

③为舍市:去集市买东西。舍市,集市。或谓"舍"即主人家,"为舍市"就是给主人家买东西。可参。

④荒外从风:偏远的部落都因其教化而很快归附。荒外,八荒之外,指很远的地方。根据《竹书纪年》和《史记·五帝本纪》记载,

帝尧之时,渠搜氏、僬侥氏都远来朝贡;帝舜之时,交趾、析枝、渠

廋、氐、山戎、发、息慎、长鸟夷都受到舜的德化而归附。

⑤凤麟翔舞:凤凰翔集麒麟飞舞。根据《史记·五帝本纪》记载,禹

兴九招之乐,致异物,凤凰来翔,天下明德,皆自虞帝始。

⑥中孚,豚鱼吉:见《易子·中孚》。孔颖达《周易正义》:"信发于中

谓之中孚。鱼者,虫之幽隐,豚者,兽之微贱。人主内有诚信,则

虽微隐之物,信皆及矣,莫不得所而获吉,故曰豚鱼吉。"中孚,诚

信由内心发出。豚,小猪。

⑦此之谓也:按,由"人君苟能至诚动于内"至此处一段文字,当即

刘向整理编纂时所发之议论。

【译文】

钟子期在夜间听到击磬之声十分悲凉,天亮之后便把击磬之人叫

来问道:"怎么啦,你击磬的声音为什么如此的悲凉呢?"击磬之人答道:

"我的父亲因杀人而被处死,我的母亲虽得活命却做了官府的奴隶,我

虽得活命却做了为官府击磬的人。我不曾见到我的母亲,至今已经三

年了,昨天我去集市买东西见到了她,想要把她赎回来,但是没有钱财,

自己的人身也为官府所有,所以感到非常悲伤。"钟子期说:"悲伤发自

于内心,而不是发自于手上,也不在木石之上。悲伤发自于心而木石感

应发出悲凉之声,这是情感至为真诚的缘故。"君主如果能够萌动内心

的至诚之心,天下百姓一定会受到感化而归附。尧、舜的至诚之心,感

化了所有的诸侯国,感动了天地万物,所以偏远的部落都来归附,凤凰

翔集麒麟飞舞,以至于花草虫鱼等微小的生物,全都各得其所。《周易》

说:"君主内怀有至诚之心,则猪、鱼各得其所。"说的就是这个意思。

4.25　勇士一呼,三军皆辟①,士之诚也②。昔者,楚熊

渠子夜行③,见寝石以为伏虎④,关弓射之⑤,灭矢饮羽⑥,下

视,知石也。却复射之⑦,矢摧无迹⑧。熊渠子见其诚心而金

石为之开⑨，况人心乎？唱而不和，动而不随，中必有不全者矣。夫不降席而匡天下者，求之己也。孔子曰："其身正，不令而行；其身不正，虽令不从⑩。"先王之所以拱揖指挥而四海宾者⑪，诚德之至，已形于外。故《诗》曰："王犹允塞，徐方既来⑫。"此之谓也⑬。

【注释】

① 辟：躲避，惊退。《太平御览》卷四百三十七引作"辟易"。

② 士：《文子·精诚》、《淮南子·缪称训》作"出"，俞樾《荀子平议》认为，古书"出"、"士"二字多相乱。可参。

③ 熊渠子：即楚君熊渠，西周时楚国君主，善射箭。《史记·楚世家》记载他自称"我蛮夷也，不与中国之号谥"，乃立其长子康为句亶王，中子红为鄂王，少子执疵为越章王，及周厉王时，厉王暴虐，熊渠畏其伐楚，去其王号。

④ 寝石：卧石。寝，伏，隐藏。

⑤ 关：通"弯"，引满弓。《韩诗外传》卷六、《艺文类聚》卷六十引、《搜神记》卷十一均作"弯"。

⑥ 灭矢饮羽：整个箭连箭羽都没入了石头之中。灭，消失，隐没。矢，箭。饮，隐没。羽，箭尾上的羽毛。

⑦ 却：后退回去。

⑧ 摧：毁坏。

⑨ 见：同"现"。

⑩ "其身正"四句：见《论语·子路》。

⑪ 四海宾：四海宾服。《韩诗外传》作"四海来宾"。石光瑛《新序校释》据补。宾，归服，归顺。

⑫ 王犹允塞，徐方既来：见《诗经·大雅·常武》。犹，谋略。允，诚

信。塞，充实。来，归服。

⑬此之谓也：按，射石者，《吕氏春秋·精通》作养由基，《史记·李
将军列传》作李广。此皆一事多传。

【译文】

勇士一声怒吼，三军将士全都退避，这是勇士的至诚之心所致。从
前，楚国国君熊渠夜间赶路，看见一块卧石，以为是蹲踞的老虎，弯弓射
它，整支箭连箭羽都没入了石头之中，下去一看，才知道是石头。退回
去再射，箭折断了而石头却没有一点痕迹。熊渠一现其至诚之心，金石
都为之开裂，又何况是人心呢？一个人歌唱而无人附和，行动而无人响
应，那他的内心必然有不完美的地方。一个人能够不离坐席而匡正天
下，是他能够严格要求自己。孔子说："统治者本身行为正当，不出号令
事情就能实行；他本身行为不正当，纵然三令五申百姓也不会信从。"古
代的圣君之所以只拱手指挥就能令天下诸侯归服，是因为他的真诚达
到极致，已经外化在他的行为上。所以《诗经》说："大王的谋略诚实守
信而充实，徐国仰慕圣德而归服。"说的就是这个意思。

4.26　齐有彗星①，齐侯使祝禳之②。晏子曰："无益也，
只取诬焉③。天道不谄④，不贰其命⑤，若之何禳之也？且天
之有彗，以除秽也。君无秽德，又何禳焉？若德之秽，禳之
何损⑥？《诗》云：'惟此文王，小心翼翼，昭事上帝，聿怀多
福，厥德不回，以受方国⑦。'君无违德，方国将至，何患于彗？
《诗》曰：'我无所监，夏后及商，用乱之故，民卒流亡⑧。'若德
之回乱⑨，民将流亡。祝、史之为⑩，无能补也。"公说⑪，
乃止。

【注释】

①彗星:绕太阳运行的一种星体。后曳长尾,呈云雾状,俗称扫帚星。旧谓彗星主除旧布新,其出现又为重大灾难的预兆,因此彗星又称"妖星"。

②齐侯:齐景公。名杵臼,春秋时期齐国国君。前547—前490年在位。祝:祝官。祝官是古代掌管祭祀祝祷等事宜的官职,主持祭祀,以禳除祸患。禳(ráng):祭名。祈祷消除灾殃、去邪除恶的祭祀。底本作"穰",误。今从汉魏本、四部本改。

③只取诬焉:只是自欺欺人罢了。诬,欺骗。

④天道不谄(tāo):天道不会有疑惑。谄,疑惑,犹疑。《左传·昭公二十六年》:"天道不谄,不贰其命。"杜预注:"谄,疑也。"铁华馆本、汉魏本、四部本作"谄",误。

⑤不贰其命:不会改变对我们的告命。贰,改变。一说"贰"为"忒"之误。忒,差错。

⑥禳之何损:禳祷又能减少什么过错呢? 损,减少。汉魏本作"益",则此句意为"禳祷又有什么帮助呢",亦通。

⑦"惟此文王"六句:见《诗经·大雅·文王》。惟,《诗经》作"维",发语词,无义。昭,光明。聿,句首发语词。怀,来,招来。厥,其。回,违反,违背。

⑧"我无所监"四句:按,今本《诗经》无此四句诗。

⑨回乱:邪乱。

⑩史:史官。担任祭祀、星历、卜筮、记事等职。

⑪说:同"悦"。

【译文】

齐国上空出现彗星,齐侯令祝官禳祷除灾。晏子对齐侯说:"这样做没有用处,只是自欺欺人罢了。天道不疑惑,不会改变对我们的告命。为什么要去禳祷除灾呢? 况且天上出现彗星,是要告诫君主消除秽行。

君主要是没有污秽的品行,又何必禳祷呢?如果德行有了污秽,那么禳祷能减少什么过错?《诗经》说:'周文王小心恭敬,光明磊落地事奉天帝,求取各种福祉,他的品德无过错,四方各国来归附。'君主要是没有失德,四方的诸侯国都会来归附您,何必担心彗星的出现呢?《诗经》上又说:'我没有什么借鉴的:夏、商二代的亡国之君,由于统治混乱,以致百姓流离失所。'如果德行邪乱,那么百姓就会流离失所。祝官、史官的禳祷,也没有办法补救。"齐侯听完之后很高兴,便停止了禳祷。

4.27　宋景公时①,荧惑在心②,惧,召子韦而问曰③:"荧惑在心,何也?"子韦曰:"荧惑,天罚也;心,宋分野也。祸当君身,虽然,可移于宰相。"公曰:"宰相,所使治国也,而移死焉,不祥。寡人请自当也。"子韦曰:"可移于民。"公曰:"民死,将谁君乎④?宁独死耳。"子韦曰:"可移于岁。"公曰:"岁饥,民饿必死,为人君欲杀其民以自活,其谁以我为君乎?是寡人之命固尽矣,子无复言矣。"子韦还走⑤,北面再拜曰:"臣敢贺君⑥。天之处高而听卑。君有仁人之言三,天必三赏君。今夕星必徙舍⑦,君延寿二十一岁。"公曰:"子何以知之?"对曰:"君有三善,故三赏,星必三舍⑧,舍行七星⑨,星当一年,三七二十一,故曰延寿二十一年。臣请伏于陛下以司之⑩,星不徙,臣请死之。"公曰:"可。"是夕也,星三徙舍,如子韦言。《老子》曰:"能受国之不祥,是谓天下之王也⑪。"

【注释】

①宋景公:名头曼,又名兜栾。春秋末年宋国国君。前516—前451

年在位。

②荧惑在心：荧惑星出现在东方的心宿附近。荧惑，古指火星，因
隐现不定，令人迷惑，故名。《吕氏春秋·制乐》："荧惑在心。"高
诱注："荧惑，五星之一，火之精也。"荧惑又称罚星，主管刑法。
心，二十八宿之一，位于东方，对应宋之分野。分野，与星次相对
应的地域。古以十二星次的位置划分地面上州、国的位置与之
相对应。就天文说，称作分星；就地面说，称作分野。

③子韦：据《吕氏春秋·制乐》高诱注，子韦是宋国的太史，能占星
相。《史记·宋微子世家》称"司星子韦"。太史是官名，西周、春
秋时太史掌记载史事、编写史书、起草文书，兼管国家典籍和天
文历法等。

④将谁君乎：即下文"其谁以我为君乎"之义。君，作动词，为君。

⑤还走：返身而走。

⑥敢：谦辞，自言冒昧。

⑦徙舍：离开当前停留的位置。《吕氏春秋·制乐》、《淮南子·道
应训》、《论衡·变虚》作"徙三舍"。

⑧星必三舍：荧惑星一定移动三次。三舍，《吕氏春秋·制乐》、《淮
南子·道应训》、《论衡·变虚》作"三徙舍"，与下文"星三徙舍"
相应。

⑨舍行七星：每次移动途经七个星宿。星，星宿。

⑩司：通"伺"，观察。

⑪能受国之不祥，是谓天下之王也：见《老子》第七十八章。文字与
今本略有不同。

【译文】

宋景公在位时，荧惑星出现在东方的心宿附近，景公感到很害怕，
于是便召见子韦问道："荧惑星出现在心宿的位置，意味着什么呢？"子
韦说："荧惑星，是上天降罚的征兆。心宿，是宋国的分野。祸患当降临

到国君身上。虽然如此,可以把它转移给宰相。"景公说:"宰相,是用他治理国家的,如果把死亡转移给他,不吉利。我还是自己承担好了。"子韦说:"可以转移给百姓。"景公说:"百姓都死了,那我做谁的君主呢?我宁愿独自承受死亡。"子韦说:"可以转移给年成。"景公说:"遇到荒年,百姓没粮食吃一定会饿死,身为君主想要让百姓饿死而使自己苟活,那么谁还会把我当作国君呢?这是我的寿命要结束了,先生就不要再多说了。"子韦听完这些话回身紧走几步,向北对景公行再拜大礼说:"为臣冒昧地祝贺君主。老天居于高处,却能听到低处的声音。君主接连说了三次仁人之言,老天一定会奖赏君主三次。今晚荧惑星一定会离开当前停留的位置,君主的寿命也会延长二十一年。"景公问:"先生是怎么知道的?"子韦回答:"君主有三句善言,所以会受到三次奖赏,荧惑星必定移动三次,每次移动途经七个星宿,每个星宿等于一年,三七便是二十一年,所以君主的寿命会延长二十一年。我请求君主允许我在宫殿的台阶下观察荧惑星的动向,如果荧惑星不移动,我愿一死。"景公说:"可以。"这天晚上,荧惑星果然移动三次,正如子韦所言。《老子》说:"能承担国家祸患的君主,才是普天之下能够成就王业的君王。"

4.28　宋康王时[①],有爵生鹳于城之陬[②],使史占之,曰:"小而生巨,必霸天下。"康王大喜,于是灭滕伐薛[③],取淮北之地[④]。乃愈自信,欲霸之亟成,故射天笞地[⑤],斩社稷而焚之,曰:"威严伏天地鬼神[⑥]。"骂国老之谏者[⑦],为无头之棺以示有勇[⑧]。剖伛者之背[⑨],锲朝涉之胫[⑩],而国人大骇。齐闻而伐之,民散,城不守,王乃逃兒侯之馆[⑪],遂得病而死[⑫]。故见祥而为不可,祥反为祸。臣向愚以《鸿范传》推之[⑬],宋史之占非也。此黑祥[⑭],传所谓黑眚者也[⑮],犹鲁之有鹳鹆为黑祥也[⑯],属于不谋,其咎急也[⑰]。鹳者,黑色,食爵,大于爵,害爵也。攫击之物⑱,贪叨之类⑲。爵而生鹯者,是宋君且行急暴击伐贪叨之行,距谏以生大祸⑳,以自害也。故爵生鹯于城陬者,以亡国也,明祸且害国也。康王不悟,遂以灭亡,此其效也㉑。

【注释】

① 宋康王:子姓,戴氏,名偃,一说名侵,战国时宋国国君。前328—前286年在位。期间荒淫残暴。齐国起兵灭宋,出亡,死于温。《战国策》、《吕氏春秋》说他死后谥号为"康"。

② 爵:通"雀"。《战国策·宋策》即作"雀"。鹯(zhān):猛禽名。亦称晨风,似鸡,青黄色,食鸠、鸽、燕、雀等小鸟。陬(zōu):隅,角落。

③ 滕:古诸侯国名。姬姓,周武王所封,在今山东滕州西南,战国初被越所灭,不久复国,前318年为宋所灭。薛:古诸侯国名。任姓,黄帝之苗裔。今山东滕州西南有薛城。

④ 取淮北之地:根据《史记·宋微子世家》记载,宋康公即位十一年(前318),自立为王,于东面战败齐国,取城池五座,于南面击败楚国,取地三百里,于西面打败魏国。淮北,淮水以北,当时属楚地。

⑤ 射天笞地:仰射天神,下击土神。射天,用皮囊盛血,悬以象天,从下面仰射,射中后血流坠地,象征天神被射中。属无道之事。见《吕氏春秋·过理》及高诱注。《史记·殷本纪》及《宋微子世家》说商纣王与宋康王都曾射天。笞地,击打土地之神。据赵仲邑《新序详注》的看法,下文说"斩社稷而焚之",便是笞地。

⑥ 严:卢文弨《群书拾补》据《战国策》及贾谊《新书》,以为衍文。石光瑛《新序校释》据以删。按,有"严"字亦通。伏:通"服",顺服,这里指使之顺服。

⑦国老:国之元老。一说是已经辞官的原卿大夫。

⑧无头之棺:《战国策·宋策》、《太平御览》引,及《事类赋》注引桓谭《新论》作"无头之冠"。石光瑛《新序校释》从之。无头之冠,去掉冠的顶部,表示不畏死之意。

⑨伛(yǔ):驼背。

⑩锲(qiè)朝涉之胫(jìng):据说天寒时早晨涉水过河的人腿不怕冷,所以宋康王把涉水之人的小腿砍断,来看看他的骨髓是否和常人有异。见《吕氏春秋·过理》及高诱注。此句和上句"剖伛者之背"一样,极见宋康王的变态与残暴。锲,斩断。胫,小腿骨。

⑪逃兒侯之馆:逃到了郳侯的馆舍。兒,即郳,国名。郳即小邾国,曹姓,邾侠之后夷父颜曾有功于周,周封其子友于郳,为附庸。在今山东滕州东。

⑫遂得病而死:《战国策·宋策》作"得而死",意思是为齐所俘获而被杀,与生病而死的说法不同。

⑬臣向:刘向自称。《鸿范传》:这里指伏生《尚书大传》中的《洪范五行传》。《鸿范》,亦作《洪范》,相传为周武王克商之后,箕子所作。按,以下即刘向所发的议论。

⑭黑祥:汉人阴阳五行学说,以水为黑色,故将由水而生的征兆称之为"黑祥"。祥,凶吉的预兆。

⑮黑眚(shěng):五行中由水而生的灾祸称之为"黑眚",也就是上文所说的"黑祥"。《汉书·五行志中之下》:"厥罚恒寒,厥极贫……时则有黑眚、黑祥。"眚,灾异。

⑯鲁之有鸲鹆(qú yù)为黑祥:《春秋·昭公二十五年》:"有鸲鹆来巢。"《公羊传》何休注:"非中国之禽而来居此国,国将危亡之象。"杨伯峻《春秋左传注》:"鸲同鸲,音劬。鸲鹆即今之八哥,中国各地多有之。"《汉书·五行志》:"昭公二十五年夏,有鸲鹆来

巢。刘歆以为羽虫之孽,其色黑,又黑祥也。视不明、听不聪之
罚也。"则鸲鹆为"黑眚"或"黑祥"。鸲鹆,鸟名。俗称八哥。

⑰属于不谋,其咎急也:石光瑛《新序校释》曰:"《汉志》引伏传曰:
'听之不聪,是谓不谋,厥咎急,时则有黑眚黑祥。'又解之曰:'言
上偏听不聪,下情隔塞,则不能谋虑利害,失在严急,故其咎急
也;水色黑,故有黑眚黑祥。'此言宋王距谏好诔,下情隔塞,不能
上达,是不谋所致,失在严急也。"

⑱攫(jué):抓取。

⑲贪叨:这里指贪得无厌。叨,石光瑛《新序校释》谓当作"饕
(tāo)",贪婪。

⑳距谏:即拒谏,拒绝听从逆耳忠言。距,通"拒"。

㉑效:效验,验证。

【译文】

宋康王在位时,有一只雀在城墙的角落里孵出一只鹯,康王让史官
占断吉凶,史官说:"小雀孵出大鹯,预示着宋国一定会称霸天下。"康王
大喜,于是便灭掉了滕国,讨伐薛地,占领了淮北地区。因此康王愈加
自信,想要使称霸的梦想迅速实现。所以仰射天神,下击土神,砍断社
稷上的树并焚烧,说:"我的威严已经降服了天地鬼神。"他责骂进谏的
国家元老,做了一顶无顶之冠,来彰显自己的勇武。他剖开驼背之人的
脊梁,斩断天寒时清晨涉水过河的人的小腿,举国百姓对此惶恐不已。
齐国听到这种情报后,便发兵讨伐,宋国百姓四散而去,城池失守,康王
逃到了郳侯的馆舍,后来生重病死了。所以看到祥兆却做不该做的事,
祥兆反而会变成灾祸。臣刘向用《鸿范传》来推断,宋国史官的占断是
错误的。这是黑祥,也就是《鸿范传》中所说的黑眚,就如同鲁国出现鸲
鹆也是黑祥一样。这属于谋虑失策的一类,其灾祸是很急的。鹯是黑
色的,以雀为食,体型比雀大,这是危害雀的。它是抓取搏击的鸟,属于
贪得无厌之类。雀居然孵化出鹯,预示着宋康王将做出如鹯般急躁残

暴贪得无厌的行径,他拒绝劝谏而酿生大祸,是自己害了自己。所以雀在城墙的角落里孵出鹯,是亡国之兆,说明会有灾祸危害国家。康王对此执迷不悟,最终国灭身死,这就是这一征兆的应验。

卷第五

杂事第五

【题解】

本卷共30章（底本为31章，今据文意及行文体例，合"管仲傅齐公子纠"与"里凫须"二则为一章，详正文注。另有"君子曰"一章文字无具体事例，疑即"晋平公问于叔向"章之议论），重点亦是讨论君道，大体涉及：一，君主须尊重贤才、礼贤下士，这也是本卷的主要内容；二，君主须效法圣人、善于学习；三，君主须施行仁政、去除苛政；四，君主须戒除骄奢，自我反省。在《杂事》5卷中，本卷颇为集中地汇集了"士之不见察"的材料，如"宋玉因其友以见于楚襄王"、"宋玉事楚襄王而不见察"、"田饶事鲁哀公而不见察"、"子张见鲁哀公"、"昔者楚丘先生行年七十"、"齐有闾丘邛年十八"、"荆人卞和得玉璞而献之荆厉王"等章。特别是"荆人卞和得玉璞而献之荆厉王"一章，在《韩非子·和氏》的相关文字之外，又加进去了"贤而不用"的议论，依稀流露出元帝、成帝时期刘向与宦官、外戚斗争的影子，也折射出刘向个人的心路历程。另，本卷中对"儒者"也予以特别关注，"秦昭王问孙卿"与"田赞衣儒衣而见荆王"二章，正面强调儒者的地位与尊严，材料的选取与刘向的政治思想也是一致的。此外，"齐闵王亡居卫"章，齐闵王与公玉丹，庸主佞臣，跃然纸上，富有文学意味。

5.1　鲁哀公问子夏曰①:"必学而后可以安国保民乎?"子夏曰:"不学而能安国保民者,未尝闻也。"哀公曰:"然则五帝有师乎②?"子夏曰:"有。臣闻黄帝学乎太真③,颛顼学乎绿图④,帝喾学乎赤松子⑤,尧学乎尹寿⑥,舜学乎务成跗⑦,禹学乎西王国⑧,汤学乎威子伯⑨,文王学乎铰时子斯⑩,武王学乎郭叔⑪,周公学乎太公⑫,仲尼学乎老聃⑬。此十一圣人,未遭此师,则功业不著乎天下,名号不传乎千世。《诗》曰:'不愆不忘,率由旧章⑭。'此之谓也。夫不学不明古道,而能安国家者,未之有也。"

【注释】

①鲁哀公:姬姓,名蒋,一作将,春秋时鲁国国君。前509—前495年在位。子夏:孔子弟子,卫国人,姓卜,名商,字子夏,孔子死后,子夏在西河教书,后为魏文侯之师。

②五帝:都为上古的明君,说法不一。《礼记·月令》认为是伏羲(太皞)、炎帝(神农)、黄帝、少皞(hào)、颛顼(zhuān xū);《世本》、《大戴礼记·五帝德》、《史记·五帝本纪》认为是黄帝、颛顼、帝喾(kù)、唐尧、虞舜;孔安国《尚书序》、皇甫谧(mì)《帝王世纪》认为是少昊(少皞)、颛顼、高辛(帝喾)、唐尧、虞舜。

③黄帝:姓公孙,生长于姬水(今陕西武功漆水)之滨,故改姓姬。居轩辕之丘(在今陕西武功),故号轩辕氏。少典之子。以土德王,土色黄,故称黄帝。为中华民族的祖先。太真:本义指原始混沌之气。《子华子·阳城胥渠问》:"太真剖割,通之而为一,离之而为两,各有精专,是名阴阳。"此处是人名。太,铁华馆本、汉魏本、四部本作"大"。大真,又做"大填"、"大颠"、"大挠"、"大桡"等,传说曾作甲子。

④颛顼:黄帝的孙子,号高阳氏,居于帝丘(今河南濮阳附近)。绿图:生平不详。

⑤帝喾:一名夋,号高辛氏,传说是黄帝曾孙。赤松子:又名赤诵子,传说中的上古仙人。根据《列仙传》记载,赤松子为神农时雨师。

⑥尧:帝喾之子,姓伊祁,名放勋,史称唐尧,尧仁慈爱民,明于察人,治理有方,以盛德闻名天下。尹寿:帝尧之师,传说为河阳(今河南孟县)人。

⑦舜:名重华,冀州人,以孝闻名,受尧的禅让而称帝于天下。见《史记·五帝本纪》。务成跗(fù):生平不详。

⑧禹:姒姓,生于西羌,夏后氏的部落首领。敏给克勤,有仁德,因治水有方,舜死之后,通过禅让制得到帝位。见《史记·夏本纪》。西王国:生平不详。

⑨汤:子姓,名履,今人多称商汤,又称成汤。他是商朝的建立者。其在位时,爱护百姓,施行仁政,深得民众的拥护,后灭夏。见《史记·商本纪》。威子伯:生平不详。

⑩文王:周文王姬昌。铰时子斯:生平不详。

⑪武王:周武王姬发。郭叔:即虢叔,周文王弟,武王叔父,著名的贤人。郭,即虢的古字。

⑫周公:姬姓,名旦,亦称叔旦,周文王姬昌第四子。因采邑在周(今陕西岐山北),故称周公或周公旦。太公:即姜尚,名望,字子牙,东海海滨人,俗称姜太公,他辅佐周文王,与谋翦商,后辅佐周武王灭商。因功封于齐,成为姜姓齐国的始祖。

⑬老聃(dān):老子。姓李名耳,字聃。

⑭不愆(qiān)不忘,率由旧章:见《诗经·大雅·假乐》。愆,过失。忘,糊涂。率,遵循。旧章,先王的典籍法度。

【译文】

鲁哀公向子夏问道:"只有学习了治国之道以后,才可以使国家安

208　　　新序

定,百姓安居乐业吗?"子夏说:"不学习治国之道,就能使国家安定百姓安居乐业,这样的人我从没听说过。"哀公又问:"那么五帝都有老师吗?"子夏答道:"有。臣听说黄帝向太真学习,颛顼向绿图学习,帝喾向赤松子学习,尧向尹寿学习,舜向务成跗学习,禹向西王国学习,汤向威子伯学习,文王向铰时子斯学习,武王向郭叔学习,周公向太公学习,仲尼向老聃学习。这十一个圣人,如果不是遇到了这样的好老师,那么就不会建立如此卓越的功绩,也不可能使自己的声名流传千古了。《诗经》中说:'没有过失,不犯糊涂,一切遵循先王的典籍制度来治国。'说的就是这个意思啊。不学习就不会通晓古代圣贤的治国之道,然而能使国家安定,这样的事是从未有过的。"

5.2　吕子曰①:"神农学悉老②,黄帝学大真,颛顼学伯夷父③,帝喾学伯招④,帝尧学州支父⑤,帝舜学许由⑥,禹学大成执⑦,汤学小臣⑧,文王、武王学太公望、周公旦,齐桓公学管夷吾、隰朋,晋文公学咎犯、随会⑨,秦穆公学百里奚、公孙支⑩,楚庄王学孙叔敖、沈尹竺⑪,吴王阖闾学伍子胥、文之仪⑫,越王句践学范蠡、大夫种⑬,此皆圣人之所学也⑭。且夫天生人而使其耳可以闻,不学,其闻则不若聋;使其目可以见,不学,其见则不若盲;使其口可以言,不学,其言则不若喑⑮;使其心可以智,不学,其智则不若狂⑯。故凡学非能益之也,达天性也。能全天之所生而勿败之⑰,可谓善学者矣。"

【注释】

①吕子:即吕不韦,卫国濮阳(今河南濮阳)人。战国末期著名商人,政治家,后为秦国丞相。先帮助秦公子楚登上王位,是为秦

庄襄王，自己任秦国相国。秦王嬴政继位后称"相父"，一时国政皆决于相父。其门客有三千人，组织门客编写了著名的《吕氏春秋》，又称《吕览》。后被免职，又遭贬，遂自杀。本章引文见《吕氏春秋·尊师》，文字有改动。

②神农：即炎帝，又称赤帝、烈山氏。发明了农牧业和医药，是中华民族的始祖之一。悉老：亦称"悉诸"，相传为神农之师。

③伯夷父：《山海经·海内经》："伯夷父，颛顼师。"传说颛顼曾让伯夷父颁布法典，制五刑，以折臣民。一说伯夷父即伯夷。

④伯招：与赤松子同为帝喾之师。

⑤州支父：传说中的古代隐士。姓子，名州，字支父。尧曾让天下于州支父，州支父予以拒绝。支，汉魏本、四部本作"文"。

⑥许由：一作许繇，尧舜时代的贤人，尧帝知其贤德，欲禅让君位于他，许由坚辞不就。

⑦大成执：生平不详。

⑧小臣：《吕氏春秋》高诱注认为是伊尹。

⑨咎犯：即狐偃，戎国人，春秋时晋国的卿，重耳的舅父，字子犯，又称舅犯、白犯。智计过人，随重耳出亡，为重耳出谋画策，对其能回国继位起了重要作用。重耳以父礼事之。随会：范氏，名会，谥武子，食邑于随，又称随会，且因随氏出于士氏，故史料中多称其士会，史称范武子、随武子。

⑩公孙支：又作"公孙枝"，字子桑，秦大夫。深谋远虑，知人善任。曾举荐百里奚给秦穆公。

⑪楚庄王：芈（mǐ）姓，熊氏，名侣，一说作吕或旅，谥号为"庄"。春秋时楚国国君。前625—前614年在位。楚庄王即位后，励精图治，整治权臣，楚国国力日渐强大，在郊之战中打败晋国，威震中原，成为春秋五霸之一。孙叔敖：芍氏，名敖，字孙叔。后出任楚国令尹，辅佐楚庄王治理国事，国力提升，政绩赫然。《吕氏春

秋·赞能》说:"期思之鄙人有孙叔敖者,圣人也。"沈尹竺:《吕氏春秋》高诱注认为是"沈县大夫",即沈县县官,名竺。邲之战时,孙叔敖为令尹,沈尹将中军。

⑫吴王阖闾(hé lǘ):阖闾,又作"阖庐",春秋时期吴王,未继位前名光,《荀子·王霸篇》将其归为春秋五霸之一。伍子胥:名员,又作五子胥、申胥、伍员。原为楚人。楚平王杀其父兄,他逃到吴国,辅佐吴王阖闾打败楚国,攻入郢都,使其称霸。文之仪:生平不详。

⑬越王句践:春秋末越国国君,姒姓,名句践,又名菼执。曾被吴王夫差败于会稽,屈服求和,后卧薪尝胆,发愤图强,终于灭吴。范蠡:字少伯,楚国宛(今河南南阳)人。春秋末著名政治家、谋士。帮助句践兴越国,灭吴国,一雪会稽之耻。后功成身退,化名姓为鸱夷子皮,泛舟五湖,并从事商业活动,自号陶朱公。大夫种:即文种,也作文仲,字会、少禽,一作子禽,春秋末期楚之郢(今湖北江陵附近)人,后定居越国。春秋末期著名的谋略家,越王句践的谋臣,和范蠡一起为句践最终打败吴王夫差立下赫赫功劳。灭吴后,为句践猜忌,赐剑自刎而死。

⑭圣人:汉魏本、四部本作"圣王"。

⑮喑(yīn):哑。

⑯狂:痴呆。

⑰败:毁坏。

【译文】

吕子说:"神农氏向悉老学习,黄帝向大真学习,颛顼向伯夷父学习,帝喾向伯招学习,帝尧向州支父学习,帝舜向许由学习,禹向大成执学习,汤向小臣学习,文王、武王向太公望、周公旦学习,齐桓公向管夷吾、隰朋学习,晋文公向咎犯、随会学习,秦穆公向百里奚、公孙支学习,楚庄王向孙叔敖、沈尹竺学习,吴王阖闾向伍子胥、文之仪学习,越王句

践向范蠡、大夫种学习,这都是圣人向老师学习的例子啊。况且上天生
人,使人耳朵可以听,不学习,他的听觉还不如聋子;使人眼睛可以看,
不学习,他的视觉还不如盲人;使人嘴巴可以说,不学习,他说话还不如
哑巴;使人心有智慧,不学习,他的智慧还不如痴呆之人。因此所有的
学习,不是能增强人的天赋,而是能使人充分发挥出自己的天性罢了。
如果能保全上天给予的天赋而不毁坏它,就可以说是善于学习的
人了。"

　　5.3　汤见祝网者置四面①,其祝曰:"从天坠者,从地出
者,从四方来者,皆离吾网②。"汤曰:"嘻! 尽之矣,非桀其孰
为此③?"汤乃解其三面,置其一面,更教之祝曰:"昔蛛蝥作
网④,今之人循序⑤。欲左者左,欲右者右,欲高者高,欲下者
下,吾取其犯命者⑥。"汉南之国闻之曰⑦:"汤之德及鸟兽
矣⑧。"四十国归之。人置四面,未必得鸟,汤去三面,置其一
面,以网四十国,非徒网鸟也。

【注释】

①祝:祝祷,祈祷。下句"祝"为祝词。

②离:同"罹",遭遇。

③桀:夏末代君主。根据《史记·夏本纪》记载,帝桀之时,桀不修
　德,很多诸侯背叛夏,百姓也不堪忍受其暴政,后为商汤所取代。

④蛛蝥(máo):蜘蛛。

⑤循序:跟着它的样子。序,通"绪",余绪。

⑥犯命:触犯天命。

⑦汉南:汉水之南。

⑧鸟:汉魏本、四部本作"禽"。

【译文】

商汤见捕鸟者一边安置四面合围的网,一边祝祷,他的祝词说:"从天上掉下来的,从地上跑出来的,从四面八方赶过来的,都落进我的网里。"汤说:"唉!这样是一网打尽啊,除了暴君夏桀,谁会这样做呢?"于是汤撤去三面网,只留下一面,重新拟了祝词教他说:"从前蜘蛛织网捕食,现在的人跟着它的样子捕猎。鸟兽想往左去的便往左去,想往右去的便往右去,想往高处飞的便往高处飞去,想往下面跑的便往下面跑,我只捕获那些触犯天命的动物。"汉水南边的国家听说了这件事后,都说:"汤王的恩德已施于鸟兽了。"于是四十国都归顺了汤。其他人安置四面合围的网,未必捕得到鸟,汤撤去三面,只留下一面网,却网到了四十国,这岂止是网鸟啊!

5.4　周文王作灵台①,及为池沼②,掘地得死人之骨。吏以闻于文王,文王曰:"更葬之。"吏曰:"此无主矣。"文王曰:"有天下者,天下之主也;有一国者,一国之主也。寡人固其主,又安求主?"遂令吏以衣棺更葬之。天下闻之,皆曰:"文王贤矣,泽及朽骨③,又况于人乎?"或得宝以危国,文王得朽骨,以喻其意,而天下归心焉。

【注释】

①周文王作灵台:《诗经·大雅·灵台》:"经始灵台,经之营之,庶民攻之,不日成之。"毛传曰:"神之精明者称灵,四方而高曰台。"郑玄笺曰:"观台而曰灵者,文王化行似神之精明,故以名焉。"灵台是古代观测天文、气象的建筑。一说为游乐之处。

②及:到。池沼,即灵台附近的灵沼。

③朽:汉魏本作"枯"。

【译文】

　　周文王建造灵台,等到修建池沼的时候,挖掘土地挖出了死人骨头。官吏把这件事报告给了文王,文王说:"换个地方埋葬吧。"官吏说:"这是无主的骨殖啊。"文王说:"拥有天下的人,便是天下之人的主人;拥有一国的人,便是一国之人的主人。我本来就是他的主人,又到哪里去寻找他的主人呢?"于是命令官吏给这具尸骨配以衣物、棺木,另寻地方安葬。天下人听说了这件事,都说:"文王贤德啊,他的恩德已延及腐朽的尸骨,更何况活着的人呢?"有些人得到宝物会给国家带来灾祸,文王得到朽骨,以此来表明自己的仁爱之心,于是天下人都归顺他了。

　　5.5　管仲傅齐公子纠①,鲍叔傅公子小白②。齐公孙无知杀襄公③,公子纠奔鲁,小白奔莒④。齐人诛无知,迎公子纠于鲁,公子纠与小白争入。管仲射小白,中其带钩,小白佯死,遂先入,是为齐桓公。公子纠死,管仲奔鲁。桓公立,国定,使人迎管仲于鲁,遂立以为仲父,委国而听之,九合诸侯,一匡天下,为五伯长⑤。里凫须⑥,晋公子重耳之守府者也⑦。公子重耳出亡于晋,里凫须窃其宝货而逃。公子重耳反国,立为君,里凫须造门愿见。文公方沐⑧,其谒者复⑨,文公握发而应之曰:"吾凫须邪?"曰:"然。""谓凫须曰'若犹有以面目而复见我乎⑩?'"谒者谓里凫须,凫须对曰:"臣闻之,沐者其心覆⑪,心覆者言悖⑫,君意沐邪⑬?何悖也。"谒者复,文公见之曰:"若窃我货宝而逃,我谓'汝犹有面目而见我邪',汝曰'君何悖也',是何也?"凫须曰:"然。君反国,国之半不自安也,君宁弃国之半乎?其宁有全晋乎?"文公曰:"何谓也?"凫须曰:"得罪于君者,莫大于凫须矣。君谓赦凫须⑭,显出以为右⑮,如凫须之罪重也,君犹赦之,况有轻于凫须者乎?"文公曰:"闻命矣。"遂赦之。明日出行国,使为右,翕然晋国皆安⑯。语曰⑰:"桓公任其贼,而文公用其盗。"故曰:"明主任计不任怒⑱,暗主任怒不任计⑲。计胜怒者强,怒胜计者亡。"此之谓也。

【注释】

①公子纠:齐僖公之子,母为鲁女。

②鲍叔:即鲍叔牙。春秋时齐国大夫,以知人并笃于友谊称于世,后世常以"鲍叔"代称知己好友。公子小白:即齐桓公。

③齐公孙无知杀襄公:公孙无知是齐僖公异母胞弟夷仲年之子,齐襄公从弟。无知得僖公宠信,待遇如同太子,襄公即位后,废除了他原来享有的特权,公孙无知怀恨在心,便寻找机会杀了襄公。襄公,齐僖公之子,名诸儿。前697—前686年在位。

④奔:逃亡。莒:国名。在今山东莒县。

⑤五伯长:春秋五霸之长。五霸之说有三,《白虎通义·号篇》和《风俗通义·皇霸》作昆吾氏、大彭氏、豕韦氏、齐桓公、晋文公。《孟子》赵岐注作齐桓公、晋文公、秦穆公、宋襄公、楚庄王。《荀子》则作齐桓公、晋文公、楚庄王、吴王阖闾、越王句践。按,底本及铁华馆本至此为一章,而下文"语曰"云云,是将齐桓公、晋文公上下二事一并评论,汉魏本、四部本即连下文为一章,石光瑛《新序校释》、赵仲邑《新序详注》从之。今合为一章。

⑥里凫(fú)须:《左传·僖公二十五年》作"头须"。

⑦守府者:保管财物的人。

⑧沐:洗头。《论衡·讥日》:"沐者去首垢也。洗去足垢,盥去手垢,浴去形垢。"

⑨谒者:官名。始置于春秋、战国时,掌宾赞受事,即为天子传达。古时亦用以泛指传达、通报的奴仆。

⑩若:你。以:朱季海《新序校理》疑衍。

⑪覆:遮盖,遮蔽。一说颠倒。《韩诗外传》即作"倒"。

⑫悖:谬误,荒谬。

⑬意:推测,料想。

⑭谓:如果。

⑮右:车右,古时车乘位在御者右边的武士,省称右。《礼记·曲礼上》郑玄注:"车右,勇力之士,备制非常者。君行则陪乘,君式则下步行。"主要职责是拿戈矛保卫车子,车子遇到障碍无法前进时便下来推车。国君的车右一般是国君的亲信。

⑯翕(xī)然:协调一致的样子。

⑰语:这里特指民间谣谚。

⑱任:用。计:计谋。

⑲暗:愚昧,昏乱。

【译文】

　　管仲辅佐齐国的公子纠,鲍叔牙辅佐公子小白。齐公孙无知杀了齐襄公,公子纠逃往鲁国,公子小白逃往莒国。齐国人杀了公孙无知,到鲁国迎接公子纠回国,公子小白也从莒国出发回国,二人争着想先回到齐国。管仲射了小白一箭,射中了他衣服上的铜带钩,小白假装被射死,骗过管仲先回到了齐国,这就是齐桓公。公子纠被杀,管仲逃往鲁国。齐桓公即位,齐国局势稳定后,桓公派人到鲁国迎接回管仲,然后尊他为"仲父",并将政事完全交给他处理,这样桓公才能多次主持各国诸侯会盟,匡正天下,成为春秋五霸之长。里凫须,是晋公子重耳府上保管财物的人。公子重耳从晋国出逃时,里凫须偷了他的宝物、财货逃走了。公子重耳回到晋国后,立为国君,里凫须登门求见。文公正在洗头,他的谒者来禀报,文公握住头发回答说:"是我的凫须来了吗?"谒者说："是的。""去给兔须说:'你还有什么面目再来见我呢?'"谒者对里兔须说了这些话,兔须回答说:"臣听说过,正在洗头的人,他的心是被遮蔽的,心被遮蔽的人说的话也一定是荒谬的。臣料想国君大概是在洗头吧? 要不怎么会说出如此荒谬的话呢?"谒者回复了文公,于是文公接见了里兔须,说:"你偷了我的财货宝物逃走,我说'你还有什么面目见我',你却说'国君怎会说出如此荒谬的话',这是为什么?"兔须说:"是的。您回到晋国,晋国有一半的人心里很不安稳,您是宁可放弃晋国这一半的民心呢? 还是想拥有晋国全部的民心呢?"文公说:"这话是什么意思?"兔须说:"得罪了您的人当中,没有比我罪责更大的了。您如果赦免了我,在您显赫外出时让我做您的车右。像我这样罪责深重的人,您都能够赦免,更何况罪责比我轻的人呢?"文公说:"听从您的高论。"于是赦免了里兔须。第二天外出巡视国都时,让里兔须担任车右,晋国的人心果然都安定了。俗语说:"齐桓公能任用刺杀过自己的人,而晋文公能任用偷窃过自己财物的人。"所以说:"贤明的君主用谋略而不听任怒气,昏暗的君主听任怒气而不用谋略。计谋胜过怒气的便会强大,怒气胜过计谋则会灭亡。"说的就是这个意思。

5.6　宁戚欲干齐桓公①,穷困无以自进②,于是为商旅赁车以适齐③,暮宿于郭门之外④。桓公郊迎客,夜开门,辟赁车者⑤,执火甚盛,从者甚众。宁戚饭牛于车下,望桓公而悲,击牛角,疾商歌⑥。桓公闻之,抚其仆之手曰⑦:"异哉!此歌者非常人也。"命后车载之。桓公反至,从者以请。桓公曰:"赐之衣冠,将见之。"宁戚见,说桓公以合境内⑧。明日复见,说桓公以为天下。桓公大悦⑨,将任之。群臣争之曰:"客,卫人,去齐五百里,不远。不若使人问之,固贤人也,任之未晚也。"桓公曰:"不然。问之,恐其有小恶,以其小恶，忘人之大美，此人主所以失天下之士也。且人固难全，权用其长者。"遂举，大用之，而授之以为卿⑩。当此举也，桓公得之矣，所以霸也。

【注释】

①甯戚：春秋时卫人，为齐桓公主要辅佐者之一。干：干谒，求见。

②穷困：不得志，走投无路。进：引进，推荐。

③赁车：负重驾车。赁，通"任"，负重。齐：此指齐都临淄。

④郭：外城。《管子·度地》："内为之城，外为之郭。"

⑤辟赁车者：驱逐负重之车。辟，特指驱除。者，《吕氏春秋·举难》、《淮南子·道应训》无。

⑥疾：声音急促、激昂。商歌：商声的曲调凄凉悲切，为哀思之音。商，宫、商、角、徵、羽五声之一。

⑦抚：拍打。汉魏本作"执"。

⑧合：聚合。《吕氏春秋·举难》作"治"。亦通。

⑨悦：汉魏本、四部本作"说"。说，同"悦"。

⑩卿：官名。周制，位在大夫之上。或称上大夫为卿。

【译文】

甯戚想要求见齐桓公，但他困顿不堪无法自行进见，于是为商队驾负重之车去齐国，晚上住在齐国都城外城的门外。齐桓公到郊外迎接客人，晚上打开城门，驱除负重的车子，侍从们高举火把很明亮，跟随的人数很多。甯戚这时在车下喂牛，他望着桓公悲从中来，于是敲打着牛角，用急促、激昂的声音唱着悲伤的商调。桓公听到了他的歌声，拍着仆人的手说："奇异啊！这个唱歌的人不是平常人。"于是命令后面侍从的车载甯戚回城。桓公回来以后，侍从请示该如何安置甯戚。桓公说："赐给他衣物帽子，我要接见他。"甯戚拜见了齐桓公，劝说桓公要使国内团结一致。第二天再见桓公，劝说桓公经营天下。桓公非常高兴，打算任命宁戚。大臣们争辩说："这个客人，是卫国人，距离齐国五百里，路途不远。不如派人打听一下他的为人，真是贤能之人的话，再任用也不晚。"桓公说："不是这样的。打听后恐怕他会有小毛病，因为他的小毛病，放弃他的大才能，这正是君主失去天下贤士的原因。况且人本来就是不完美的，权衡之后用他的长处就可以了。"于是提拔重用了宁戚，封他为卿。在这件事上，桓公得到了贤才，这是他称霸天下的原因。

5.7　齐桓公见小臣稷[1]，一日三至不得见也，从者曰："万乘之主，布衣之士，一日三至而不得见，亦可以止矣。"桓公曰："不然，士之慠爵禄者[2]，固轻其主；其主慠霸王者，亦轻其士，纵夫子慠爵禄，吾庸敢慠霸王乎？[3]"五往而后得见，天下闻之，皆曰："桓公犹下布衣之士[4]，而况国君乎？"于是相率而朝，靡有不至[5]。桓公之所以九合诸侯，一匡天下者，遇士于是也[6]。《诗》云："有觉德行，四国顺之[7]。"桓公其以之矣[8]。

【注释】

①小臣稷：名稷，生平不详。《韩非子·难一》谓为处士。

②慠（ào）：同"傲"。轻视。汉魏本、四部本即作"傲"。下"慠"同。

③庸：岂，难道。又，王念孙《经传释词》："庸，犹何也。"亦可参。

④下：屈尊谦下。

⑤靡：无。

⑥于是：如此，像这样。

⑦有觉德行，四国顺之：见《诗经·大雅·抑》。有觉，即觉觉，正直的样子。觉，正直。

⑧以：通"似"。一说为"有"的意思，亦通。

【译文】

　　齐桓公拜访小臣稷,一天去了三次也没有见到,随从说:"您是大国的君主,他是个平民百姓,一天之内拜访了三次都没见到,也就可以停止了。"桓公说:"不是这样。士之中轻视爵位俸禄的,本来也就轻视他们的君主;他们的君主中轻视王霸大业的,也就轻视他的士。纵使先生轻视高官厚禄,我又怎么敢轻视王霸大业呢?"去了五次才见到了小臣稷。天下诸侯听说这件事,都说:"桓公对平民百姓尚能屈尊请见,况且对国君呢。"于是相继朝见,没有一个不去的。桓公之所以能多次主持诸侯会盟,并匡正天下,正是因为他能如此对待士人啊。《诗经》说:"为人德行正直,四方自然会来归顺。"桓公大概就像这样了。

　　5.8　魏文侯过段干木之闾而轼^①,其仆曰:"君何为轼?"曰:"此非段干木之闾乎?段干木盖贤者也,吾安敢不轼?且吾闻段干木未尝肯以己易寡人也,吾安敢高之?段干木光乎德^②,寡人光乎地;段干木富乎义,寡人富乎财。地不如德,财不如义,寡人当事之者也。"遂致禄百万,而时往问之。国人皆喜,相与诵之曰^③:"吾君好正,段干木之敬;吾君好忠,段干木之隆^④。"居无几何,秦兴兵欲攻魏,司马唐且谏秦君曰^⑤:"段干木,贤者也,而魏礼之,天下莫不闻,无乃不可加兵乎?"秦君以为然,乃案兵而辍^⑥,不攻魏。文侯可谓善用兵矣。夫君子善用兵也,不见其形,而攻已成,其此之谓也。野人之用兵,鼓声则似雷,号呼则动地,尘气充天,流矢如雨^⑦,扶伤举死^⑧,履肠涉血^⑨。无罪之民,其死者已量于泽矣^⑩,而国之存亡,主之死生,犹未可知也。其离仁义亦远矣。

【注释】

①魏文侯：魏氏，名斯。根据《史记·魏世家》记载，他是战国时魏国的建立者，周威王时，与韩康子、赵襄子伐灭晋国智伯，分其地。前403年，周天子正式承认韩、赵、魏为诸侯。在位时礼贤下士，师事儒者子夏、田子方等，任用李悝、翟璜为相，吴起、乐羊为将，变法图强、振兴国力，使魏国一跃成为中原的强国。段干木：姓段干，名木。战国初年魏国名士，师子夏，友田子方，为孔子再传弟子。闾（lú）：里巷的大门。轼：古代车厢前面用作扶手的横木。此处用作动词，指行车途中，双手扶着轼敬礼。

②光：荣耀。

③诵：颂扬，称道。多作"颂"。

④隆：尊崇，重视。

⑤司马唐且：秦国大夫。《吕氏春秋·期贤》作"司马唐"。《淮南子·修务训》作"司马庚"。

⑥案兵而辍：止兵不攻。案，通"按"。抑止，停止。辍，这里指罢兵。

⑦矢：底本作"失"，误。据汉魏本、铁华馆本、四部本改。矢，箭。

⑧举死：抬着尸体。举，通"舆"。《吕氏春秋·期贤》即作"舆。"或谓"舆死"意为用车子载尸。亦通。

⑨履：踩踏。

⑩量（liáng）：充满。

【译文】

　　魏文侯路过段干木所住里巷门口时，起身双手扶着车轼行礼，他的随从问："您为什么要扶着车轼行礼呢？"文侯说："这不是段干木住的里巷吗？段干木是贤人，我怎么敢不扶轼行礼呢？况且我听说段干木从不肯以我的地位来交换他的德义啊，我又怎么敢轻视他呢？段干木因有德行而荣耀，我因有土地而荣耀；段干木富有的是道义，我富有的是财宝。土地比不上德行，财宝比不上道义，我应当拜他为师。"于是送给他百万俸禄并时常去问候他。魏国人知道后都很高兴，相互赞颂道："我们的国君提倡正直，于是对段干木恭敬有加；我们的国君提倡忠诚，于是对段干木尊敬推崇。"过了不久，秦国准备发兵攻打魏国，司马唐且劝谏秦王说："段干木，是贤德的人，而魏国国君很尊重他，天下人没有不知道的，向他们发兵似乎不太合适吧？"秦王认为有道理，于是便停止发兵，放弃了攻打魏国。文侯可以称得上是善于用兵的人了。善于用兵的君子，你还没看见动静，便已大功告成，说的就是这种情形啊。粗鄙无能的人用兵，鼓声大如雷鸣，厮杀喊叫声惊天动地，尘土飞扬，飞箭如雨，士兵们扶着伤者、抬着尸体、踩着肠子、踏着鲜血。无辜的百姓死伤无数，尸体已充满了沼泽。然而国家的存亡、君主的生死，仍然是无法预料的。这就离仁义太远了。

5.9　　秦昭王问孙卿曰[1]："儒无益于人之国？"孙卿曰："儒者法先王[2]，隆礼义[3]，谨乎臣子，而能致贵其上者也。人主用之，则进在本朝[4]；置而不用，则退编百姓而悫[5]，必为顺下矣[6]。虽穷困冻馁[7]，必不以邪道为食。无置锥之地，而明于持社稷之大计；叫呼而莫之能应，然而通乎裁万物、养百姓之经纪[8]。势在人上，则王公之才也；在人下，则社稷之臣、国君之宝也。虽隐于穷闾漏屋，人莫不贵之，道诚存也。仲尼为鲁司寇，沈犹氏不敢朝饮其羊，公慎氏出其妻，慎溃氏逾境而走，鲁之鬻牛马不豫贾，布正以待之也[9]。居于阙党，阙党之子弟罔罟分，有亲者取多，孝悌以化之也[10]。儒者在本朝则美政，在下位则美俗。儒之为人下如是矣。"王曰："然则其为人上何如？"孙卿对曰："其为人上也[11]，广大矣。志意定乎内，礼节修乎朝，法则度量正乎官，忠信爱利形乎下。行一不义，杀一无罪，而得天下，不为也。若义信乎人矣⑫，通于四海，则天下之外，应之而怀之。是何也？则贵名白而天下治也⑬。故近者歌讴而乐之，远者竭走而趋之，四海之内若一家，通达之属，莫不从服。夫是之谓人师⑭。《诗》曰：'自西自东，自南自北，无思不服⑮。'此之谓也。夫其为人下也如彼，为人上如此，何为其无益人之国乎？"昭王曰："善。"

【注释】

①秦昭王：即秦昭襄王，嬴姓，名则，一名稷。战国时秦国国君。前306—前251年在位。孙卿：即荀卿。名况，战国时赵国猗氏（今山西安泽）人。战国后期儒家代表人物，今存《荀子》三十二篇。事见《史记·孟子荀卿列传》。

②法：效仿。

③隆：推崇。

④进：特指上朝做官。

⑤愨（què）：底本作"敄"，诸本同。恐误。石光瑛《新序校释》据《荀子·儒效》改。今从之。愨，恭谨，朴实。

⑥顺下：温顺谦让。

⑦馁（něi）：饥饿。

⑧裁：节制，制裁，约束。经纪：法度，纲纪。

⑨布正：显示自己端正的行为。

⑩孝悌以化之也：自"仲尼为鲁司寇"至此，见于本书《杂事第一》"孔子在州里"一章。内容顺序及部分文字有不同。注释参该节。

⑪上：底本无。诸本同。石光瑛《新序校释》据《荀子·儒效》补。今从之。

⑫若:其。

⑬白:显著,显扬。治:王先谦《荀子集解》引顾广圻说,当作"愿",
　意为仰慕。可参。

⑭人师:王先谦《荀子集解》:"人师犹言人君矣。"可参。

⑮自西自东,自南自北,无思不服:见《诗经·大雅·文王有声》。
　思,语助词。无不服,指四方百姓没有不归服的。

【译文】

　　秦昭王向孙卿问道:"儒者是不是对国家没有什么好处?"孙卿说:
"儒者效法古代圣王的德行,尊崇礼仪规范,谨慎做好人臣,并能使他们
的君主受人景仰。君主如果重用他,他会在本朝做个好官;如果放在一
边不加以重用,他便退居百姓的行列做一个恭谨、朴实且温顺谦让的
人。即使贫穷困顿、饥寒交迫,也一定不会依靠歪门邪道来谋生。虽然
无立锥之地,但他通晓治国之道;虽然奔走号呼也无人响应,但他通晓
如何使万物各尽其用、怎样使百姓安居乐业的纲纪。如果他的地位在
众人之上,便是王公诸侯之才;如果居于臣位,那他就是朝廷的重臣、国
君的至宝。虽然隐居在简陋的小茅屋中,也没有人会不尊重他,因为他
的确有高尚的品德。仲尼担任鲁国大司寇一职时,沈犹氏便不敢再在
清早喂羊喝水了,公慎氏休了他的妻子,慎溃氏逃出了鲁国边境迁往他
国,鲁国市场上卖牛马的商人再也不敢欺骗买主漫天要价了,这都是孔
子用显示自己端正的行为来对待他们的结果。他在乡里居住,乡里的
子弟打猎、捕鱼回来,会给有父母亲的人多分一些猎物,这是受到孔子
孝道感化的结果。儒者在朝廷为官,则能使政策完善;不为官而为民,
则能使民风淳朴。儒者在君王之下为官和为民就是这个样子的。"昭王
说:"那么儒者位居人上为王公诸侯会怎样呢?"孙卿回答说:"儒者若位
居人上为王公诸侯,其作用便更广大了。他有着坚定的意志,能遵循礼
节制度整顿朝纲,能按照法律规章匡正官员的行为,能使百姓养成忠
诚、守信、仁爱、利人的好品德。即使只做一件不义之事,杀一个无辜之

人，便能得天下，他也一定不会做的。他的仁义得到了人们的信任，声名传遍四海，即使是中国疆域以外的人，也会响应并且归顺他。这是为什么呢？因为他高尚的名声已经显扬于世，天下已经大治了。所以近处的人都歌颂他、喜爱他，远处的人都竭力赶来归顺他，四海之内的人亲如一家，交通能至的地方，没有不臣服于他的。这就叫做人师。《诗经》说：'从东到西、从南到北，没有不归顺他的人。'说的就是这种人啊。他居于臣位时就像刚才所说，居于君位时又像现在所说。怎么能说他对国家没有好处呢？"昭王说："很好。"

5.10　田赞衣儒衣而见荆王①，荆王曰："先生之衣，何其恶也②？"赞对曰："衣又有恶此者。"荆王曰："可得而闻邪？"对曰："甲恶于此③。"王曰："何谓也？"对曰："冬日则寒，夏日则热，衣无恶于甲者矣。赞贫，故衣恶也；今大王，万乘之主也④，富厚无敌，而好衣人以甲，臣窃为大王不取也⑤。意者为其义耶⑥？甲兵之事，折人之首⑦，刳人之腹⑧，堕人城郭⑨，系人子女⑩，其名尤甚不荣。意者为其贵邪⑪？苟虑害人，人亦必虑害之；苟虑危人，人亦必虑危之，其贵，人甚不安。之二者，为大王无取焉。"荆王无以应也。昔卫灵公问阵，孔子言俎豆，贱兵而贵礼也⑫。夫儒服，先王之服也，而荆王恶之⑬；兵者，国之凶器也，而荆王喜之，所以屈于田赞，而危其国也。故《春秋》曰："善为国者不师⑭。"此之谓也。

【注释】

①田赞：齐国人，生平不详。荆王：即楚王。荆，楚国别称。

②恶(è)：不好。

③甲：铠甲。

④万乘之主：拥有万辆兵车的大国君主。乘，四匹马拉的车。

⑤窃：私下，私自。

⑥意：推测，推想。

⑦折：断。汉魏本、四部本作"析"，意为劈开，亦可通。

⑧刳(kū)：从中间破开再挖空。

⑨堕(huī)：损毁，败坏。

⑩系：拘囚。

⑪贵：尊贵。石光瑛《新序校释》据《吕氏春秋·顺说》改作"实"，指
　　战争所获得的实际利益。亦可通。

⑫卫灵公问阵，孔子言俎(zǔ)豆，贱兵而贵礼也：《论语·卫灵公》
　　载，卫灵公向孔子问用兵布阵之法，孔子答道："俎豆之事，则尝
　　闻之矣；军旅之事，未之学也。"第二天便离开卫国。俎豆，古代
　　的礼器。俎和豆都是盛肉食的器皿，行礼时用它，因之借以表示
　　礼仪之事。

⑬恶(wù)：厌恶。

⑭善为国者不师：见《穀梁传·庄公八年》。意思是说，善于治理国
　　家的不依靠军队。为，治理。师，古代军队编制的一级。二千五
　　百人为一师。这里代指军队。

【译文】

　　田赞穿着儒生的衣服去拜见楚王，楚王问他："先生的衣服，为什么
这么差啊？"田赞回答说："还有比这更差的衣服。"楚王说："能说给我听
听吗？"田赞回答说："铠甲比这个更差。"楚王说："为什么这么说呢？"田
赞回答说："那铠甲冬天穿着不保暖，夏天穿着又很热，没有比铠甲更差
的衣服了。我贫困潦倒，所以才穿这么差的衣服；而大王您是大国之
主，拥有的财富无人能比，可是喜欢让人穿着铠甲，臣私下认为大王这

样做是不足取的。推想起来,是因为它合乎道义吗?战争这种事,砍掉人的头颅,剖开人的肚皮,毁掉人的城郭,拘囚人的子女,它的名声尤其不光彩。推想起来,是因为它能够使人尊贵吗?如果您谋划着损害别人,别人也一定会谋划损害您;如果您谋划着使人居于危险当中,别人也一定会谋划将您置于险境。它给人的尊贵实在是令人不安。这两个方面对于大王来说都是不可取的。"楚王无话可说。从前卫灵公向孔子请教对阵打仗的事,孔子却回答只懂得礼义而不懂得军事,表明是轻视战争而看重礼义。儒生的衣服,是古代圣王的服装,而楚王嫌它差;兵器,是国家的不祥之物,而楚王却喜欢它,所以他辩不过田赞,只会给国家带来祸患。所以《春秋》说:"善于治理国家的人不依靠军队。"说的就是这种情况。

5.11　哀公问于孔子曰①:"寡人闻之,东益宅不祥②,信有之乎③?"孔子曰:"不祥有五,而东益不与焉④。夫损人而益己,身之不祥也;弃老取幼⑤,家之不祥也;释贤用不肖⑥,国之不祥也;老者不教,幼者不学,俗之不祥也;圣人伏匿⑦,天下之不祥也。故不祥有五,而东益不与焉。《诗》曰:'各敬尔仪,天命不又⑧。'未闻东益之与为命也⑨。"

【注释】

①哀公:鲁哀公,春秋时鲁国国君。前 494—前 467 年在位。

②东益宅:向东面扩展住宅。益,增加。

③信:诚,确实。

④与:在其中。

⑤取:同"娶"。

⑥释:放弃,抛弃。不肖:品行不好的人。

⑦伏匿（nì）：隐藏，躲避。

⑧各敬尔仪，天命不又：见《诗经·小雅·小宛》。敬，戒慎。仪，威仪。又，复，再。

⑨与为命：关系到命运的好坏。

【译文】

鲁哀公向孔子问道："我听说向东面扩建住宅不吉利，真的有这回事吗？"孔子说："不吉利的事有五件，但向东扩建住宅不在其中。损人利己，这是自身的不吉利；抛弃年老的妻子而娶年轻的，这是家庭的不吉利；不任用贤臣而任用品行不好的人，这是国家的不吉利；年长的人不教育后代，年轻的人不学习，这是风俗的不吉利；圣贤之人隐居，这是天下的不吉利。所以说不吉利的事有五件，但向东扩建住宅不在其中。《诗经》说：'你们君臣各人要慎重自己的威仪，因为天命不会再次给予你们好的运气。'没听说过向东扩建住宅关系到命运的好坏。"

5.12　颜渊侍鲁定公于台①，东野毕御马于台下②。定公曰："善哉！东野毕之御。"颜渊曰："善则善矣，虽然，其马将失③。"定公不悦，以告左右曰："吾闻之，君子不谗人④。君子亦谗人乎？"颜渊不悦，历阶而去⑤。须臾马败闻矣⑥，定公蹑席而起曰⑦："趋驾请颜渊⑧。"颜渊至，定公曰："向寡人曰：'善哉，东野毕御也。'吾子曰：'善则善矣，虽然，其马将失矣。'不识君子何以知之也？"颜渊曰："臣以政知之⑨。昔者，舜工于使人⑩，造父工于使马⑪。舜不穷于其民，造父不尽其马⑫，是以舜无失民，造父无失马。今东野毕之御也，上车执辔⑬，御体正矣⑭；周旋步骤⑮，朝礼毕矣⑯；历险致远，而马力殚矣⑰。然求不已⑱。是以知其失也。"定公曰："善，可少进与⑲？"颜渊曰："兽穷则触⑳，鸟穷则啄，人穷则诈。自古及今,有穷其下能无危者,未之有也。《诗》曰:'执辔如组,两骖如舞②。'善御之谓也。"定公曰:"善哉! 寡人之过也。"

【注释】

①颜渊:名回。孔子弟子。贫而好学,早亡。孔子曾许之以仁。鲁定公:名宋,春秋时鲁国国君。前 509—前 495 年在位。

②东野毕:东野,复姓。善御马。御:驾驶车马。

③失(yì):通"佚",奔逸。《韩诗外传》、《孔子家语》均作"佚"。下"失"同。

④谗:谗毁他人,说别人坏话。

⑤历阶:古人每上下一级台阶时,两脚都要并一下,历阶则是一步一个台阶,比正常上下台阶要快。

⑥须臾:很快,一会儿。马败:马匹奔散。即上文所说的"马佚"。

⑦躐(liè)席:越前而登席。古人宾席在户西,以西头为下。行礼之时,人各一席,如相离稍远,可以由下而升。若布席稍密,或数人共一席,必须由前乃可得己之座;若不由前,为躐席。躐,逾越。

⑧趋(cù):赶快,立即。

⑨政:通"正"。正好,恰好。

⑩工:善于,长于。

⑪造父:古之善御者,赵之先祖。因献八骏幸于周穆王(前 976—前 922 年在位)。穆王使之御,西巡狩,见西王母,乐而忘归。时徐偃王反,穆王日驰千里马,大破之,因赐造父以赵城,由此为赵氏。

⑫尽:使动用法。使其马力尽。

⑬辔(pèi):驾驭牲口的嚼子和缰绳。古时驾车,四马六辔。一马两辔,四马本该八辔,因在旁边的两匹马靠里面的辔系着,所以拉在御者手中的是六条辔。

⑭御体：驾马车的手法。

⑮周旋步骤：御马时马的旋转、步行、驰骤。

⑯朝礼：朝见君主之礼。

⑰殚（dān）：尽。

⑱已：止。

⑲少：稍。

⑳穷：处于困境。触：抵，顶。

㉑执辔如组，两骖如舞：见《诗经·郑风·大叔于田》。组，丝织的带子。两骖，驾车时两旁的边马。

【译文】

　　颜渊在台上陪侍着鲁定公，东野毕在台下表演驾驭马车。定公说："东野毕驾车的技术真是精湛啊！"颜渊说："精湛是精湛，虽然如此，他的马将要奔散开了。"定公听了不高兴，对旁边的人说："我听说君子不在背后说人坏话。君子也在背后说人坏话吗？"颜渊听了不高兴，就快步下台阶离开了。一会儿马匹奔散的消息传来了。定公越过席位站起来说："赶快备车去请颜渊过来。"颜渊到后，定公问他："刚才我说：'东野毕驾车的技术真是精湛啊！'您说：'精湛是精湛，虽然如此，他的马将要奔散开了。'不知先生您是怎么知道的？"颜渊说："我是通过事事应该恰好合适知道的。从前，舜善于使用民力，造父善于使用马匹。舜不会使民力穷尽，造父也不会使马用尽气力。所以舜的治下没有逃亡的百姓，而造父手里没有脱缰的马匹。现在东野毕驾驭马车，上车拉住缰绳，驾驶的方法是正确的；转弯直走、快跑慢步，朝见君主的礼节也都做到了；经过各种险路，到达很远的目标，马的力气已经用尽了。但他还要马不停地跑。所以我知道马要跑散了。"定公说："太好了！您能再稍多说一些吗？"颜渊说："野兽急了会乱撞，鸟类急了会乱啄，人若急了会变得狡诈。从古至今，用尽民力还能不出危险的人，我从未听说过。《诗经》说：'拉着缰绳，就像拉着柔软的丝带，驾着马车，在两旁的马匹，像跳舞行列一样动作整齐。'说的就是善于驾车的道理啊。"定公说:"说得真好! 是我的过错。"

　　5.13　孔子北之山戎氏①,有妇人哭于路者,其哭甚哀,孔子立舆而问曰②:"曷为哭哀至于此也③?"妇人对曰:"往年虎食我夫,今虎食我子,是以哀也。"孔子曰:"嘻! 若是,则曷为不去也?"曰:"其政平,其吏不苛,吾以是不能去也。"孔子顾子贡曰④:"弟子记之,夫政之不平而吏苛,乃甚于虎狼矣。"《诗》曰:"降丧饥馑,斩伐四国⑤。"夫政不平也,乃斩伐四国,而况二人乎? 其不去,宜哉!

【注释】

①孔子北之山戎氏:《礼记·檀弓》作"孔子过泰山侧"。山戎氏,古代北方民族名,又称北戎,匈奴的一支,活动地区在今河北北部。后亦为北方少数民族的泛称。

②立舆:停车。舆,车。

③曷:为何。

④顾:回头看。子贡:孔子的弟子。姓端木,名赐,字子贡。

⑤降丧饥馑,斩伐四国:见《诗经·小雅·雨无正》。饥馑,谷不熟曰饥,蔬不熟曰馑。斩伐,征伐。

【译文】

　　孔子北上到山戎氏那里去,路上遇到一位哭泣的妇人,哭得非常伤心。孔子停下车问她:"你为什么哭得如此伤心?"妇人回答说:"往年老虎吃了我的丈夫,现在老虎吃了我的儿子,所以我很伤心。"孔子说:"唉! 如果是这样,你为什么不离开这里呢?"妇人说:"这里政事公正,官吏也不凶狠暴虐,所以我不愿离开这里。"孔子回头看着子贡说:"弟子记着,政事不公正,官吏凶狠暴虐,比虎狼还要可怕。"《诗经》说:"天上降下死亡和饥荒，残害四方的国家。"政事不公正，就会残害四方的国家，又岂止两个人？她不离开这里，自然是很正确了！

5.14　魏文侯问李克曰[①]："吴之所以亡者，何也？"李克对曰："数战数胜。"文侯曰："数战数胜，国之福也。其所以亡，何也？"李克曰："数战则民疲，数胜则主骄。以骄主治疲民，此其所以亡也。"是故好战穷兵，未有不亡者也。

【注释】

①李克：战国初期魏国政治家，早期法家。子夏弟子，魏文侯、武侯时为相。钱穆《先秦诸子系年·魏文侯礼贤考》认为李克即李悝。

【译文】

魏文侯向李克问道："吴国为什么亡国呢？"李克回答说："多次作战，多次胜利。"文侯说："多次作战，多次胜利，这是国家的福气。吴国却因此亡国，为什么呢？"李克说："多次作战，百姓会疲惫穷困；多次胜利，君主会骄傲自大。让一个骄傲自满的君主治理疲惫穷困的百姓，这就是它灭亡的原因。"所以喜好打仗，穷兵黩武，没有不亡国的。

5.15　赵襄子问于王子维曰[①]："吴之所以亡者，何也？"对曰："吴君奢而不忍[②]。"襄子曰："宜哉！吴之亡也。奢则不能赏贤[③]，不忍则不能罚奸。贤者不赏，有罪不能罚[④]，不亡何待？"

【注释】

①赵襄子：名毋恤，又作无恤，春秋战国之际晋国赵氏的封君。王

子维:生平不详。《太平御览》卷六百三十三引《说苑》作"王离"。

②忍:狠心。

③吝则不能赏贤:底本"则"下有小字注"一作而"三字。

④不能罚:卢文昭《群书拾补》校作"不罚",与上句"不赏"对应。可参。

【译文】

赵襄子向王子维问道:"吴国为什么亡国呢?"王子维回答说:"吴国的君主既吝啬,又不能下狠心。"襄子说:"说得对啊!吝啬则不对贤能之士行赏,不狠心则不能惩治奸恶之人。贤能之士得不到赏赐,有罪的人受不到惩罚,不亡国又等待什么呢?"

5.16　孔子侍坐于季孙①,季孙之宰通曰②:"君使人假马③,其与之乎?"孔子曰:"吾闻取于臣谓之取,不曰假。"季孙悟,告宰曰:"自今以来,君有取谓之取,无曰假。"故孔子正"假马"之名,而君臣之义定矣。《论语》曰:"必也正名④。"《诗》曰:"无易由言,无曰苟矣⑤。"可不慎乎?

【注释】

①季孙:春秋后期鲁国掌权的贵族,鲁桓公少子季友的后裔。春秋时鲁国大夫孟孙氏、叔孙氏、季孙氏都是鲁桓公的后代,故称"三桓"。文公死后,"三桓"势力日强,实际掌握了鲁国的政权,而"三桓"中季孙氏势力最强。

②宰:古代贵族家中的总管,即家臣。

③假:借。

④必也正名:见《论语·子路》。

⑤无易由言,无曰苟矣:见《诗经·大雅·抑》。由,于。苟,苟且,

随便。

【译文】

孔子陪侍季孙氏，季孙氏的家臣通报说："君主派人来借马，给他吗？"孔子说："我听说从臣子那里取东西叫取，不叫借。"季孙醒悟了，对家臣说："从今以后，君主来取东西就说取，不要说借。"所以孔子纠正了"借马"的名称，君臣的大义也就确定了。《论语》说："一定要纠正名分上的用词不当。"《诗经》说："不要随便说话，不要苟且对待自己的言辞。"说话能不谨慎吗？

5.17　君子曰①："天子居阛阓之中②，帷帐之内，广厦之下，旃茵之上③，不出襜幄而知天下者④，以有贤左右也。"故独视不如与众视之明也，独听不如与众听之聪也。

【注释】

①君子曰：《韩诗外传》卷五作"传曰"。朱季海《新序校理》："何校：'君子曰'上疑有脱文，宋本同。"按，本章文字无具体事例，疑即下章之议论。

②阛阓（yīn quē）：城阙。

③旃（zhān）茵：毡制的褥子或坐垫。

④襜幄（chān wò）：犹帷幄。指天子决策之处或将帅的幕府、军帐。
　　而：能。而、能古音通假。

【译文】

君子说："天子住在城阙当中，帐幕之内，大厦之下，毡席之上，不走出决策之处就能够知道天下的事，是因为身边有贤臣辅佐啊。"因此一个人看不如和大家一起看得清楚，一个人听不如和大家一起听得明白。

5.18　晋平公问于叔向曰①："国家之患,孰为大?"对曰:"大臣重禄而不极谏,近臣畏罚而不敢言,下情不上通,此患之大者也。"公曰:"善。"于是令国曰:"欲进善言,谒者不通②,罪当死。"

【注释】

①晋平公:姬姓,名彪,春秋时晋国国君。前557—前532年在位。叔向:晋大夫,姬姓,羊舌氏,名肸(xī),字叔向,又字叔誉,因被封于杨(今山西洪洞),以邑为氏,别为杨氏,又称叔肸、杨肸。他出身晋国公族,历事晋悼公、晋平公、晋昭公三世,是当时著名的贤大夫。

②谒者:官名。始置于春秋、战国时。掌宾赞受事,即为天子传达。

【译文】

晋平公向叔向问道:"国家的祸患中,哪一种最严重?"叔向回答说:"大臣们看重俸禄而不尽力规劝君主,亲信们因为害怕惩罚而不说真话,下情不能上达,这是国家最大的祸患了。"平公说:"说得好。"然后向全国下令说:"想要给国君进献善言的,谒者如不通报,当按照死罪处置。"

5.19　楚人有善相人,所言无遗策①,闻于国。庄王见而问于情,对曰:"臣非能相人,能观人之交也。布衣也,其交皆孝悌②,笃谨畏令③,如此者其家必日益,身必日安,此所谓吉人也。官,事君者也,其交皆诚信,有好善如此者④,事君日益,官职日进,此所谓吉人也⑤。主明臣贤,左右多忠,主有失,皆敢分争正谏⑥,如此者国日安,主日尊,天下日富,此之谓吉主也。臣非能相人,能观人之交也。"庄王曰:

"善。"于是乃招聘四方之士，夙夜不懈，遂得孙叔敖、将军子重之属⑦，以备卿相，遂成霸功。《诗》曰："济济多士，文王以宁⑧。"此之谓也。

【注释】

①遗策：失策，失算。

②孝悌：孝顺父母，敬爱兄长。

③笃：忠实。

④有好善：应从《吕氏春秋·贵当》、《韩诗外传》卷九作"有行好善"。行，德行。

⑤吉人：汉魏本、铁华馆本、四部本作"吉士"。按，据上下文，"吉人"、"吉士"、"吉主"并列而下，可参。

⑥分争：据理争辩。正谏：直言规劝。

⑦孙叔敖：芈姓，蒍氏，楚王族，后出任楚国令尹，辅佐楚庄王治理国事，国力提升，政绩赫然。《吕氏春秋·赞能》说："期思之鄙人有孙叔敖者，圣人也。"子重：芈姓，熊氏，名婴齐，字子重。楚穆王之子，庄王之弟。曾为楚国令尹。

⑧济济多士，文王以宁：见《诗经·大雅·文王》。济济，众多的样子。以，因此。宁，安宁。

【译文】

楚国有个善于看面相的人，他所说的吉凶祸福没有不应验的，在楚国很有名气。庄王召见了他，问他为什么算得准，他回答说："我不是能相面，而是能观察人的交往。一般的平民，他所结交的都是孝顺父母、敬爱兄长、忠厚守法的人，这样的人他的家庭会越来越兴旺，他自己会越来越安逸，这就是所说的有福气的人。官吏，是为君主办事的人，他所结交的都是讲诚信、品德高尚的人，这样德行良好的人，为君主办事会越来越得力，他的官职会越来越高，这就是所说的有福气的人。君主贤明,大臣贤能,身边都是忠心耿耿的人,君主做错事,臣子都敢于争辩直言规劝,像这样的话,国家会越来越安定,君主会越来越受人尊敬,全天下会越来越富足,这就是所说的有福气的君主。我不是能相面,而是能观察人的交往啊。"庄王说:"说得好。"于是招揽全天下的贤能人士,从早到晚都不懈怠,终于得到了孙叔敖、将军子重这些人,让他们担任卿相的官职,庄王也成就了自己的霸业。《诗经》说:"有众多的人才,文王才能得以安宁。"说的就是这个意思。

5.20　齐闵王亡居卫①,昼日步走②,谓公玉丹曰③:"我已亡矣,而不知其故。吾所以亡者,其何哉?"公玉丹对曰:"臣以王为已知之矣,王故尚未之知邪? 王之所以亡者,以贤也。以天下之主皆不肖,而恶王之贤也,因相与合兵而攻王,此王之所以亡也。"闵王慨然太息曰:"贤固若是其苦邪?"丹又谓闵王曰:"古人有辞天下无忧色者,臣闻其声,于王见其实。王名称东帝④,实有天下,去国居卫,容貌充盈,颜色发扬⑤,无重国之意⑥。"王曰:"甚善。丹知寡人。自去国而居卫也,带三益矣⑦。"遂以自贤,骄盈不止。闵王亡走卫,卫君避宫舍之,称臣而供具⑧。闵王不逊,卫人侵之。闵王去走邹、鲁,有骄色,邹、鲁不纳,遂走莒⑨。楚使淖齿将兵救齐,因相闵王。淖齿擢闵王之筋,而悬之庙梁,宿昔而杀之,而与之共分齐地⑩。悲夫! 闵王临大齐之国⑪,地方数千里,然而兵败于诸侯,地夺于燕昭,宗庙丧亡,社稷不祀,宫室空虚,身亡逃窜,甚于徒隶,尚不知所以亡,甚可痛也。犹自以为贤,岂不哀哉? 公玉丹徒隶之中而道之⑫,谄佞甚矣⑬! 闵王不觉,追而善之,以辱为荣,以忧为乐,其亡晚矣,而卒见杀。先是靖郭君残贼其百姓⑭,害伤其群臣,国人将背叛,共逐之。其御知之,豫装赍食⑮。及乱作,靖郭君出亡,至于野而饥,其御出所装食进之。靖郭君曰:"何以知之而赍食?"对曰:"君之暴虐,其臣下之谋久矣。"靖郭君怒,不食,曰:"以吾贤至闻也,何谓暴虐?"其御惧,曰:"臣言过也。君实贤,唯群臣不肖共害贤。"然后靖郭君悦,然后食。故齐闵王、靖郭君,虽至死亡,终身不谕者也⑯。悲夫!

【注释】

①齐闵王亡居卫:前284年,燕、秦、赵、魏、韩五国联军大举进攻齐国,齐败于济西,燕将乐毅入临淄,齐闵王逃亡到卫国。齐闵王,田氏,名地,战国时齐国国君。前300—前284年在位。

②昼日:一日,一日之间。步走:徒步逃走。

③公玉丹:生平不详。

④王名称东帝:《史记·魏世家》:"(魏昭王)八年,秦昭王为西帝,齐湣王为东帝,月余,皆复称王归帝。"东帝,东方之帝。

⑤发扬:焕发。

⑥无重国之意:不看重国家。指齐闵王不把去国逃亡放在心上。一说"重国"为重新执掌国家,亦通。

⑦带三益:腰带放宽了三次。指越来越胖。

⑧供具:供食。

⑨"闵王去走邹、鲁"以下四句:齐闵王到鲁国、邹国时,他的臣子要求这两国以天子之礼对待闵王,遭到了拒绝。于是闵王去了莒国。见《战国策·赵策三》。莒(jǔ),地名。在今山东莒县。

⑩"楚使淖(nào)齿将兵救齐"以下六句:楚国本来与燕国商议好共同伐齐,其派淖齿率兵救齐,目的在于假装救齐而入窃齐国政

权,最后与燕国共同瓜分齐国的侵地。淖齿,楚国公族,杀闵王后被齐人王孙贾杀死。见《战国策·齐策六》。相闵王,为闵王相。擢(zhuó),拔,抽。与之共分齐地,之,指燕国。汉魏本、四部本即作"与燕共分齐地"。

⑪闵王:汉魏本、铁华馆本、四部本作"闵公"。临:统治。

⑫徒隶:指服役的罪犯。此指齐国君臣如同罪役一般的境地。道:奉承。

⑬谄佞:谄媚奸佞。谄,底本作"谣",误。据诸本改。

⑭靖郭君:靖郭君是战国时齐人田婴的封号,《史记·孟尝君列传》中有关于他的详细记载,但并未记载他被国人驱逐,逃亡至死的事情。贾谊《新书·先醒》作"虢君",下同。残贼:残害。

⑮豫:预先,提前。赍(jī):携带。

⑯谕:同"喻"。明白,理解。

【译文】

齐闵王逃跑到卫国居住,整天徒步奔走,对公玉丹说:"我已经逃亡了,却不知道原因。我之所以落到逃亡的境地,是为什么呢?"公玉丹回答说:"我以为大王您已经知道原因了,您现在还不知道原因吗?大王之所以逃亡,是因为您的贤明。因为天下的君主都是品行不好的人,他们厌恶大王的贤明,所以合兵来攻打大王,这就是您逃亡的原因啊。"闵王忧愁地叹了口气,说:"贤明的君主就要这样苦命吗?"公玉丹又对闵王说:"古时有辞让天下而没有忧虑之色的人,我只是听说过,现在见到您才知道确有其事。大王您名号称做东帝,其实已拥有了天下,您离开自己的国家居住在卫国,仪容丰盈,神采焕发,并不看重国家,不以离开国家为意。"闵王说:"很好。还是公玉丹知道寡人。我自离开齐国到卫国居住以来,腰带都增加了三次。"于是闵王自以为贤明,越来越骄傲。闵王逃亡奔走到卫国,卫国国君让出自己的宫殿给闵王居住,并谦称臣子,给闵王提供酒食。闵王态度傲慢,卫人便侵袭了他。闵王被迫离开卫国,逃去到邹国、鲁国,态度还是很傲慢,邹国、鲁国的人不接纳他,最后只好逃奔到了莒地。楚国派淖齿率领军队来援救齐国,做了闵王的相国。淖齿抽出闵王的筋,挂在大殿的横梁上,早晚之间就把闵王折磨死了,然后和燕国一起瓜分了齐国的土地。可悲啊!闵王统治着齐国这样的大国,国土方圆有几千里,却被其他诸侯打败,土地也被燕昭王夺去,祖宗基业丧失,土神谷神无人祭祀,宫里的珍宝被抢夺,自己到处逃亡流窜,连服役的罪人都不如,竟然还不知道逃亡的原因,实在令人痛惜。还自以为贤明,岂不是太可悲了!公玉丹在君臣如同罪役一般的境地中还用花言巧语奉承齐闵王,他的谄媚奸佞也真是太过分了!闵王不觉悟,还跟着赞成公玉丹并夸奖他,把耻辱当成荣耀,把忧患当成乐趣,他的亡国真是太晚了,而他最终还是被杀了。此前,靖郭君残害百姓,伤害群臣,全国的百姓都反叛,一起驱逐他。他的车夫知道了这种情形,就预先装好食物随身带着。等到叛乱发生时,靖郭君逃亡到了野外,肚子饿了,车夫拿出预先准备的食物献给他。靖郭君说:"你怎么知道会有这事而随身携带了食物呢?"车夫回答说:"您那样暴虐,您的臣子密谋叛乱已经很久了。"靖郭君暴怒,不肯进食,说:"像我这样以贤明著称的人,怎么能说暴虐呢?"车夫害怕了,就说:"我确实说错了。您的确贤明,只是那些大臣品行不好,勾结起来残害贤明的君主。"这样靖郭君才很高兴,这样才肯吃东西。所以齐闵王与靖郭君,虽然到了死亡的地步,却一辈子都不明白原因。可悲啊!

5.21　宋昭公出亡至于鄙①,喟然叹曰②:"吾知所以亡矣。吾朝臣千人,发政举吏③,无不曰'吾君圣者';侍御数百人④,被服以立⑤,无不曰'吾君丽者'。内外不闻吾过,是以至此。"由宋君观之,人主之所以离国家、失社稷者,谄谀者众也⑥。故宋昭亡而能悟,盖得反国云⑦。

【注释】

①宋昭公：名特，又名得。春秋战国之际宋国国君。前450—前404
　　年在位。鄙：郊外偏远的地方。

②喟（kuì）然：长长叹息的样子。

③发政：发布政令。举吏：提拔官吏。举，举荐，提拔。

④侍御：指帝王的侍从。

⑤被（pī）服：穿着。被，同"披"。

⑥诣：底本作"谞"，误。据诸本改。

⑦盖得反国：昭公改过自新，两年后宋人迎他回国，恢复了他国君
　　的地位。见贾谊《新书·先醒》和《韩诗外传》卷六。反，同"返"。

【译文】

　　宋昭公逃亡到了郊外偏远的地方，长叹一声说："我知道我为什么
会逃亡了。我的朝堂上有上千大臣，我发布政令，提拔官吏，无人不说
'我们的君主圣明'；我有数百个侍从，我穿好衣服站在那里，无人不说
'我们的君主多么英俊'。内宫、朝堂都听不到我的过失，所以落得如此
境地。"由宋君的境遇来看，君主之所以逃离国家、失去江山，就是因为
阿谀奉承的人太多了。所以，宋昭公逃亡后能醒悟，最终得以重回宋国
执政。

　　5.22　秦二世胡亥之为公子也①，昆弟数人②。诏置酒
飨群臣③，召诸子。诸子赐食先罢，胡亥下阶，视群臣陈履状
善者④，因行践败而去。诸子闻见之者，莫不太息。及二世
即位，皆知天下必弃之也。故二世惑于赵高⑤，轻大臣，不顾
下民。是以陈胜奋臂于关东⑥，阎乐作乱于望夷⑦。阎乐，赵
高之婿也，为咸阳令。诈为逐贼，将吏卒入望夷宫⑧，攻射二
世，就数二世⑨，欲加刃。二世惧，入将自杀。有一宦者从

之，二世谓曰：“何谓至于此也⑩？”宦者曰：“如此久矣⑪。”二世曰：“子何不早言？”对曰：“臣以不言，故得至于此，使臣言，死久矣。”然后二世喟然悔之，遂自杀。

【注释】

①胡亥：嬴姓，秦始皇嬴政第十八子，秦朝的第二任皇帝。前209—前207年在位。始皇死后，胡亥在赵高和丞相李斯的扶植下，杀其兄公子扶苏而当上秦朝的二世皇帝。秦二世即位后，赵高掌实权，实行残暴的统治，天下皆叛，三年而亡秦。公子：古代称诸侯之庶子，以别于世子。亦泛称诸侯之子。

②昆弟：兄弟。

③诏：帝王所发的命令文书。飨（xiǎng）：设酒席款待。

④陈履：古人席地而坐，坐下行礼时，就把鞋子脱在堂下。见《仪礼·乡饮酒礼》。履，鞋子。

⑤赵高：秦始皇时任中车府令，秦始皇死后，赵高与丞相李斯合谋伪造诏书，逼长子扶苏自杀，另立幼子胡亥为帝，是为秦二世。赵高自任郎中令，深得秦二世信任，专权酷虐。后杀死二世，欲自立为帝未遂，乃立子婴，被子婴所杀。事见《史记·秦始皇本纪》。

⑥陈胜奋臂于关东：指陈胜在大泽乡发动了起义。陈胜，字涉，阳城（今河南驻马店）人。在大泽乡与吴广首先发动了秦末大起义，自立为楚王。后被秦将章邯所败，遭叛徒刺杀而死。关东：指函谷关以东地区。

⑦阎乐作乱于望夷：秦军已被打败，关外起义如火如荼，已经逼进咸阳，而赵高仍对秦二世隐瞒实情，自己则接受了刘邦的贿赂。他怕事发被杀，让阎乐等人杀了秦二世。见《史记·秦始皇本纪》。望夷，秦代宫名。故址在今陕西泾阳东南，因临泾水以望

北夷，故名。

⑧将：带领。

⑨就数：近前去指责数落。

⑩何谓：即"何为"。

⑪如：汉魏本、四部本作"知"，石光瑛《新序校释》据改。按，"如此久矣"亦通，不必改动。

【译文】

秦二世胡亥做公子的时候，有兄弟多人。秦始皇诏令设置酒席款待群臣，也召见儿子们。儿子们先吃完离开，胡亥下台阶时，看到大臣们摆放的鞋子有摆得很整齐的，就上去把它踩乱才离开。其他儿子听到看到这件事，没有不叹气的。等到二世即位，都知道天下人一定会抛弃他的。二世受赵高迷惑，轻视大臣，不顾念百姓。因此陈胜在关东振臂高呼造反，阎乐在望夷宫犯上作乱。阎乐，是赵高的女婿，担任咸阳令。他打着追捕刺客的旗号，带兵闯入望夷宫，用箭射二世，逼近二世数落他的罪状，要杀二世。二世惧怕，躲进内室打算自杀。有个宦官跟随着他，二世对他说："怎么会落到这步田地？"宦官说："像这样已经很长时间了。"二世说："你为什么不早说呢？"宦官回答说："我因为不说，才能活到现在。假使我说了，早就被您杀了。"然后二世长叹一声，这才感到后悔，便自杀了。

5.23　齐侯问于晏子曰①："忠臣之事君也，何若？"对曰："有难不死，出亡不送②。"君曰："列地而与之③，疏爵而贵之④，君有难不死，出亡不送，可谓忠乎？"对曰："言而见用⑤，终身无难，臣奚死焉？谏而见从，终身不亡，臣奚送焉？若言不见用，有难而死，是妄死也⑥；谏不见从，出亡而送，是诈为也⑦。故忠臣也者，能尽善与君，而不能与陷于难⑧。"

【注释】

①齐侯:齐景公。姜姓,名杵臼,春秋后期齐国国君。前547—前
490年在位。

②有难不死,出亡不送:国君遇有变乱灾难时不陪君主同死,国君
逃亡外出时不去送行。

③列地:分地封侯。列,同"裂"。分割。与:给与。

④疏爵:分封爵位。贵之:使之贵。

⑤见:被。

⑥妄死:谓无意义的死。

⑦诈为:即诈伪,巧诈虚伪。

⑧能尽善与君,而不能与陷于难:能给君主进献善道,而不能与他
一起陷入到灾难中。尽善与君,《晏子春秋·内篇·问上》《说
苑·臣术》作"纳善于君"。与陷于难,《晏子春秋·内篇·问
上》《说苑·臣术》作"与君陷于难"。可参。

【译文】

齐侯向晏子问道:"忠臣事奉君主是怎么样的呢?"晏子回答说:"君
主遇有变乱灾难时不陪君主同死,君主逃亡外出时不去送行。"齐侯说:
"君主分割土地赐给大臣,赏赐爵位而使大臣尊贵,君主有难不去赴死,
君主逃亡不去送行,这还称得上忠臣吗?"晏子回答说:"如果臣子的建
议被采纳,君主终身就不会有灾难,臣子到哪里为君主赴死呢?如果臣
子的直言规劝被君主听从,君主终身就不会逃亡,臣子到哪里为君主送
行呢?如果建议不被采纳,君主有难一同赴死,这就是无谓的送死;规
劝的话不被听从,君主逃亡时还去送行,这就是虚假的行为。因此忠臣
能给君主进献善道,却不能与他一起陷入到灾难中。"

5.24 宋玉因其友以见于楚襄王①,襄王待之无以异。
宋玉让其友,其友曰:"夫姜桂因地而生②,不因地而辛③;妇

人因媒而嫁,不因媒而亲。子之事王未耳,何怨于我?"宋玉曰:"不然。昔者齐有良兔曰东郭㕙④,盖一旦而走五百里⑤。于是齐有良狗曰韩卢,亦一旦而走五百里。使之遥见而指属⑥,则虽韩卢不及众兔之尘。若蹑迹而纵绁⑦,则虽东郭㕙亦不能离。今子之属臣也,蹑迹而纵绁与? 遥见而指属与?《诗》曰:'将安将乐,弃我如遗⑧。'此之谓也。"其友人曰:"仆人有过,仆人有过。"

【注释】

①宋玉:战国后期楚国辞赋作家,鄢(今湖北宜城)人。《史记·屈原列传》说:"屈原既死之后,楚有宋玉、唐勒、景差之徒,皆好辞而以赋见称。"《韩诗外传》卷七、傅毅《舞赋》中对其事迹也有零星记载。综合起来看,宋玉原是一位贫士,经人引荐做过楚襄王的小臣如文学侍臣之类,当过大夫。顷襄王称之为"先生",但实际上不被重用。楚襄王:即顷襄王,怀王之子,名横。战国后期楚国的君主,前 298 年—前 263 年在位。

②姜桂:生姜和肉桂,用作辛味调料。

③辛:五味之一。辣味。

④东郭㕙(qūn):良兔名。《战国策·齐策三》:"韩子卢者,天下之疾犬也。东郭㕙者,海内之狡兔也。"

⑤一旦:一天。朱季海《新序校理》:"'一旦'盖楚语。"

⑥指属(zhǔ):指示。属,委托,嘱咐。下"属"同。

⑦蹑迹:隐藏踪迹。绁(xiè):系牲口的缰绳。

⑧将安将乐,弃我如遗:见《诗经·小雅·谷风》。将,正在。我,毛诗作"予",此用鲁诗。如遗,如同遗忘东西一样。

【译文】

宋玉通过他的朋友谒见了楚襄王，但襄王对待他并没有什么特别之处。宋玉责怪他的朋友，朋友说："生姜和肉桂因为土地而生长，但并不因为土地而辛辣；女子靠媒人而出嫁，但不会靠媒人而得到宠爱。您是事奉大王还不够啊，怎么能埋怨我呢？"宋玉说："不是这样的。从前，齐国有一种叫东郭夋的好兔子，一天能跑五百里。这时候齐国也有一种叫韩卢的好狗，也能一天跑五百里。如果远远地给狗指引兔子的方向，纵然是韩卢也追不上普通兔子奔跑时的尘土。如果让狗隐藏起来，突然放开绳子，就算是东郭夋也无法逃脱。现在您把我引荐给大王，是让狗隐藏起来突然放开绳子呢？还是远远地给狗指引兔子的方向呢？《诗经》说：'你正在安乐无忧，抛弃我就像遗忘东西一样。'说的就是这种情形。"他的朋友说："是我的错，是我的错。"

5.25　宋玉事楚襄王而不见察①，意气不得，形于颜色。或谓曰："先生何谈说之不扬②，计画之疑也③？"宋玉曰："不然。子独不见夫玄猿乎④？当其居桂林之中、峻叶之上⑤，从容游戏，超腾往来⑥，龙兴而鸟集⑦，悲啸长吟。当此之时，虽羿、逢蒙⑧，不得正目而视也。及其在枳棘之中也⑨，恐惧而悼栗⑩，危视而迹行⑪，众人皆得意焉⑫。此皮筋非加急而体益短也⑬，处势不便故也。夫处势不便，岂可以量功校能哉⑭？《诗》不云乎：'驾彼四牡，四牡项领⑮。'夫久驾而长不得行，项领不亦宜乎？《易》曰：'臀无肤，其行趑趄⑯。'此之谓也。"

【注释】

①见察：被了解。

②扬:显扬,传播。

③疑:怀疑,不相信,不能定夺。

④玄猿:黑色的猿猴。玄,赤黑色。后多用以指黑色。

⑤桂林:桂树之林。峻叶:枝头高高的叶子。

⑥超腾:凌空飞跃。

⑦龙兴而鸟集:如蛟龙腾空,如飞鸟降落。形容猿猴动作矫健敏捷。集,鸟栖止于树。

⑧羿:亦称"后羿"、"夷羿"。传说中夏有穷氏之国君,因夏民以代夏政,善射,不修民事,为家臣寒浞所杀。又为古代神话传说中善射的人。是羿为善射者之通名。逢蒙:古之善射者。相传学射于后羿,得到了羿的本领。想到天下只有羿能胜己,于是杀羿。见《孟子·离娄下》。

⑨枳(zhǐ)棘:有刺的灌木。

⑩悼栗:惊恐战栗。悼,恐惧,颤抖。

⑪危视:惊恐不安地看。迹行:顺着印迹行走。

⑫众人:一般人。得意:得志,谓实现其志愿。此指可以任意而为。

⑬皮筋非加急而体益短:筋急体短则不能腾跃。急,紧,缩紧。

⑭量功校能:考量功劳,比较才能。

⑮驾彼四牡,四牡项领:见《诗经·小雅·节南山》。牡,雄性的鸟兽,这里指公马。项领,肥大的脖领。

⑯臀无肤,其行赼趄(zī jū):见《易经·夬卦》《姤卦》。赼趄,行走困难。

【译文】

宋玉事奉楚襄王但不被了解,志意得不到伸展,在脸上露出不平之色。有人对他说:"先生的谈吐为何不能显扬?谋划也被怀疑呢?"宋玉说:"不是这样的。您难道没看到那些黑色的猿猴吗?当它们生活在桂树林中、活动在枝头高高的叶子上时,悠闲从容地嬉戏,在树木间凌空飞跃往来,像蛟龙腾空、飞鸟翔集,凄厉呼啸、放声长吟。这个时候,就算是羿、逢蒙这样的神箭手,都不敢正眼看它。等到它们落入满是荆棘的灌木丛中,心里恐惧浑身发抖,惊恐不安地看着,小心地顺着印迹行走,这时普通人都可以对它们为所欲为了。它们的皮肉筋骨并未萎缩,身材也未变小,只是因为处境不便利罢了。处于不便利的境地,怎么能考量功劳比较才能呢?《诗经》不是说:'我驾驭的四匹马,它们的脖子那样臃肿。'长时间驾车而得不到奔驰,脖子变臃肿不是很应该吗?《易经》说:'臀部的皮肤受了损伤,行走困难。'说的就是这种情形。"

5.26　田饶事鲁哀公而不见察①。田饶谓鲁哀公曰:"臣将去君而鸿鹄举矣②。"哀公曰:"何谓也?"田饶曰:"君独不见夫鸡乎?头戴冠者,文也;足傅距者③,武也;敌在前敢斗者,勇也;见食相呼,仁也;守夜不失时,信也。鸡虽有此五者,君犹日瀹而食之④,何则?以其所从来近也。夫鸿鹄一举千里,止君园池,食君鱼鳖,啄君菽粟⑤。无此五者,君犹贵之,以其所从来远也。臣请鸿鹄举矣。"哀公曰:"止。吾书子之言也。"田饶曰:"臣闻食其食者,不毁其器;荫其树者,不折其枝。有士不用,何书其言为?"遂去之燕,燕立以为相。三年,燕之政大平,国无盗贼。哀公闻之,慨然太息,为之避寝三月,抽损上服⑥,曰:"不慎其前,而悔其后,何可复得?"《诗》曰:"逝将去汝,适彼乐土;乐土乐土,爰得我所⑦?"《春秋》曰:"少长于君,则君轻之⑧。"此之谓也。

【注释】

①田饶:生平不详。鲁哀公:姬姓,名蒋,一作将,春秋时鲁国国君。

4

前494—前467年在位。

②鸿鹄：天鹅。举：高飞。

③傅：附着。距：雄鸡、雉等的脚的后面突出像脚趾的部分，质尖
　硬，相斗时用以戳刺。

④瀹（yuè）：煮。

⑤菽（shū）粟：大豆和小米，泛指粮食。

⑥为之避寝三月，抽损上服：古代君主在遇到重大灾异、变故，或兄
　弟之国大丧时往往会避正寝、减膳食、损服色，以示警慎或悲痛。
　避寝，避正寝。抽损上服，减少华美的服饰。抽，除去。上服，礼
　服，上等服装。

⑦"逝将去汝"以下四句：见《诗经·魏风·硕鼠》。逝，往。汝，毛
　诗作"女"，二字通。乐土乐土，汉魏本、四部本作"适彼乐土"。

⑧少长于君，则君轻之：见《穀梁传·僖公二年》。少长于君，从小
　和君主一起长大。

【译文】

　　田饶事奉鲁哀公但不被了解。田饶对鲁哀公说："我将要离开您，
像天鹅一样展翅高飞了。"哀公说："这是什么意思？"田饶说："您难道没
看见那雄鸡吗？头上戴红冠，是文；脚上有利距，是武；敢于和面前的敌
人搏斗，是勇；看见食物就互相招呼，是仁；守夜报晓不错时，是信。雄
鸡虽然有这五种美德，您还是天天把它们煮着吃。为什么呢？因为它
就来自近处。天鹅一飞几千里，停在您的园林池沼中，吃您养的鱼鳖，
啄食您种的粮食。它没有雄鸡的五种美德，您却看重它，就是因为它是
从远处来的。我请求像天鹅那样远走高飞吧。"哀公说："不要走。我要
写下您说的话。"田饶说："我听说吃别人的饭，不损毁人家做饭的器具；
在树下乘凉，不攀折树上的枝条。有贤士却不任用，写下他说的话有什
么用呢？"于是离开鲁国去了燕国，燕国封他为相国。三年后，燕国的政
事大为太平，国内没有盗贼。哀公听到后，长长叹息，三个月不进正寝，

减少华美的服饰,说:"事前不慎重,事后才后悔,失去的机会怎么能重新得到呢?"《诗经》说:"我发誓要离开你,去寻找一片乐土;乐土啊乐土,那里才是我的安身之处。"《春秋》说:"从小和君主一起长大,君主就会轻视他。"说的就是这种情况啊。

5.27　子张见鲁哀公①,七日而哀公不礼。托仆夫而去,曰:"臣闻君好士,故不远千里之外,犯霜露,冒尘垢,百舍重趼②,不敢休息以见君,七日而君不礼。君之好士也,有似叶公子高之好龙也③。叶公子高好龙,钩以写龙④,凿以写龙⑤,屋室雕文以写龙。于是夫龙闻而下之,窥头于牖⑥,拖尾于堂。叶公见之,弃而还走,失其魂魄,五色无主⑦。是叶公非好龙也,好夫似龙而非龙者也。今臣闻君好士,故不远千里之外以见君,七日不礼。君非好士也,好夫似士而非士者也。《诗》曰:'中心藏之,何日忘之⑧。'敢托而去⑨。"

【注释】

①子张:姓颛孙,名师,字子张,孔门弟子之一。春秋末陈国阳城(今河南登封)人。见《史记·仲尼弟子列传》。

②百舍:旅途百日。舍,一宿为一舍。又,古代行军一日三十里为一舍,则"百舍"亦形容旅途之遥远。重趼(jiǎn):长了一层又一层老茧。趼,手或脚上因长久磨擦而生的硬皮。

③叶(shè)公子高:沈氏,名诸梁,字子高,是叶邑之长,称叶公。叶,春秋时楚国城邑,在今河南叶县。

④钩:衣服带钩。写龙:绘饰龙纹。

⑤凿以写龙:在酒器上刻画龙。凿,马达《新序注译》谓为"爵"的借字,指一种盛酒器具。

⑥牖(yǒu)：窗户。

⑦五色无主：神色不定。形容仓皇失措。五色，神色。

⑧中心藏之，何日忘之：见《诗经·小雅·隰(xí)桑》。中心，心中。
　　藏，通"臧"。善，爱。

⑨敢：谦辞，自言冒昧的意思。

【译文】

　　子张去拜见鲁哀公，过了七天哀公也不依礼相待。他托仆人带话
给哀公后离去，说："我听说您喜欢贤士，于是不远千里，顶着霜露，冒着
尘土，旅途百日，手脚磨出层层老茧，到后来不及休息就来拜见您，可是
等了七天都不见您有所礼遇。君主的喜好贤士，就像叶公子高的喜好
龙一样。叶公子高喜好龙，在衣服带钩上绘饰龙，在酒器上刻画龙，房
屋里雕刻的花纹也是龙。这时候天上的真龙听说后，就从天而降，头从
窗户探进来，尾巴拖在厅堂里。叶公看见了，吓得掉头就跑，魂飞魄散，
仓皇失措六神无主。这样看来，叶公不是喜欢真的龙，而是喜欢像龙又
不是龙的东西。现在我听说您喜欢贤士，所以不远千里来拜见您，但等
了七天都不见您有所礼遇。您不是喜欢真的贤士，而是喜欢像贤士但
又不是贤士的人。《诗经》说：'心中喜爱这个人，没有一天会忘记。'我
冒昧地托人向您告辞。"

　　5.28　昔者楚丘先生行年七十①，披裘带索②，往见孟尝
君③。欲趋，不能进④。孟尝君曰："先生老矣，春秋高矣⑤，
何以教之？"楚丘先生曰："噫！将我而老乎⑥？噫！将使我
追车而赴马乎⑦？投石而超距乎⑧？逐麋鹿而搏豹虎乎？吾
已死矣，何暇老哉⑨！噫！将使我出正辞而当诸侯乎⑩？决
嫌疑而定犹豫乎⑪？吾始壮矣，何老之有！"孟尝君逡巡避
席⑫，面有愧色。《诗》曰："老夫灌灌，小子蹻蹻⑬。"言老夫欲

尽其谋,而少者骄而不受也。秦穆公所以败其师^⑭,殷纣所以亡天下也^⑮。故《书》曰:"黄发之言,则无所愆^⑯。"《诗》曰:"寿胥与试^⑰。"美用老人之言以安国也。

【注释】

①楚丘先生:楚丘为复姓,生平不详。行年:经历的年岁,指当时年龄。

②披裘带索:披着皮袄,腰间系着绳子。裘,皮衣。《韩诗外传》卷十作"蓑"。蓑,用草或棕毛做成的雨衣。可参。

③孟尝君:田氏,名文,齐威王的孙子,靖郭君田婴的儿子,战国四公子之一。

④欲趋,不能进:想要小跑,以示尊敬,又赶不上去。即《战国策·赵策》"触龙说赵太后"所说的"徐趋"。趋,小跑。古代的一种礼节,以碎步疾行表示敬意。

⑤春秋高:年纪大。春秋,年纪,年岁。

⑥将我而老乎:以我为老吗? 将,以。而,为。

⑦赴马:追赶奔马。

⑧投石而超距:据石光瑛《新序校释》的说法,投石、超距是古时习勇之人常做之事。投石视其远,超距视其高。超距,跳跃。

⑨何暇老哉:哪有时间说是老呢? 暇,空暇。

⑩出正辞:说出严正的言辞。当诸侯:应对诸侯。

⑪决嫌疑:裁处疑难之事。定犹豫:确定犹豫不决的决议。均指解决治国上的难题。

⑫逡(qūn)巡:徘徊不安的样子。避席:离席起立。表示敬意。

⑬老夫灌灌,小子𫇶𫇶(jué):见《诗经·大雅·板》。老夫,诗人自称。灌灌,款款,诚恳的样子。𫇶𫇶,骄傲的样子。

⑭秦穆公所以败其师:秦穆公不听年老的蹇叔的劝阻,出兵袭郑,

结果回来时在崤山遭遇晋国军队的截击,全军覆没。见《左传·僖公三十二年》、《僖公三十三年》。

⑮殷纣所以亡天下:纣王不听年长的商容、比干、箕子的劝谏,还废商容,杀比干,囚箕子,最后导致亡国。见《史记·殷本纪》。

⑯黄发之言,则无所愆(qiān):见《尚书·秦誓》。今本《尚书》作"尚猷询兹黄发,则罔所愆"。黄发,长寿的标志,借指老人。愆,罪过,过失。

⑰寿胥与试:见《诗经·鲁颂·閟宫》。意思是尽量发挥老年人的作用。胥,皆。试,用。

【译文】

从前,楚丘先生已经七十岁了,穿着破皮衣,腰间系着粗绳,去见孟尝君。想依礼小跑上去,却又赶不上去。孟尝君说:"先生老了,年纪大了,您有什么要指教我的吗?"楚丘先生说:"哎!您以为我老了吗?哎!您是要让我去追赶马车奔马吗?是要我去投掷跳高吗?还是要我追逐麋鹿、搏斗虎豹?那我早已算是死了,还有时间说是老吗?哎!您是要我用严正的言辞应对诸侯吗?是要我裁处疑难、确定犹豫不决的事吗?那我才进入壮年,怎么算得上老呢?"孟尝君踌躇不安,离开了席位,脸上露出惭愧的神色。《诗经》说:"老年人诚恳真切,年轻人却骄傲自大。"说的是长者想要帮着出谋画策,年轻人却骄傲自满不肯听取。这就是秦穆公之所以打了败仗,殷纣王之所以失掉天下的原因。所以《尚书》说:"听取老人的意见,就会避免犯错。"《诗经》说:"尽量发挥老年人的作用。"这都是在赞美听取老人的话语来定国安邦啊。

5.29　齐有闾丘邛年十八①,道遮宣王曰②:"家贫亲老,愿得小仕。"宣王曰:"子年尚稚,未可也。"闾丘邛对曰:"不然。昔有颛顼,行年十二而治天下③,秦项橐七岁为圣人师④。由此而观之,邛不肖耳,年不稚矣。"宣王曰:"未有咫角骍驹而能服重致远者也⑤。由此观之,夫士亦华发堕颠而后可用耳⑥。"闾丘卭曰:"不然。夫尺有所短,寸有所长⑦。骅骝骥骦⑧,天下之俊马也⑨。使之与狸鼬试于釜灶之间⑩,其疾未必能过狸鼬也。黄鹄白鹤,一举千里,使之与燕服翼试之堂庑之下、庐室之间⑪,其便未必能过燕服翼也。辟闾巨阙⑫,天下之利器也,击石不缺,刺石不锉⑬,使之与管稿决目出眯⑭,其便未必能过管稿也。由此观之,华发堕颠与卭,何以异哉?"宣王曰:"善。子有善言,何见寡人之晚也?"卭对曰:"夫鸡豚谨嗷⑮,即夺钟鼓之音;云霞充咽⑯,则夺日月之明。谗人在侧,是以见晚也。《诗》曰:'听言则对,谮言则退⑰。'庸得进乎?"宣王拊轼曰⑱:"寡人有过。"遂载与之俱归而用焉。故孔子曰:"后生可畏,安知来者之不如今⑲?"此之谓也。

【注释】

①闾丘卭(qióng):闾丘,复姓,生平不详。

②道遮:拦住道路。宣王:齐宣王,田氏,名辟疆。战国时期齐国国君。前319—前301年在位。

③昔有颛顼(zhuān xū),行年十二而治天下:颛顼十二岁就开始治理天下。按,此说始见于本书。《路史·后纪》《帝王世纪》《宋书·符瑞志》都说颛顼是二十岁治天下。有,武井骥《刘向新序纂注》、陈茂仁《新序校证》谓为"者"字之误。说可参。

④秦项橐(tuó)七岁为圣人师:相传项橐七岁时曾难倒孔子。《战国策·秦策五》记载:"甘罗云:'夫项橐生七岁而为孔子师。'"秦项橐,梁玉绳《汉书人表考》:"《新序》谓秦人,误。"赵仲邑《新序详注》认为甘罗为秦人,可能误认为项橐也为秦人。崔适则认为

曰："此亦寓言也……非真有项橐其人也。"

⑤㞚角：角只有八寸的小牛犊。㞚，古代长度单位，周制八寸。骖
　　驹：只能勉强用作骖马的小马驹。

⑥华发：头发花白。堕颠：脱发秃顶。颠，头顶。

⑦尺有所短，寸有所长：意思是尺有其短处，寸有其长处。

⑧骅骝（huá liú）：据说为周穆王八骏之一，泛指骏马。骒（lù）骥：也
　　指骏马。

⑨俊马：骏马。俊，通"骏"。

⑩狸（lí）：同"狸"。狸猫。鼬（yòu）：黄鼬。俗称黄鼠狼。

⑪服翼：蝙蝠的别名。庑（wǔ）：堂下周围的走廊、廊屋。

⑫辟闾、巨阙：古剑名。《荀子·性恶》："阖闾之干将、莫邪、巨阙、
　　辟闾，此皆古之良剑也。"

⑬铦：通"挫"。损伤，挫折。

⑭管稾：草木的杆子。管，读作"菅（jiān）"。小草。决：通"抉"。
　　挑。眯（mǐ）：杂物入目使视线不清。

⑮豚：小猪。讙嗷（huān áo）：喧嚣。

⑯充咽：充溢，充满。朱季海《新序校理》："'咽'读与'壹'同。……
　　此云充咽，犹充壹耳。"

⑰听言则对，谮（zèn）言则退：见《诗经·小雅·雨无正》。对，毛诗
　　作"答"，拒绝。谮言，谗言。退，态度柔和。

⑱拊：拍，击。

⑲后生可畏，安知来者之不如今：见《论语·子罕》。

【译文】

　　齐国有人叫闾丘邛，十八岁，他在路上拦住宣王说："我家境贫寒，
父母年老，希望您能给我一份小差事。"宣王说："你年纪还小，不可以为
官。"闾丘邛回答说："您说的不对。从前颛顼十二岁就治理天下了，秦
国项橐七岁就做了圣人的老师。由此看来，我是不贤能罢了，年纪却不

小了。"宣王说:"没见过角只有八寸的小牛犊、只能勉强做骖马的小马驹能拉着重物走远路的。由此看来,士人只有头发白了,头顶秃了,才可以任职。"闾丘卬说:"不是这样。尺有其短处,寸有其长处。骅骝、绿骥,是天下最好的骏马,让它们和野猫、黄鼠狼之类的动物在锅灶间比试,它们未必能比野猫、黄鼠狼跑得快;天鹅、白鹤,一飞几千里,让它们和燕子、蝙蝠在廊庑之下比试,它们未必比燕子、蝙蝠飞得快。辟闾、巨阙,是天下有名的名剑,砍石头剑刃不会缺损,刺石头剑尖不会损伤,让它们和小草棍比试,挑出眯了眼的灰尘,它们未必比小草棍用起来方便。由此看来,白发和秃顶的老人,与我相比有什么差别呢?"宣王说:"您说得对。您有这样高明的见解,为什么这么晚才来见我呢?"闾丘卬回答说:"鸡和猪喧闹的声音,就把钟鼓的声音掩盖了;云霞布满天空,就把日月的光辉遮住了。您身边有谗邪之臣,所以我才这么迟来见您。《诗经》说:'对可听取的言语予以排斥,对谗毁的话语态度柔顺。'我怎能得到任用呢?"宣王拍着车轼说:"是我的错。"于是载上闾丘卬一起回来,加以任用。所以孔子说:"年轻人是值得畏惧的,怎能断定他们将来赶不上现在的人呢?"说的就是这回事啊!

5.30　荆人卞和得玉璞而献之荆厉王[1],使玉尹相之[2],曰:"石也。"王以和为谩[3],而断其左足。厉王薨[4],武王即位[5],和复奉玉璞而献之武王。武王使玉尹相,之曰:"石也。"又以为谩,而断其右足。武王薨,共王即位[6]。和乃奉玉璞而哭于荆山中[7],三日三夜,泣尽而继之以血。共王闻之,使人问之曰:"天下刑之者众矣,子独何哭之悲也[8]?"对曰:"宝玉而名之曰石,贞士而戮之以谩,此臣之所以悲也。"共王曰:"惜矣,吾先王之听!难剖石而易斩人之足!夫死者不可生,断者不可属[9],何听之殊也!"乃使人理其璞而得

宝焉⑩,故名之曰"和氏之璧"。故曰:珠玉者,人主之所贵
也,和虽献宝而美,未为玉尹用也。进宝且若彼之难也,况
进贤人乎? 贤人与奸臣,犹仇雠也⑪,于庸君意不合。夫欲
使奸臣进其仇于不合意之君,其难万倍于和氏之璧;又无断
两足之臣以推,其难犹拔山也。千岁一合,若继踵,然后霸
王之君兴焉。其贤而不用,不可胜载。故有道者之不戮也,
直白玉之璞未献耳⑫。

【注释】

①荆人:楚人。玉璞:未经琢磨的玉石。荆厉王:《史记·十二诸侯
　年表》和《楚世家》中均无厉王,梁玉绳《史记志疑》曰:"《韩子·
　和氏篇》谓'厉王薨,武王即位';《外储说左上》亦称楚厉王;楚辞
　东方朔《七谏》云'遇厉武之不察,羌两足以毕斮',是蚡冒谥厉王
　矣。"蚡冒,春秋早期楚国君主。前757—前741年在位。《左
　传·宣公十二年》栾书云:"若敖蚡冒,荜路蓝缕,以启山林。"

②玉尹:专门治玉的玉工。《韩非子·和氏》作"玉人"。相:观察,
　鉴定。

③谩(mán):欺骗,蒙蔽。

④薨(hōng):古代称诸侯之死。

⑤武王:楚武王,名通。春秋时楚国国君。前740—前690年在位。

⑥共王:楚共王,名审,庄王子。春秋时楚国国君。前590—前560
　年在位。按,共王与武王时代不相接。继武王位者为文王(前
　689—前677年在位)。《韩非子·和氏》即作"文王"。

⑦荆山:山名。在今湖北南漳西部。

⑧独:汉魏本作"刑"。

⑨属:连接。

⑩理：治理，这里专指治玉。

⑪仇雠：仇人，冤家对头。

⑫直：底本作"宜"。石光瑛《新序校释》云："直，旧本作宜，乃直字形近而讹。"其说是，今据改。《韩非子·和氏》此句作"特帝王之璞未献耳"，"特"、"直"意思相近。若作"宜"，则句意迂曲难通。

【译文】

楚国人卞和发现了一块璞玉，便献给了楚厉王，厉王命玉工鉴定，玉工说："这是石头。"厉王认为卞和在欺骗他，便砍去了卞和的左脚。厉王死后，武王即位，卞和又抱着璞玉献给武王。武王命玉工鉴定，玉工说："这是石头。"武王又认为卞和在欺骗他，砍去了卞和的右脚。武王死后，共王即位。卞和便抱着璞玉在荆山中痛哭，哭了三天三夜，眼泪流干后，流出来的是鲜血。共王听说后，派人问他说："天下受刑的人很多，你为什么偏偏哭得如此伤悲？"卞和回答说："宝玉被称之为石头，忠贞之人被当成了欺君之徒而受刑，这就是我悲伤的原因。"共王说："可惜啊，我先王竟如此偏听偏信！以剖开石头为难事，却以砍去人的脚为易事！人死不能复生，砍断的东西没法接上，偏听偏信差别竟是如此的明显！"于是让人治理这块璞玉得到无价之宝，因此称这块宝玉为"和氏之璧"。因此说：珍珠宝玉，是君主所看重的东西，卞和虽然献了宝玉，但玉工并不用它。进献宝贝尚且如此困难，何况是举荐贤能之士？贤士与奸臣就像仇敌一样，与昏庸君主的心意也不一致。想要让奸臣举荐他的仇敌给心意不合的君主，这比进献和氏之璧还要困难上万倍；又没有肯牺牲双脚的大臣来举荐，所以就像拔起一座山那样困难。一千年才能有圣主贤臣的遇合，如果这种遇合接踵而来，然后才能成就君主的霸王之业。那些贤能却不被重用的人，多得记载不完。所以贤能之士没有受到刑罚，只不过是没有像献玉那样进献自己的才能罢了。

刺奢第六

【题解】

本卷共 11 章,其篇幅远小于其他各卷,前人多疑其有散佚。所谓
"刺奢",即是针对君主的奢侈、淫靡而言。本卷选取夏桀、殷纣等因荒
淫暴虐而导致民心离散、国家破亡的历史教训,以及赵襄子、齐景公、齐
宣王等奢侈华靡的行为,予以了尖锐的批判,尤能体现《新序》"以著述
当谏书"的特征。其中"魏王将起中天台"与"赵襄子饮酒"章,许绾与优
莫的讽谏,正言反说,语出滑稽,读来令人解颐。需要说明的是,本卷材
料并非都是"刺奢",如"魏文侯见箕季"章,是箕季以其俭朴谏魏文侯;
"士尹池为荆使于宋"章,是美司城子罕之仁爱;"鲁孟献子聘于晋"章,
是赞孟献子以"畜贤"为富;"邹穆公有令"章,是颂邹穆公之"知富邦"。
此类事情皆非关奢靡之事,推测起来,或许即是后人整理时他卷文字之
羼入。

6.1　桀作瑶台^①,罢民力^②,殚民财^③,为酒池糟堤^④,纵
靡靡之乐^⑤,一鼓而牛饮者三千人^⑥。群臣相持歌曰^⑦:"江
水沛沛兮^⑧,舟楫败兮^⑨。我王废兮^⑩,趣归薄兮^⑪,薄亦大
兮。"又曰:"乐兮乐兮,四牡跷兮^⑫,六辔沃兮^⑬。去不善而从
善,何不乐兮?"伊尹知天命之至^⑭,举觞而告桀曰^⑮:"君王不

听臣之言,亡无日矣。"桀拍然而作⑯,哑然而笑曰⑰:"子何妖言?吾有天下,如天之有日也。日有亡乎?日亡,吾亦亡矣。"于是接履而趋⑱,遂适汤,汤立为相。故伊尹去官入殷⑲,殷王而夏亡。

【注释】

①桀:夏朝末代君主。《史记·夏本纪》记载,桀不修德,很多诸侯背叛夏,百姓也不堪忍受其暴政,后终为商汤所灭。瑶台:美玉砌的楼台。亦泛指雕饰华丽的楼台。

②罢(pí):使疲惫,使疲敝。

③殚(dān):竭尽。

④酒池糟堤:以酒为池,以糟为堤。

⑤靡靡之乐:柔弱、颓靡的音乐。指亡国之乐。靡靡,萎靡不振。

⑥一鼓而牛饮者三千人:形容纵酒无度。一鼓,擂鼓一通。牛饮,俯身而饮,形态如牛。

⑦持:扶。

⑧沛沛:水流盛大的样子。

⑨楫(jí):划船的桨。

⑩废:腐败淫乱。

⑪趣(cù):急。薄:通"亳(bó)",古都邑名。商汤的都城,在今河南商丘东南。

⑫四牡:拉车的四匹雄马。骄(jué):壮。

⑬沃:驯顺。

⑭伊尹:商汤之贤相,伊氏,名尹,又名挚。至:汉魏本、四部本作"去"。石光瑛《新序校释》曰:"若谓'至'是指汤,则告桀而言大命在汤,且以'至'为内辞,尤不入情。"乃从众本改为"去"。可参。

⑮觞(shāng)：酒器。

⑯拍然：手掌拍打的样子。

⑰哑然：笑声，笑的样子。

⑱接履：犹"接踵"。接触到前面人的足跟。意谓相继、相从、连续
不断或紧接着。趋：小跑。汉魏本、四部本作"趣"。

⑲去官：官，汉魏本、四部本作"夏"。石光瑛《新序校释》引卢文弨
注、《通鉴前编》引《新序》皆做"夏"，刘子政《进荀子表》亦做
"夏"，认为当从众本做"夏"。可参。

【译文】

　　夏桀兴建瑶台，耗尽了民力，搜刮尽了民财，又建造酒池、糟堤，演
奏靡靡之乐，擂一通鼓，像牛喝水一样喝酒的有三千人。大臣们相互扶
着唱道："江水浩荡啊，船和桨都损坏了啊。我们的君王腐败淫乱啊，我
们快去亳都投奔汤啊，亳都天地广啊。"又唱道："真欢乐啊真欢乐，四匹
雄马多强壮，缰绳下面多驯顺。离开昏君投贤君，怎么会有不快乐？"伊
尹知道夏朝气数将尽，举起酒杯劝诫夏桀说："大王您要是不听我的劝
谏，用不了多久就会亡国。"夏桀拍着手站起来，笑着说："你胡说些什
么？我拥有天下，就像天上有太阳一样。太阳会消失吗？太阳若消失
了，我才会灭亡。"于是伊尹赶紧接着别人的脚步跑了，逃到了汤王那
里，汤王立他为相国。因此，伊尹舍弃了夏朝去了殷朝，殷商成就了王
业而夏朝就灭亡了。

　　6.2　纣为鹿台①，七年而成。其大三里，高千尺，临望
云雨②。作炮烙之刑③，戮无辜，夺民力。冤暴施于百姓④，
惨毒加于大臣，天下叛之，愿臣文王。及周师至，令不行于
左右⑤。悲夫！当是时，求为匹夫，不可得也，纣自取之也。

【注释】

①纣:即帝辛。商朝末代君主,名受,为帝乙少子,后世人称殷纣王。鹿台:古台名。别称南单之台,殷纣王贮藏珠玉钱帛的地方。故址在今河南汤阴朝歌南。

②临望:谓登高远望。

③炮烙:相传是殷纣王所用的一种酷刑。把人绑在烧红的铜柱上烫死。

④冤暴:暴虐无道,枉法暴行。

⑤令不行于左右:武王伐纣,战于牧野。纣在人数上占优势,但多数将士临阵倒戈,叛殷投周。见《史记·周本纪》。左右,指近臣,侍从。

【译文】

纣王建造鹿台,七年才建成。鹿台占地三里,有上千尺高,站在台上能远望云行雨施。纣王又造了炮烙的刑具,杀害无罪的人,强迫百姓为他劳作。他对百姓十分残暴,对大臣十分狠毒,天下人都反叛了他,愿意归顺文王。等到周朝的军队来攻打时,连左右亲信都不听从命令。可悲啊!那个时候,他即使想当个普通百姓也不可能了,这都是纣王咎由自取啊。

6.3 魏王将起中天台①,令曰:"敢谏者死。"许绾负操锸入曰②:"闻大王将起中天台,臣愿加一力。"王曰:"子何力有加?"绾曰:"虽无力,能商台③。"王曰:"若何?"曰:"臣闻天与地相去万五千里,今王因而半之,当起七阡五百里之台④。高既如是,其趾须方八千里⑤。尽王之地,不足以为台趾。古者尧舜建诸侯,地方五千里。王必起此台,先以兵伐诸侯,尽有其地。犹不足,又伐四夷⑥,得方八千里,乃足以为台趾。材木之积，人徒之众⑦，仓廪之储⑧，数以万亿。度八千里之外⑨，当定农亩之地，足以奉给王之台者⑩。台具以备，乃可以作。"魏王默然无以应，乃罢起台。

【注释】

①魏王：《太平御览》卷四百五十六引作"魏襄王"。襄王，名嗣，战国时魏国国君。前318—前296年在位。中天台：距离天一半的高台。

②许绾（wǎn）：生平不详。负操锸（chā）：《太平御览》引作"负畚操锸"。锸，铁锹，掘土的工具。

③商台：谋划建台的事。

④阡：通"千"。汉魏本即作"千"。朱季海《新序校理》："'千'作'阡'，犹'百'作'陌'，未知先秦故书已有之，抑出汉人手也？"

⑤趾：基础部分，底脚。

⑥四夷：古代对四方少数民族的统称。

⑦人徒：庶民，民众。

⑧仓廪（lǐn）：储藏米谷的仓库。

⑨度（duó）：推测，估计。

⑩给（jǐ）：供给。

【译文】

魏王将要建造中天台，下令说："谁敢劝阻就杀了他。"许绾拿着铁锹进来说："听说大王您要建造中天台，我愿意增加一份力。"魏王说："您有什么力气呢？"许绾说："我虽然没力气，但可以帮您谋划如何建造中天台。"魏王说："有什么好见解呢？"许绾说："我听说天和地相距一万五千里，现在您要取一半，就应该建一座七千五百里高的台子。高度已经定了，它的地基就要有八千里见方。您所有的土地都算上，也不够做高台的地基。古时候，尧、舜分封诸侯，所有的土地才有五千里见方。您一定要建这个台子，就先要出兵征伐诸侯国，全部占有其土地。要是还不够,再征伐四夷的土地。土地八千里见方,才够中天台的地基。建台所需材料的积累,民众劳力的众多,仓库粮食的储备,都要以万亿来计算。推想八千里以外的地方,一定要确定作为耕作种植的田地,足以供给大王建台的需求。建台的准备工作做好了,才可以开始修建。"魏王听完默然不语,无言以对,只好放弃了建台。

6.4　卫灵公以天寒凿池①,宛春谏曰②:"天寒起役,恐伤民。"公曰:"天寒乎?"宛春曰:"君衣狐裘,坐熊席③,陬隅有灶④,是以不寒。今民衣弊不补,履决不苴⑤。君则不寒,民诚寒矣。"公曰:"善。"令罢役。左右谏曰:"君凿池不知天寒,以宛春知而罢役,是德归宛春,怨归于君。"公曰:"不然。宛春,鲁国之匹夫,吾举之,民未有见焉。今将令民以此见之。且春也有善,寡人有春之善,非寡人之善与?"灵公论宛春,可谓知君之道矣。

【注释】

①卫灵公:名元,春秋时卫国国君。前534—前493年在位。

②宛春:生平不详。《盐铁论·取下》称其为"海春"。《国语·晋语》有宛春,韦昭注说是楚大夫,则与此处之宛春当为两人。

③熊席:熊皮坐席。

④陬隅(ào yú):屋室的西南角,借指内室。陬,通"奥"。室内西南隅。引申为内室,内宫。

⑤履决不苴(jū):鞋子破得无法垫草。决,破损。苴,鞋里垫的草。这里用作动词。

【译文】

卫灵公在寒冬时节让人凿挖池塘,宛春劝阻道:"寒冬时节动工,恐怕会伤到百姓。"灵公说:"天气寒冷吗?"宛春说:"您穿着狐皮大衣,坐着熊皮席子,内室里烧着火,所以不觉得冷。现在百姓们的衣服破了不能补,鞋子破了垫不上草。您是不冷,百姓可确实很冷啊。"灵公说:"很好。"下令停工。左右亲信劝谏说:"您凿池不知道天气寒冷,因为宛春知道而停工,这样百姓就会感激宛春,而怨恨大王了。"灵公说:"不是这样的。宛春,只是鲁国的普通百姓,我提拔任用了他,百姓却不知他有什么长处。现在就能通过这件事让百姓知道他的贤能。而且宛春有贤能,我能发觉并用他的贤能,这难道不是我贤明的表现吗?"灵公对宛春的评论,可以说是知道做君主的大道了。

6.5　齐宣王为大室^①,大盖百亩^②,堂上三百户。以齐国之大,具之三年而未能成^③。群臣莫敢谏者。香居问宣王曰^④:"荆王释先王之礼乐而为淫乐,敢问荆邦为有主乎?"王曰:"为无主。""敢问荆邦为有臣乎?"王曰:"为无臣。"居曰:"今王为大室,三年不能成,而群臣莫敢谏者,敢问王为有臣乎?"王曰:"为无臣。"香居曰:"臣请避矣^⑤。"趋而出。王曰:"香子留,何谏寡人之晚也?"遽召尚书曰^⑥:"书之:寡人不肖,好为大室,香子止寡人也。"

【注释】

①齐宣王:田氏,名辟疆,战国时齐国国君。前319—前301年在位。

②盖:覆盖。一说"盖"为助词,亦通。

③具:备。这里指准备材料。石光瑛《新序校释》以"具之"属上读,可参。

④香居:生平不详。《吕氏春秋·骄恣》作"春居"。

⑤避：离去。

⑥遽（jù）：急。尚书：史官之类，是掌管记事的官员。朱季海《新序校理》：“此‘尚书’不知自宣王时实有之邪，抑后来所加也？”

【译文】

　　齐宣王要盖大房子，其大能覆盖百亩田地，大堂上有三百个窗户。以齐国强大的国力，准备了三年都没能完成。大臣们没人敢劝谏宣王。香居问宣王说：“楚王抛弃先王留下的雅乐而演奏靡靡之音，请问楚国算是有君主吗？”宣王说：“不算是有君主。”“请问楚国算是有忠臣吗？”宣王说：“不算是有忠臣。”香居说：“现在大王您建造大房子，三年也没能建成，而大臣们没人敢劝谏您，请问您算是有忠臣吗？”宣王说：“不算是有忠臣。”香居说：“我请求离开齐国。”然后小跑往外走。宣王说：“香先生请留步，您为什么这么晚才劝谏我呢？”急忙召来记事的官员，说：“记下来：寡人不贤，喜欢盖大房子，是香先生制止了我。”

　　6.6　赵襄子饮酒①，五日五夜不废酒，谓侍者曰：“我诚邦士也②。夫饮酒五日五夜矣，而殊不病③。”优莫曰④：“君勉之，不及纣二日耳。纣七日七夜，今君五日。”襄子惧，谓优莫曰：“然则吾亡乎？”优莫曰：“不亡。”襄子曰：“不及纣二日耳，不亡何待？”优莫曰：“桀、纣之亡也，遇汤、武。今天下尽桀也，而君纣也，桀纣并世，焉能相亡？然亦殆矣⑤。”

【注释】

①赵襄子：名无恤，又称赵孟。根据《史记·赵世家》记载，赵襄子本是赵简子的庶子，其母是翟婢，地位低贱，于赵氏诸公子中最为贤能，后被赵简子立为太子。

②诚：实在，的确。邦士：国士，国中才能出众的人。

③殊：尚且。病：这里指醉酒。

④优莫：俳优，名莫。俳优是古代以乐舞谐戏为业的艺人。

⑤殆：危险。

【译文】

赵襄子酣酒，五天五夜还不停止饮酒，他对侍从说："我的确是国家的人才啊。喝了五天五夜的酒，尚且没有醉意。"优莫说："您再努力吧，跟纣王相比就只差两天了。纣王喝了七天七夜，现在您才五天。"襄子害怕了，对优莫说："既然这样，那我就要亡国了吗？"优莫说："不会亡国。"襄子说："跟纣相比就只差两天了，不亡国还等什么呢？"优莫说："夏桀、商纣会亡国，是因为遇到了商汤、周武王。现在天下都是夏桀这样的人，而您是商纣这样的人，桀与纣并世而立，谁又能灭掉谁呢？不过也是很危险的了。"

6.7　齐景公饮酒而乐①，释衣冠，自鼓缶②，谓侍者曰："仁人亦乐是夫？"梁丘子曰③："仁人耳目亦犹人也，奚为独不乐此也？"公曰："速驾迎晏子④。"晏子朝服以至。公曰："寡人甚乐此乐也，愿与夫子共之，请去礼。"晏子对曰："君之言过矣。齐国五尺之童子，力尽胜婴而又胜君，所以不敢乱者，畏礼也。上若无礼，无以使其下；下若无礼，无以事其上。夫麋鹿唯无礼，故父子同麀⑤。人之所以贵于禽兽者，以有礼也。《诗》曰：'人而无礼，胡不遄死⑥？'故礼不可去也。"公曰："寡人无良，左右淫湎寡人⑦，以至于此，请杀之。"晏子曰："左右何罪？君若好礼，左右有礼者至，无礼者去；君若恶礼，亦将如之。"公曰："善。请革衣冠，更受命。"乃废酒而更尊⑧，朝服而坐，觞三行，晏子趋出⑨。

【注释】

①齐景公：姜姓，名杵臼，春秋时齐国国君。前 547—前 490 年在位。

②缶(fǒu)：古代陶制的打击乐器。

③梁丘子：齐景公的佞臣。名据，字子犹，又作"子将"。见梁玉绳《汉书人表考》。

④晏子：晏婴，字仲，谥平。春秋后期齐国上大夫，是当时重要的政治家、思想家、外交家。以生活节俭，谦恭下士著称。

⑤麀(yōu)：母鹿。

⑥人而无礼，胡不遄(chuán)死：见《诗经·鄘风·相鼠》。遄，快，立刻。

⑦淫：过度。湎(miǎn)：沉迷饮酒。

⑧尊：酒器。

⑨觞(shāng)三行，晏子趋出：按，古代君臣宴饮，君敬酒三次，臣就可以告退。《史记·晋世家》："君赐臣，觞三行可以罢。"觞三行，给人敬酒三次。觞，向人敬酒。

【译文】

齐景公喝酒喝得很高兴，于是脱下衣帽，亲自击缶为乐，对侍从说："仁德之人也喜欢这样吗？"梁丘子说："仁德之人的耳朵眼睛也和普通人一样，为什么偏就不喜欢享受这些呢？"齐景公说："赶快驾车去接晏子。"晏子穿着朝服来。景公说："我非常喜欢这种欢乐，希望能与您一同享受，请不要拘于礼法。"晏子回答说："君主的话错了啊。齐国五尺高的孩子，气力比我晏婴大，也比君主您大。他们之所以不敢犯上作乱，就是因为畏惧礼法的约束。在上位的人如果无视礼法，就无法支使他的属下；属下们如果无视礼法，就不能服事他们的长上。那些麋鹿就因为不知礼法，所以父子一起占有一只母鹿。人之所以比禽兽高贵，就是因为有礼法。《诗经》说：'做人若无礼，何不快点死？'所以礼法不可废弃啊。"景公说："是我品行不端,身边的人又劝我过度饮酒,以致到了这个地步,请把他们都杀掉。"晏子说："身边的人有什么罪过? 君主若重视礼法,讲究礼法的人自然会来到您的身边,不守礼法的人会离开;君主若厌恶礼法,也就会像现在这样。"景公说："说得好。请让我更换衣帽,再来聆听您的教诲。"于是撤去酒,换了杯子,穿着朝服就坐,敬了三次酒后,晏子就小跑着离开了。

　　6.8　魏文侯见箕季①,其墙坏而不筑。文侯曰:"何为不筑?"对曰:"不时②。"其墙枉而不端③,问曰:"何不端?"曰:"固然。"从者食其园之桃,箕季禁之。少焉日晏④,进粝餐之食⑤,瓜瓠之羹⑥。文侯出,其仆曰:"君亦无得于箕季矣。曩者进食⑦,臣窃窥之,粝餐之食,瓜瓠之羹。"文侯曰:"吾何无得于季也? 吾一见季而得四焉。其墙坏不筑,云'待时'者,教我无夺农时也。墙枉而不端,对曰'固然'者,是教我无侵封疆也⑧。从者食园桃,箕季禁之,岂爱桃哉? 是教我下无侵上也。食我以粝餐者,季岂不能具五味哉? 教我无多敛于百姓,以省饮食之养也。"

【注释】

①箕季:魏人,生平不详。《太平御览》引作"箕季子"。

②时:时机。

③枉:弯曲,不直。端:正,不偏斜。直,不弯曲。

④日晏:天色已晚。

⑤粝(lì):粗糙的米。

⑥瓜瓠(hù):即瓠瓜。葫芦类。

⑦曩(nǎng):以往。这里指刚才。

⑧侵：侵犯。封疆：分封土地的疆界。

【译文】

　　魏文侯去看望箕季，他的院墙坏了却没有维修。文侯说："为什么不维修呢？"箕季回答说："不是时机。"他的院墙弯曲不直，文侯问道："为什么不修直？"箕季说："本来就是那样的。"文侯的侍从吃箕季园里的桃子，箕季制止了他。过了一会儿天色晚了，箕季端来了粗粮做的饭，瓠瓜做的汤。文侯从箕季家里出来以后，他的侍从说："您在箕季家里真是一无所获。刚才箕季进献食物时，我私下看了一下，是粗粮饭，瓠瓜汤。"文侯说："我怎么从箕季那里一无所获呢？我一见到箕季就有四点收获。他的院墙坏了没有维修，说是'等待合适的时机'，这是教我不要占用百姓的农忙时节。他的墙弯曲而不直，回答说'本来就那样'，是教我不要侵占其他诸侯的领土。侍从吃园里的桃子，箕季制止了，难道是吝啬桃子吗？这是教我在下位的不可侵犯在上位的。给我吃粗粮的饭食，箕季难道是置办不起美味的饭菜吗？是教我不要过度向百姓收取赋税，要减少饮食一类物品的花费啊。"

　　6.9　士尹池为荆使于宋①，司城子罕止而觞之②。南家之墙拥于前而不直③，西家之潦经其宫而不止④。士尹池问其故，司城子罕曰："南家，工人也，为鞔者也⑤。吾将徙之，其父曰：'吾恃为鞔，已食三世矣。今徙，是宋邦之求鞔者，不知吾处也，吾将不食。愿相国之忧吾不食也。'为是故吾不徙。西家高，吾宫卑，潦之经吾宫也利，为是故不禁也。"士尹池归，荆适兴兵欲攻宋。士尹池谏于王曰："宋不可攻也，其主贤，其相仁。贤者得民，仁者能用人。攻之无功，为天下笑。"楚释宋而攻郑。孔子闻之曰："夫修之于庙堂之上⑥，而折冲于千里之外者⑦，司城子罕之谓也"。

【注释】

①士尹池：复姓士尹，名池。楚人，生平不详。石光瑛《新序校释》
　　作"工尹池"，以"工尹"楚国官职名。可参。

②司城：古官名。即司空，古代中央政府中掌管工程的长官。子罕：
　　乐喜，为戴公六世孙。宋平公、元公、景公时执政。当时有贤名。

③拥：遮蔽。《吕氏春秋·召类》引作"犨"。"犨于前"，高诱注云：
　　"犨，犹出，曲出子罕堂前也。"

④潦(lǎo)：积水。

⑤鞔(mán)：鞋子。

⑥庙堂：朝廷。指人君接受朝见、议论政事的殿堂。

⑦折冲：使敌人的战车后撤，即制敌取胜。《吕氏春秋·召类》此句
　　高诱注："冲，车。所以冲突敌之军，能陷破之也……使欲攻己者
　　折还其冲车于千里之外，不敢来也。"

【译文】

　　士尹池为楚国出使宋国，司城子罕留他在家里喝酒。子罕南边邻
居的院墙向前突出而使得他的院墙不直，西边邻居的积水经过他的院
子他也不给堵上。士尹池问他原因，司城子罕说："南边邻居是工匠，他
们是做鞋的。我要他搬家，那家的父亲说：'我们靠做鞋维持生计，已经
有三代人了。现在搬家，宋国想要做鞋的人，不知道我的新住处，我们
会没有饭吃。希望相国体谅我们没有饭吃的难处。'因为这个缘故，我
没让他们搬走。西边邻居家地势高，我家地势低，他家的积水流经我家
比较方便，为这个缘故没有给他们堵住。"士尹池回去后，楚国正要发兵
攻打宋国。士尹池劝阻楚王说："宋国不能攻打。他们的君主贤明，相
国仁德。贤明就会得到民心，仁德就能够任用人才。攻打他们会无功
而返，会被天下人耻笑。"楚国便放弃攻打宋国转而攻打郑国。孔子听
说这件事后，说："在朝堂之上修缮政事，就能使千里之外的敌军退兵，
说的就是司城子罕啊。"

6.10　鲁孟献子聘于晋①,宣子觞之②。三徙③,钟石之悬④,不移而具⑤。献子曰:"富哉家!"宣子曰:"子之家孰与我家富?"献子曰:"吾家甚贫,惟有二士,曰颜回、兹无灵者⑥,使吾邦家安平,百姓和协。惟此二者耳,吾尽于此矣。"客出,宣子曰:"彼,君子也,以畜贤为富⑦。我,鄙人也⑧,以钟石金玉为富。"孔子曰:"孟献子之富,可著于《春秋》⑨。"

【注释】

①孟献子:姬姓,孟孙氏(亦称仲孙氏),名蔑,谥号"献",故史称孟献子。活动于鲁成公、襄公时期,卒于鲁襄公十九年(前554)。孟孙氏是鲁桓公的后代,"三桓"之一。聘:聘问,出使他国。

②宣子:韩宣子。晋国大夫韩起。前541年赵文子赵武去世后,韩宣子主持晋国政事。

③三徙:三次更换地方。

④钟石之悬:悬挂的钟磬等乐器。

⑤不移而具:指该处的乐器不用搬动就有。具,备。

⑥颜回:字子渊,亦称颜渊,春秋末鲁国人。孔子弟子。按,颜回是鲁定公时(前509—前495年在位)人,晚于孟献子。故石光瑛《新序校释》认为当是传闻之误。兹无灵:生平不详。

⑦畜:养。汉魏本、四部本即作"养"。

⑧鄙人:粗鄙之人,指没有见识。

⑨《春秋》:这里指鲁国的史书。

【译文】

　　鲁国的孟献子出访晋国,韩宣子请他喝酒。酒宴换了三次地方,每处都悬挂着整套的钟磬乐器,不用搬动就有。献子说:"您的府上真是富有!"宣子说:"您的家和我家相比,谁更富有?"献子说:"我家很清贫,只有两个士人,叫颜回、兹无灵,他们能使我们鲁国和我的封邑稳定平安,百姓和睦安顺。只有这两个人罢了,我只有这些财富。"客人离开后,宣子说:"他是君子,以拥有士人为财富。我是鄙俗的人,以拥有钟磬乐器和金银珠玉为财富。"孔子说:"孟献子的财富,值得记载在史书上了。"

6.11　邹穆公有令①,食凫雁必以秕②,无得以粟③。于是仓无秕,而求易于民,二石粟而得一石秕④。吏以为费,请以粟食之。穆公曰:"去!非汝所知也。夫百姓饱牛而耕⑤,暴背而耘,勤而不惰者,岂为鸟兽哉?粟米,人之上食,奈何其以养鸟?且尔知小计,不知大会⑥。周谚曰:'囊漏贮中⑦。'而独不闻欤?夫君者,民之父母,取仓之粟,移之于民,此非吾之粟乎?鸟苟食邹之秕,不害邹之粟也。粟之在仓与在民,于我何择⑧?"邹民闻之,皆知私积与公家为一体也。此之谓知富邦。

【注释】

①邹穆公:邹国国君,生平不详。邹,古诸侯国名,在今山东邹县。

②食(sì):饲养,喂养。凫雁:鸭鹅。凫,水鸟,俗称"野鸭"。秕(bǐ):瘪谷。指不饱满的谷粒。

③粟:北方通称谷子,去皮后为小米。

④石(dàn):计算容量的单位。十斗为一石。

⑤饱牛:喂饱牛。贾谊《新书·春秋》作"煦牛"。煦牛,使牛感到炎热。

⑥且尔知小计,不知大会(kuài):计、会,均指计算,计为每月小计,会为年终大计。

⑦囊漏贮(zhǔ)中：口袋漏出的粮食仍在仓库里。囊，口袋。

⑧择：区别。

【译文】

邹穆公下命令，喂养鸭鹅只能用不饱满的瘪谷，不准用小米。这样一来仓库里没有瘪谷了，就跟百姓交换，两石小米换一石瘪谷。官吏认为不划算，建议用小米来喂养鸭鹅。穆公说："下去吧！这不是你所能明白的。百姓喂饱牛耕种，脊背曝晒在烈日下耕耘，辛勤劳动而不懈怠，难道是为了鸟兽吗？粟米，是人的上等食物，怎能拿它喂养鸟呢？而且你只知道算小账，却不知道算大账。周朝的谚语说：'口袋漏出的粮食仍在仓库里。'你难道没听说过吗？君主，是百姓的父母，把国库里的粟米，转存到百姓手里，这就不是我的粟米了吗？鸟如果吃邹国的瘪谷，就不会消耗邹国的粟米了。粟米在国库和在百姓手里，对我来说有什么差别呢？"邹国的百姓听说了，都懂得私人储粮和国库储粮是一体的。这就叫做懂得国家富足的道理。

卷第七

节士第七

【题解】

　　本卷共 29 章，编列春秋战国直至汉初各类有气节的人臣义士予以表彰。其所谓"节士"，或以死报国，或拼死直谏，或仁义让国，或信守诺言，或笃行孝道，或义不苟取，或公正耿直，或高洁自守，或恪尽职守，或清廉避世……是《新序》一书中最具气韵神采的人物形象。"申包胥者"章，写申包胥赴秦乞师哭于秦廷七日七夜，是一篇纯粹的爱国主义赞歌，表现出高贵的道德情怀与深厚的家国感情。"屈原者"章，为屈原作传，在歌颂屈原人格精神的同时，也体现出对伟大诗人的深切同情，而其所载事与《史记·屈原列传》又有所不同，可见本书珍贵的史料价值。"公孙杵臼、程婴者"章，写赵氏孤儿事，公孙杵臼、程婴以死存孤、立孤，其精诚感天动地。"原宪居鲁"章，写原宪的安贫乐道与睥睨世俗，"声满天地，如出金石。天子不得而臣，诸侯不得而友"，充满了浩然之气与高贵的人格精神。"延陵季子将西聘晋"章，写延陵季子之"不欺心"，一诺千金。而"苏武者"章是现存苏武材料中最早的一篇，文献价值甚高，其写苏武的守节不降，凛然不可侵犯。凡此种种，皆是士人高洁操守的生动写照。

　　7.1 尧治天下，伯成子高为诸侯焉①。尧授舜，舜授禹②，伯成子高辞为诸侯而耕。禹往见之，则耕在野。禹趋就下位而问焉③，曰："昔者尧治天下，吾子立为诸侯焉；尧授舜，吾子犹存焉；及吾在位，子辞诸侯而耕，何故？"伯成子高曰："昔尧之治天下，举天下而传之他人，至无欲也；择贤而与之其位，至公也。以至无欲至公之行示天下，故不赏而民劝④，不罚而民畏。舜亦犹然。今君赏罚，而民欲且多私，是君之所怀者私也。百姓知之，贪争之端，自此始矣。德自此衰，刑自此繁矣⑤。吾不忍见，以是野处也。今君又何求而见我？君行矣，无留吾事⑥。"耕而不顾。《书》曰："旁施象刑维明⑦。"及禹不能。《春秋》曰："五帝不告誓⑧。"信厚也。

【注释】

①伯成子高：唐尧时人。《庄子》成玄英疏："不知何许人，盖有道之士。"

②尧授舜，舜授禹：此即传说中上古的禅让制。据说尧将天下传给舜，舜将天下传给禹。到了禹，则将天下传给自己的儿子启。这就是家天下的开始。

③下位：处于谦下的位置。

④劝：善。

⑤繁：滋生。

⑥无留吾事：不要打扰我的耕作。留，打扰。

⑦旁施象刑维明：见《尚书·益稷》，作"方施象刑惟明"。旁，广泛，普遍。象刑，相传上古无肉刑，仅用服饰的不同以示耻辱，谓之象刑。惟明，以明其罪。

⑧五帝不告誓：《穀梁传·隐公八年》作"诰誓不及五帝"。告，通"诰"，古代帝王对臣子的命令。誓，立誓。

【译文】

帝尧治理天下时,封伯成子高为诸侯。尧把帝位禅让给舜,舜又禅让给了禹,伯成子高便辞去诸侯的官职,自为耕作。禹前去看望他,他正在田野里耕作。禹快步走到他身边,站在下位问道:"从前帝尧治理天下,封您为诸侯;尧把帝位让给了舜,您依然为诸侯;等我即位后,您辞去诸侯的职位来耕田,这是为什么呢?"伯成子高说:"从前帝尧治理天下时,把整个天下都传给了别人,这是最没有私心和贪欲的;选择贤能的人让他继承帝位,这是最公正的。以最没有私心贪欲、最公正的行为昭示天下,所以不行赏百姓也会向善,不用刑罚百姓也都畏惧。帝舜也是这样做的。现在您实行赏罚,百姓有了贪欲,而且私心也多了,这是因为您的心里就有私欲。百姓知道后,贪婪争斗的苗头,从此就开始了。德行从此开始衰败,刑罚从此开始滋生繁衍了。我不愿看到这样的情形;所以来到田野耕作。现在您又何必来找我呢?您请离开吧,不要耽误我种田。"继续耕种不再理会禹。《尚书》说:"普遍施行象刑以表明他的罪过。"到禹的时代就不能实行了。《春秋》说:"五帝不诚约他的臣民。"这是因为他们的信义淳厚啊。

7.2　桀为酒池①,足以运舟,糟丘足以望七里②,一鼓而牛饮者三千人。关龙逄进谏曰③:"为人君,身行礼义,爱民节财,故国安而身寿也。今君用财若无尽,用人若恐不能死。不革,天祸必降,而诛必至矣④。君其革之。"立而不去朝,桀因囚拘之。君子闻之曰:"末之命矣夫!⑤"

【注释】

①桀:夏朝末代君主。酒池:以酒为池。
②糟丘:以酒糟为丘。本书《刺奢》作"糟堤"。

③关龙逄(páng)：夏桀的臣子，因谏言被杀，与比干齐名。见《吕氏春秋·必己》。

④诛：惩罚，责罚。

⑤末之命矣夫：底本作"末之念矣夫"。文意不通。汉魏本、四部本作"末之命矣夫"。石光瑛《新序校释》据改。今从之。

【译文】

夏桀建了一个盛酒的池子，大到可以在里面行船，酒糟堆成了小山丘，站在上面可以看到七里外的地方，一击鼓像牛喝水一样喝酒的人有三千人。关龙逄规劝他说："作为一国之君，要按照礼法仁义来要求自己，要爱护百姓、节约钱财，才能国家太平、君主长寿。现在您花费钱财好像怕用不完似的，使用民力好像唯恐累不死他们。不改正的话，上天必然会降下灾祸，惩罚也一定会到来，您还是改正您的行为吧。"说完站在朝堂上不肯离开，夏桀于是把他关进监狱。君子听说后，说："这大概就是末世的命运吧！"

7.3　纣作炮烙之刑①，王子比干曰②："主暴不谏，非忠臣也；畏死不言，非勇士也。见过则谏，不用则死，忠之至也。"遂进谏，三日不去朝，纣因而杀之。《诗》曰："昊天太忧，予慎无辜③。"无辜而死，不亦哀哉！

【注释】

①纣：即帝辛。商朝末代君主。炮烙：相传是殷纣王所用的一种酷刑。把人绑在烧红的铜柱上烫死。

②比干：商代贵族，纣王叔父，官少师，屡次劝谏纣王不听，后被纣王剖心而死。

③昊天太忧(hū)，予慎无辜：见《诗经·小雅·巧言》。昊天，上天。

太,毛诗作"大"。忱,通"怃",大。予,铁华馆本作"子"。误。慎,
的确。

【译文】

　　纣王制造出一种名叫炮烙的刑具,王子比干说:"君主暴虐,臣子如
果不劝阻,就不算忠臣;如果畏惧被杀而不直言规劝,就不算勇士。看
到君主有过错就规劝,不被采纳就赴死,这才是最大的忠诚。"于是上朝
劝谏,三天都不离开朝堂,纣王于是杀了他。《诗经》说:"上天太过分
了,我的确是无辜的。"没有罪而被杀死,不也是很哀痛的吗?

　　7.4　曹公子喜时①,字子臧,曹宣公子也。宣公与诸侯
伐秦,卒于师②。曹人使子臧迎丧,使公子负刍与太子留
守③。负刍杀太子而自立。子臧见负刍之当主也④,宣公既
葬,子臧将亡,国人皆从之。负刍立,是为曹成公。成公惧,
告罪,且请子臧,子臧乃反。成公遂为君。其后晋侯会诸
侯,执曹成公⑤,归之京师,将见子臧于周天子而立之。子臧
曰:"前记有之⑥,圣达节⑦,次守节⑧,下不失节⑨。为君,非
吾节也⑩。虽不能圣,敢失守乎?"遂亡奔宋,曹人数请。晋
侯谓子臧:"反国,吾归尔君。"于是子臧反国,晋乃言天子,
归成公于曹。子臧遂以国致成公,成公为君,子臧不出,曹
国乃安。子臧让千乘之国⑪,可谓贤矣,故《春秋》贤而褒
其后⑫。

【注释】

　　①曹:古诸侯国名。其国都旧址在今山东定陶西北。喜时:曹宣公
　　庶子。《左传》作"欣时",此从《公羊传》。

　　②宣公与诸侯伐秦,卒于师:前578年,晋厉公与齐、鲁、郑、卫、宋、

曹等国进攻秦国,秦国战败。曹宣公死于军中。见《左传·成公十三年》。

③负刍:曹宣公庶子,喜时庶兄。

④负刍之当主:负刍杀太子后,宣公庶子仅负刍与喜时,按照顺序,负刍为兄,当立为君。

⑤其后晋侯会诸侯,执曹成公:前576年,晋、齐、鲁、郑、卫、宋等国会盟于戚,晋厉公借机逮捕了前来参加会盟的曹成公负刍。见《左传·成公十五年》。晋侯,晋厉公,名寿曼,春秋时晋国国君。前580—前573年在位。

⑥前记:以前的记载,即古书。

⑦圣达节:圣人能够做到进退合于节义。

⑧次守节:其次是坚守节操。

⑨下不失节:再次一等为不失基本的节操。按,《左传·成公十五年》此句作"下失节",石光瑛《新序校释》据改。可参。

⑩为君,非吾节也:子臧也是庶子,按规矩不应立为国君。

⑪千乘之国:拥有一千辆兵车的国家。春秋时指中等诸侯国。

⑫故《春秋》贤而褒其后:褒其后,《春秋·昭公二十年》,喜时之子公孙会出奔宋国,本来是叛,但《春秋》为贤者讳,不说叛而说奔,算是对公子喜时的褒奖。

【译文】

曹国的公子喜时,字子臧,是曹宣公的儿子。宣公和其他诸侯征伐秦国,死于军中。曹国派子臧接回宣公的灵柩,派公子负刍和太子留守。负刍杀了太子自立为君。子臧看到负刍应当立为国君,宣公安葬后,子臧将要逃亡,全国的百姓都要跟随他。负刍立为国君,称作曹成公。成公看到这种情形很害怕,就承认罪过,并且请求子臧回到曹国,于是子臧回国。成公也就做了国君。后来晋国国君与诸侯会盟,逮捕了曹成公,送往都城洛邑,准备把子臧举荐给周天子立他为曹国国君。

子臧说:"古书上说过,圣人能够做到进退合于节义,次一等的人能坚守节义,再次一等的不失基本的节义。当国君,不合我的节义。我虽然达不到圣人,但怎敢失节义呢?"于是逃亡到宋国,曹国人多次请求晋厉公。晋厉公对子臧说:"您回到曹国,我就归还你们的国君。"于是子臧返回曹国,晋侯也禀告周天子把成公送回了曹国。子臧便把国家交给成公。成公做国君,子臧不再逃亡,曹国才安定下来。子臧辞让千乘之国的君位,可以称得上贤人了,所以《春秋》称赞他的贤德并美化了他的后代。

7.5　延陵季子者①,吴王之子也②。嫡同母昆弟四人,长曰遏,次曰馀祭,次曰夷昧,次曰札③。札即季子,最小而贤,兄弟皆爱之。既除丧④,将立季子,季子辞曰:"曹宣公之卒也,诸侯与曹人不义曹君,将立子臧。子臧去之,遂不为也,以成曹君。君子曰:'能守节矣。'君,义嗣也⑤,谁敢干君⑥? 有国,非吾节也,札虽不才,愿附子臧⑦,以无失节。"固立之,弃其室而耕,乃舍之。遏曰:"今若是作而与季子⑧,季子必不受,请无与子而与弟,弟兄迭为君,而致诸侯乎季子。"皆曰:"诺。"故诸其为君者⑨,皆轻死为勇,饮食必祝曰:"天若有吾国⑩,必疾有祸予身。"故遏也死,馀祭立;馀祭死,夷昧立;夷昧死,而国宜之季子也。季子使而未还。僚者,长子之庶兄也⑪,自立为吴王。季子使而还,至则君事之。遏之子曰王子光⑫,号曰阖闾。不悦曰:"先君之所为,不与子而与弟者,凡为季子也⑬。将从先君之命,则国宜之季子也。如不从先君之命而与子,我宜当立者也。僚恶得为君?"于是使专诸刺僚⑭,而致国乎季子。季子曰:"尔杀我君，吾授尔国⑮，是吾与尔为乱也。尔杀我兄，吾又杀尔，是父子兄弟相杀，终身无已也。"去而之延陵，终身不入吴国，故号曰延陵季子。君子以其不受国为义，以其不杀为仁，是以《春秋》贤季子而尊贵之也⑯。

【注释】

①延陵季子：即季札。春秋时吴王寿梦的少子，因让国避居（一说受封）于延陵，故称延陵季子。事见《史记·吴太伯世家》。延陵，春秋时吴国邑名。故址在今江苏常州。

②吴王：即吴王寿梦，前585—前561年在位。吴国从寿梦为君后才开始逐渐强大。

③"嫡(dí)同母昆弟四人"以下五句：嫡，嫡出。指正妻之子。同母昆弟四人，《史记·吴太伯世家》谓："长曰诸樊，次曰馀祭，次曰夷昧，次曰季札。"司马贞《索隐》以为诸樊为遏的号。

④除丧：换掉丧服，改穿吉服。这里指吴王寿梦去世，诸樊除丧。见《史记·吴太伯世家》。

⑤义嗣：理所当然的继承者。

⑥干：冒犯，此处指反对。

⑦附：依从。

⑧作：通"迮(zè)"。《公羊传·襄公二十九年》即作"迮"。迮，乍。匆忙，仓促。

⑨其：汉魏本、四部本作"兄"。石光瑛《新序校释》据改。"诸其为君者"意更晓畅。

⑩有：通"右"。佑助，帮助。

⑪僚者，长子之庶兄也：僚是寿梦的庶长子，季札的庶兄。

⑫遏之子曰王子光：王子光，又称公子光，即阖闾，春秋末吴国国君。前514—前496年在位。按，此说与《史记·吴太伯世家》

同。而《春秋正义》、《史记集解》引《世本》云夷昧生光,《公羊传》
亦云。《左传·襄公三十一年》屈狐庸曰:"若天所启,其在今嗣
君乎! ……有吴国者,必此君之子孙实终之。"今嗣君亦指夷昧,
故服虔、惠栋等皆以公子光为夷昧之子。

⑬凡:底本作"几"。铁华馆本、汉魏本、四部本作"凡"。凡,有
"皆"、"都"的意思,于义为长。故据改。

⑭使专诸刺僚:伍子胥知公子光欲杀吴王僚以自立,乃荐专诸于
光。吴王僚十二年(前515),公子光埋伏甲士、准备酒宴,请王僚
赴席,使专诸置匕首于鱼腹中,乘进献时刺僚。僚立死,左右亦
杀专诸。事见《左传·昭公二十七年》、《史记·刺客列传》。

⑮吾授尔国:石光瑛《新序校释》认为"授"乃"受"之讹字,可参。

⑯《春秋》贤季子而尊贵之:《公羊传·襄公二十九年》:"吴子使札
来聘。吴无君,无大夫,此何以有君、有大夫? 贤季子也。何贤
乎季子? 让国也。"

【译文】

延陵季子,是吴王寿梦的儿子。吴王的正妻生了兄弟四人,长兄叫
遏,老二叫馀祭,老三叫夷昧,老四叫札。札就是季子,年纪最小但最贤
能,兄弟们都很喜爱他。吴王死后,诸子守孝结束,长子遏换掉丧服,要
立季子为国君,季子推辞道:"曹宣公死的时候,诸侯们和曹国人不赞成
负刍做国君,想要立子臧为君。子臧出走,所以没使诸侯和曹人达成心
愿,而成全了曹君负刍。君子说:'子臧能守节义。'您,是名正言顺的继
承人,谁敢反对您呢? 拥有吴国,不合我的节义。我虽没有才能,却愿
意效仿子臧,使自己不要丧失节义。"几个兄弟执意要立他为君,季子便
抛弃家业耕田去了,他们这才放弃了。遏说:"现在如果这样仓促地把
君位给季子,季子肯定不会接受,我请求王位不传给儿子而传给弟弟,
我们兄弟几人接替为君,就可以把王位传给季子了。"大家都说:"好。"
所以他们几个为君时,都勇敢不怕死,吃饭时必定要祷告说:"上天如果

保佑我们吴国,就一定快降灾祸给我。"因此遏死后,馀祭立为国君;馀祭死后,夷昧立为国君;夷昧死后,国君之位应该传给季子。此时季子出使他国还没回来。僚是长子遏的庶兄,乘机自立为吴王。季子完成出使任务回国,返回后就把僚当做国君事奉。遏的儿子叫王子光,又称阖闾。他不高兴地说:"先王之所以不传位给儿子而给弟弟,全都是为了季子。要是听从先王的遗命,则王位应该传给季子;如果不听从先王遗命而传给儿子,我应该立为国君。僚怎么能当国君呢?"于是派专诸刺杀了僚,然后把王位交给季子。季子说:"你杀了我的国君,我接受你的王位,那就是我和你一起犯上作乱。你杀了我的兄长,我又杀了你,那是父子兄弟互相残杀,永远都不会了结。"于是离开吴国去了延陵,终身不回国都,因此称作延陵季子。君子认为他不接受王位是节义,认为他不杀阖闾是仁爱,所以《春秋》以季子为贤并推崇他的贤德。

7.6　延陵季子将西聘晋①,带宝剑以过徐君②。徐君观剑,不言而色欲之③。延陵季子为有上国之使④,未献也,然其心许之矣。致使于晋,故反⑤,则徐君死于楚,于是脱剑致之嗣君⑥。从者止之曰:"此吴国之宝,非所以赠也。"延陵季子曰:"吾非赠之也。先日吾来,徐君观吾剑,不言而其色欲之。吾为有上国之使,未献也。虽然,吾心许之矣。今死而不进,是欺心也。爱剑伪心⑦,廉者不为也⑧。"遂脱剑致之嗣君。嗣君曰:"先君无命,孤不敢受剑⑨。"于是季子以剑带徐君墓树而去⑩。徐人嘉而歌之曰:"延陵季子兮不忘故,脱千金之剑兮带丘墓。"

【注释】

①延陵季子将西聘晋:事在前544年。聘,聘问,出使。

②徐：诸侯国名。在今安徽泗县一带。为吴至晋的必经之路。

③色欲之：神色间表现出想要的意思。

④上国：春秋时吴国称中原各诸侯国为上国。

⑤故反：返回。故，卢文弨《群书拾补》校作"顾"，石光瑛《新序校
　释》据以改。按，"故"通"顾"，"故反"即"顾反"，返回。则不改亦
　通。反，同"返"。

⑥嗣君：继位的国君。

⑦爱剑：吝惜剑。伪心：即上文所说"欺心"。

⑧廉者：这里指正直之人。

⑨先君无命，孤不敢受剑：按，石光瑛曰："徐之嗣君，义不受剑，以
　章先君之过，亦有道之主也。"

⑩带：挂。

【译文】

　　延陵季子要向西出使晋国，佩带着宝剑去拜访徐国国君。徐君观
赏宝剑时，虽没说出，神色间却流露出想要的意思。延陵季子因为还要
出使中原大国，所以没有献给他，但心里已经决定要给他了。等完成了
出使晋国的使命后，季子返回徐国，徐君已经死在楚国了，季子于是解
下宝剑交给继位的国君。他的侍从阻止说："这是吴国的宝物，不可以
赠送他人。"延陵季子说："我不是用来送人的。此前我来徐国，徐君观
赏我的剑，虽没说出来，神色间却流露出想要的意思。我因为还要到中
原大国访问，就没有献给他。虽然如此，我心里已经决定给他了。现在
徐君死去我却不给他剑，这是欺骗自己的良心。因为吝惜宝剑而欺骗
自己的良心，正直的人是不会这样做的。"于是解下宝剑交给继位的国
君。继位的国君说："先君没有遗命，我不敢接受宝剑。"于是季子便把
剑挂到徐君墓地的树上离开了。徐国人嘉许季子而歌唱道："延陵季子
啊不忘记旧故，解下千金之宝剑啊挂在坟墓。"

7.7　许悼公疾疟①，饮药毒而死。太子止自责不尝药②，不立其位，与其弟纬③。专哭泣，啜饘粥④，嗌不容粒⑤。痛己之不尝药，未逾年而死，故《春秋》义之⑥。

【注释】

①许悼公：名买。前546—前523年在位。许，西周所封诸侯国，战国时灭亡。疟（nüè）：一种周期性发冷发烧的急性传染病。

②太子止：许悼公太子，名止。自责不尝药：古礼，君有疾，饮药，臣先尝之；亲有疾，饮药，子先尝之。

③与其弟纬：将君位让给了他的弟弟纬。纬，许悼公子。

④啜（chuò）：饮，吃。饘（zhān）粥：稠粥。

⑤嗌（yì）：咽喉。

⑥《春秋》义之：按，《春秋·昭公十九年》载："许世子止弑其君买。"故《左传》云："许悼公疟……饮大子止之药卒。大子奔晋。书曰'弑其君'。"《公羊传》亦云："许世子不知尝药，累及许君也。"皆非"义之"，与此处所说不同。陈茂仁《新序校证》谓"义"为"责"字之误，亦无版本依据。

【译文】

许悼公得了疟疾，喝药中毒而死。太子止自责没有替父亲尝药，不肯接替君位，把君位让给了弟弟纬。他只是哭泣，只吃稠粥，咽喉都咽不下一粒米。他痛恨自己没有尝药，不到一年就死了，所以《春秋》一书称赞他有孝义。

7.8　卫宣公之子，伋也、寿也、朔也①。伋，前母子也；寿与朔，后母子也。寿之母与朔谋，欲杀太子伋而立寿也。使人与伋乘舟于河中，将沉而杀之②。寿知不能止也，因与之同舟，舟人不得杀伋。方乘舟时，伋傅母恐其死也③，闵而作诗④，《二子乘舟》之诗是也。其《诗》曰："二子乘舟，汎汎其景。愿言思子，中心养养⑤。"于是寿闵其兄之且见害，作忧思之诗，《黍离》之诗是也⑥。其诗曰："行迈靡靡，中心摇摇。知我者谓我心忧，不知我者，谓我何求？悠悠苍天，此何人哉⑦？"又使伋之齐，将使盗见载旌⑧，要而杀之⑨。寿止伋，伋曰："弃父之命，非子道也，不可。"寿又与之偕行。寿之母知不能止也，因戒之曰："寿无为前也。"寿又为前，窃伋旌以先行，几及齐矣，盗见而杀之。伋至，见寿之死，痛其代己死，涕泣悲哀。遂载其尸还，至境而自杀⑩，兄弟俱死。故君子义此二人，而伤宣公之听谗也。

【注释】

①卫宣公之子，伋(jí)也、寿也、朔也：《左传·桓公十六年》记载，卫宣公起初与其父的待妾夷姜私通，生了伋，又为伋到齐国娶妻，见齐女美而自纳之，称宣姜，生了寿和朔。卫宣公，姬姓，名晋，春秋时期卫国国君。前718—前700年在位。伋，《左传·桓公十六年》作"急子"，宣公太子。寿，《左传》作"寿子"。朔，《史记·卫康叔世家》作"子朔"。

②使人与伋乘舟于河中，将沉而杀之：按，《左传》与《史记》无此事。

③傅母：李华年《新序全译》："据《左传》，伋之傅（即师傅）为右公子，名职，傅母即职之妻。"

④闵而作诗：《毛诗序》说："《二子乘舟》，思伋、寿也。卫宣公之二子争相为死，国人伤而思之，作是诗也。"与此处说法不同。石光瑛《新序校释》："此《鲁诗》说也。"闵，同"悯"。

⑤"二子乘舟"以下四句：见《诗经·邶风·二子乘舟》。汎汎，通

"泛泛",漂浮的样子。景,同"影"。愿,思念的样子。中心,心中。养养,忧思而心神不定的样子。

⑥《黍离》:《毛诗序》说:"《黍离》,闵宗周也。周大夫行役至于宗周,过故宗庙宫室,尽为禾黍。闵周室之颠覆,彷徨不忍去,而作是诗也。"与此处说法不同。石光瑛《新序校释》:"此以《黍离》为公子寿作,与《说苑·奉使篇》不同。"

⑦"行迈靡靡"以下七句:见《诗经·王风·黍离》。黍,糜子,今称小米。离离,茂盛的样子。行迈靡靡,行路迟缓的样子。摇摇,心神不定的样子。此何人哉,用在这里指称其母。

⑧载旌:车上的旗子。这里指太子伋的标志。按,《史记》做白旄。

⑨要(yāo):拦截。

⑩至境而自杀:《左传·桓公十六年》、《史记·卫康叔世家》说是伋赶到后,向强盗说明身份,然后被杀害。与此处说法不同。

【译文】

　　卫宣公的儿子有伋、寿和朔。伋是前母夷姜的孩子;寿和朔是后母宣姜的孩子。寿的母亲与朔谋划,打算杀掉太子伋,然后立寿为太子。他们派人和伋在黄河上泛舟,打算将伋沉进河里杀害。寿知道无法阻止,于是和伋一起乘船,船上的人没有机会杀掉伋。在将要乘船时,伋的师母担心伋会遇害,怜悯他便作了首诗,就是《二子乘舟》这首诗。诗中写道:"两位公子一同乘船,漂浮着划向远方。我一想起你,心里就觉得忧伤。"那时候寿担心兄长会遇害,也作了一首忧伤的诗,就是《黍离》这首诗。诗中写道:"我慢慢地走在悠长的路上,心中的忧思无处诉说。了解我的人知道我心中忧伤,不了解我的人,问我究竟在寻找什么?遥远的苍天啊,这究竟是什么人造成的?"宣公又派伋到齐国去,打算让刺客看到伋车上的旗子,就拦截住杀害他。寿阻止伋去齐国,伋说:"不听从父亲的命令,不是儿子该尽的孝道,不可以那样做。"寿又与他一起上路。寿的母亲知道无法阻止他,于是告诫他说:"寿你不要走在前面。"

寿又走在前面,窃取了伋车上的旗子先走一步,就要到齐国的时候,刺客看见旗子便杀害了他。伋赶到时,看见了寿已死,哀痛他是代替自己死的,悲伤得痛哭流涕。于是用车装着寿的尸体返回卫国,到国界处就自杀了,兄弟二人便都死了。因此君子认为他们二人有节义,而为宣公的听信谗言感到悲伤。

7.9　鲁宣公者,鲁文公之弟也①。文公薨,文公之子子赤立为鲁侯②。宣公杀子赤而夺之国,立为鲁侯。公子肸者③,宣公之同母弟也。宣公杀子赤而肸非之。宣公与之禄,则曰:“我足矣! 何以兄之食为哉?”织屦而食④,终身不食宣公之食。其仁恩厚矣,其守节固矣,故《春秋》美而贵之⑤。

【注释】

①鲁宣公者,鲁文公之弟也:《左传》、《史记》以鲁宣公为鲁文公之子,而《公羊传》、《穀梁传》则认为鲁宣公为鲁文公之弟。据《史记·鲁周公世家》,宣公是文公次妃敬嬴所生,比文公太子子赤年长。鲁宣公,名倭,一作委,又作俀。春秋时鲁国国君。前608—前591年在位。鲁文公,名兴。前626—前609年在位。

②子赤:一名恶,鲁文公太子,文公正妻哀姜所生。文公薨时,子赤年纪尚幼。

③公子肸(xī):文公庶子,又称叔肸。

④屦(jù):古代用麻葛制成的一种鞋。

⑤故《春秋》美而贵之:《春秋·鲁宣公十七年》载:“公弟叔肸卒。”赵仲邑《新序详注》引《穀梁传》:“其曰公弟叔肸,贤之也。其贤之,何也? 宣弑而非之也。非之则胡为不去也? 曰:兄弟也。何

去而之? 与之财,则曰:'我足矣。'织屦而食,终身不食宣公之
食。"《公羊传》何休注:"称字者,贤之。宣公篡立,叔肸不仕其
朝,不食其禄,终身于贫贱。"

【译文】

　　鲁宣公是鲁文公的弟弟。文公过世,他的儿子子赤立为鲁国国君。
宣公杀了子赤,夺取了政权,自立为鲁侯。公子肸,是宣公的同母弟。
宣公杀了子赤,公子肸责难他。宣公给他爵位俸禄,他就说:"我已经够
用了,还要兄长的俸禄做什么用呢?"用麻绳编织鞋子,以此谋生,终身
不受宣公的俸禄。他的仁德恩泽深厚啊,他持守节义的决心坚定啊,所
以《春秋》一书赞美并推崇他。

　　7.10　晋献公太子之至灵台①,蛇绕左轮。御曰:"太子
下拜。吾闻国君之子,蛇绕左轮者速得国。"太子遂不行,返
乎舍。御人见太子,太子曰:"吾闻为人子者,尽和顺君,不
行私欲;恭严承命,不逆君安②。今吾得国,是君失安也,见
国之利而忘君安,非子道也;闻得国而拜其声,非君欲也。
废子道,不孝;逆君欲,不忠。而使我行之③,殆欲吾国之
危④,明也。"拔剑将死。御止之曰:"夫机祥妖孽⑤,天之道
也;恭严承命⑥,人之行也。拜祥戒孽,礼也;恭严承命,不以
身恨君,孝也。今太子见福不拜,失礼;杀身恨君,失孝。从
僻心⑦,弃正行,非臣之所闻也。"太子曰:"不然。我得国,君
之孽也。拜君之孽,不可谓礼。见机祥而忘君之安,国之贼
也。怀贼心以事君,不可谓孝。挟伪意以御天下,怀贼心以
事君,邪之大者也。而使我行之,是欲国之危,明也。"遂伏
剑而死⑧。君子曰⑨:"晋太子徒御使之拜蛇祥,犹恶之至于

自杀者,为见疑于欲国也。己之不欲国以安君,亦以明矣。
为一愚御过言之故,至于身死,废子道,绝祭祀,不可谓孝,
可谓远嫌一节之士也⑩。"

【注释】

①晋献公:姬姓,名诡诸。春秋时晋国国君。前 676—前 651 年在
　位。晚年宠爱骊姬,欲立其子,故杀太子申生。太子:即申生。
　母齐姜。申生因骊姬之谗而自杀,与此处所述死因不同。刘向
　或别有所据。灵台:古代观测天文、气象的建筑。春秋各诸侯国
　都有所建,非特指周文王所建之灵台。

②逆:违背。安:身体健康。

③而:你。

④欲吾:石光瑛《新序校释》据《论衡·异虚》校作"吾欲"。

⑤机(jī)祥妖孽(niè):吉凶之兆。机祥,吉祥。妖孽,灾祸。

⑥恭严:恭敬严肃。

⑦从僻心:放纵自己的邪心。从,通"纵"。僻心,这里指一偏之见。

⑧伏剑:即"服剑"。以剑自刎。

⑨君子曰:以下当为刘向所发之议论。

⑩远嫌:远避嫌疑。一节之士:石光瑛《新序校释》释为"守小节,而
　未闻君子之大道也"。

【译文】

晋献公的太子前往灵台,路上一条蛇缠住了他的左车轮。车夫说:
"太子下车叩拜。我听说国君的儿子,如果蛇缠住左车轮,会马上继承
君位。"太子于是停下不往前走,返回了自己的府邸。车夫参见太子,太
子说:"我听说作为儿子,对君父要和顺,不施行个人私欲;要恭敬严肃
地执行命令,不违背君父的安康。如果我得到国家,就意味着君父失掉
了安康。见到国君的好处就不顾君父的安康,这不是儿子该做的事;听

见能得到君位的说法就去叩拜，这不是君父希望看到的。背弃做儿子的道义，是不孝；违背君主的意愿，是不忠诚。你让我做这种事，是想让我的国家陷入危险当中，这是很明显的了。"拔出剑想要自杀。车夫阻止了他，说："那些吉凶之兆，是上天行事的常规；恭敬严肃地执行命令，是人们行事的准则。见吉兆而叩拜，见凶兆而警醒，是礼法；恭敬严肃地执行命令，不要让国君因您的死而抱恨，这就是孝子的道义。现在太子您看到祥瑞之兆不叩拜，是失了礼法；自杀而使国君悔恨，这是不孝。放纵自己的偏见，抛弃正确的行为，这不是我所听说过的。"太子说："不是这样。我得到国家，是因为君父有了灾难。叩拜君父的灾难，算不得礼法。看见祥瑞就不顾君父的安康，是国家的罪人。怀着叛逆的心思事奉君父，算不得孝顺。带着虚伪的念头治理天下，怀着叛逆的心思事奉君父，这是最大的邪恶。你让我这样做，是想让我的国家陷入危险当中，这是很明显的了。"于是以剑自刎了。君子说："晋国的太子，车夫让他叩拜蛇缠左轮的祥瑞，尚且厌恶以至于自杀，是因为怕别人怀疑他想要马上得到君位。他自己不想得到君位，只希望君父安康，也就因此而明白了。因为一个愚蠢的车夫说了错误的话，就自杀而死，背弃了做儿子的道义，断绝了宗庙的祭祀，不能叫做孝。他可以说是一个远避嫌疑的节士。"

7.11　申包胥者[1]，楚人也。吴败楚兵于柏举，遂入郢，昭王出亡在随[2]。申包胥不受命，而赴于秦乞师[3]，曰："吴为无道行，封豕长蛇[4]，蚕食天下。从上国[5]，始于楚。寡君失社稷[6]，越在草莽[7]，使下臣告急曰：'吴，夷狄也。夷狄之求无厌，灭楚，则西与君接境。若邻于君，疆埸之患也[8]。逮吴之未定[9]，君其图之。若得君之灵[10]，存抚楚国[11]，世以事君。'"秦伯使辞焉[12]，曰："寡君闻命矣，子其就馆，将图而告子。"对曰:"寡君越在草莽,未获所休,下臣何敢即安?"倚于庭墙立哭,日夜不绝声,水浆不入口,七日七夜。秦哀公为赋《无衣》之诗^⑬,言兵今出。包胥九顿首而坐。秦哀公曰:"楚有臣若此而亡,吾无臣若此,吾亡无日矣。"于是乃出师救楚。申包胥以秦师至楚,秦大夫子满、子虎帅车五百乘^⑭。子满曰:"吾未知吴道。"使楚人先与吴人战,而会之,大败吴师。吴师既退,昭王复国,而赏始于包胥。包胥曰:"辅君安国,非为身也;救急除害,非为名也。功成而受赏,是卖勇也^⑮。君既定,又何求焉?"遂逃赏,终身不见。君子曰:"申子之不受命赴秦,忠矣;七日七夜不绝声,厚矣;不受赏,不伐矣^⑯。然赏所以劝善也,辞赏,亦非常法也。"

【注释】

①申包胥:申氏,名包胥,又称王孙包胥,春秋时楚国大夫,因封于申,故称申包胥。《战国策·楚策》作"棼(fén)冒勃苏",棼冒,楚国姓氏,勃苏,声与"包胥"相近。

②吴败楚兵于柏举,遂入郢,昭王出亡在随:前506年,吴、楚战于柏举,楚军大败,吴军攻入楚都郢,楚昭王逃至随国。事见《左传·定公四年》。柏举,亦作"柏莒",春秋时楚地。在今湖北麻城附近。郢,楚国的都城,在今湖北江陵附近。昭王,楚昭王。芈姓,熊氏,名壬,又名轸。春秋时楚国国君。前515—前489年在位。随,古诸侯国名。姬姓。春秋后期为楚之附庸,地在今湖北随县。

③乞师:请求出兵援助。

④封豕长蛇:比喻吴国的贪暴。封,大。豕,野猪。

⑤从上国:使大国服从、臣服。石光瑛《新序校释》据《说苑》校作

"征上国",谓征伐上国。亦通。上国,春秋时吴国称中原各诸侯
　　国为上国。

⑥寡君:臣下对别国谦称本国国君。

⑦越:逃亡。

⑧埸(yì):疆界,边境。

⑨逮:到,等到。

⑩灵:威灵。

⑪存抚:安抚,保全。

⑫秦伯:指秦哀公。春秋时秦国国君。前536—前501年在位。

⑬《无衣》:即《诗经·秦风·无衣》。一般认为是写将士作战时的
　　同仇敌忾。

⑭子满:《左传·定公五年》作"子蒲"。

⑮是:底本作"非"。汉魏本、四部本作"是",石光瑛《新序校释》据
　　以改。今从之。

⑯伐:自夸。

【译文】

　　申包胥是楚国人。吴国在柏举大败楚国军队,接着攻入郢都,楚昭
王逃亡到了随国。申包胥没有请示接受楚王的命令,就奔赴秦国请求
救兵,说:"吴国没有仁道,像大野猪和长蛇一样贪婪残暴,想要蚕食天
下。他要使中原大国臣服,首先从楚国开始。我的君主失去了国家,逃
亡在草野之中,派我来报告急难说:'吴国,是野蛮的夷狄人。夷狄人的
贪欲是永不满足的,灭亡了楚国,他们就在西面与您的国土接壤。吴国
如果成了您的邻国,那是您国境上的祸患。趁吴国还没在楚国立住脚,
请您谋划一下。如果能借助您的威灵,保全楚国,我们会世代事奉国君
您的。'"秦国国君派人拒绝道:"我们的国君已经知道您的请求了,您先
到驿馆休息,我们商议后就给您答复。"申包胥回答说:"我们的君主逃
亡在草野之中,无安身之所,我做臣子的怎敢休息呢?"于是靠着宫廷的

墙壁,站立在那里哭泣,日夜不停,水都不喝一口,哭了七天七夜。秦哀公为他吟诵了《无衣》这首诗,答应他马上出兵。申包胥叩了九次头才坐下来。秦哀公说:"楚国有这样的臣子尚且亡国,我没有这样的臣子,不知哪天就会亡国了。"于是派兵援救楚国。申包胥和秦国的军队一起到了楚国,秦国大夫子满、子虎率领五百辆兵车,子满说:"我不了解吴国的战术。"就让楚国军队先和吴国交战,然后与楚军会合,大败吴国军队。吴国军队已退,昭王回到了楚国,从申包胥开始论功行赏。申包胥说:"辅佐君主安定国家,不是为了自己;帮助国家解救急难铲除祸患,不是为了名声。事情成功了就接受赏赐,是出卖自己的义勇。您君位已经稳固了,我还有什么可要求的呢?"于是逃避昭王的赏赐,终身不再出现。君子说:"申子未经请命奔赴秦国,是忠诚啊;哭泣七日七夜不停止,是仁厚啊;不接受赏赐,是他不自夸功劳啊。但赏赐是为了鼓励人们做好事,推辞赏赐,也不合于国家常规。"

7.12　齐崔杼者①,齐之相也。弑庄公②,止太史无书君弑及贼③,太史不听,遂书贼,曰:"崔杼弑其君。"崔子杀之。其弟又嗣书之,崔氏又杀之④。死者二人⑤,其弟又嗣复书之,乃舍之。南史氏是其族也⑥,闻太史尽死,执简以往,将复书之,闻既书矣,乃还。君子曰:"古之良史⑦。"

【注释】

①崔杼:姜姓,崔氏,名杼。春秋时齐国大夫。少时有宠于齐惠公,惠公死,崔杼逃往卫国。后返齐,庄公时为齐国大夫。弑杀庄公后,立景公,自立为右相。

②弑庄公:庄公见崔杼妻子美貌,便与之私通,崔杼借庄公再次登门时,与党徒射杀庄公。见《左传·襄公二十五年》、《史记·齐

太公世家》。弑，古时称臣杀君、子杀父母。庄公，齐庄公。姜
姓，名光，春秋时齐国国君。前553—前548年在位。

③太史：官名。西周、春秋时太史掌记载史事、编写史书、起草文
书，兼管国家典籍和天文历法等。贼：逆乱者。

④氏：铁华馆本、汉魏本、四部本作"子"。

⑤死者二人：《左传》作"其弟嗣书而死者二人"。

⑥南史氏：史官名。

⑦古之良史：这是孔子称赞晋太史董狐的话。见《左传·宣公二
年》。

【译文】

　　齐国的崔杼，是齐国的相国。他弑杀了庄公，阻止太史记载弑杀君
主的事和逆乱者，太史不听劝阻，记载了逆乱者的名字，写道："崔杼弑
杀了他的君主。"崔杼杀了太史，他的弟弟又继续记载这件事，崔杼又杀
了他。一连杀了两个史官，死者的弟弟又继续记载这件事，崔杼只好作
罢。南史氏是太史的族人，听说太史都死了，拿了简策赶过去，准备继
续记载，听到已经记载下来了，才返回去。君子说："他们保持了古代优
秀史官的风范。"

　　7.13　齐攻鲁，求岑鼎①，鲁君载岑鼎往②。齐侯不信而
反之，以为非也。使人告鲁君："柳下惠以为是③，因请受
之。"鲁君请于柳下惠④，柳下惠对曰："君之欲，以为岑鼎也，
以免国也？臣亦有国于此⑤，破臣之国，以免君之国，此臣所
难也。"鲁君乃以真岑鼎往。柳下惠可谓守信矣，非独存己
之国也，又存鲁君之国。信之于人，重矣，犹舆之有輗軏
也⑥。故孔子曰："大车无輗，小车无軏，其何以行之哉⑦？"此
之谓也。

【注释】

①岑鼎：鼎名。亦名崇鼎、谗鼎。传说为夏禹所铸造的九鼎之一，后为鲁国所得。

②鲁君载岑鼎往：据下文，鲁君此次给齐国者乃是赝品。《韩非子·说林下》即云："鲁以其赝往。"

③柳下惠：又称柳下季。即展禽，名获，字禽。食邑在柳下，谥惠，故称柳下惠。春秋时鲁国贤大夫。

④鲁君：底本句前原有"请"字，衍。石光瑛《新序校释》据《吕氏春秋·审己》删。今从之。

⑤国：此处柳下惠把坚守诚信喻为"国"。《新论·履信》云："信者亦臣之国。"《吕氏春秋·审己》高诱注："言己有此信以为国也。"

⑥輗(ní)：古代牛车车辕前端与车衡相衔接的活销。軏(yuè)：古代马车车辕前端与车横木衔接处的活销。

⑦大车无輗，小车无軏，其何以行之哉：见《论语·为政》。大车，牛车。小车，马车。

【译文】

　　齐国攻打鲁国，要求鲁献出岑鼎，鲁君派人用车装着假岑鼎送去了。齐君不相信而送了回来，认为是赝品。他派人告诉鲁君："柳下惠如果说是真品，我就收下。"鲁君请柳下惠帮忙瞒过齐君，柳下惠回答说："您的想法是为了岑鼎呢，还是为了免除国家的灾难呢？我这里也有诚信之国，毁掉我的国，来保全国君您的国，这是我难以做到的。"鲁君于是送去了真岑鼎。柳下惠可以说是守信用的人，不仅仅保全了自己的诚信之国，还保全了鲁君的国家。诚信对一个人而言，是很重要的了，就像车不能没有活销啊。所以孔子说："大车没有安横木的活销，小车没有安横木的活销，怎么能行走呢？"说的就是这种情形啊。

　　7.14　宋人有得玉者，献诸司城子罕①，子罕不受。献玉人曰②：“以示玉人，玉人以为宝，故敢献之。”子罕曰：“我以不贪为宝，尔以玉为宝，若与我者，皆丧宝也。不若人有其宝③。”故宋国之长者曰：“子罕非无宝也，所宝者异也。今以百金与搏黍以示儿子④，儿子必取搏黍矣；以和氏之璧与百金以示鄙人⑤，鄙人必取百金矣；以和氏之璧与道德之至言以示贤者，贤者必取至言矣。其知弥精，其取弥精；其知弥粗，其取弥粗。子罕之所宝者至矣。”

【注释】

①司城：古官名。即司空，古代中央政府中掌管工程的长官。子罕：乐喜，为宋戴公六世孙。宋平公、元公、景公时执政。当时有贤名。

②人：汉魏本、铁华馆本、四部本作“者”。

③人有其宝：人各有其宝。

④百金：百两之金。金，先秦时指黄铜。搏黍：李华年《新序全译》认为是黄鹂的别名。旧说为小米饭团，则“搏”当通“抟（tuán）”。抟，捏之成团。搏，汉魏本作“抟”。儿子：孩童。

⑤和氏之璧：当时著名的宝玉。楚人和氏所献，故称“和氏璧”。鄙人：粗鄙无知之人。

【译文】

有个宋国人得到了一块玉，献给司城子罕，子罕不接受。献玉的人说：“我找玉工看过了，玉工认为是块宝玉，所以才冒昧地献给您。”子罕说：“我把不贪别人的财物看成宝物，你把玉看成宝物，如果把玉给了我，那我们就都失去了宝物，不如各自拥有自己的宝物。”因此宋国的长者说：“子罕不是没有宝物，他眼中的宝物不同于常人罢了。现在把百两之金和一只黄鹂鸟放在孩童面前，孩童肯定会选择黄鹂鸟；把和氏璧和百两之金放在无知之人面前,无知之人肯定选择百两之金;把和氏璧和精深的哲理放在贤人面前,贤人肯定选择精深的哲理。他的见识越广博深刻,他的选择越精当;他的见识越粗陋浅薄,他的选择越粗疏。子罕所珍视的宝物是最高尚的。"

7.15　昔者有馈鱼于郑相者①,郑相不受。或谓郑相曰:"子嗜鱼②,何故不受?"对曰:"吾以嗜鱼,故不受鱼。受鱼失禄,无以食鱼;不受得禄,终身食鱼。"

【注释】

①馈(kuì):赠送。郑相:《韩非子·外储说右》、《韩诗外传》卷三、《淮南子·道应训》、《史记·循吏列传》皆为"鲁相"。鲁相,即公仪休,为鲁博士。

②嗜:喜欢,爱好。

【译文】

从前,有人送鱼给郑国的相国,郑相不接受。有人对郑相说:"您喜欢吃鱼,为什么不收下呢?"郑相回答说:"我因为喜欢吃鱼,所以不收别人送的鱼。收下鱼会丢掉官职失去俸禄,我就无法买鱼吃了;不收鱼我就能保住俸禄,一辈子都可以买鱼吃。"

7.16　原宪居鲁①,环堵之室②,茨以生蒿③,蓬户瓮牖④,揉桑以为枢⑤,上漏下湿,匡坐而弦歌⑥。子赣闻之⑦,乘肥马,衣轻裘⑧,中绀而表素⑨,轩车不容巷⑩,往见原宪。原宪冠叶冠⑪,杖藜杖而应门⑫。正冠则缨绝⑬,衽襟则肘见⑭,纳屦则踵决⑮。子赣曰:"嘻!先生何病也?"原宪仰而应之曰:"宪闻之,无财之谓贫,学而不能行之谓病。宪贫也,非病也。若夫希世而行⑯,比周而交⑰,学以为人,教以为己,仁义之慝⑱,舆马之饰,宪不忍为也。"子赣逡巡⑲,面有愧色,不辞而去。原宪曳杖拖履,行歌《商颂》而反⑳,声满天地,如出金石。天子不得而臣也,诸侯不得而友也。故养志者忘身,身且不爱,孰能累之。《诗》云:"我心匪石,不可转也;我心匪席,不可卷也㉑。"此之谓也。

【注释】

①原宪:又名仲宪、原思,字子思,孔子弟子。鲁人,一说宋人。孔子去世后,隐居于草泽中。见《史记·仲尼弟子列传》。

②环堵之室:即斗室。环堵,四周各一堵墙。

③茨(cí):用茅或苇覆盖房子,此处指屋顶。

④蓬户瓮牖(yǒu):蓬草编成的门,破瓮作成的窗。指贫寒之家。

⑤枢:门上的转轴。

⑥匡坐:正坐。弦歌:依琴瑟而咏歌。

⑦子赣:即子贡。孔子的弟子。姓端木,名赐,字子贡。是孔门四科言语科中的佼佼者。又善经商,富致千金。

⑧轻裘:轻暖的皮衣。

⑨中绀(gàn):黑红色的衣服里子。绀,黑中带红。表素:白色的衣面。

⑩轩车:有帷幕的车。古代大夫以上所乘。后亦泛指车。

⑪冠叶冠:石光瑛《新序校释》认为当依《庄子》作"冠华冠"。叶的繁体字形"葉"与华的繁体字形"華"形近。华,即栬,皮可以为索。其说可参。

⑫藜杖:用藜的老茎做的手杖。藜,一种草本植物,茎直立。

⑬缨:系冠的带子。

⑭衽襟：整理衣襟。

⑮屦（jù）：单底鞋。多以麻、葛、皮等制成。后亦泛指鞋。踵决（quē）：鞋子的后跟破裂开来。踵，指鞋后跟。决，破裂。

⑯希世：迎合世俗，迎合统治者的意志。

⑰比周：结党营私。

⑱愿（nì）：通"匿"。缺失。

⑲逡（qūn）巡：因为有所顾虑而徘徊不前。

⑳行歌：边行走边歌唱。借以抒发自己的感情，表示自己的意向、意愿等。《商颂》：《诗经》的一部分。

㉑"我心匪石"以下四句：见《诗经·邶风·柏舟》。意即石头坚硬还可以转动，席子平整还可以卷起，而自己心志坚硬平整，胜过石头和席子。匪，同"非"。

【译文】

　　原宪居住在鲁国，他住着一间小房子，屋顶长出了蒿草，用蓬草编了扇门，用破瓦罐当窗户，把桑条揉成几股当门轴，屋顶漏雨，地面潮湿，他却正襟危坐在那里弹琴唱歌。子赣听说这件事后，驾着高头大马，穿着轻暖的皮袍，黑红色的内衬，雪白的袍面，乘坐着窄巷无法通过的豪华车子，来见原宪。原宪戴着树叶编的帽子，拄着藜杖来开门。他要是扶正帽子，帽带就会拉断；抬手整理衣襟，臂肘就会露出来；提一提鞋子，鞋后跟就会破裂。子赣说："呀！先生怎么病成这样？"原宪昂起头回答说："我听说，没有钱财叫做贫穷，学习许多道理却不实行才叫做病。我是贫穷，不是病。那些迎合世俗，结党营私，求学只为炫耀才学，教人只为收取学费，以仁义的缺失，获得车马的豪华装饰，那我是不愿意做的。"子赣进退不安，满面羞愧，没有告辞就离开了。原宪拿着手杖拖着鞋子，边走边唱着《商颂》回去，声音高昂得充斥天地间，就像钟磬发出的一般。这时候天子无法招纳他为臣子，诸侯不能攀他做朋友。所以说磨炼心志的人不在意自己的身体，连自己都不顾惜了，还有谁能牵绊他呢。《诗经》说:"我的心不是石头,不能随意转动;我的心不是席子,不能随意卷曲。"说的就是这种情形啊。

7.17　晏子之晋①,见披裘负刍息于途者②,以为君子也,使人问焉,曰:"曷为而至此?"对曰:"齐人累之③。吾名曰越石甫④。"晏子曰:"嘻!"遽解左骖以赎之⑤,载而与归。至舍,不辞而入。越石甫怒而请绝,晏子使人应之曰:"婴未尝得交也,今免子于患,吾于子犹未可耶?"越石甫曰:"吾闻君子诎乎不知己⑥,而信乎知己者⑦,吾是以请绝也。"晏子乃出见之曰:"向也见客之容,而今也见客之意。婴闻察实者不留声⑧,观行者不几辞⑨。婴可以辞而无弃乎⑩?"越石甫曰:"夫子礼之,敢不敬从。"晏子遂以为上客。俗人之有功则德⑪,德则骄。晏子有功,免人于厄⑫,而反诎下之,其去俗亦远矣,此全功之道也⑬。

【注释】

①晏子:齐国贤相。名婴,字仲,谥"平"。历仕齐国灵公、庄公、景公三君。《晏子春秋》一书即是有关他的传说故事集。

②刍:喂牲畜的草。

③累(léi):通"缧",囚犯。此指奴隶。

④越石甫:生平不详。《史记·管晏列传》、《晏子春秋·内篇·杂上》作"越石父"。

⑤遽(jù):匆忙。骖:驾车时位于两边的马。

⑥诎(qū):屈服。

⑦信:通"伸"。

⑧留:伺察。

⑨几:通"讥",察问。

⑩辞:道歉。

⑪俗人:平庸的人。德:以为有恩德。

⑫厄:困苦,灾难,危难。

⑬全功之道:保全功德的方法。

【译文】

　　晏子到晋国去,看见一个人披着皮袄、背着喂牲口的草在路上休息,看起来有君子之风,就派人问道:"怎么落到这个地步啊?"回答说:"齐国人把我作为奴隶。我叫做越石甫。"晏子叹口气说:"唉!"急忙解开左边驾车的骖马赎下越石甫,并带他一起坐车回去。到家后,没跟越石甫打招呼就进去了。越石甫发脾气请求绝交,晏子派人答复他说:"我和您以前没有交情,现在我将您从困境中解救出来,我为您做的还不够吗?"越石甫说:"我听说,君子屈从于不了解自己的人,而伸张于了解自己的人,所以我请求绝交。"晏子于是出来见他说:"从前我只看到了您的容色,现在才了解了您的志向。我听说考察人的实质不在意他的声名,观察人的行为不在意他的言辞,我可以向您道歉而请求您不要抛弃我吗?"越石甫说:"您以礼相待,我怎敢不听从呢?"晏子于是把他当作上等宾客。一般人有功于人便自以为有恩德,自以为有恩德就会骄傲自大。晏子做了好事,从困境中解救了他人,反而对那个人礼遇有加,他的境界比一般人高明得太多啊。这就是保全功德的方法。

　　7.18　子列子穷①,容貌有饥色。客有言于郑子阳者曰②:"子列子圉寇,盖有道之士也,居君之国而穷,君无乃为不好士乎?"子阳令官遗之粟数十乘③,子列子出见使者,再拜而辞。使者去,子列子入,其妻望而拊心曰④:"闻为有道者妻子,皆得佚乐,今妻子皆有饥色矣。君过而遗先生⑤,先

生又辞,岂非命也哉!"子列子笑而谓之曰:"君非自知我者
也,以人之言而知我,以人之言而遗我粟也。其罪我也,又
将以人之言,此吾所以不受也。且受人之养,不死其难,非
义也;死其难,是死无道之人,岂义哉?"其后,民果作难,杀
子阳。子列子之见微除不义远矣⑥。且子列子内有饥寒之
忧,犹不苟取,见得思义,见利思害,况其在富贵乎?故子列
子通乎性命之情⑦,可谓能守节矣。

【注释】

①子列子:即列子。名寇,又名御寇、围寇。战国时郑国人,道家代表
　人物之一。今存有《列子》一书(今本《列子》虽成书较晚,其材料却
　多来自先秦)。"子列子"的第一个"子",是学生对老师的尊称。

②郑子阳:战国时郑国相国,又称驷子阳,生活在郑繻公(前422—
　前396年在位)时代。

③数十乘:数十车。乘,《吕氏春秋·观世》作"秉"。秉,古代度量
　单位,十六斛(一百六十斗)为一秉。武井骥《刘向新序纂注》、石
　光瑛《新序校释》据改。可参。陈茂仁《新序校证》认为"秉"数量
　太少,当以"乘"为是。其说亦可商。一秉为一百六十斛,"数十
　秉"则亦非"小数"。

④望:埋怨,责备。拊心:拍胸,表示哀痛或悲愤。

⑤君:指子阳。赵仲邑《新序详注》认为,子阳不是郑国的国君,但
　有封地的卿、大夫也叫做君。

⑥见微:指见微知著。微,微小。除不义:免于不义。

⑦性命之情:关于人的生死、富贵、穷达的道理,也就是人生之理。

【译文】

列子生活困顿,脸上有饥色。郑国相国子阳的门客对子阳:"列子

是个德高望重的人，住在您的国家却生活困顿，您莫不是不喜好士人吧？"子阳便派官吏送给列子数十车粮食，列子出门参见使者，两度拜谢后拒绝了馈赠。使者离开后，列子回到房间里，他的妻子捶胸埋怨道："听说有大道的人，妻子儿女都能得到安逸的生活。现在您的妻子儿女都面带饥色。相国礼遇您而送粮食给您，您又拒绝，难道这就是我的命吗！"列子笑着对她说："相国不是自己了解我的，而是通过他人的言辞了解我的，因为他人的言辞而送给我粮食。以后他若降罪于我，也将会是因为别人的言辞。这就是我不接受的原因。况且接受了他人的供养，不为他的灾难赴死，是不讲道义；为他的灾难赴死，是为没有德行的人而死，又怎么能算是道义呢？"此后，百姓果然变乱，杀死了子阳。列子从细小之处预见到结果，免除了陷于不义的境地，真是目光长远啊。况且列子全家有饥饿贫寒的忧患，仍然能够不随便接受馈赠，在好处面前能想到道义，在利益面前能思虑到危害，更何况在富贵的时候呢？所以列子洞悉人生之理，可以称得上能坚守节义了。

　　7.19　屈原者，名平，楚之同姓大夫①。有博通之知，清洁之行，怀王用之②。秦欲吞灭诸侯，并兼天下。屈原为楚东使于齐，以结强党③。秦国患之，使张仪之楚④，货楚贵臣上官大夫、靳尚之属⑤，上及令尹子兰、司马子椒⑥，内赂夫人郑袖⑦，共谮屈原⑧。屈原遂放于外，乃作《离骚》⑨。张仪因使楚绝齐，许谢地六百里⑩。怀王信左右之奸谋，听张仪之邪说，遂绝强齐之大辅。楚既绝齐，而秦欺以六里。怀王大怒，举兵伐秦，大战者数，秦兵大败楚师，斩首数万级⑪。秦使人愿以汉中地谢⑫，怀王不听，愿得张仪而甘心焉。张仪曰："以一仪而易汉中地，何爱仪！请行。"遂至楚，楚囚之。上官大夫之属共言之王，王归之。是时怀王悔不用屈原之策,以至于此,于是复用屈原。屈原使齐还,闻张仪已去,大为王言张仪之罪,怀王使人追之,不及。后秦嫁女于楚,与怀王欢,为蓝田之会⑬。屈原以为秦不可信,愿勿会,群臣皆以为可会。怀王遂会,果见囚拘,客死于秦,为天下笑。怀王子顷襄王⑭,亦知群臣诒误怀王⑮,不察其罪,反听群谗之口,复放屈原。屈原疾暗主乱俗,汶汶嘿嘿⑯,以是为非,以清为浊。不忍见污世,将自投于渊,渔父止之。屈原曰:"世皆醉,我独醒;世皆浊,我独清⑰。吾独闻之,新浴者必振衣⑱,新沐者必弹冠⑲。又恶能以其泠泠⑳,更事之嘿嘿者哉?吾宁投渊而死。"遂自投湘水汨罗之中而死㉑。

【注释】

①屈原者,名平,楚之同姓大夫:屈原,名平,字原。一说名原,字平(参章培恒先生、赵逵夫先生说)。楚王室同姓贵族,青年时曾供职于兰台。楚怀王十年(前319)任左徒之职,对外主张"联齐抗秦",对内主张政治改革。曾受命草拟宪令,因妨害了旧贵族的利益,受到上官大夫、宠臣靳尚、王妃郑袖等人的谗毁,加之秦国的离间,怀王十六年(前313)被免去左徒之职,而担任教育王族子弟的三闾大夫。楚怀王受张仪欺骗,又被秦国先后在丹阳、蓝田打得大败,于十八年(前311)又命屈原出使齐国,恢复齐楚邦交。怀王二十四年(前305)、二十五年(前304)秦楚和好,屈原又被放于汉北,任掌梦之职。怀王二十八年(前301)秦、齐、韩、魏攻楚,垂沙一战,楚军惨败,主将唐昧战死。屈原被从汉北召回。次年(前300)怀王入秦被扣留,顷襄王继位,因亲秦的旧贵族的谗毁,屈原又被放于江南之野。襄王十六年(前283),顷襄王与秦昭王会于楚故都鄢郢,屈原感到楚国灭亡之势已定,遂投汨罗

江而死。其作品有《离骚》、《天问》、《招魂》、《九歌》及《卜居》、《渔父》等,是我国古代伟大的爱国诗人。事见《史记·屈原列传》(今本《屈原列传》有错乱,详汤炳正《屈原列传理惑》),并参赵逵夫先生《屈原与他的时代》。同姓大夫,楚国王族,有屈、景、昭三姓。

②怀王:楚怀王,名槐,战国时楚国国君。前328—前299年在位。

③屈原为楚东使于齐,以结强党:楚怀王十年(前319),屈原任左徒之职,因主张"联齐抗秦",曾多次出使齐国。强党,强助。指战略同盟。

④张仪:战国时魏国人,纵横家代表人物。秦惠文君十年(前328),任秦相,封武信君,帮助秦惠文君称王。秦武王元年(前310)离秦回魏,后卒于魏。他主张"连横以斗诸侯",使秦国国土大大扩张,"拔三川之地,西并巴蜀,北收上郡,南取汉中",为秦的最后统一打下了基础。

⑤货:贿赂。靳尚:楚怀王侍臣,与张仪有交情。后张仪为因商於地欺楚再次使楚时,被怀王拘囚,将被杀。靳尚为其进说楚王,又让郑袖日夜言于怀王,使张仪最终得释。不久为张旄所杀。见《史记·屈原贾生列传》。

⑥令尹子阑:即子兰,楚怀王幼子,顷襄王弟,顷襄王时为令尹。见《史记·屈原贾生列传》。令尹,春秋战国时楚国执政官名。职掌政治事务,辅佐楚王制定大政方针。令尹主要由楚国贵族当中的贤能来担任,且多为芈姓之族。令尹之职,相当于春秋时中原诸国的相。司马子椒:生平不详。

⑦郑袖:楚怀王宠姬。

⑧谮(zèn):说别人的坏话,诬陷。

⑨屈原遂放于外,乃作《离骚》:《离骚》作于屈原被遣放汉北期间。诗人被放后曾北上到楚故都鄢郢、郢拜谒先王之庙及公卿祠堂,然

后写了这首充满激情的政治抒情诗。故开头先说到楚人的远祖高阳和屈氏的始封君伯庸,结尾时又说看到楚人旧乡,因而不忍背离国家而远去。诗中抒发了诗人在为实现美政理想而努力中遭受打击、排挤的悲愤情绪和强烈的爱国之情,是一篇高贵灵魂的痛苦自传和心灵史诗。

⑩许谢地六百里:答应酬谢商於之地六百里,在今陕西商县、河南西峡一带。

⑪大战者数,秦兵大败楚师,斩首数万级:楚怀王十七年(前312)春,与秦战丹阳,秦大败楚军,斩甲士八万,虏大将军屈匄、裨将军逢侯丑等七十余人,遂取汉中之郡。楚怀王大怒,乃集中全国兵力再次袭秦,战于蓝田,楚军复大败。

⑫秦使人愿以汉中地谢:楚怀王十八年(前311),秦复约与楚亲,愿分汉中之半以和楚。

⑬蓝田之会:蓝田,在今陕西渭河平原南缘、秦岭北麓、渭河支流灞河上游。秦置县,以产美玉闻名。按,《史记·楚世家》载楚怀王三十年(前299),秦昭王大败楚军,因致信约见楚怀王会于武关,重新结盟。楚怀王至,秦使一将军闭武关,劫持怀王至咸阳拘禁起来。武关,在今陕西丹凤东南。此处与《史记》记载不同。

⑭顷襄王:即楚襄王,战国末期楚国国君。怀王之子,名横。前298年—前263年在位。

⑮谄:底本作"谘",误。今据诸本改。

⑯汶汶(mén):昏暗不明的样子。嘿嘿(mò):同"默默",沉默的样子。

⑰世皆醉,我独醒;世皆浊,我独清:《楚辞·渔父》作"举世皆醉我独醒,举世皆浊我独清"。

⑱振衣:抖衣去尘,整衣。

⑲弹冠:弹去冠上的灰尘,整冠。

⑳泠泠(líng)：清洁的样子。

㉑汨(mì)罗：汨罗江。湘江支流,在湖南东北部。

【译文】

　　屈原名平,是出身楚国王族的大夫。学识广博通达,品行清正廉洁,怀王很重用他。秦国想要吞并其他诸侯国,兼并天下。屈原为楚国出使东面的齐国,从而与之结成强大的盟友。秦国为此而担心,派张仪出使楚国,贿赂楚国的显贵大臣上官大夫、靳尚等人,在上层中贿赂令尹子兰、司马子椒;内廷中贿赂楚王的宠夫人郑袖,他们一同说屈原的坏话。于是屈原被流放到国都之外,在那里写下了《离骚》。张仪趁机让楚国和齐国绝交,答应把秦国六百里的土地作为酬谢。怀王相信了身边这些奸臣的谋划,听从了张仪的诡计,于是和强大的齐国断绝了邦交。楚国已经和齐国绝交,而秦国哄骗楚国说只许诺酬谢六里土地。怀王大为震怒,起兵攻打秦国,交战多次,楚军被秦军打得大败,数万人被杀。秦国派人去讲和,愿意以汉中的土地向怀王谢罪,怀王不同意,希望得到张仪杀掉他来平息怒气。张仪说:“用我一个张仪来换汉中的土地,何必舍不得我! 请让我前去。”于是到了楚国,楚国把他囚禁了起来。上官大夫等人一同向怀王说好话,怀王便放走了张仪。当时怀王后悔没有采用屈原的计策,才落到这种境地,于是重新任用屈原。屈原出使齐国回来后,听说张仪已经逃走了,便给怀王大谈张仪的罪行,怀王派人追赶张仪,已经追不上了。后来秦国又嫁女儿到楚国,要和怀王交好,在蓝田结盟。屈原认为秦国不值得信任,希望怀王不要和秦君见面,大臣们都认为可以见面。于是怀王去会见秦君,果然被囚禁起来,客死在秦国,被天下人所笑。怀王的儿子顷襄王,也知道是大臣们的谄媚害死了怀王,却不追究他们的罪责,反而听信他们的谗言,再次流放了屈原。屈原痛恨昏庸的君主,混乱的世道,一片黑暗模糊,举世沉默不言,把对的当成错的,把清白的当成污浊的。屈原不愿意看到污秽的人世,打算投水自尽,一位渔父阻止了他。屈原说:“世人都沉醉,只有我清醒;世人都污浊,只有我洁清。我听说,刚洗完澡的人一定要整理衣服,刚洗完头发的人一定要掸掉帽子上的灰尘。我又怎能以我的清廉高洁,去事奉那些污浊混沌的人呢? 我宁可投水自尽。"于是就跳进湘水汨罗江自尽了。

7.20　楚昭王有士曰石奢①,其为人也,公正而好义,王使为理②。于是廷有杀人者③,石奢追之,则其父也。遂反于廷曰:"杀人者,仆之父也。以父成政④,不孝;不行君法,不忠。施罪废法⑤,而伏其辜⑥,仆之所守也。伏斧锧⑦,命在君。"君曰:"追而不及,庸有罪乎? 子其治事矣。"石奢曰:"不私其父,非孝也;不行君法,非忠也;以死罪生,非廉也。君赦之,上之惠也;臣不敢失法,下之行也。"遂不离铁锧,刎颈而死于廷中。君子闻之曰:"贞夫。法哉!"孔子曰:"子为父隐,父为子隐,直在其中矣⑧。"《诗》曰:"彼己之子,邦之司直⑨。"石子之谓也。

【注释】

①楚昭王:芈姓,熊氏,名壬,又名轸。春秋时楚国国君。前515—前489年在位。石奢:楚大夫。

②理:官名。治理狱讼的官员。

③廷:《韩诗外传》《史记·循吏列传》作"道"。按,作"廷"亦通。

④成政:成就政绩。

⑤施:通"弛",宽缓,放纵。

⑥辜:罪。

⑦斧锧(zhì):古代刑具。指行刑时的斧子与铁砧。下"铁(fū)锧"同。

⑧子为父隐，父为子隐，直在其中矣：见《论语·子路》。前二句次
　　序互乙。隐，隐瞒。直，正直。按，孔子所说的"直在其中"，是从
　　父慈子孝的伦理学角度而言的。

⑨彼己之子，邦之司直：见《诗经·郑风·羔裘》。己，毛诗作"其"。
　　司直，主持正道的人。

【译文】

　　楚昭王有个士人叫做石奢，他为人公平正直而且讲道义，昭王让他
做掌管刑法的官。当时朝廷上有人杀人，石奢追捕他，竟然是自己的父
亲。他于是回到朝廷，说："杀人凶手是在下的父亲。以让父亲伏法来
成就政令，是不孝；不执行君主的法令，是不忠。放纵罪犯废弃法令后
承担罪责，就是我该做的事了。我愿伏在斧锧上，听从君主的命令。"昭
王说："追捕罪犯但没追到，哪里有罪呢？您还是去治理刑法之事吧。"
石奢说："不为自己的父亲徇私情，是不孝；不执行君主的法令，是不忠；
犯了死罪还苟且地活着，是不廉正。您赦免我，是您的恩德；我不敢废
弃法令，是我的品行。"于是不离开斧锧，自己刎颈死在朝廷上了。君子
听到后说："坚贞的人。守法啊！"孔子说："儿子替父亲隐瞒，父亲替儿
子隐瞒，正直也就在其中了。"《诗经》说："他那个人，是国家中主持正道
的人。"说的就是石奢啊。

　　7.21　晋文公反国①，李离为大理②，过杀不辜③，自系
曰："臣之罪当死。"文公令之曰："官有上下，罚有轻重，是下
吏之罪也，非子之过也。"李离曰："臣居官为长，不与下让
位；受禄为多，不与下分利。过听杀无辜，委下畏死④，非义
也。臣之罪当死矣。"文公曰："子必自以为有罪，则寡人亦
有过矣。"李离曰："君量能而授官，臣奉职而任事。臣受印
绶之日⑤，君命曰：'必以仁义辅政，宁过于生，无失于杀。'臣

受命不称,壅惠蔽恩⑥,如臣之罪,乃当死,君何过之有?且理有法,失生即生,失杀即死⑦。君以臣为能听微决疑,故任臣以理。今离刻深⑧,不顾仁义;信文墨⑨,不察是非;听他辞,不精事实⑩;掠服无罪⑪,使百姓怨。天下闻之,必议吾君;诸侯闻之,必轻吾国。怨积于百姓,恶扬于天下,权轻于诸侯。如臣之罪,是当重死⑫。"文公曰:"吾闻之也,直而不枉,不可与往;方而不圆,不可与长存。愿子以此听寡人也。"李离曰:"君以所私害公法,杀无罪而生当死⑬,二者非所以教于国也,离不敢受命。"文公曰:"子独不闻管仲之为人臣耶?身辱而君肆,行污而霸成⑭。"李离曰:"臣无管仲之贤,而有辱污之名;无霸王之功,而有射钩之累⑮。夫无能以临官⑯,籍污以治人⑰,君虽不忍加之于法,臣亦不敢污官乱治以生,臣闻命矣。"遂伏剑而死。

【注释】

①晋文公:姬姓,名重耳。春秋时期晋国国君。前636—前628年在位。春秋五霸之一。他年少时因骊姬之乱流亡列国十九年,回国后励精图治,开创了晋国长达一个多世纪的中原霸权。立九年而薨,谥号为"文"。

②李离:春秋时晋国大夫,生平不详。大理:掌管刑罚的最高长官。

③过:即下文之"过听"。错误审理。

④委下:将过错推卸给下属。

⑤印绶(shòu):印信和系印信的丝带,借指官职。

⑥壅(yōng):堵塞,障蔽。

⑦失生即生,失杀即死:《史记·循吏列传》作"失刑则刑,失死则死",意相近。意思是说,错误地判定刑罚,自己就要承担罪责;

　　错误地判定死刑,自己就要承担死罪。

⑧离:李离自称。刻深:苛刻而深文周纳。

⑨文墨:刑律判状。

⑩精:明。

⑪掠服:严刑拷打,使之屈服。

⑫重(chóng)死:死而又死。

⑬杀无罪而生当死:杀了无罪之人,而让本当被处死的人活了下
　　了。生,使之生。

⑭身辱而君肆,行污而霸成:管仲年少时家境贫寒,与鲍叔牙合伙
　　做生意,每次都多分红利;他多次参加战斗,因家有老母,所以每
　　次都临阵脱逃,行为不算是光明正大;后辅佐公子纠,与齐桓公
　　争位失败后,公子纠死,管仲没有以身殉主,而是被齐桓公囚拘,
　　后来助桓公完成了霸业。见《史记·管晏列传》。

⑮射钩:公子纠与公子小白争君位,管仲当时辅佐纠,曾用箭射中
　　小白衣服上的带钩,险些射杀小白。

⑯临官:高居官位。

⑰籍污:凭借着污行。籍,通"藉"。

【译文】

　　晋文公返回晋国后,李离为掌管刑罚的最高官员,因审理失误,杀
了一个无罪的人,他拘捕了自己,说:"我犯下的罪责应该判死刑。"文公
对他说:"官员职位有高低之分,处罚有轻重之分,这是您手下官吏的过
失,不是您的过错。"李离说:"我任这个部门的长官,没有把职位让给手
下的官吏;我得到的俸禄最多,也没有分给手下的官吏。审理错误而杀
了无罪的人,却自己怕死将责任推给下属,这是不合道义的。我的罪责
应当是被处死的。"文公说:"您一定认为自己有罪,那我也有过失。"李
离说:"您按能力大小授予官职,我接受官职然后处理政务。我接过官
印那天,您嘱咐道:'一定要用仁义之心辅佐政事,宁可错判让犯死罪的

活下来,也不能把不当判死罪的错判为死罪。'我接受官位却不称职,遮蔽了君主对百姓的恩惠,像我这样的罪责应该判死刑,您有什么过错呢?况且法律规定,错判了刑罚,就要接受同样的惩罚;错判了死刑,就要承担死罪。您认为我能够明察秋毫,决断疑难案件,所以让我主管刑法。现在我苛刻严酷,不顾及仁义;只相信刑律判状,不明察是非对错;听信他人的言辞,不明辨事实真相;拷打无罪的人使之屈服,让百姓怨恨朝廷。天下人听说了此事,一定会非议我的君主;诸侯们听说了此事,一定会轻视我的国家。怨恨积累在百姓心里,恶名传播到天下各国,使国君的威权在诸侯国中降低。像我这种罪责,判多次死刑都不为过。"文公说:"我听说过,只知直走而不知转弯,是无法前进的;为人刚直但不懂变通,是不能和他长期相处的。希望您据此而听我的话。"李离说:"您因为爱惜我而损害国法,杀了无罪的人而让本当处死的人活了下来,这两者都不是教导百姓的方法,我不敢接受命令。"文公说:"您难道没听说过管仲是如何做臣子的吗?他蒙受牢狱之辱,却能让君主施展抱负;行为有污,却助君主完成霸业。"李离说:"我没有管仲的贤才,却有不好的名声;没有助君主完成霸业的功劳,却有陷害君主的罪过。没有能力却高居官位,依靠污行来治理百姓,君主虽不忍心依法处理我,我也不敢玷污官声、毁坏法纪而苟活于世。我知道我的命数了。"于是用剑自杀了。

7.22 晋文公反国,酌士大夫酒,召咎犯而将之①,召艾陵而相之②,授田百万。介子推无爵③,齿而就位④。觞三行⑤,介子推奉觞而起曰:"有龙矫矫,将失其所。有蛇从之,周流天下。龙既入深渊,得其安所。蛇脂尽干,独不得甘雨⑥。此何谓也?"文公曰:"嘻!是寡人之过也。吾为子爵与,待旦之朝也;吾为子田与,河东阳之间⑦。"介子推曰:"推闻君子之道，谒而得位⑧，道士不居也；争而得财，廉士不受也。"文公曰："使我得反国者，子也⑨。吾将以成子之名。"介子推曰："推闻君子之道，为人子而不能承其父者⑩，则不敢当其后；为人臣而不见察于其君者，则不敢立于其朝。然推亦无索于天下矣⑪。"遂去而之介山之上⑫。文公使人求之不得，为之避寝三月⑬，号呼期年⑭。《诗》曰："逝将去汝，适彼乐郊。适彼乐郊，谁之永号⑮?"此之谓也。文公待之不肯出，求之不能得，以谓焚其山宜出⑯。及焚其山，遂不出而焚死。

【注释】

①咎犯：即狐偃，字子犯，戎国人，春秋时晋国的卿，重耳的舅父，故又称舅犯。智计过人，重耳返国，咎犯之功甚多。

②艾陵：生平不详。赵仲邑《新序详注》疑为赵衰，可参。

③介子推：《左传》作"介之推"，春秋时晋人。跟随晋公子重耳出亡，曾有恩于重耳。但重耳返国继位后，论功行赏时却漏掉了介子推。爵：爵位。

④齿而就位：以年龄大小为次序就位。

⑤觞（shāng）三行：敬酒三次。觞，向人敬酒。

⑥"有龙矫矫"以下八句：这是介子推给晋文公说的隐语。龙，以喻晋文公。蛇，介子推自喻。矫矫，勇武的样子。

⑦"吾为子爵与（yú）"以下四句：这是晋文公回答介子推的隐语。与，语气词。河，黄河。东阳，地名，在太行山以东。

⑧谒：请，请求。

⑨使我得反国者，子也：《庄子・盗跖》、《韩非子・用人》、《韩诗外传》卷十等记载，介子推在跟随重耳出亡时，曾割肉给重耳充饥。

⑩承：继承，顺承。

⑪索：索取，求取。

⑫介山：山名，一名绵山。在今山西介休东南。因介子推曾隐居此山，故名。

⑬避寝：谓避正寝。古代帝王自我贬责的一种表示。

⑭期(jī)年：一周年。

⑮"逝将去汝"以下四句：见《诗经·魏风·硕鼠》。第三句"适彼乐郊"，《诗经》作"乐郊乐郊"。永号，长久欢呼。

⑯以谓：以为。谓，通"为"。

【译文】

晋文公返回晋国，为士大夫摆酒设宴，召见咎犯任命为将军，召见艾陵任命为相国，还赐给他们百万亩良田。介子推没有爵位，只是按照年龄在席位就座。敬了三次酒后，介子推端着酒杯起身说："一条英勇威武的龙，将要失去安身的地方。一条蛇跟随着他，四处流亡。龙已经进到了深水池中，得到了安身的地方。蛇耗尽了膏血，却得不到甘霖的滋润。请问这说的是什么事呢？"文公说："哎呀！这是我的错啊。我给您官爵吧，等到明天一早早朝的时候；我给您封田吧，在黄河东阳之间。"介子推说："我听说过君子行事的准则，因请求而得到的官职，有道的人不会任职；由争夺得到的财物，刚正的人不会接受。"文公说："让我能够重回晋国的人是您，我将要使您得到应有的声名。"介子推说："我听说过君子行事的准则，作为儿子不能顺承父亲的心意，就不敢成为父亲的继承者；作为臣子而不被他的君主赏识，就不敢置身于君主的朝堂上。不过我对天下之事也没什么索求了。"于是离开朝廷隐居到介山。文公派人找他，没有找到，为此三个月不进正寝以示自责，叹息了一整年。《诗经》说："我发誓要离开你，去到一片乐郊。去到那片乐郊，只有长久欢笑。"说的就是这种情形。文公等他，他不肯出来，找他又找不到，以为放火烧山他将会出来。等到放火烧山时，介子推仍不肯出来，最终被烧死了。

7.23　　申徒狄非其世①，将自投于河，崔嘉闻而止之曰②："吾闻圣人仁士之于天地之间，民之父母也。今为濡足之故③，不救溺人，可也④？"申徒狄曰："不然。昔者，桀杀关龙逢、纣杀王子比干而亡天下⑤；吴杀子胥、陈杀洩冶而灭其国⑥。故亡国残家，非圣智也⑦，不用故也。"遂负石沉于河。君子闻之曰："廉矣乎！如仁与智，吾未见也。"《诗》曰："天实为之，谓之何哉⑧？"此之谓也。

【注释】

① 申徒狄：殷末人。根据《庄子·盗跖》记载，申徒狄屡谏君王而不听，于是跳河自杀。非：非难。

② 崔嘉：生平不详。

③ 濡（rú）足：湿脚。指被沾污。

④ 可也：即"可邪"。也，诸本作"乎"。

⑤ 桀杀关龙逢（páng）：关龙逢是夏桀的臣子，因谏言被杀，见《吕氏春秋·必己》。纣杀王子比干：比干是纣王叔父，屡次劝谏纣王不听，后被纣王剖心。

⑥ 吴杀子胥：根据《史记·吴太伯世家》与《伍子胥列传》记载，吴王阖庐被越王句践所败，夫差即位，败句践于会稽。句践贿赂吴太宰嚭（pǐ），用美色宝器向夫差求和，夫差不听伍子胥的忠告，与句践讲和。又不听伍子胥的忠告，对句践毫不防备，将精兵调往北方伐齐，与诸侯争霸，导致国力空虚。后又听太宰嚭谗言，逼令伍子胥自杀。伍子胥死后十二年，吴国为句践所灭，夫差自杀。陈杀洩（yì）冶：陈灵公与大臣孔宁、仪行父都与夏姬私通。洩冶劝谏灵公，灵公告诉了孔宁、仪行父，二人要杀洩冶，灵公未阻止，洩冶被二人杀害。见《史记·陈杞世家》。冶，底本作

"治"，误。

⑦非圣智也：《韩诗外传》作"非无圣智也"。朱季海《新序校理》：

"'非'下盖夺'无'字。"

⑧天实为之，谓之何哉：见《诗经·邶风·北门》。

【译文】

　　申徒狄非难当世，打算投河自尽，崔嘉听说后阻止他道："我听说圣贤仁德的人生活在天地之间，就是芸芸众生的父母。现在因为怕湿了脚的缘故，而不去救溺水的人，可以吗？"申徒狄说："不是这样的。从前夏桀杀害关龙逢、商纣杀害王子比干而葬送了天下；吴王杀害伍子胥、陈灵公杀害泄冶而亡了国家。所以他们亡国破家，不是没有圣贤之人，而是因为不重用圣贤。"于是抱着石头沉进河里自尽了。君子听说后，说："刚正啊！至于仁德与智慧，我却没能从中见到。"《诗经》说："天命如此，有什么办法呢？"说的就是这种情形。

　　7.24　齐大饥，黔敖为食于路①，以待饿者而食之②。有饿者蒙袂接屦③，贸贸然来④。黔敖左奉食，右执饮曰："嗟⑤！来食！"饿者扬其目而视之曰："予唯不食嗟来之食，以至于此也。"从而谢焉⑥，终不食而死。曾子闻之曰："微与⑦！其嗟也可去，其谢也可食。"

【注释】

①黔（qián）敖：齐人，生平不详。

②食（sì）：给人食物吃。

③蒙袂：用袖子蒙住脸，谓不愿见人。接屦：拖着鞋子，指饿得迈不开步。《礼记·檀弓下》作"辑屦"。

④贸贸然：神情恍惚的样子。

⑤嗟:叹词。表招呼。

⑥从:跟上去。谢:道歉。

⑦微:无,毋。与:语气词。

【译文】

　　齐国有大的饥荒,黔敖在路边准备了食物,等待有饥民前来给他吃。有个饥民用袖子蒙住脸,拖着鞋子,神情恍惚地走过来。黔敖左手捧着食物,右手端着汤水说:“喂! 来吃吧!”饥民抬起眼睛看着他说:“我就是因为不吃呵喊施舍的食物,才会落到这个境地啊。”黔敖跟上去道歉,饥民最终不肯进食而饿死了。曾子听到后说:“不用这样啊! 他呵喊的时候可以离开,他既然道歉就可以吃了。”

　　7.25　东方有士曰袁族目①,将有所适,而饥于道。狐父之盗丘人也②,见之,下壶餐以与之。袁族目三餔而能视③,仰而问焉,曰:“子谁也?”曰:“我狐父之盗丘人也④。”袁族目曰:“嘻! 汝乃盗也,何为而食我? 以吾不食也⑤。”两手据地而欧之⑥,不出,喀喀然⑦。遂伏地而死。县名为胜母,曾子不入⑧;邑号朝歌,墨子回车⑨。故孔子席不正不坐,割不正不食⑩,不饮盗泉之水⑪,积正也。族目不食而死,洁之至也。

【注释】

①袁族目:《吕氏春秋·介立》、《列子·说符》作“爰旌目”,《后汉书·张衡传》作“旌瞀”,注云“一作爰精目”。生平不详。

②狐父之盗丘人也:狐父,古地名。在今河南永城芒砀山北,古砀城城北,古汴河之南,以产名戈著称。盗丘人,《吕氏春秋》、《列子》无“人”字。“丘”当为强盗名。石光瑛《新序校释》作“狐父之

盗曰丘",意可参。

③铺(bū):喂食。

④我狐父之盗丘人也:石光瑛《新序校释》作"我狐父之人丘也",删"盗"字。可参。

⑤以吾不食也:《吕氏春秋·介立》、《列子·说符》作"吾义不食子之食也",故石光瑛《新序校释》作"以吾义不食也"。可参。

⑥欧:同"呕",吐。

⑦喀喀然:象声词,呕吐的声音。

⑧县名为胜母,曾子不入:曾子至孝,故而不入名叫"胜母"之县。

⑨邑号朝歌,墨子回车:墨子主张"非乐",故不入名叫"朝歌"之城。

⑩席不正不坐,割不正不食:见《论语·乡党》。割,切。

⑪不饮盗泉之水:《尸子》卷下:"(孔子)过于盗泉,渴矣而不饮,恶其名也。"盗泉,在今山东泗水。

【译文】

东方有个士人叫做袁族目,将要去一个地方,饿得倒在半路上。狐父一个叫做丘的强盗看到了,从身上取出水壶和食物给他。袁族目吃了好几口才能睁开眼睛看,他抬头问道:"您是什么人?"强盗说:"我是狐父的一个强盗,叫做丘。"袁族目说:"哎呀!你是强盗,为什么要给我食物?我不吃你的东西。"两手撑着地然后呕吐,一时吐不出来,发出喀喀的声音。于是倒在地上死了。县城名叫"胜母"的,曾子就不进去;城邑名叫"朝歌"的,墨子就调转车头。因此,坐席摆放的方向不合礼制,孔子就不坐;不按规定的方法切肉,孔子就不吃;泉水名叫盗泉,孔子就不喝,就是要长期培养、积蓄自身的正气。袁族目不吃强盗的食物而死,他的品格是最高洁的。

7.26　鲍焦衣弊肤见①,洁畚将蔬②,遇子赣于道③。子赣曰:"吾子何以至此也?"焦曰:"天下之遗德教者众矣,吾何以不至于此也。吾闻之,世不己知而行之不已者,是爽行也④;上不己知而干之不止者,是毁廉也。行爽廉毁,然且不舍,惑于利者也。"子赣曰:"吾闻之,非其世者不生其利,污其君者不履其土。今吾子污其君而履其土,非其世而将其蔬,此谁之有哉?"鲍焦曰:"呜呼! 吾闻贤者重进而轻退,廉者易丑而轻死⑤。"乃弃其蔬而立,槁死于洛水之上⑥。君子闻之曰:"廉夫,刚哉! 夫山锐则不高,水狭则不深,行特者其德不厚⑦,志与天地疑者⑧,其为人不祥⑨。鲍子可谓不祥矣。其节度浅深⑩,适至而止矣。"《诗》曰:"已焉哉⑪! 天实为之,谓之何哉?"

【注释】

①鲍焦:春秋时的一位隐者。见《庄子·盗跖》成玄英疏。衣弊肤见(xiàn):衣服破旧,皮肤露在外面。见,同"现"。

②洁畚(běn)将蔬:拿着筐子,采摘蔬菜。洁,通"挈(qiè)",拿。《韩诗外传》卷一即作"挈"。畚,古代用草绳、竹片编成的筐子。将,拿,取。此指采摘。《韩诗外传》卷一作"持"。

③子赣:即子贡,孔子弟子。姓端木,名赐,字子贡。

④爽:差错。

⑤丑:愧。

⑥洛水:水名。即今河南洛河。

⑦特:不同一般,异常。

⑧疑:通"拟",比拟。

⑨不祥:这里指不幸。

⑩节度:气节度量。

⑪已焉哉:既然这样。

【译文】

鲍焦衣服破旧,皮肤露在外面,提着箩筐去采摘蔬菜,在路上遇到了子赣。子赣说:"您怎么落到这种境地了?"鲍焦说:"天下抛弃道德教化的人太多,我怎能不落到这种境地呢? 我听说,世人不了解自己还不停地做下去,这是错误的行为;当政者不了解自己还不停地求取官职,这是败坏廉洁的。行为错误,廉洁败坏,然而还不停止,是因为受到了利益的诱惑。"子赣说:"我听说,非难世道的人不在这世上得到好处,指责君主昏庸的人不踏进他的国土。现在您指责君主昏庸却行走在他的国土上,非难世道却采摘世上的蔬菜,这些都是谁所有的呢?"鲍焦说:"唉呀! 我听说贤德的人很谨慎地对待出仕做官,而轻松对待辞官隐退;廉洁的人以羞愧为易,而以一死为轻。"于是扔掉蔬菜站在那里,像橘木一样死在洛水边上了。君子听说后,说:"廉洁的人! 刚烈啊! 山头太尖就不会很高;水面太窄就不会很深;行为奇特的人,德行不会太深厚;心志要和天地比拟的人,他的人生会不幸的。鲍先生可以说是不幸的了。他的气节度量,也只能走到这样的地步了。"《诗经》说:"算了吧! 天命如此,有什么办法呢?"

7.27　公孙杵臼、程婴者①,晋大夫赵朔客也②。晋赵穿弑灵公③,赵盾时为贵大夫④,亡不出境,还不讨贼⑤,故《春秋》责之,以盾为弑君⑥。屠岸贾者,幸于灵公。晋景公时⑦,贾为司寇⑧,欲讨灵公之贼。盾已死,欲诛盾之子赵朔,遍告诸将曰:"盾虽不知⑨,犹为首贼,贼臣弑君,子孙在朝,何以惩罪? 请诛之。"韩厥曰⑩:"灵公遇贼,赵盾在外,吾先君以为无罪,故不诛。今诸君将妄诛,妄诛谓之乱;臣有大事,君不闻,是无君也。"屠岸贾不听。韩厥告赵朔趣亡⑪,赵朔不肯,曰:"子必不绝赵祀,予死不恨。"韩厥许诺,称疾不出。

贾不请而擅与诸将攻赵氏于下宫⑫，杀赵朔、赵同、赵括、赵婴齐⑬，皆灭其族⑭。

【注释】

①公孙杵臼：春秋时晋国人，赵盾、赵朔父子的门客。生平不详。程婴：春秋时晋国义士，为赵盾、赵朔父子的友人。生平不详。相传为古少梁邑（今陕西韩城）人。

②赵朔：嬴姓，赵氏，名朔，谥号"庄"，故称赵庄子。春秋时晋国大夫。他是大夫赵衰之孙、赵盾之子，其妻为晋成公之姊。

③赵穿弑灵公：晋灵公荒淫残暴，赵盾多次进谏不但不听，还欲杀害赵盾，赵盾逃亡。前607年，赵穿弑杀灵公，迎回赵盾，共立晋成公。赵穿，赵氏旁支，赵盾堂兄弟，赵朔堂叔父，晋襄公的女婿。晋国大夫。灵公，姬姓，名夷皋，春秋时晋国国君。前620—前607年在位。

④赵盾：赵氏，名盾，谥号"宣"，时人尊称其赵宣子、宣孟。赵衰之子。春秋时晋国卿大夫。贵大夫：当时赵盾为晋上卿，主持国政。

⑤亡不出境，还不讨贼：晋灵公多次欲杀害赵盾未遂，赵盾出逃，还未逃出国境，赵穿就杀死了灵公，立襄公弟黑臀为君，即晋成公。赵盾又回来主持国政。故晋太史批评赵盾"亡不越境，反不讨贼"。见《左传·宣公二年》《史记·赵世家》。

⑥故《春秋》责之，以盾为弑君：《左传·宣公二年》载，赵穿弑灵公后，晋国史官书"赵盾弑其君"，因为赵穿弑灵公，赵盾并未出国境；回到晋国后又未惩处赵穿。

⑦晋景公：名据，春秋时晋国国君。前599—前581年在位。

⑧司寇：官名。夏殷已有之。周为六卿之一，曰秋官大司寇。掌管刑狱、纠察等事。春秋列国亦多置之。

⑨盾虽不知：赵穿杀灵公时，赵盾已出逃，所以不知情。

⑩韩厥：姬姓，韩氏，名厥，谥号"献"，即韩献子。晋灵公时，赵盾曾推荐他作司马。

⑪趣（cù）亡：赶紧逃跑。趣，赶快，从速。

⑫下宫：地名，赵氏宗族所居之地。

⑬赵同、赵括、赵婴齐：赵盾异母弟。

⑭皆灭其族：这里所据的是《史记·赵世家》。《左传》所载则与此不同。谓赵朔死后，赵朔妻庄姬与赵朔叔父赵婴齐私通，赵同、赵括将赵婴齐流放齐国，庄姬怀恨在心，向晋景公诬告赵同、赵括谋反，晋讨赵氏，将其田产赏与他人。见《左传·成公四年》、《成公五年》、《成公八年》及杜预注。

【译文】

公孙杵臼、程婴是晋国大夫赵朔的门客。晋国赵穿弑杀晋灵公，赵盾当时是晋国的上卿执政，他逃亡到边境没有出国界，就返回晋国，回来后不惩处弑杀君主的凶手，因此受到《春秋》的责备，认为是赵盾杀害了灵公。屠岸贾，很受灵公宠爱。晋景公在位时，屠岸贾做了司寇，他要讨伐弑杀灵公的凶手。赵盾已经死了，他要杀掉赵盾的儿子赵朔，于是遍告所有的将领说："赵盾虽然不知情，但仍然是逆贼之首。做臣子的杀害了国君，他的子孙却还在朝为官，这还怎么能惩治罪人呢？请各位诛杀他们。"韩厥说："灵公遇害的时候，赵盾在外面，我们的先君认为他无罪，所以没有杀他。如今各位要随意诛杀他的后人，随意诛杀就是作乱。臣子有大事却不让国君知道，这是目无君主。"屠岸贾不听。韩厥就告知赵朔让他赶快逃跑。赵朔不肯，说："您一定能不使赵氏的香火断绝，这样我死了也就没有遗恨了。"韩厥答应了他的要求，谎称有病不出门。屠岸贾不请示国君就擅自和将领们在下宫攻袭赵氏，杀死了赵朔、赵同、赵括、赵婴齐，并且灭绝了他们的家族。

赵朔妻，成公姊①，有遗腹，走公宫匿。公孙杵臼谓程婴：“胡不死？”婴曰：“朔之妻有遗腹，若幸而男，吾奉之；即女也，吾徐死耳。”无何而朔妻免②，生男。屠岸贾闻之，索于宫。朔妻置儿袴中③，祝曰：“赵宗灭乎，若号；即不灭乎，若无声。”及索，儿竟无声。已脱，程婴谓杵臼曰：“今一索不得，后必且复之，奈何？”杵臼曰：“立孤与死孰难？”婴曰：“立孤亦难耳！”杵臼曰：“赵氏先君遇子厚④，子强为其难者，吾为其易者，吾请先死。”而二人谋取他婴儿，负以文褓⑤，匿山中。婴谓诸将曰：“婴不肖，不能立孤。谁能与吾千金，吾告赵氏孤处。”诸将皆喜，许之，发师随婴攻杵臼。杵臼曰：“小人哉，程婴！下宫之难，不能死，与我谋匿赵氏孤儿，今又卖之。纵不能立孤儿，忍卖之乎？”抱而呼：“天乎！赵氏孤儿何罪？请活之，独杀杵臼也。”诸将不许，遂并杀杵臼与儿。诸将以为赵氏孤儿已死，皆喜。然赵氏真孤儿乃在，程婴卒与俱匿山中。

【注释】

①赵朔妻，成公姊：此处从《史记·赵世家》。《左传·成公八年》杜预注，赵朔妻庄姬为成公女。

②免：通“娩”，分娩。

③袴（kù）：古代指左右各一，分裹两胫的套裤，以别于满裆的“裈”。

④赵氏先君：指赵朔。

⑤文褓：绣花的襁褓。

【译文】

赵朔的妻子是成公的姐姐，怀有赵朔的遗腹子，她逃到景公宫里躲藏起来。公孙杵臼对程婴说:"您为什么不以身殉主?"程婴说:"赵朔的妻子有身孕,如果有幸是男孩,我就奉养他;如果是女孩,我再晚一步去死。"过了不久,赵朔的妻子分娩,生下男孩。屠岸贾听到后,到宫中去搜查。赵朔的妻子把婴儿放在套裤里,祷告说:"赵氏宗族要是灭绝,你就大哭;如果不会灭绝,你就不要出声。"搜查的时候,婴儿始终没有出声。脱险以后,程婴对公孙杵臼说:"今天这次搜查没有找到,以后一定要再来搜查,怎么办?"公孙杵臼说:"扶立孤儿和赴死,哪件事更难?"程婴说:"扶立孤儿很难啊。"公孙杵臼说:"赵氏的先君待您不薄,您就勉为其难,我去做那件容易的,让我先死吧!"于是两人设法得到别人家的婴儿,给他包上绣花的小花被背着,藏到深山里。程婴从山里出来对众将军说:"我程婴不成器,不能扶养赵氏孤儿。谁能给我千金,我就告诉他赵氏孤儿藏在哪里。"将军们都很高兴,答应了他,就派兵跟随程婴去攻打公孙杵臼。杵臼说:"程婴,你这个小人啊!当初下宫之难你不能去死,跟我商量藏匿赵氏孤儿,如今你却出卖了他。即使你不能抚养,怎能忍心出卖他呢!"他抱着婴儿大叫道:"天啊!赵氏孤儿有什么罪?请你们让他活下来,只杀我杵臼吧。"众将不答应,于是杀了杵臼和孤儿。众将以为赵氏孤儿已经死了,都很高兴。然而真的赵氏孤儿却仍然活着,程婴最终和他一起隐藏到深山里。

居十五年①,晋景公病,卜之,大业之胄者为祟②。景公问韩厥,韩厥知赵孤存,乃曰:"大业之后,在晋绝祀者,其赵氏乎!夫自中行衍③,皆嬴姓也。中行衍人面鸟噣④,降佐帝大戊及周天子⑤,皆有明德。下及幽、厉无道⑥,而叔带去周适晋⑦,事先君缪侯⑧,至于成公,世有立功,未尝绝祀。今及吾君,独灭之赵宗,国人哀之,故见龟策⑨。唯君图之。"景公问:"赵尚有后子孙乎?"韩厥具以实告。景公乃与韩厥谋立赵孤儿,召匿之宫中。诸将入问病,景公因韩厥之众,以胁诸将而见赵孤儿。孤儿名武⑩。诸将不得已,乃曰:"昔下宫之难,屠岸贾为之,矫以君命,并命群臣。非然,孰敢作难?微君之病,群臣固将请立赵后。今君有命,群臣愿之。"于是召赵武、程婴遍拜诸将,遂俱与程婴赵氏攻屠岸贾,灭其族。复与赵氏田邑如故⑪。

【注释】

①居十五年:至晋景公十七年(前583)。

②大业之胄者为祟(suì):《说苑·复恩》"胄"下有"不遂"二字。大业,古帝颛顼的后裔,是秦人的先祖,也是赵人的先祖。见《史记·秦本纪》、《赵世家》。胄,帝王或贵族的子孙。祟,指鬼神给人带来的灾祸。

③中行衍:大业子伯益之后。一作"中衍"。

④人面鸟噣(zhòu):人面鸟嘴。《史记·秦本纪》说中衍是"鸟身人言"。噣,底本作"蜀"。此据汉魏本、铁华馆本、四部本改。

⑤降佐帝大戊及周天子:中衍降生于世,做殷帝大戊的御者;他的后嗣造父是周穆王的御者,曾驾车一日千里,助穆王平定了叛乱;造父的六世孙奄父,在千亩之战中救周宣王脱险。见《史记·秦本纪》、《赵世家》。帝大戊,商代贤君,即中宗。

⑥幽、厉:周幽王、厉王的合称。幽王,西周天子,前781—前771在位。名宫涅(一作生),周宣王之子,西周的亡国之君。残暴奢靡,重用小人,宠褒姒,废申后和太子,后被申侯联合犬戎诛杀。厉王,西周天子,前877—前841在位。名胡,夷王子。暴虐奢侈,用巫师监视人民来消除批评,以致国人敢怒不敢言,道路以目。即位三年后,激起百姓叛乱,厉王被流放彘地。见《史

记·周本纪》。

⑦叔带：造父七世孙，奄父之子。因周幽王荒淫无道，他就离开周
　　王朝到了晋国，事奉晋文侯，开始在晋国建立赵氏家族。

⑧事先君缪侯：缪侯，《史记·晋世家》作"穆侯"，姬姓，名费王，前
　　811年—前785在位。按，晋缪侯在位时间早于周幽王，前文既
　　云叔带以幽、厉无道而去周适晋，则必不在晋缪侯时。晋文侯，
　　名仇，缪侯长子，前780—前746在位。即位初正及幽王被杀，平
　　王迁都。则叔带适晋当在晋文侯时。

⑨见：同"现"。龟策：龟甲和蓍草，古代占卜之具。

⑩孤儿名武：即赵武。谥号"文"，故称"赵文子"。见《史记·赵世
　　家》。

⑪复与赵氏田邑如故：《左传·成公八年》："乃立赵武，反其田焉。"

【译文】

过了十五年，晋景公生病，进行占卜，占卜的结果说是大业的子孙后代做祟。景公问韩厥，韩厥知道赵氏孤儿还在世，便说："大业的后代子孙中如今已在晋国断绝香火的，就是赵氏啊！从中行衍传下的后代都是嬴姓。中行衍人面鸟嘴，来到人世辅佐殷帝太戊及周天子，都有美好的德行。到了幽王、厉王昏庸无道，叔带就离开周王朝来到晋国，事奉先君缪侯，一直到成公，他们世代都建立了功业，从未断绝过香火。如今到了国君您这里，独独灭了赵氏宗族，国人都为他们悲哀，所以就显现在龟甲和蓍草中了。希望国君您好好考虑！"景公问道："赵氏还有后代子孙吗？"韩厥就把实情告诉了景公。于是景公就与韩厥商量立赵氏孤儿，先把他找来藏在宫中。将军们进宫问候景公的病情，景公依靠韩厥的众多部属迫使将军们同赵氏孤儿见面。孤儿名叫赵武。将军们不得已，只好说："当初下宫那次事变，是屠岸贾发动的，他假传君命，并且向群臣发令。不然的话，谁敢发动变乱呢？即使不是您有病，大臣们本来就要请立赵氏的后代了。如今您有这个命令，群臣都很愿意！"这

时就让赵武、程婴一一拜谢各位将军,于是众将与程婴、赵武攻打屠岸贾,诛灭了他的家族。景公重又把原属赵氏的封地赐给赵武。

　　赵武冠①,为成人,程婴乃辞大夫,谓赵武曰:"昔下宫之难皆能死,我非不能死,思立赵氏后。今子既立为成人,赵宗复故,我将下报赵孟与公孙杵臼②。"赵武号泣,固请曰:"武愿苦筋骨以报子至死,而子忍弃我死乎?"程婴曰:"不可。彼以我为能成事,故皆先我死。今我不下报之,是以我事为不成也。"遂自杀。赵武服衰三年③,为祭邑,春秋祠之,世不绝。君子曰:"程婴、公孙杵臼,可谓信交厚士矣。婴之自杀下报,亦过矣。"

【注释】

①冠:冠礼。古代男子到成年则举行加冠礼,叫做冠。一般在二十岁。

②下报:报于地下。赵孟:春秋时人对晋国赵氏历代宗主的尊称。赵盾及其后代赵武、赵鞅、赵无恤等皆称赵孟。此处指赵盾。陈茂仁《新序校证》谓当作"赵朔",亦可参。

③服衰(cuī)三年:周制,父母死,儿子需穿衰守孝三年,表明赵武以父事程婴。衰,古代用粗麻布制成的毛边丧服。

【译文】

　　赵武举行冠礼,已经成年,程婴就拜别了各位大夫,然后对赵武说:"当初下宫的事变,人人都能死难,我并非不能去死,我是想扶立赵氏的后代。如今您已经长大成人,恢复了原来的爵位,我要到地下去报告给赵盾和公孙杵臼。"赵武哀号啼哭,坚持请求说:"我宁愿自己劳苦受累也要报答您一直到死,难道您忍心离开我去死吗?"程婴说:"不行。他们认为我能完成大事，所以在我之前死去。如果我不去复命，他们就会以为我的任务没有完成。"于是就自杀了。赵武为程婴守孝三年，给他安排了祭祀用的土地，年年祭祀，世代不绝。君子说："程婴、公孙杵臼，可以称得上是笃守信义的忠诚之士。程婴为向死者复命而自杀，也有些过分了。"

7.28　吴有士曰张胥鄙、谭夫吾①，前交而后绝。张胥鄙有罪，拘将死，谭夫吾合徒而取之。出至于道，而后乃知其夫吾也。辍行而辞曰②："义不同于子③，故前交而后绝。吾闻之，君子不为危易行④。今吾从子，是安则肆志⑤，危则易行也。与吾因子而生，不若反拘而死。"阖闾闻之⑥，令吏释之。张胥鄙曰："吾义不同于谭夫吾，故不受其任矣⑦。今吏以是出我，以谭夫吾故免也，吾庸遽受之乎⑧？"遂触墙而死。谭夫吾闻之曰："我任而不受，佞也⑨；不知而出之，愚也。佞不可以接士，愚不可以事君，吾行虚矣。人恶以吾力生，吾亦耻以此立于世。"乃绝颈而死⑩。君子曰："谭夫吾其以失士矣⑪，张胥鄙亦未为得也。可谓刚勇矣，未可谓得节也。"

【注释】

①张胥鄙、谭夫吾：二人生平俱不详。

②辍（chuò）：中止，停止。辞：拒绝。

③义不同于子：我与您道义不合。即"道不同不相与谋"之意。

④君子不为危易行：《太平御览》引作"君子不以安肆志，不为危易行"，卢文弨《群书拾补》据补，石光瑛《新序校释》从之。可参。易行，改变行事宗旨。

⑤肆志:放纵心志。

⑥阖闾:又作"阖庐",初名光,春秋时吴王,《荀子·王霸篇》将其归
　　为春秋五霸之一。

⑦任:出力相助。

⑧庸:岂,难道。遽(jù):遂,就。

⑨佞(nìng):谄媚,讨好。

⑩绝颈:自刎。

⑪其:大概。失士:错误判别了士人。

【译文】

　　吴国有两个士人叫做张胥鄙、谭夫吾,他们先是好朋友,后来绝交
了。张胥鄙犯了罪,被拘禁起来要处死,谭夫吾纠集他的门人们把他救
了出来。出来后走到半路,张胥鄙才知道是谭夫吾救了他。他停下不
走,拒绝道:"我和您的志向不同,所以以前是好友,后来绝交了。我听
说,君子不因为处境危险就改变行为。现在我如果依从了你,就是因为
处境安逸而放纵心志,因为处境危险而改变行为。与其让我借助您的
力量活下来,不如返回牢狱等待死刑。"吴王阖闾听说这件事后,命令狱
吏释放张胥鄙。张胥鄙说:"我的道义和谭夫吾不同,所以才坚决不接
受他的帮助啊。现在狱吏因此而释放我,还是由于谭夫吾的原因得以
赦免,我难道就接受了吗?"于是撞墙而死。谭夫吾听说后,说:"我帮助
他,他不接受,这是我在谄媚他;我不知道他会拒绝却救他出狱,这是我
的愚蠢。谄媚不配结交士人,愚蠢不配事奉君主,我做的事都是徒劳
的。别人厌恶借助我的力量活下来,我也耻于被人厌恶还存活于世。"
就自刎而死了。君子说:"谭夫吾大概是错误判别了士人啊,张胥鄙的
做法也是不对的。他们可以称得上刚烈勇敢,但称不上有节义。"

　　7.29　苏武者①,故右将军平陵侯苏建子也②。孝武皇帝
时③,以武为栘中监④,使匈奴。是时匈奴使者数降汉,故匈奴

亦欲降武以取当⑤。单于使贵人故汉人卫律说武⑥,武不从。
乃设以贵爵重禄尊位,终不听。于是律绝不与饮食,武数日不
降。又当盛暑,以旃厚衣并束三日暴⑦,武心意愈坚,终不屈
挠⑧。称曰:"臣事君,由子事父也。子为父死无所恨,守节不
移,虽有铁钺汤镬之诛而不惧也⑨,尊官显位而不荣也。"匈奴
亦由此重之。武留十余岁,竟不降下,可谓守节臣矣。《诗》
云:"我心匪石,不可转也;我心匪席,不可卷也⑩。"苏武之谓
也。匈奴绐言武死⑪,其后汉闻武在,使使者求武,匈奴欲慕
义,归武。汉尊武以为典属国⑫,显异于他臣也。

【注释】

①苏武:字子卿,杜陵(今陕西西安东南)人。汉武帝、昭帝、宣帝时
　人。事见《汉书·苏武传》。

②苏建:杜陵人。跟随大将军卫青出击匈奴,封平陵侯。曾为右将
　军。事见《汉书·苏建传》。苏武为苏建第二子。

③孝武皇帝:即汉武帝刘彻。谥"孝武"。前140—前87年在位。他
　年四岁封胶东王,七岁立为皇太子。景帝后元三年(前141)即帝
　位,并以即位之年为"建元元年",此为历代帝王以年号纪年之始。
　削藩据、征匈奴、兴水利,罢黜百家,独尊儒术,雄才大略,开疆拓
　土,使汉帝国走向鼎盛。晚年则穷兵黩武,因巫蛊之祸而滥杀无
　辜,一度使汉代政权出现危机。后悔悟,终使汉政权转危为安。

④栘(yí)中监:汉初官名。掌管鞍马鹰犬射猎等物。因马厩在栘园
　中,故称栘中。

⑤取当:寻求对等。

⑥单于:汉时匈奴人对其君主的称呼。贵人故汉人卫律:卫律父为
　胡人,因卫律生长于汉地,所以称之为"故汉人"。卫律与李延年

交好,李延年荐卫律出使匈奴,回来时遇李延年犯罪被捕。他怕
被牵连,于是逃回匈奴并投降,匈奴封他为丁灵王。见《汉书·
李陵传》。

⑦旃(zhān):通"毡",用兽毛或纤维制成,可做防寒用品。暴
(pù):晒。

⑧挠:底本作"桡",误。今据汉魏本、铁华馆本改。

⑨铁(fū)钺:即斧钺。汤镬(huò):汤锅。

⑩"我心匪石"以下四句:见《诗经·邶风·柏舟》。意谓意志坚定,
不可改变。

⑪匈奴绐(dài)言武死:汉昭帝即位后,匈奴与汉和亲。汉要求放回
苏武等人,匈奴欺骗说苏武已死。后来汉使者又到匈奴,与苏武
同时出使的常惠设法告诉了汉使苏武的消息。汉使者按照常惠
所教的话去责备单于,单于这才承认苏武还在。见《汉书·苏武
传》。绐,欺骗。

⑫典属国:官名。秦始置,掌管与少数民族往来的事务,西汉沿之,
俸禄二千石。

【译文】

　　苏武是已故的右将军平陵侯苏建的儿子。孝武皇帝在位的时候,
任苏武为栘中监,出使匈奴。当时许多匈奴使者都归降了汉朝,所以匈
奴也想劝降苏武以求取平衡。单于派由显贵大臣归降的汉人卫律劝降
苏武,苏武不答应。于是许以显贵的爵位、丰厚的俸禄、重要的官职,苏
武始终不答应。于是卫律不给苏武提供饮食,苏武坚持了好几天还是
不肯投降。又遇上酷暑天气,卫律把几件毡毛做的厚衣服捆在苏武身
上,将他在太阳下曝晒三天,苏武不投降的心意越发坚定,始终不肯屈
服。他说:"我事奉君主,就像儿子事奉父亲一样。儿子为父亲而死,毫
无遗憾。我坚守节义毫不动摇,就算用大斧汤锅诛杀,我也毫不畏惧,
重要的官职、显赫的地位我也不以为荣。"匈奴也因此而敬重苏武。苏

武留在匈奴十几年，始终不肯投降，可以称得上坚守节义的忠臣了。《诗经》说："我的心不是石头，不能随意转动；我的心不是席子，不能随意卷曲。"说的就是苏武啊。匈奴欺骗汉朝说苏武死了，后来汉朝得知苏武还在匈奴，就派使者索要苏武，匈奴也想表达对苏武节义的仰慕，就归还了苏武。汉朝尊崇苏武封他为典属国，地位超过了其他大臣。

卷第八

义勇第八

【题解】

本卷共 14 章,编列春秋战国时期能够"死君之难"的义勇之士予以表彰,目的在于讨论为臣之道,其价值取向与《节士》卷略近。就篇幅而言,本卷与《刺奢》卷相似,远小于其他各卷,故前人也疑其有散佚。刘向所谓的"义勇",基本的出发点在于能否做到"不畏强御,赴君之难",而不是背离臣节、苟且偷生。本卷所彰显的义勇之臣大致都是如此:陈桓弑君时的石他人、子渊栖("陈桓弑简公而盟"章、"陈桓弑君"章),崔杼弑庄公时的晏子、陈不占("崔杼弑庄公"章、"齐崔杼弑庄公也"章),白公之难时的易甲、屈庐、王子闾、庄善("楚太子建以费无极之谮见逐"章、"白公胜将弑楚惠王"章、"白公胜既杀令尹、司马"章、"白公之难"章)等,皆是此类。另,"知伯嚣之时"章的长儿子鱼为知伯死,则是典型的"士为知己者死"。至于"卫懿公有臣曰弘演"章的弘演之死卫懿公,虽有义勇,更多却是愚忠,实不足取,其与不畏强暴、不惭万夫的田卑相比("佛肸以中牟叛"章),其高下立判,自不容分说矣!

8.1　陈恒弑简公而盟①,盟者皆完其家②,不盟者杀之。石他人曰③:"昔之事其君者,皆得其君而事之。今谓他人曰:'舍而君而事我④。'他人不能。虽然,不盟则杀父母也;

从而盟,是无君臣之礼也。生于乱世,不得正行;劫于暴上⑤,不得道义⑥。故虽盟不以父母之死,不如退而自杀,以礼其君⑦。"乃自杀。

【注释】

①陈恒弑简公而盟:陈恒杀了齐简公之后与朝中大臣盟誓。事在前481年。陈恒,即田常,妫姓,陈氏,名恒,春秋时齐国大臣,谥号"成子"。后人避汉文帝刘恒讳称田常。田、陈古音通。《史记·田敬仲完世家》记载,田常和监止为齐简公左右相,田常欲除监止,故百姓借粮时以大斗借出,小斗收回,以此笼络人心。齐大夫御鞅告诉齐简公,田常和监止要择一而用,不能让两人共掌国政,齐简公不听,结果田常将监止和齐简公全部杀死。简公,姜姓,吕氏,名壬。前484—前481年在位。据《左传·哀公十四年》记载,陈恒弑齐简公引起了孔子极大的愤怒,他斋戒三日,入宫朝见鲁哀公,请哀公发兵伐齐,但没有得到鲁哀公与季康子的支持。

②完:保全。家:家族,家庭。

③石他人:齐臣。《韩诗外传》作"石佗",无"人"字。"佗"、"他"同。

④而君:你的君主。而,你,你的。

⑤上:《韩诗外传》作"人"。

⑥不得道义:《韩诗外传》作"不得全义",与上句"不得正行"相对成文。

⑦故虽盟不以父母之死,不如退而自杀,以礼其君:此处语义较为佶屈,疑文字有脱误。《韩诗外传》卷六作"乃进盟以免父母,退伏剑以死其君",《太平御览》引作"乃盟以免父母死,退而自杀以礼其君",故张国铨《新序校注》疑作"故进盟以免父母之死,退而自杀以礼其君"。按,由此处文字看,其大体意思是:我虽然参加

了盟誓免除了父母之死,却不如回去自杀以尽君臣之礼。

【译文】

　　陈恒杀了齐简公之后与朝中大臣盟约,凡参加盟约之人可保全其家族,拒绝参加盟约的全家处死。石他人说:"从前事奉君主的人,都可以得到自己想要的君主去事奉。现在有人却对我说:'抛弃你的君主来事奉我。'这种事我做不到。但是,若不参加盟约父母就会惨遭杀害;服从而与之盟约,则又是背弃了君臣的礼仪。生在乱世之中,正直的行为难以践行;遭受残忍的暴君威逼,又无法坚持道德和正义。所以我虽然参加盟约免除了父母之死,却不如回去自杀以尽君臣之礼。"于是自杀而死。

8.2　陈恒弑君①,使勇士六人劫子渊栖②。子渊栖曰:"子之欲与我③,以我为知乎?臣弑君,非知也。以我为仁乎?见利而背君,非仁也。以我为勇乎?劫我以兵,惧而与子,非勇也。使吾无此三者,与④,何补于子?若吾有此三者,终不从子矣。"乃舍之。

【注释】

①陈恒弑君:按,"弑君"前疑脱"将"字,《淮南子·说山训》高诱注即作"陈成子将弑齐简公",《太平御览》亦引作"田恒将弑君"。有"将"字句意更为通畅。

②使勇士六人劫子渊栖:《太平御览》句下有:"曰:子与我,请分齐之半以予子;子不吾与,今此是已。"石光瑛《新序校释》据补。可参。六人,《淮南子·说山训》高诱注作"十六人"。子渊栖,王符《潜夫论·志氏姓》谓其为子渊氏,姜姓,又叫子车,是齐顷公之孙。《淮南子·说山训》作"子渊捷",《太平御览》引作"子川捷"。

栖的繁体字形为"棲",故卢文弨《群书拾补》曰:"《左氏昭二十六
年传》有子渊捷,古捷、接多通,此栖字疑接字之讹。"

③欲与我:即"欲我与"。想要获得我的帮助。与,支持,帮助。

④与:《太平御览》引作"与子",意更完足。

【译文】

陈恒将要杀害齐简公,派了六位壮士劫持了子渊栖。子渊栖说:
"你想要让我帮助你,是因为我聪明吗?臣子谋杀君主,这是不聪明的。
是因为我有仁德吗?为了私利而抛弃自己的君主,这是不仁德的。是
因为我勇敢吗?用士卒来劫持我,我因惧怕而帮助你,这是不勇敢的。
假如我没有这三种品德,帮助你,对你又有什么用呢?假如我有这三种
品德,我至死也不会顺从于你的。"于是就将子渊栖放了。

8.3 宋闵公臣长万①,以勇力闻。万与鲁战,师败,为
鲁所获,囚之宫中数月,归之宋②。宋闵公博③,妇人在侧,公
谓万曰:"鲁君孰与寡人美④?"万曰:"鲁君美。天下诸侯,唯
鲁君耳,宜其为君也。"闵公矜妇人⑤,妒,因言曰⑥:"尔,鲁之
囚虏,尔何知!"万怒,遂搏闵公颊,齿落于口,绝吭而死⑦。
仇牧闻君死⑧,趋而至,遇万于门,携剑而叱之,万臂击仇牧
而杀之,齿着于门阖⑨。仇牧可谓不畏强御矣⑩,趋君之难,
顾不旋踵⑪。

【注释】

①宋闵公:春秋时宋国国君。又作宋愍公、宋潘公。名捷,又作接
    前691—前681年在位。长万:又称南宫万、南宫长万、宋万,宋
    国大夫。曾带兵伐鲁,被俘,后释放归宋。杀闵公后,逃到陈国,
    后经宋国请求,被遣回宋国处死。事见《左传·庄公十一年》、

《庄公十二年》、《史记·宋微子世家》及裴骃《集解》。

②"万与鲁战"以下五句：根据《左传·庄公十一年》、《庄公十二年》、《史记·宋微子世家》记载，鲁庄公十年（前684）夏六月，齐、宋两国军队侵犯鲁国，鲁庄公败宋军于乘丘，长万被俘获。直到庄公十一年（前683）冬，宋人向鲁国请求，鲁国才放长万回宋，至此时已不止数月。

③宋闵公博：《公羊传·庄公十二年》作"与闵公博"，《韩诗外传》卷八作"宋万与闵公博。"博，博弈，下棋。

④鲁君：即鲁庄公，姬姓，名同，春秋时期鲁国国君。前693—前662年在位。

⑤矜（jīn）：自负。

⑥因言：卢文弨《群书拾补》据《公羊传》、《韩诗外传》校作"其言"。按，不改亦通。

⑦绝肮（háng）而死：窒息而死。肮，喉咙。

⑧仇牧：春秋时宋国大夫。《鹖冠子·备知》、《春秋经·庄公十二年》及杜预注并作"裘牧"，《广韵》注云："姓本作仇，避雠改裘。"

⑨门阖（hé）：门扇。

⑩强御：强而有力。豪强。

⑪顾不旋踵：顾，乃。不旋踵，来不及转身，形容时间短。踵，脚跟。

【译文】

宋闵公的臣子长万，以有勇力著称。长万率军与鲁国作战，军队战败，自己被鲁国擒获，拘押在鲁宫之中长达数月，才被送回宋国。长万和宋闵公下棋，闵公的妃子在旁观看，闵公对长万说："鲁国国君和我相比谁更英俊？"长万说："鲁国国君英俊。天下诸侯，只有鲁君英俊，他做国君再适合不过了。"闵公因在妃子前自负，心生嫉妒，因而说："你，只不过是鲁国的俘虏，你知道什么！"长万勃然大怒，于是朝着闵公脸上一巴掌，打得闵公满口碎牙，牙齿堵塞咽喉，窒息而死。仇牧听见国君遇难,急忙赶来,在宫门和长万相遇,仇牧持剑责骂长万,长万用胳膊击打仇牧,杀了他,牙齿都落在了门扇上。仇牧真可谓是不惧强敌啊,国君遇难他急忙赶来,时间短得竟然来不及转身。

8.4　崔杼弑庄公①,令士大夫盟者皆脱剑而入,言不疾、指不至血者死②,所杀十人③。次及晏子,晏子奉栖血仰天叹曰④:"恶乎! 崔子将为无道,杀其君。"盟者皆视之。崔杼谓晏子曰:"子与我,我与子分国;子不吾与,吾将杀子。直兵将推之⑤,曲兵将勾之⑥,唯子图之。"晏子曰:"婴闻,回以利而背其君者⑦,非仁也;劫以刃而失其志者,非勇也。《诗》云:'恺悌君子,求福不回⑧。'婴可谓不回矣。直兵推之,曲兵勾之,婴不之回也。"崔子舍之。晏子趋出,援绥而乘⑨。其仆将驰,晏子拊其手曰⑩:"虎豹在山林,其命在庖厨⑪。驰不益生,缓不益死⑫。"按之成节⑬,然后去之。《诗》云:"彼己之子,舍命不渝⑭。"晏子之谓也。

【注释】

①崔杼弑庄公:据《左传·襄公二十五年》及《史记·齐太公世家》载,齐棠公的妻子姜氏长得漂亮,齐棠公死后,崔杼就将其纳为己有。后齐庄公见姜氏漂亮就与其私通,齐庄公六年(前548)五月,崔杼称病不管政务,齐庄公借探病之机欲私通于姜氏,结果中计被崔杼杀害。崔杼,姜姓,崔氏,名杼,又称崔武子,春秋时齐国大夫,后执政齐国。齐庄公,姜姓,吕氏,名光,前553至—前548年在位。

②言不疾、指不至血者死:盟誓时说话缓慢、割指而不流血之人就要被杀。《晏子春秋·内篇·杂上》载:"崔杼既弑庄公而立景

公,杼与庆封相之,劫诸将军大夫及显士庶人于大宫之坎上,令无得不盟者。为坛三仞,陷其下,以甲千列环其内外,盟者皆脱剑而入,唯晏子不肯,崔杼许之。有敢不盟者,戟拘其颈,剑承其心,令自盟曰:'不与崔、庆而与公室者,受其不祥。'言不疾、指不至血者死。"可与此节相补充。

③所杀十人:《晏子春秋·内篇·杂上》作"所杀七人",《韩诗外传》作"所杀者十余人"。石光瑛《新序校释》曰:"七乃十字之误。古金文'七'字作'﹢',十字或作'十',二字形近,每易混淆。"

④奉桮(bēi):即"捧杯"。桮,同"杯"。杯盏。

⑤直兵:指矛属兵器。

⑥曲兵:曲刃。勾:以钩或呈钩形物来钩取。

⑦回:诱惑。

⑧恺悌(kǎi tì)君子,求福不回:见《诗经·大雅·旱麓》。恺悌,和易近人。回,惑乱,邪僻。

⑨援绥而乘:抓着车边绳索登上马车。援,底本作"授",诸本同,误。卢文弨《群书拾补》据《吕氏春秋·知分》、《意林》校作"援"。援、授形近而误,今据改。乘,底本作"垂",诸本同,误。《晏子春秋·内篇·杂上》、《韩诗外传》卷二、《吕氏春秋·知分》并作"乘",武井骥《刘向新序纂注》、石光瑛《新序校释》、张国铨《新序校注》从之。今据改。绥,登车时用以拉手的绳索。

⑩拊:抚摸。《晏子春秋·内篇·杂上》、《吕氏春秋·知分》、《韩诗外传》卷二并作"抚"。颜师古:"拊,古抚字。"

⑪虎豹在山林,其命在庖(páo)厨:虎豹在山林里生活,但是它们的性命却在掌握在厨师手里。《晏子春秋·内篇·杂上》作"鹿生于野,命县于厨",《吕氏春秋·知分》作"鹿生于山,而命悬于厨",《韩诗外传》卷二作"麋鹿在山林,其命在庖厨"。

⑫驰不益生,缓不益死:快马加鞭也不会增加生还的机会,徐徐前

进也不会增加死亡的机会。《晏子春秋·内篇·杂上》、《吕氏春秋·知分》作"疾不必生,徐不必死"。

⑬按之成节:车马按照礼乐的规定有节奏地前进。根据《大戴礼记·保傅》、《周礼·夏官·大御》郑玄注及贾公彦疏的记载,马车四周安有铃铛,在轼的叫和,在衡的叫鸾,升车则马动,马动则鸾鸣,鸾鸣则和应。

⑭彼己之子,舍命不渝:见《诗经·郑风·羔裘》。渝,改变。

【译文】

崔杼杀了齐庄公,命令士大夫参加盟誓,必须解下佩剑才可以进入宫中。盟誓时说话缓慢的、割指而不流血的人就要被杀,被杀的有十个人。轮到晏子时,他手捧盛血的杯盏昂头向天感叹道:"唉!崔杼要做大逆不道的事,杀了自己的国君。"参加盟誓的人都盯着他看。崔杼对晏子说:"你如果支持我,我愿意和你平分齐国;如果你不支持我,我就杀掉你。用直的兵器刺你,用弯的兵器钩你。请你斟酌。"晏子说:"我听说过,因为利益的诱惑而背叛他的君主,不是仁德;因为刀剑的威胁而丢掉志气,不是勇敢。《诗经》说:'温和平易的君子,不用惑乱邪僻的方式祈福。'我就是那不惑乱邪僻的。用直的兵器刺我,用弯的兵器钩我,我也不会做惑乱邪僻的事。"崔杼只好释放了晏子。晏子快步出来,抓着绳索登上马车。他的仆人准备驾车疾驰,晏子按着他的手说:"虎豹在山林里生活,但是它们的性命却掌握在厨师手里。快马加鞭也不会增加生还的机会,徐徐前进也不会增加死亡的可能。"于是车马按照礼乐的规定有节奏地前进,然后离开了。《诗经》说:"那位君子,至死也不会改变初衷。"晏子就是这样的人。

8.5 佛肸以中牟叛①,置鼎于庭,致士大夫曰:"与我者受邑,不吾与者烹。"大夫皆从之。至于田卑②,曰:"义死不避斧钺之罪③,义穷不受轩冕之服④。无义而生,不仁而富,不如烹。"褰衣将就鼎⑤,佛肸脱屦而生之⑥。赵氏闻其叛也,攻而取之。闻田卑不肯与也,求而赏之。田卑曰:"不可也。一人举而万夫俛首⑦,智者不为也;赏一人以惭万夫,义者不取也。我受赏,使中牟之士怀耻,不义。"辞赏徙处曰⑧:"以行临人,不道,吾去矣。"遂南之楚。

【注释】

①佛肸(xī)以中牟版:《左传·哀公五年》《史记·孔子世家》记载,鲁哀公五年(前490),赵简子攻范、中行二氏,伐中牟,佛肸抗拒赵简子,凭借中牟发动叛乱。佛肸,或作胇肸、茀肸,春秋时期晋人,范、中行二氏的臣子,为中牟宰。中牟,晋国地名。为范、中行二氏的封邑,在今河南汤阴西。

②田卑:底本此下有小注"田卑,中牟之邑人也",诸本同。汉魏本误为正文。《说苑·立节》作"田基",《水经注》及《太平御览》卷六百三十三引《说苑》作"田英",《汉书·古今人表》有田果,梁玉绳《汉书人表考》:"疑果为卑字之讹。"

③斧钺之罪:用斧、钺杀人的刑罚。这里指死罪。钺,古代兵器,像大斧。

④轩冕之服:指高官厚禄。轩,有帷幕遮蔽的车子,大夫以上方可乘坐。冕,大夫以上所佩戴的帽子。

⑤褰(qiān)衣将就鼎:撩起衣服就要往鼎里跳。褰,撩起,提起。

⑥脱屦(jù):匆忙得连鞋子都掉了。或说指不介意,似不妥。屦,用麻、葛制成的一种鞋子。生:疑应作"止",阻止。《太平御览》引作"佛肸止之"。卢文弨《群书拾补》据改。

⑦俛(fǔ):同"俯"。

⑧徙:底本作"从"。卢文弨《群书拾补》曰:"'从'讹。下文云'南之

楚'，则当作'徙'。"石光瑛《新序校释》据改。按，作"从"意不可解，今据卢、石所说改。

【译文】

　　佛肸凭借中牟发动叛乱，在庭院中间摆放了一口大鼎，告诉士大夫们说："支持我的可以得到封地，不支持我的就将他烹死。"大夫们都表示服从。到了田卑，他说："为正义而死的人不会躲避斧钺的诛罚，为正义而穷困的人不会接受高官厚禄。与其没有道义而生存，摒弃仁德而富贵，还不如被烹死。"撩起衣服就要往鼎里跳，佛肸赶紧阻止他，连鞋子都跑掉了。赵简子听说佛肸叛变，就起兵攻占领了中牟。听说田卑不肯附和佛肸，找到了他并要赏赐他。田卑说："不可以。一个人被重用却让万人抬不起头来，聪明的人不做这样的事；奖赏一个人而使万人感到惭愧，有道义之人也不接受这样的事。我受到赏赐，而让中牟的士人心怀耻辱，这是不道义的。"便推辞掉赏赐准备迁居他处，说："以自己的德行凌驾于他人，这是不道德的，我将离开这里。"于是就南迁到了楚国。

　　8.6　楚太子建以费无极之谮见逐①。建有子曰胜，在外，子西召胜使治白，号曰白公②。胜怨楚逐其父，将弑惠王及子西③。欲得易甲④，陈士勒兵以示易甲曰⑤："与我，无患不富贵；不吾与，则此是也。"易甲笑曰："尝言吾义矣⑥，吾子忘之乎？立得天下，不义，吾不取也；威吾以兵，不义，吾不从也。今子将弑子之君，而使我从子，非吾前义也。子虽告我以利⑦，威我以兵，吾不忍为也。子行子之威，则吾亦得明吾义也。逆子以兵⑧，争也；应子以声⑨，鄙也⑩。吾闻士立义不争⑪，行死不鄙⑫。"拱而待兵，颜色不变也。

【注释】

①楚太子建以费无极之谮(zèn)见逐:据《左传·昭公十九年》、《昭公二十年》记载,因为太子建尊重伍奢而嫌恶费无极,费无极暗自衔恨。楚平王为太子建娶秦哀公的长妹孟嬴为夫人,命费无极到秦国去迎亲。费无极发现孟嬴貌美,便劝楚平王自娶孟嬴。几年后,由于担心太子建登位后对自己不利,费无忌建议平王派太子建去镇守城父。次年费无忌诬告太子建与伍奢密谋叛乱,楚平王信以为真,派城父司马奋扬杀太子建,太子建被逼逃往宋国。太子建,楚平王太子。芈姓,熊氏,字子木。费无极,又作费亡极、费无忌,楚大夫,太子建少傅。谮,诬陷,中伤。

②子西召胜使治白,号曰白公:令尹子西召回胜让他治理白这个地方。根据《史记·楚世家》记载,楚惠王二年(前487),子西召胜于吴,以为巢大夫,号曰白公。和这里所说"使治白"不同。子西,芈姓,熊氏,名申,又名宜申,楚平王之庶子,楚昭王兄长,一说为楚昭王弟,楚昭王、楚惠王时为令尹。胜,又名熊胜、王孙胜,楚平王之孙,太子建之子。白,地名。在今河南鄢城东南。又,底本"白公"下有小注"子西,太子建之弟,胜之叔父也",诸本同。

③惠王:楚惠王。亦作"献惠王",名章,前488—前432年在位。有仁德。又,底本"子西"下有小注"惠王,亦子西之侄,惠王之叔也",诸本同。石光瑛《新序校释》云:"此注文势鄙俚,不可解……而又有夺文。"说可参。

④易甲:底本下有小注"人姓名"。诸本同。石光瑛《新序校释》曰:"《左氏》云'市南有熊宜僚者,若得之,可以当五百人矣',是白公所欲得者,正此人也,其不肯附乱,亦与易甲同,故疑为一人。"可参。

⑤陈士勒兵:陈列士卒、部署军队。士、兵,朱季海《新序校理》:"古

之士，今言兵也。"勒，统帅，部署。

⑥尝言：《渚宫旧事》卷二前有"吾子"二字。石光瑛《新序校释》据补。可参。

⑦告：请，求。这里指诱惑。

⑧逆：迎，接。

⑨以声：以恶声相骂。

⑩鄙：鄙陋。指见识浅陋。

⑪立义不争：立于道义则不争斗。

⑫行死不鄙：临于死亡则不鄙陋。

【译文】

楚平王的太子建因为费无极的诬陷而逃亡在外。太子建有个儿子名叫胜，也流亡在外，令尹子西召回胜让他治理白这个地方，号称白公。胜对楚国迫使他父亲逃亡这件事怀恨在心，准备杀死楚惠王和令尹子西。他想得到易甲的帮助，陈列士卒部署军队展示给易甲说："你如支持我，则不必担心富贵；如不支持我的话，那么这就是下场。"易甲笑着说："您曾经说过我坚守道义，您难道忘了吗？即使马上可以得到天下，但如果不符合道义，我也不会接受；用武力来威胁我，如果不符合道义，我也不会顺从。如今您要杀掉您的君主，还要让我跟从您，这不符合我刚才所说的道义。您虽然用利益来诱惑我，用武力来威胁我，我也不忍心去做。您显示您的威势，而我也要彰显我的道义。用武器来与您接战，那是争斗；用语言来责骂您，那是鄙陋。我听说士人立于道义就不会去和人争斗；面临死亡也不会表现得鄙陋浅薄。"易甲拱手而立以待刀戟，面色从容不变。

8.7　白公胜将弑楚惠王，王出亡①，令尹、司马皆死②。拔剑而属之于屈庐曰③："子与我，将舍子；子不与我，必杀子。"庐曰④："子杀叔父，而求福于庐也，可乎？吾闻知命之士,见利不动,临死不恐。为人臣者,时生则生⑤,时死则死,是谓人臣之礼。故上知天命,下知臣道,其有可劫乎? 子胡不推之⑥?"白公胜乃内其剑⑦。

【注释】

①白公胜将弑楚惠王,王出亡:据《左传·哀公十六年》和《史记·楚世家》记载,郑国杀死了太子建,白公胜请求子西派兵讨伐郑国,子西虽然答应了但是没有出兵,后来晋伐郑,楚国反而派兵前往救郑,因而白公胜恨子西与惠王,于楚惠王六年(前483)六月谋反。七月,劫惠王,置于高府,石乞劝白公胜杀楚惠王,楚惠王的随从屈固背着惠王逃到了昭王夫人的官里。

②令尹、司马皆死:白公之乱中,令尹子西和司马子期都被杀死。令尹,即令尹子西。司马,司马子期,即公子结。又作子綦、王子綦。楚平王子,子西弟。见《史记·楚世家》、梁玉绳《汉书人表考》。

③属:接触。

④庐曰:石光瑛《新序校释》据《后汉书·黄琬传》注及《太平御览》引,于"庐曰"后补《诗》有之曰:莫莫葛藟,延于条枚。恺弟君子,求福不回"数句。这几句诗见《诗经·大雅·旱麓》。莫莫,茂盛的样子。葛、藟,葛和藟,都是藤本蔓生植物。

⑤时:适宜,合于时宜。

⑥推:此指推剑刺入。

⑦内:同"纳",收入。《后汉书》注引、《太平御览》引俱作"入"。

【译文】

白公胜将要杀楚惠王,惠王出逃,令尹子西和司马子期都被杀死。白公胜拔剑指着屈庐说:"你支持我,我就放过你;你如果不支持我,我一定杀了你。"屈庐说:"你杀了你的叔父,却来求我辅佐,这可以吗? 我听说,知晓天命的人,看到利益不动心,面对死亡不恐惧。作为君主的臣子,应当生就生,应当死就死,这就是臣子应尽的礼义。所以上知天命,下知为臣之理,这种人会受人劫持吗? 你为什么不拿剑刺进我的胸膛里呢?"于是白公胜只好把剑收起来了。

8.8 白公胜既杀令尹、司马,欲立王子闾以为王①,王子闾不肯,劫之以刃。王子闾曰:"王孙辅相楚国②,匡正王室③,而后自庇焉④,闾之愿也⑤。今子假威以暴王室,杀伐以乱国家,吾虽死,不子从也。"白公胜曰:"楚国之重,天下无有。天以与子,子何不受也?"王子闾曰:"吾闻辞天下者,非轻其利也,以明其德也;不为诸侯者,非恶其位也,以洁其行也。今吾见国而忘主,不仁也;劫白刃而失义,不勇也。子虽告我以利,威我以兵,吾不为也。"白公强之,不可,遂杀之。叶公子高率众诛白公⑥,而反惠王于国⑦。

【注释】

①王子闾:即公子启,亦称公子闾、子闾。名启,字闾。楚昭王兄。根据《左传·哀公六年》及杜预注、《史记·楚世家》等记载,楚昭王临死时曾五让君位于王子闾,王子闾只得权且答应下来,但是等楚昭王死后,他还是和子西、子期迎立惠王。

②王孙:指白公胜。他是楚平王之孙,因此王子闾称他为王孙。

③匡正:扶正。《太平御览》即引作"扶正"。

④庇:保护,保佑。

⑤闾:石光瑛《新序校释》、赵仲邑《新序详注》谓,此处应从《左传·哀公六年》及《渚宫旧事》卷二作"启",盖古人自称名而不称字。可参。

⑥叶公子高：底本无"子"字，石光瑛《新序校释》、赵善诒《新序疏
　证》据《后汉书·皇埔嵩朱隽列传》李贤注等补。今从之。叶公
　子高，名诸梁，字子高，楚大夫，封于叶，楚县邑之长曰"公"，故称
　"叶公子高"。

⑦反：同"返"。

【译文】

　　白公胜杀了令尹子西、司马子期之后，想立王子闾为楚国的君主。
王子闾不肯答应，白公胜就用武力威逼他。王子闾说："王孙您作为楚
国后裔应该辅助楚国，扶正王室，之后自己也可以得到保护，这才是我
所希望的。现在你凭借武力来危害王室，四处杀戮来扰乱国家，我就是
死，也不会顺从你。"白公胜说："像楚国这样的大国，普天之下独一无
二。天命要将它赐予你，你为什么不接受呢？"王子闾说："我听说拒绝
接受天下的人，并不是轻视拥有天下的利益，而是为了昭明他的仁德；
不肯为诸侯之人，不是厌恶诸侯的权位，而是为了彰显行为的高洁。假
如我为了得到王位就忘记自己的君主，这不是仁德；受到刀剑的威胁就
丧失道义，这不是勇敢。你尽管用利益来诱惑我，用武力来威胁我，我
也不会顺从的。"白公胜进一步强迫王子闾，王子闾还是不答应，白公胜
就把他杀了。叶公子高率领众将诛杀了白公胜，然后迎楚惠王回国。

　　8.9　白公之难，楚人有庄善者①，辞其母将往死之。其
母曰："弃其亲而死其君，可谓义乎？"庄善曰："吾闻事君者，
内其禄而外其身②。今所以养母者，君之禄也，身安得无死
乎？"遂辞而行。比至公门③，三废车中④。其仆曰："子惧
矣。"曰："惧"。"既惧，何不返？"庄善曰："惧者，吾私也；死
义，吾公也⑤。闻君子不以私害公⑥。"及公门，刎颈而死。君
子曰："好义乎哉！"

【注释】

①庄善：生平不详。《韩诗外传》作"庄之善"。又称严善，盖避明帝刘庄讳改。庄、严义同。

②内其禄而外其身：接受了君主的俸禄就应该为君主舍弃自己的生命。内，同"纳"，接受。外，舍弃。《吕氏春秋》高诱注："外，弃也。"

③比至公门：比，接近。《韩诗外传》作"比至朝"。

④三废车中：在车中连续跌倒三次。废，跌倒。

⑤死义，吾公也：为了道义而死，这是我的公心。《太平御览》卷四百六十九引作"死君，公义也"，《韩诗外传》卷一、《渚宫旧事》卷二"死义"并作"死君"。

⑥闻：听说。应从《韩诗外传》、《太平御览》卷四百二十一引及四百六十九引作"吾闻"。

【译文】

白公胜作乱时，楚国有一个名叫庄善的人，告别他母亲准备为国君而死。他的母亲说："抛弃自己的母亲而为国君牺牲，这符合道义吗？"庄善说："我听说事奉君主的人，接受了君主的俸禄就应该为君主舍弃自己的生命。如今能够养活母亲，靠的就是国君给的俸禄，我怎能不为国君献出生命呢？"于是辞别了母亲前往。在接近王宫门口的时候，三次跌倒在车中。他的车夫说："您害怕了。"他说："确实害怕了。""既然害怕，为什么不返回呢？"庄善说："害怕，是我的私事；为道义而死，是我的公心。我听说贤德之人不会因为私利而妨害公心。"到了王宫门前，他自刎而死。君子说："真是喜好道义啊！"

8.10　齐崔杼弑庄公也，有陈不占者①，闻君难，将赴之。比去，餐则失匕②，上车失轼。御者曰："怯如是，去有益乎？"不占曰："死君，义也；无勇，私也。不以私害公。"遂往，闻战斗之声,恐骇而死③。人曰④:"不占可谓仁者之勇也。"

【注释】

①陈不占:齐大夫,生平不详。《孟子·离娄上》赵岐注作"陈不瞻","占"、"瞻"通。《太平御览》引《韩诗外传》"不占"下有"东观渔者"四字,则可能是一位打渔者。

②匕:汤勺。《说文·匕部》段玉裁注:"匕即今之饭匙也。"

③闻战斗之声,恐骇而死:《孟子·离娄上》赵岐注作"闻金鼓之声,失气而死"。

④人曰:石光瑛《新序校释》云:"述前人之言也。"赵仲邑《新序详注》则认为:"应作'君子曰'。因本书中的评语都作'君子曰'、或'君子闻之曰',这里不应例外。"

【译文】

齐国的崔杼犯上作乱杀死了齐庄公,有一个名叫陈不占的人,听说国君遭难,准备奔赴救援。要走的时候,吃饭拿不住饭勺,上车时抓不住车轼。车夫说:"你如此恐惧,去了又有什么帮助呢?"陈不占说:"为国君牺牲生命,这符合道义;缺乏勇气,这是个人私事。我不能因为个人的私事而损害国家的利益。"于是前往,听见双方交战之声,便惊吓过度死了。人们说:"陈不占可以说是仁人的勇敢啊。"

8.11　知伯瑶之时①,有士曰长儿子鱼②,绝知伯而去之。三年,将东之越,而道闻知伯瑶之见杀也,谓御曰:"还车反,吾将死之。"御曰:"夫子绝知伯而去之三年矣,今反死之,是绝属无别也③。"长儿子鱼曰:"不然。吾闻仁者无余爱,忠臣无余禄④。吾闻知伯之死而动吾心,余禄之加于我者,至今尚存。吾将往依之。"反而死。

【注释】

①知伯瑶(xiāo)：即荀瑶，又作智伯瑶。晋国六卿之一。据《史记·六国年表》、《晋世家》、《赵世家》记载，知伯瑶分别向韩康子、魏桓子、赵襄子三家索要土地，韩、魏与之，赵氏不与。知伯怒，联合韩、魏攻打赵襄子。赵襄子退守晋阳，知伯瑶包围并引水灌城三年之久。在即将获胜之际，因他的一席话暴露了吞并韩、魏的野心，导致了韩、魏两家倒戈，与赵襄子联合反攻。知伯瑶被杀，其地亦被韩、魏、赵三家所分。

②长儿子鱼：生平不详。

③绝属无别：断绝关系与附属于人没有区别。

④仁者无余爱，忠臣无余禄：仁人对于他人的爱必有回报，没有余爱不报的；忠臣对于国君的俸禄必有回报，没有余禄不报的。

【译文】

知伯瑶为政之时，有位士人名叫长儿子鱼，与知伯断绝关系而离开。三年后，长儿子鱼要向东到越国去，在路上听到了知伯被杀的消息，他对车夫说："驾车回去，我要为知伯而死。"车夫说："您跟知伯断绝关系离开他已经三年了，现在回去为他死，这是断绝关系与附属于人没有区别啊。"长儿子鱼说："不是这样的。我听说仁人对于他人的爱必有回报，没有余爱不报的；忠臣对于国君的俸禄必有回报，没有余禄不报的。我听到知伯的死讯后心里震动，这是他给我的余禄，到现在都还没报偿。我将要回去归依他。"于是返回去为知伯而死。

8.12　卫懿公有臣曰弘演①，远使未还。狄人攻卫②，其民曰："君之所与禄位者鹤也；所富者宫人也。召使宫人与鹤战，余焉能战？"遂溃而去。狄人追及懿公于荥泽③，杀之，尽食其肉，独舍其肝。弘演至，报使于肝毕④，呼天而号，尽哀而止。曰："臣请为表⑤。"因自刺其腹，内懿公之肝而死⑥。齐桓公闻之曰："卫之亡也以无道，今有臣若此，不可不存。"于是救卫于楚丘⑦。

【注释】

①卫懿公：姬姓，名赤，春秋时卫国国君。前668—前661年在位。根据《左传·闵公二年》《史记·卫康叔世家》、贾谊《新书》等记载，卫懿公淫乐奢侈，喜欢养鹤，连鹤都可以乘轩。《论衡·儒增》作"卫哀公"。弘演：《韩诗外传》作"洪演"，《汉书·古今人表》作"弘亹(yín)"，《淮南子·缪称训》作"宏演"。弘，通"洪"；演，通"亹"。

②狄人攻卫：《左传·闵公二年》曰："冬，十二月。狄人伐卫。"事在前660年。狄，我国古代民族名。分赤狄、白狄、长狄诸部，各有支系，因其主要居住的北方，故通称为北狄。《吕氏春秋·忠廉》、贾谊《新书·春秋》《史记·卫康叔世家》并作"翟"。

③荥(xíng)泽：地名。在今河南荥阳。《左传·闵公二年》作"荧泽"。

④报使于肝毕：报使，汇报出使情况。《论衡·儒增》作"致命"。毕，《韩诗外传》作"辞毕"。朱季海《新序校理》以"毕"字属下句，并云："'毕'上有'辞'字，于文为备。"

⑤为表：为肝之表。指作卫懿公肝脏的躯壳。表，外层，表面。

⑥内：同"纳"。

⑦于是救卫于楚丘：《吕氏春秋·忠廉》《韩诗外传》作"于是复立卫于楚丘"。据《左传·闵公二年》《僖公二年》《史记·齐太公世家》《卫康叔世家》《十二诸侯年表》等记载，前658年春，齐桓公率领诸侯筑城于楚丘，卫国重新立国于此。楚丘，地名。今河南滑县东。

【译文】

　　卫懿公有一位臣子名叫弘演，出使远方的国家没有回来。狄人攻伐卫国，卫国的百姓说："国君俸禄爵位所赏赐的是鹤，国君所赐予富贵钱财的是宫里宠臣。国君还是派遣鹤和宫里宠臣去作战吧，我们怎么会打仗呢？"于是溃散逃跑了。狄人追赶卫懿公一直到了荥泽，将他杀死，把他的肉都吃光了，只剩下了肝脏。弘演归来，对着卫懿公的肝脏汇报完出使情况后，呼天抢地地哭号，竭尽哀思之后才停止。说："我希望作您的躯壳。"于是将自己的肚子剌开，把卫懿公的肝脏装进自己的腹中而死。齐桓公听到这件事说："卫国灭亡是因为卫懿公昏庸无道，现在有弘演这样的臣子，不能不让这个国家保存下来。"于是起兵在楚丘重建了卫国。

　　8.13　芊尹文者①，荆之欧鹿虒者也②。司马子期猎于云梦③，载旗之长拖地。芊尹文拔剑齐诸较而断之④。贰车抽弓于帐，援矢于箙，引而未发也⑤。司马子期伏轼而问曰："吾有罪于夫子乎？"对曰："臣以君旗拽地故也⑥。国君之旗齐于轸，大夫之旗齐于较⑦。今子荆国有名大夫，而灭三等⑧，文之断也，不亦可乎？"子期悦，载之王所。王曰："吾闻有断子之旗者，其人安在？吾将杀之。"子期以文之言告，王悦，使文为江南令而大治⑨。

【注释】

　　①芊（qiān）尹文：芊地的长官，名叫文。芊，《汉书·古今人表》及《渚宫旧事》作"芊"，卢文弨《群书拾补》："芊旧误芊，当据《汉表》改。"可参。

　　②荆：楚。欧（qū）：同"驱"，驱使。虒（zhì）：猪。

③司马子期：即楚公子结。又作子綦、王子綦。楚平王子,令尹子
　西弟。见《史记·楚世家》。云梦：即云梦泽。"云"是地名,楚人
　名泽中曰"梦","云梦"本指云地之"梦",后来这个大湖向东向南
　转移,以后汉江以北、以南的"梦"便都称之为"云梦"。

④较：底本作"轸"。《渚宫旧事》作"角"。角,通"较"。指车厢两旁
　的横木。依下文"国君之旗齐于轸,大夫之旗齐于较",子期为大
　夫而非诸侯,则此处不应作"轸"。石光瑛《新序校释》据卢文弨、
　孙诒让等说改。今从之。

⑤贰车抽弓于帐(chàng),援矢于筩(yǒng),引而未发也：副车上的
　人从弓袋中抽出弓,从箭袋里拿出箭,拉满弓还没有射出。贰
　车,副车。帐,弓袋。筩,装箭的器具。引,拉满。

⑥臣以君旗拽(yè)地故也：拽,拖。又,《渚宫旧事》此句下有"臣闻
　之,王者之旗拽于地"十字。如此,下文所谓之"灭三等"始可通。

⑦轸：车厢底板。较：底本作"轼",依上文当作"较"。《北堂书钞》
　即引作"较"。

⑧灭三等：指无王者、诸侯、大夫三等的差别。

⑨江南令：江南之地的长官。李华年《新序全译》："根据饶宗颐《楚
　辞地理考·'江南'解》记载,江南为楚邑名,为秦昭王所置黔中
　郡之一部,到战国初楚悼王时,这里还属于南蛮,号称难治,且因
　地处边荒,为流放罪臣之地,并非今苏南太湖一带。"

【译文】

　芋尹文,是楚国主管驱赶兽类的小官。司马子期在云梦狩猎,车子
上的旗子长得拖到了地上,芋尹文拔出剑来,齐着车厢两旁的横木把旗
子斩断。司马子期副车上的随从从弓袋中抽出弓,从箭袋里拿出箭,拉
满弓准备射箭。司马子期靠在车轼上问道："我有什么地方对不住先生
您吗?"芋尹文答道："臣下因为您旗子过长拖到地上才这样做的。国君
的旗子和车厢底板一样齐,大夫的旗子只能达到车较的高度。现在您

是楚国知名的大夫，却抹煞了这三个等级的差别，我把您旗子多余的部分斩断，难道不可以吗？"子期听了之后非常高兴，就与他同车一起到了王宫。楚王说："我听说有个人把您的旗子斩断了，这个人现在在哪里？我要杀了他。"子期将芊尹文的话告诉给楚王，楚王很高兴，派芊尹文为江南邑的长官，江南邑被治理得很好。

8.14　卞庄子好勇①，养母，战而三北②，交游非之，国君辱之③。及母死三年，齐与鲁战④，卞庄子请从。见于鲁将军曰："初与母处，是以三北。今母死，请塞责而神有所归⑤。"遂赴敌⑥，获一甲首而献之⑦，曰："此塞一北。"又入，获一甲首而献之，曰："此塞再北。"又入，获一甲首而献之，曰："此塞三北。"将军曰："毋没尔家⑧，宜止之，请为兄弟！"庄子曰："三北以养母也，是子道也。今士节小具而责塞矣。吾闻之，节士不以辱生。"遂返敌，杀十人而死。君子曰："三北已塞责⑨，灭世断家，于孝不终也。"

【注释】

①卞庄子：鲁卞邑大夫，又称弁庄子、管庄子，《汉书·古今人表》避明帝讳改庄为严。

②养母，战而三北：因为要奉养母亲，所以作战三次都失败而归。北，败。《韩诗外传》卷十作"母无恙时，三战而三北。"文意更为晓畅。

③国君辱之：此句后《韩诗外传》、《后汉书·班固传》注引有"卞庄子受命，颜色不变"数字。石光瑛《新序校释》据补。可参。

④齐：底本作"冬"。卢文弨《群书拾补》曰："《后汉书》班固、崔骃等传，注俱作齐，当从之。"石光瑛《新序校释》据改。今从之。

⑤塞责:抵塞罪责。神:灵魂。

⑥遂赴敌:此句后《韩诗外传》、《后汉书·班固传》注引有"而斗"两字。

⑦甲首:伍长。或曰特指战车上的甲士。春秋时期一般是用车战,据《司马法》的说法,兵车一乘,马四匹,甲士十人,步兵十五人。甲士是穿戴盔甲的,三人立车上,这三人通称甲首。

⑧家:石光瑛《新序校释》改作"宗"。下"家"同。可参。

⑨已:底本作"又"。《韩诗外传》卷十、《后汉书·崔骃传》注引作"已",石光瑛《新序校释》据改。今从之。

【译文】

卞庄子好勇,因为要奉养母亲,所以作战三次都以失败而归,朋友们责备他,国君也羞辱他。等到他母亲去世三年后,齐、鲁两国交战,卞庄子请求随军出战。他拜见鲁国的将军说:"以前要奉养母亲,所以三次败逃。现在母亲已经去世了,请让我尽责补过从而使我的灵魂有个归宿。"于是冲入敌阵,斩获了一个伍长来献功,说:"这个抵偿我一败之耻。"又冲入敌阵,斩获了一个伍长来献功,说:"这个抵偿我二败之耻。"又冲入敌阵,斩获了一个伍长来献功,说:"这个抵偿我三败之耻。"将军说:"不要断绝你的宗族,该停止了,我请求与你结拜为兄弟!"卞庄子说:"三次败逃是为了奉养母亲,那是尽为人子的责任。现在稍微具备了士人的节操而为国尽责补过了。我听说,有操守的士人不会苟且偷生。"于是重新回到敌阵,一连杀了十多人后战死。君子说:"卞庄子三次败逃的耻辱已经抵偿了,他自己断绝了后代宗系,从孝道来说是没有结局的。"

卷第九

善谋上第九

【题解】

　　《新序》之"善谋",包括本卷与下卷两部分,分别以"上"、"下"别之。之所以将其分为两卷,原因盖在于篇幅庞大、简册繁多,故从时间上断开,以春秋战国事为一卷,楚汉战争至汉初事为一卷。

　　本卷共 12 章(底本为 11 章,连"秦、赵战于长平"、"秦既解围邯郸"为一章,今据《战国策》分为 2 章,详正文注),列举春秋战国时期强国富民、救亡图存等关涉国家根本的谋略之事,颂扬了一系列忠于国事、善于谋划的智慧、贤能之臣,其重心依然在讲说"臣道"。刘向所谓的"善谋",并非是那些机巧诈伪、急功近利的一时之计,而是特指修德强本、发政施仁的长久之谋,善谋的根本在于仁德,所谓"三代积德而王,齐桓继绝而霸,秦、项严暴而亡,汉王垂仁而帝。故仁恩,谋之本也"("秦孝公欲用卫鞅之言"章)。本卷所列管仲、狐偃、宫之奇、烛之武、司马侯、伍子胥、司马错、虞卿等人的智谋,即是刘向所推崇的仁德之谋。相反,荀息、商鞅、张仪、楼缓等人的计谋,尽管可以取得短期的功效,却只是"战国兼并之臣",而非"霸王之佐"与"忠臣之谋"("虞、虢皆小国也"章)。在刘向看来,修习仁德、强国富民、实行王道才是善谋的最高境界,也就是司马错所说的"欲富者务广其地,欲强者务富其民,欲王者务博其德。三资者备,而王随之矣"("秦惠王时蜀乱"章)。而那些"负人徒之众、兵革之强,欲以力臣天下之主",谋求以武力称霸天下者,终非治国上策,难免会留有后患("楚使黄歇于秦"章)。

9.1　齐桓公时,江国、黄国^①,小国也,在江、淮之间,近楚。楚,大国也,数侵伐,欲灭取之。江人、黄人患楚。齐桓公方存亡继绝,救危扶倾^②,尊周室,攘夷狄^③,为阳谷之会、贯泽之盟^④,与诸侯将伐楚。江人、黄人慕桓公之义,来会盟于贯泽。管仲曰:"江、黄远齐而近楚,楚为利之国也。若伐而不能救,无以宗诸侯^⑤,不可受也。"桓公不听,遂与之盟。管仲死,楚人伐江灭黄,桓公不能救^⑥,君子闵之。是后桓公信坏德衰^⑦,诸侯不附,遂陵迟不能复兴^⑧。夫仁智之谋,即事有渐^⑨,力所不能救,未可以受其质。桓公受之,过也。管仲可谓善谋矣。《诗》云:"曾是莫听,大命以倾^⑩。"此之谓也。

【注释】

①江国:古诸侯国名。赢姓,今河南信阳罗山有江国故城。黄国:古诸侯国名。赢姓,故城在今河南潢川西北。

②齐桓公方存亡继绝,救危扶倾:指齐桓公封卫、迁邢、定鲁难。

③攘:驱逐,排斥,抵御。夷狄:古代对少数民族的统称。夷,东夷。狄,北狄。

④阳谷之会:前657年,齐桓公、宋襄公、江人、黄人会于阳谷,商量讨伐楚国。阳谷,春秋时齐国的城邑,在今山东兖州阳谷北。贯泽之盟:前658年,齐桓公、宋襄公、江人、黄人盟于贯泽。贯泽,春秋时宋国的地名,故城在今山东曹县南。

⑤宗:朝见,归往。

⑥管仲死,楚人伐江灭黄,桓公不能救:管仲之卒年,《史记·齐太公世家》记在齐桓公四十一年(前645);楚灭江,在齐昭公十年(前623),在齐桓公去世后;楚灭黄在齐桓公四十年(前646),在管仲去世之前。二事与此处叙述不同,盖论者为说理方便言之。

⑦信坏德衰:底本脱"德"字。今据铁华馆本、汉魏本和四部本补。石光瑛《新序校释》谓其所据宋本有"德"字。备参。

⑧陵迟:原指山陵的坡度慢慢降低。引申为衰落、衰微。

⑨即事有渐:考虑到事情的逐渐发展。即,就。渐,逐渐发展的过程。

⑩曾是莫听,大命以倾:见《诗经·大雅·荡》。曾,竟。大命以倾,指国家灭亡。

【译文】

齐桓公在位时,江国、黄国是诸侯小国,处在长江和淮河之间,接近楚国。楚国,是当时的大国,经常侵略江、黄两国,想要灭掉他们占有土地。江人和黄人都担忧楚国的侵略。齐桓公当时正在恢复亡国、承续绝世,救援危难、扶持将要灭亡的国家,尊奉周王室,驱除夷狄。他举行阳谷盟会与贯泽盟会,与各国诸侯商议讨伐楚国。江人、黄人敬慕桓公的正义,来参加贯泽的盟会。管仲说:"江国、黄国离齐国较远而接近楚国,是楚国谋取利益的国家。如果楚国侵伐江、黄两国而我们不能去救援,我们就无法使诸侯归服我们,所以不能接受他们两国会盟。"桓公没有听取管仲的建议,于是和江国、黄国结了盟。管仲去世以后,楚国人侵伐江国,灭掉了黄国,桓公没有办法援救他们,君子因此而为桓公惋惜。此后齐桓公的信誉丧失,仁德衰减,诸侯国不再归附齐国,于是国力逐渐衰退,无法恢复往日的威望。仁心和智慧的谋略,就要考虑到事情的逐渐发展,对于自己无力救援的国家,不能接受他们参加盟誓。齐桓公接受了,这就是他失策之处。管仲可以说是善于谋略的。《诗经》说:"竟然不肯听从谏说,致使国家命运衰落。"说的就是这种事情了。

9.2　晋文公之时,周襄王有弟太叔之难,出亡,居于郑①,不得入,使告难于鲁、于晋、于秦。其明年春,秦伯师于河上②,将纳王③。狐偃言于晋文公曰④:"求诸侯,莫如勤王⑤,且大义也,诸侯信之。继文之业⑥,而信宣于诸侯,今为可矣。"使卜偃卜之曰⑦:"吉,遇黄帝战于阪泉之兆⑧。"公曰:"吾不堪也⑨。"对曰:"周礼未改,今之王,古之帝也⑩。"公曰:"筮之。"筮之,遇《大有》之《睽》⑪,曰:"吉,遇公用享于天子之卦⑫。战克而王享,吉孰大焉?且是卦也,天为泽以当日,天子降心以迎公⑬,不亦可乎?《大有》去《睽》而复,亦其所也⑭。"晋侯辞秦师而下⑮,三月甲辰⑯,次于阳樊⑰,右师围温⑱,左师逆王。夏四月丁巳⑲,王入于王城,取太叔于温而杀之于隰城⑳。戊午㉑,晋侯朝王,王享醴㉒,命之侑㉓,与之阳樊、温、原、攒茅之田㉔,晋于是始开南阳之地㉕。其后三年,文公遂再会诸侯,以朝天子㉖,天子锡之弓矢秬鬯,以为方伯㉗,《晋文公之命》是也㉘。卒成霸道㉙,狐偃之谋也。夫秦、鲁皆疑,晋有狐偃之善谋,以成霸功。故谋得于帷幄㉚,则功施于天下,狐偃之谓也。

【注释】

①周襄王有弟太叔之难,出亡,居于郑:前636年,周襄王之母弟太叔带为争王位联合狄人攻周,大败周军。周襄王逃出成周,居于郑国的汜(今河南襄城南)。周襄王,姬姓,名郑。前652—前619在位。春秋时周天子。其父为周惠王,惠王宠惠后,欲立惠后之子太叔为太子。襄王借助齐桓公之力,与齐、鲁等诸侯会盟,方稳定其太子之位。惠王死,他畏惧太叔,不敢发丧,又向齐求助,

再度与齐、宋等诸侯会盟于洮(今河南濮阳东南),方发丧、即位。太叔,又称叔带、大叔带、大叔。周襄王之同母弟。《史记·十二诸侯年表》载"惠王五年,惠后生叔带",食邑于甘(今河南洛阳南),谥昭,故又称甘昭公。

②其明年春,秦伯师于河上:前635年,秦穆公应周襄王之召起兵勤王。秦伯,即秦穆公,一作秦缪公,名任好,春秋时期秦国国君。前659—前621年在位。其任内获得了百里奚、蹇叔、丕豹、公孙支等贤臣的辅佐,国力大盛,死后谥号"穆"。《孟子》赵岐注以其为春秋五霸之一。师,驻军。河上,黄河岸边。

③纳:这里指护送回国。

④狐偃:戎国人,春秋时晋国的卿,晋大夫狐突之子,重耳的舅父,字子犯,又称舅犯、臼犯,智计过人,随重耳出亡,为重耳出谋画策,为其能回国继位起了重要作用。重耳继位为晋文公后,狐偃进行军政改革,制定对外争霸策略。

⑤勤王:为王事所奔波。此处指纳王。

⑥继文之业:继承晋文侯的事业。文,晋文侯,名仇。西周末年晋国国君。前780—前746年在位。曾辅佐周平王东迁洛都。

⑦使:诸本无此字。石光瑛《新序校释》据《左传·僖公二十五年》补。今从之。卜偃:即郭偃,春秋时晋国大夫,因掌管占卜之事,故又称为卜偃。

⑧黄帝战于阪(bǎn)泉之兆:《左传·僖公二十五年》杜预注:"黄帝与神农之后姜氏战于阪泉之野。胜之,今得其兆,故以为吉。"阪泉,地名。在今河北涿鹿东。

⑨不堪:承受不起。黄帝战于阪泉,是天子征伐之事,晋为诸侯,所以说不敢当。

⑩周礼未改,今之王,古之帝也:卜偃的意思是说黄帝战于阪泉之兆是指襄王与王子带之争。周德虽衰,其命未改,典章制度也未

改,因此战争名义上由周王领衔,周王和黄帝地位相当。

⑪《大有》:《易经》卦名,乾下离上。卦辞为"大有,元亨",是吉卦。之:至,指变化为。《睽》:《易经》卦名,兑下离上。卦辞为"睽,小事吉",也是吉卦。

⑫公用享于天子:《大有·九三》的爻辞。《大有》之《睽》,第三爻由阳爻变为阴爻,所以用这一爻的爻辞。用,因此。

⑬天为泽以当日,天子降心以迎公:据高亨《周易杂论》、李华年《新序全译》的解释,此处大意是:《大有》是乾下离上,《睽》是兑下离上。"乾"为天,"离"为日,"兑"为泽。《大有》第三爻由阳爻(九三)变为阴爻(六三),内卦就由乾变为兑,而外卦不变,就是天变为泽迎着太阳,也即"天为泽以当日"。又,"乾"为君为天子,"离"为臣为公侯,"兑"为泽,处于卑下之地,故《左传·僖公二十五年》杜预注:"乾为天,兑为泽。乾变为兑,而上当离,离为日。日之在天,垂曜在泽,天子在上,说心在下,是降心逆公之象。"则此卦又是天子屈意下心来接待公侯之兆,故曰"天子降心以迎公"。

⑭《大有》去《睽》而复,亦其所也:天子有天下,是大有;天子离开王朝,是睽。本卦转为别的卦,终要回到本卦,《大有》转为《睽》,终要回到《大有》,天子离开王朝,终要回到王朝,也就是"《大有》去《睽》而复,亦其所也"。

⑮辞秦师:辞让秦师,使其返回。

⑯三月甲辰:夏历三月十九日。甲辰,干支记日的名称,下"丁巳"、"戊午"同。

⑰次:驻扎。阳樊:地名。裴骃《史记集解》引服虔曰:"阳樊,周地。阳,邑名也;樊,仲山之所居,故曰阳樊。"故地在今河南济源东南。

⑱温:地名。叔带所居之地,在今河南温县西南。

⑲四月丁巳：四月初三。

⑳隰(xí)城：春秋齐邑名。故城在今河南武陟西南。

㉑戊午：四月初四。

㉒享醴(lǐ)：用麦芽酿制的酒来款待宾客。享，设盛礼来款待宾客。醴，用麦芽酿制的甜酒。

㉓命之侑(yòu)：命晋文公劝酒。侑，劝酒。

㉔原：地名。在今河南济源西北。攒茅：地名。在今河南修武。

㉕南阳：地名。阳樊诸邑所在地。在今河南新乡。

㉖其后三年，文公遂再会诸侯，以朝天子：此指前632年，晋楚城濮之战，晋败楚军，晋文公在践土为周襄王建造行宫，请周襄王到践土，朝见周天子。

㉗天子锡(cì)之弓矢秬鬯(jù chàng)，以为方伯：据《左传·僖公二十八年》，"王命尹氏及王子虎、内史叔兴父策命晋侯为侯伯，赐之大辂之服，戎辂之服，彤弓一、彤矢百，玈弓矢千，秬鬯一卣，虎贲三百人"。锡，同"赐"，赐给。秬鬯，古代以黑黍和香草酿造的酒，用于祭祀降神及赏赐有功的诸侯。秬，黑黍。鬯，祭祀用的香酒。方伯，侯伯，为诸侯的首领。

㉘《晋文公之命》：《史记·晋世家》："天子使王子虎命晋侯为伯……晋侯三辞，然后稽首受之。周作《晋文侯命》。"《晋文公之命》即指《晋文侯命》。另，《尚书》伪《孔传》以《文侯之命》为周平王命晋文侯仇之语。其说今人多不取。

㉙卒成霸道：指晋文公终成春秋五霸之一。卒，终，终于。

㉚帷幄(wò)：帐幕。这里指天子决策之处或将帅的幕府、军帐。《史记·太史公自序》："运筹帷幄之中，制胜于无形。"

【译文】

晋文公的时候，周襄王的弟弟太叔叛乱，襄王出逃，到了郑国，回不了成周，于是派使者到鲁国、晋国、秦国去报告灾难。第二年春天，秦穆公把军队驻扎到黄河边上,准备护送周天子回到成周。狐偃对晋文公说:"求得诸侯的拥护,没有比救援王室更有效的了,而且是符合大义的行动,诸侯们都会信服。继承文侯的事业,并在诸侯之中宣扬信用,现在是时候做了。"晋文公让卜偃占卜,卜偃说:"吉利。得到的卦是黄帝在阪泉打胜仗的预兆。"晋文公说:"我担当不起啊。"卜偃回答说:"周代的礼制没有改变,现在的周天子,就是古代的帝王。"晋文公说:"再用蓍草卜筮吧。"又进行卜筮,得到了《大有》变为《睽》的卦象,卜偃解释说:"吉利。得到'公侯被天子设享礼招待'的卦象。战胜以后天子设享礼招待,还有比这大的吉利吗?而且这一卦,天变为泽以承受太阳的照耀,象征天子自己降格而迎接您,不也是很好吗?《大有》变成《睽》而又回到本卦,天子也就回到了他的处所。"于是晋文公就辞谢遣回秦军,自己顺着黄河而下,三月十九日,在阳樊驻军,右翼部队包围郑国的温城,左翼部队去迎接周襄王回朝。夏四月初三,周襄王返回王城,晋军在温城俘获了太叔并在隰城杀了他。初四,晋文公朝见周襄王,周襄王设盛宴用醴酒款待晋文公,并命他劝酒,赏赐给他阳樊、温、原、攒茅等地,晋国这时候开始开辟南阳的疆土。三年之后,晋文公再次会盟诸侯并朝拜周天子,周天子赐给晋文公弓箭和祭祀的香酒,封他为诸侯的领袖,《晋文公之命》记载的就是此事。晋文公终成霸业,是狐偃的智谋啊。秦国和鲁国都还在犹豫是否纳王的时候,晋国因为有狐偃的善于谋划,从而完成了称霸的功业。所以说在军帐当中谋略得当,功业就可以在天下实施,狐偃可以说就是这样了。

9.3　虞、虢皆小国也①。虞有下阳之阻塞②,虞、虢共守之,晋不能禽也③。故晋献公欲伐虞、虢④,荀息曰⑤:"君胡不以屈产之乘与垂棘之璧假道于虞⑥?"公曰:"此晋国之宝也,彼受吾璧,不借吾道,则如之何?"荀息曰:"此小之所以事大国也。彼不借吾道，必不敢受吾币。受吾币而借吾道，则是我取之中府⑦，置之外府⑧；取之中厩⑨，置之外厩⑩。"公曰："宫之奇存焉⑪，必不使受也。"荀息曰："宫之奇知固知矣⑫。虽然，其为人也，通心而懦⑬，又少长于君⑭。通心则其言之略，懦则不能强谏，少长于君则君轻之。且夫玩好在耳目之前，而患在一国之后，中知以上⑮，乃能虑之。臣料虞君，中知之下也。"公遂借道而伐虢，宫之奇谏曰："晋之使者，其币重⑯，其辞卑，必不便于虞。语曰：'唇亡则齿寒矣⑰。'故虞、虢之相救，非相为赐也。今日亡虢，而明日亡虞矣。"公不听，遂受其币而借之道。旋归四年，反取虞⑱。荀息牵马抱璧而前曰："臣之谋如何？"献公曰："璧则犹是，而吾马之齿加长矣⑲。"晋献公用荀息之谋而禽虞，虞不用宫之奇谋而亡。故荀息非霸王之佐，战国兼并之臣也⑳。若宫之奇，则可谓忠臣之谋也。

【注释】

①虞：古诸侯国名。姬姓，始封古公亶父之后虞仲，都于夏虚，故城在今山西平陆东北。前655年为晋所灭。虢：古诸侯国名。姬姓，故城在今山西平陆南。杨伯峻《春秋左传注》："虞在今山西平陆东北，虢又在虞之南。"

②下阳：地名。在今山西平陆东北。铁华馆本、汉魏本、四部本作"夏阳"。

③禽：同"擒"，捕捉，制伏。

④晋献公：春秋时晋国国君，姬姓，名诡诸。前676—前651年在位。曲沃武公之子。即位后尽灭曲沃桓公、庄伯子孙，巩固君

位。攻灭骊戎、耿、霍、魏等国，击败狄戎，消灭强敌虞、虢，史称其"并国十七，服国三十八"，为晋国在春秋时期的崛起称霸奠定了基础。晚年因宠爱骊姬，引起了国内动乱。

⑤荀息：晋国大夫，字叔，春秋时晋国公族，食邑于荀（今山西绛县），因以荀为氏。晋献公时荀息献计伐虢灭虞。晋献公卒，他信守对献公的承诺，奉骊姬之子奚齐为晋国国君，后奚齐被晋卿里克所杀，他又辅立奚齐异母弟卓子。不久卓子又被里克杀死，荀息同时也被杀。《春秋》褒扬他"不食其言"。

⑥屈产之乘：屈地产的马。屈，地名。在今山西吉县东北。产，出产。乘，马。垂棘之璧：垂棘的宝玉。垂棘，地名，在今山西潞城北。假道：借道。假，借。

⑦中府：内府。古代诸侯国君收藏文书或财物的机构。

⑧外府：都城以外公家收藏财物的地方。

⑨中厩（jiù）：宫廷养马的地方。厩，马厩。

⑩外厩：都城以外养马的地方。

⑪宫之奇：春秋时虞国的贤大夫，姬姓，宫氏，名奇。春秋时称名习惯，常用"之"置于男性之氏与名之间，如烛之武、介之推之类，但也并非必有之词。

⑫宫之奇知（zhì）固知（zhì）矣：知，同"智"，聪明，智慧。固，固然。

⑬通心：心胸通达。懦：软弱。

⑭少长于君：自小和虞君一起在宫中长大。

⑮中知（zhì）以上：中等智力以上的人。

⑯币：泛指车马皮帛玉器等礼物。

⑰唇亡则齿寒矣：此为当时的谚语。《左传·僖公五年》作"辅车相依，唇亡齿寒"。

⑱旋归四年，反取虞：前658年，晋、虞伐虢，攻占了虢国的要塞下阳，旋即回师。前655年，即伐虢后的第四年，晋再次伐虢，返回

时顺道灭虞。事见《左传·僖公二年》、《僖公五年》。旋，形容时间的短暂。反，同"返"。

⑲马之齿加长(zhǎng)矣：马的牙齿数随着年龄的增加而增加。长，增加。按，荀息与晋献公的这段对话表现出他们的得意之情。

⑳故荀息非霸王之佐，战国兼并之臣也：荀息之谋，以谋占他国为目的，此非春秋时成就霸王之业的做法，反而更像战国时谋划攻占他国、兼并土地的谋臣。

【译文】

虞国和虢国都是春秋时期的小国。虞国有下阳的险要关塞，由虞国和虢国两国共同防守，晋国攻占不了他们。因此，晋献公想要攻打虞国和虢国，大夫荀息就说："国君为什么不用屈地出产的马匹和垂棘出产的玉璧作为礼物向虞国借路呢？"晋献公说："这都是我们晋国的宝贝，如果虞国接受了我们的玉璧，不借路给我们，那该怎么办？"荀息说："这就是小国事奉大国的微妙之处。如果虞国不借路给我们，就一定不敢接受我们的东西。接受了我们的东西而借路给我们，那就等于把宝物从宫里藏库取出来，放到宫外的藏库；把马匹从宫里的马厩牵出来，放到宫外的马厩。"晋献公说："宫之奇在虞国，他一定不让虞君接受我们的礼物。"荀息说："宫之奇聪明固然是聪明，虽然这样，他的为人，心胸通达而性情懦弱，又是从小与虞君一起长大的。心胸通达他的言语就会简略，性情懦弱就不会强行劝谏，从小与虞君一起长大，虞君就会轻视他。况且，那些玩好之物在耳目之前，而灾祸又在另一个国家的后面，具有中等以上智慧的人，才能考虑到这些。我料想虞君的智力，应该在中等以下。"于是，晋献公就向虞国借道而去攻打虢国，宫之奇劝谏虞君说："晋国派来的使者，带来的礼物非常贵重，言辞也非常谦卑，一定有对虞国不利的地方。俗语说：'失去嘴唇，牙齿就会寒冷。'所以虞国和虢国是相互救援的，并不是能把一方赠给别人的。今日灭亡了虢国,明日就该灭亡虞国了。"虞君不听劝谏,接受了晋国的礼物借路给晋国。很快,晋国就攻占了虢国。回师四年后,晋国再次伐虢,返回时攻取了虞国。荀息牵着马抱着玉璧在晋献公面前说:"臣的计谋如何?"献公说:"玉璧还是原来的样子,不过我的马的牙齿却增多了。"晋献公采用了荀息的计谋而占领了虞国,虞君不用宫之奇的谋略而亡国。因此荀息不是建立霸王事业的辅佐之臣,而是谋占他国、兼并土地的臣子。像宫之奇,可以称得上是忠臣的谋略了。

9.4　晋文公、秦穆公共围郑①,以其无礼而附于楚②。郑大夫佚之狐言于郑君曰③:"若使烛之武见秦君④,围必解。"郑君从之,召烛之武使之。辞曰:"臣之壮也,犹不如人;今老矣,无能为也。"郑君曰:"吾不能蚤用子⑤,今急而求子,是寡人之过也;然郑亡,子亦有不利焉。"烛之武许诺。夜出,见秦君,曰:"秦、晋围郑,郑知亡矣。若亡而有益于君,敢以烦执事⑥。郑在晋之东,秦在晋之西,越晋而取郑,君知其难也。焉用亡郑以陪晋⑦?晋,秦之邻也;邻之强,君之忧也。若舍郑以为东道主,行李之往来⑧,共其资粮⑨,亦无所害。且君立晋君⑩,晋君许君焦、瑕⑪,朝得入,而夕设版而画界焉⑫,君之所知也。夫晋何厌之有⑬?既东取郑,又欲广其西境,不阙秦⑭,将焉取之?阙秦而利晋,愿君图之!"秦伯说⑮,引兵而还。晋咎犯请击之⑯,文公曰:"不可。微夫人之力,不能弊郑⑰。因人之力以弊之,不仁;失其所与⑱,不知⑲;以乱易整⑳,不武。吾其还矣。"亦去,郑围遂解。烛之武可谓善谋,一言存郑而安秦。郑君不蚤用善谋,所以削国也。困而觉焉㉑,所以得存。

【注释】

①晋文公、秦穆公共围郑：事在前630年。

②以其无礼：指前637年，晋文公继位前在外流亡路过郑国时，郑文公对他未能以礼相待。附于楚：指城濮之战时，郑国把军队交给楚国对抗晋国。

③佚之狐：郑国大夫。郑君：郑文公，姬姓，名捷，春秋时郑国国君。前671—前628年在位。

④烛之武：春秋时郑国大夫。

⑤蚤：通"早"。

⑥敢：表示谦敬。执事：君主身边的办事人员，这里用以婉称秦君。不直接称呼君主而向其执事者陈述，是一种表示尊敬的方式。

⑦陪：增加，增益。

⑧行李：即"行理"，外交使节。李，通"理"。

⑨共：通"供"。供给。资粮：财物粮食。

⑩君立晋君：指秦穆公纳晋惠公之事。晋君，这里指晋惠公，名夷吾。晋献公之子，文公之弟。因骊姬之乱出奔秦国，依靠秦穆公的力量回国继位为君。前650—前637年在位。

⑪晋君许君焦、瑕：晋惠公曾答应割"河外列城五"给秦国作为报答，焦、瑕是其中两地。焦，在今河南三门峡西。瑕，在今山西芮城南。

⑫朝得入，而夕设版而画界焉：秦穆公答应了夷吾的请求，派百里奚护送他回国，立为晋君，但他一即位便背约了。此句即言晋人背约之速。设版，指筑城抵御秦国。版，打土墙用的夹版，这里指版筑的城墙，防御工事。朱季海《新序校理》引《左传》杜注"朝济河而夕设版筑以距秦"云："如刘子政说以'设版'为画界，则设版谓封疆若版图云尔，与杜说异撰。"可参。

⑬厌：满足。

⑭阙(quē)秦：使秦国受到亏损。阙，亏损。

⑮说：同"悦"，高兴。

⑯咎犯：即狐偃。

⑰微夫人之力，不能弊郑：假如不是依靠那人的力量，就不能有现在的"围郑"。晋文公重耳也是依靠秦穆公的力量才得以立为晋君，所以才这样说。《左传·僖公三十年》作"微夫人之力，不及此"。微，表示假设的否定词。弊郑，损伤郑国。弊，败坏，损害。

⑱所与：同盟者。与，联合。

⑲知：同"智"，明智。

⑳乱：两国的相互攻伐。整：两国的联盟。

㉑困：处于困境。

【译文】

晋文公和秦穆公联合出兵围攻郑国，因为郑国国君曾对晋文公无礼并且亲附楚国。郑国大夫佚之狐对郑文公说："如果派烛之武去见秦君，围困一定能解除。"郑文公听从了佚之狐的建议，召见烛之武派他出使。烛之武推辞说："我年轻力壮的时候，尚且比不上别人；现在老了，更没有什么能做的了。"郑文公说："我没能及早重用您，现在国家危急才来求您，这是我的过错；可是郑国灭亡了，对您也有不利啊。"烛之武便答应了郑文公的请求。他夜里出城，去见秦穆公，说："秦国、晋国围攻郑国，郑国知道自己要灭亡了。如果郑国灭亡而对您有利，那就冒昧地拿这件事来劳烦您的手下。郑国在晋国的东面，秦国在晋国的西面，越过晋国来攻占郑国，您知道这是很困难的。为什么要用灭亡郑国来增加晋国的疆域呢？晋国，是秦国的邻国；邻国强大了，这是君主您的忧患啊。如果您留下郑国让它成为东方道路上的主人，秦国的使臣往来经过这里，可以供给他们钱财粮食，对您也没有什么坏处。再说，您曾经帮助过晋惠公回国即位，晋惠公答应把晋国的焦邑和瑕邑给您，可是他早上回国，晚上就在那里修筑城墙划分国界，这事您是知道的。晋国何曾有过满足的时候？等它将东面的郑国占领后，就会又想向西扩张它的疆域，那时不损害秦国，又从哪里去取得土地呢？损害秦国而让晋国得到好处，还望您多加考虑!"秦穆公听了烛之武的话很高兴，于是就率领军队回去了。晋国大夫咎犯请求出兵袭击秦军，晋文公说："不能这么做。假如不是依靠那人的力量，就不能有现在的围困郑国。依靠了别人的力量，反过来去损害别人，这不是仁德；失去了同盟者，这不是明智；用两国的攻伐来替代联盟，这不是勇武。我们还是回去吧。"晋军也撤离了，于是郑国的围困解除了。烛之武可以说是善于谋略的，他的一番话保存了郑国并安定了秦国。郑文公没有及早任用善于谋略的人，所以使得国土日益削减。他在处于困境时觉悟过来，因此使得郑国得以保存。

9.5 楚灵王即位①，欲为霸，会诸侯，使椒举如晋求诸侯②。椒举致命曰③："寡君使举曰：'君有惠，赐盟于宋，曰："晋、楚之从，交相见也④。"以岁之不易⑤，寡人愿结驩于二三君，使举请间⑥。君若苟无四方之虞，则愿假宠以请于诸侯⑦。'"晋君欲勿许⑧，司马侯曰⑨："不可。楚王方侈⑩，天其或者欲盈其心⑪，以厚其毒而降之罚⑫，未可知也。其使能终，亦未可知也。唯天所相，不可与争⑬。君其许之，修德以待其归⑭！若归于德，吾犹将事之，况诸侯乎？若适淫虐，楚将弃之，吾谁与争⑮？"

【注释】

①楚灵王：芈姓，熊氏，名围，后改名为虔。春秋时楚国国君。前540—前529年在位。前540年，楚康王生病，他借探视之机缢杀康王，又杀死康王之子，自己继位做了楚王。

②使椒举如晋求诸侯:晋国本为盟主,但楚灵王想取得霸业,于是派伍举到晋国,请求诸侯朝楚。椒举,又名伍举,伍子胥的祖父。因其先人受封于椒,故其后以椒为氏。《通志·地方略》:"伍参食邑于椒,故其后为椒氏。"如,动词,往。

③致命:传达言辞、使命。

④"君有惠"以下四句:前546年,宋国向戌斡旋"弭兵"(休兵),晋、楚、鲁、蔡、卫、郑、陈、许、宋等十四国诸侯会盟于宋,决定以晋、楚两大国为盟主。晋国让楚国首先歃血为盟。盟会上,楚国提出"晋、楚之从,交相见也"的要求。意思是指附属于晋、楚的各国,交换朝见盟国,也就是原属晋的朝楚,属楚的朝晋。事见《左传·襄公二十七年》。

⑤岁之不易:岁月的不平静。即多事之秋。

⑥寡人愿结驩于二三君,使举请间:这是客套话,意即欲主盟诸侯。驩,通"欢",欢心。二三君,指众诸侯。二三,少数词,谦言之,是委婉措词。请间,私自探询您的意见。石光瑛《新序校释》曰:"请间,谓请晋君于闲暇之隙,不用诸侯之时,俾楚得以合诸侯也。"可参。

⑦君若苟无四方之虞,则愿假宠以请于诸侯:晋国若无边境之患,楚国愿意借晋君之宠威以会诸侯。这是外交辞令,意在照会晋国同意。四方之虞,指边境战争。虞,忧虑,忧患。

⑧晋君:即晋平公,姬姓,名彪,春秋时晋国国君。前557年—前532年在位。

⑨司马侯:晋国大夫女叔齐,又称女齐、叔侯、司马侯、司马女叔侯。《韩诗外传》称司马侯。

⑩侈:自大。指有称霸诸侯之心。

⑪盈其心:使其志满意骄。

⑫厚其毒:加深其罪恶。厚,加重,加深。毒,祸害,罪恶。降之罚:

上天降罪,给其惩罚。

⑬唯天所相,不可与争:上天所要帮助的,不能与他相争。相,
帮助。

⑭修德以待其归:晋国可自修其德,看看楚灵王归宿如何。归,
归宿。

⑮若适淫虐,楚将弃之,吾谁与争:楚灵王如果荒淫暴虐,楚国自将
抛弃他,晋国不用争而霸主地位可保。

【译文】

　　楚灵王即位之后,想称霸天下,会盟诸侯,派椒举到晋国求取诸侯
前来会盟。椒举转致楚灵王的意思说:"我的国君让我说:'从前蒙贵国
君的恩惠,赐给敝国在宋国参加结盟的机会,说:"晋国和楚国的附属
国,相互交换朝见。"因为岁时多难,寡人愿意与诸侯国结盟交欢,派椒
举前来私下探询您的意见。如果您的国家四方边界没有忧患,那么就
希望借助您的名望,来求得诸侯的拥护。'"晋君不想答应,司马侯说:
"不行。楚王正在骄傲自大的时候,上天大概也是想让他志得意满,加
深他的罪恶从而给他降下惩罚,也是说不定的。或者让他得以善终,也
是说不定的。上天所要帮助的,不能与他相争。国君您还是答应他,我
们自己修明德政来等待他的归宿。如果他归向仁德,我们都是要去事
奉他,何况诸侯呢? 如果他走到荒淫暴虐,楚国自己也会抛弃他的,又
有谁来和我们相争呢?"

　　公曰:"晋有三不殆①,其何敌之有? 国险而多马,齐、楚
多难,有是三者,何向而不济?"对曰:"恃马与险②,而虞邻之
难③,是三殆也。四岳、三涂、阳城、大室、荆山、终南④,九州
之险也⑤,是不一姓⑥。冀之北土,马之所生也,无兴国焉⑦。
恃险与马,不足以为固也,从古以然。是以先王务德音以享

神人⑧,不闻其务险与马也。或多难以固其国,开其疆土⑨;或无难以丧其国,失其守宇⑩。若何虞难? 齐有仲孙之难而获桓公⑪,至今赖之;晋有里克之难而获文公,是以为盟主⑫。卫、邢无难,狄亦丧之⑬。故人之难,不可虞也。恃此三者而不修政德,亡于不暇,有何能济? 君其许之。纣作淫虐,文王惠和,殷是以霣⑭,周是以兴,夫岂争诸侯哉?”乃许楚。

【注释】

①三不殆:三种避免危难的因素,指下文的国险、多马、齐楚多难。殆,危险。

②恃:依靠,凭借。

③虞邻之难:虞,期望。又,虞,通“娱”,安乐,即对邻国之难幸灾乐祸。

④四岳:东岳泰山,西岳华山,南岳衡山,北岳恒山。三涂:山名,在今河南嵩县西南的三涂山,俗名崖山。一说为险道,指太行、轩辕、崤渑。在今河南境内。阳城:故城在今河南登封东南,俗名成山岭。大室:即太室。中岳嵩山的东峰。荆山:山名。在今湖北彰县西。终南:山名。在今陕西西安南,又名中南、南山。

⑤九州:古代分中国为九州,分别指徐州、冀州、兖州、青州、扬州、荆州、梁州、雍州、豫州(见《尚书·禹贡》)。此外,《尔雅·释地》、《周礼·职方氏》还有不同的说法,此不赘举。

⑥是不一姓:这些都不是一姓所独占的,也会被别姓所占。

⑦冀之北土,马之所生也,无兴国焉:此言多马也不足恃。冀之北土,指燕、代诸国。兴,强盛。

⑧神人:神灵与祖先。人,祖先。

⑨或多难以固其国,开其疆土:意谓国多难反而兴盛。

⑩ 或无难以丧其国,失其守宇:意谓国无难也可能丧国失地。守宇,疆土。

⑪ 齐有仲孙之难而获桓公:齐僖公的同母兄弟叫夷仲年,生了公孙无知,公孙无知受到齐僖公的宠信,待遇如同嫡子。齐襄公即位,降低了公孙无知的待遇,他便怀恨在心。前686年冬十二月,公孙无知乘着齐襄公在外打猎受伤的机会,杀死齐襄公自立为君。前685年春天,齐国人杀死无知。同年夏天鲁庄公攻打齐国,护送公子纠回国即位,齐桓公从莒国抢先回到齐国,成为齐国国君。事见《左传·庄公八年》、《庄公九年》、《史记·齐太公世家》。仲孙,亦称公孙无知,齐僖公侄,齐襄公从弟。

⑫ 晋有里克之难而获文公,是以为盟主:前651年九月,晋献公卒,里克、邳郑想立重耳为君,带着申生、重耳、夷吾三位公子的党羽作乱。冬十月,里克杀死晋君奚齐,同年十一月,又杀了晋君卓子,晋国乱。后公子夷吾与其子先后为晋君,即晋惠公和晋怀公,二人在位期间,晋国内部仍不安定,且恩将仇报得罪秦国,韩原之战被秦国打得大败。前636年,重耳至秦,秦穆公派军队护送重耳回国,立为国君,是为晋文公。前632年,文公指挥城濮之战,打败楚国,晋成为盟主。事见《左传》僖公诸年、《史记·秦本纪》、《晋世家》等。里克,晋国大臣,名克,字季。属于支持重耳的一派,晋惠公回国后被杀。

⑬ 卫、邢无难,狄亦丧之:前661年,狄人伐邢,齐桓公救之。前660年,狄人伐卫,卫懿公死,后齐桓公复其国。卫,周代诸侯国,姬姓,都朝歌(今河南淇县)。邢,周代诸侯国,姬姓,故址在今河北邢台。

⑭ 贾(yǔn):灭亡。朱季海《新序校理》:"贾借为陨。"

【译文】

晋平公说:"晋国有三种免于危难的因素,有谁能和我们匹敌? 国家地势险要，马匹众多，齐、楚国家多难，有这三条，到哪里会不成功呢？"司马侯回答说："仗着马匹众多、地势险要，期望邻国多难，这是三种危险的因素。四岳、三涂、阳城、大室、荆山、终南，都是天下的险要之地，它们并不属于一姓所有。冀州北部，是出产良马的地方，但没有出现过强大兴旺的国家。仗着地势险要和马匹众多，是不能来巩固国家的，从古以来就是这样。因此前代贤王致力于修明德行以沟通神和人，没有听说过他们致力于地势和马匹的。有的经过很多灾难而巩固了国家，开辟了疆土；有的则由于没有祸难而丧失了国家，失掉了疆土。怎么能期待邻国多难呢？齐国发生了仲孙的祸难却有了桓公的称霸，到今天齐国还靠着他的余荫；晋国发生了里克的祸难却有了文公的称霸，成为了诸侯的盟主。卫国、邢国尽管没有祸难，狄人也灭亡了它们。所以别人的祸难，是不能期待的。仗着这三个条件而不去修明政治和德行，挽救危亡还来不及，又怎么能够成功？您还是允许他们吧。殷纣淫乱暴虐，文王仁慈和蔼，殷朝因此灭亡，周朝因此兴起，难道只是在于争夺诸侯吗？"晋平公便答应了楚国的请求。

灵王遂为申之会①，与诸侯伐吴②，起章华之台③，为乾谿之役④，百姓罢劳怨怼于下⑤，群臣倍畔于上⑥。公子弃疾作乱，灵王亡逃，卒死于野⑦。故曰："晋不顿一戟而楚人自亡⑧。"司马侯之谋也。

【注释】

① 申之会：前538年，楚灵王和蔡侯、陈侯、郑伯、许男、徐子、滕子、顿子、胡子、沈子、小邾子、宋世子佐、淮夷会盟与申。事见《左传·昭公四年》。申，古国名，在今河南南阳北，后为楚国的一个县。

②与诸侯伐吴：前 538 年秋七月，楚灵王和蔡、陈、许、顿、胡、沈、淮夷攻打吴国。前 537 年冬十月，楚灵王又和蔡、陈、许、顿、沈、徐、越伐吴。事见《左传·昭公四年》《昭公五年》。

③章华之台：即章华台。在今湖北监利西北。一说在湖北江陵东。

④乾谿（qián xī）之役：前 530 年，楚灵王兴兵伐徐，驻扎在乾谿，派荡侯、潘子、司马督、嚣尹午、陵尹西领兵包围徐州，以威慑吴国。事见《左传·昭公十二年》。乾谿，地名，在今安徽亳州东南。

⑤罢（pí）：疲劳，衰弱。憝（duì）：怨恨。

⑥群臣倍畔于上：《左传·昭公十三年》记载，楚灵王当令尹的时候，杀死大司马蒍掩，并夺取他的家产。即位以后，又夺取蒍居的田地；把许国迁走而扣留许围为人质。蔡洧得到楚灵王的宠爱，灵王灭蔡国时，蔡洧父亲死于这次战争，灵王派蔡洧留守都城自己离城出征。申地会盟时，越国大夫常寿过遭到楚灵王的羞辱。灵王夺走斗韦龟的中犨邑，又夺去蒍成然封邑，而让他担任郊尹。蒍成然原来事奉蔡公弃疾，所以蒍氏家族及蒍居、许围、蔡洧、蒍成然，都是灵王不加礼遇的人。他们借助那些丧失职位的家族，诱使越国大夫常寿过作乱，包围固城，攻克息舟，并在这里修筑城墙据守。倍畔，背叛。倍，通"背"。畔，通"叛"。

⑦公子弃疾作乱，灵王亡逃，卒死于野：前 529 年，楚灵王驻军乾谿，远离郢都。反叛灵王的公子比、公子黑肱、公子弃疾、蒍成然、蔡国朝吴带领陈、蔡、不羹、许、叶等地的军队，依靠蒍氏等四族的族人，攻入郢都，杀死灵王的太子禄和公子罢，立公子比为王，公子黑肱为令尹，弃疾为司马。楚灵王众叛亲离，自缢身亡。后弃疾使人四处奔走大喊灵王回来了，公子比不知灵王已死，畏惧自杀。公子弃疾即位，是为楚平王。事见《左传·昭公十三年》。公子弃疾，楚灵王弟，即位后改名熊居。

⑧顿：损耗。戟（jǐ）：古代的一种兵器，既有直刃又有横刃，是戈和

矛的合成体。

【译文】

　　楚灵王于是在申地与诸侯会盟,与诸侯联合攻打吴国,修建章华台,在乾谿作战,百姓疲于奔命怨声载道,大臣们群起反叛。随后公子弃疾在楚国发动叛乱,楚灵王逃亡在外,最后死在荒野之中。所以说:"晋国没有损耗一戟一兵而楚灵王就自己灭亡了。"这都是司马侯的计谋啊!

　　9.6　楚平王杀伍子胥之父①,子胥出亡,挟弓而干阖闾②。阖闾曰③:"大之甚!勇之甚④!"为是而欲兴师伐楚。子胥谏曰:"不可。臣闻之:君子不为匹夫兴师。且事君犹事父也。亏君之义,复父之仇,臣不为也。"于是止。蔡昭公朝于楚⑤,有美裘,楚令尹囊瓦求之⑥,昭公不与。于是拘昭公于郢⑦,数年而后归之。昭公济汉水,沉璧曰:"诸侯有伐楚者,寡人请为前列!"楚人闻之,怒,于是兴师伐蔡。蔡请救于吴。子胥谏曰:"蔡非有罪也,楚人无道也。君若有忧中国之心,则若此时可矣。"于是兴师伐楚,遂败楚人于柏举⑧,而成霸道⑨,子胥之谋也。故《春秋》美而褒之⑩。

【注释】

①楚平王杀伍子胥之父:伍子胥之父伍奢与费无忌同为楚平王太子建之傅,太子建更信任伍奢,费无忌不满。楚平王令费无忌为太子建向秦国求婚,费无忌见秦女美,劝平王自娶之。后向平王进谗言太子建因秦女事怨恨平王,与伍奢密谋造反,楚平王遂杀伍奢,太子建逃亡。楚平王,名弃疾,即位更名为居,春秋时楚国国君。前528—前516年在位。伍子胥,又作申胥,名员。

②挟弓而干阖闾：《史记·伍子胥列传》记为伍子胥至吴时，阖闾尚
为将军，称公子光。伍子胥因公子光而见吴王僚。干，求见。阖
闾，又作"阖庐"，继位前名光。春秋时期吴王。《荀子·王霸篇》
将其归为春秋五霸之一。

③阖闾曰：底本无此三字。诸本同。石光瑛《新序校释》据卢文弨
《群书拾补》补。今从之。

④甚：底本无"甚"字。诸本同。《公羊传·定公四年》作"士之甚，
勇之甚"，"士"为"大"字之误；《榖梁传·定公四年》作"大之甚，
勇之甚"。卢文弨《群书拾补》据补。石光瑛《新序校释》从之。
今据补。

⑤蔡昭公：春秋时蔡国国君，姬姓，名申。前518—前491年在位。
在位期间，联晋伐楚，又联吴打败楚军，破楚郢都（今湖北江陵西
北）。后楚昭王伐蔡，他为取得吴援，迁都于州来（今安徽凤台），
引起蔡国贵族不满，被暗杀。事见《左传·哀公四年》、《史记·
管蔡世家》。蔡，春秋时期诸侯国名。在今河南新蔡。

⑥囊瓦：字子常。楚国王族。楚庄王第三子子囊在楚共王和康王
时任令尹，囊瓦是其孙。

⑦拘昭公于郢，数年而后归之：《史记·管蔡世家》言蔡昭公被扣在
楚国三年，最后将裘献给囊瓦才得以脱身回国。郢，地名。楚国
国都，故地在今湖北江陵西北纪南城。

⑧败楚人于柏举：前506年冬十一月，吴、蔡军队与楚军在柏举对
垒。阖闾之弟夫概王率军攻击囊瓦部队，楚军大败。事见《左
传·定公四年》。柏举，地名。在今湖北麻城东北。

⑨而成霸道：柏举之战后，吴、蔡联军乘胜追击，五战五胜，遂攻破
郢都，楚昭王出逃。吴遂开始追求霸业。

⑩故《春秋》美而褒之：《春秋·定公四年》："冬十有一月，蔡侯以吴
子及楚人战于柏举，楚师败绩。"含有褒蔡、吴而贬楚之意。《公

羊传·定公四年》:"吴何以称子？夷狄也而忧中国。"《穀梁传·
定公四年》:"吴信中国而攘夷狄。"都是在褒扬吴国。古代注疏
家认为《春秋》褒奖吴国而不及伍子胥,是因为伍子胥借吴伐楚,
于忠有阙;然为报父仇,其情可悯;只不过《春秋》为万世立防,只
能就吴攘夷立论,对伍子胥是实际褒奖而没有在文字中表现
出来。

【译文】

　　楚平王杀了伍子胥的父亲,伍子胥从楚国逃亡出来,带着弓箭去求
见吴王阖闾。阖闾说:"你真是大孝啊！大勇啊！"为此想兴兵攻打楚
国。子胥劝谏说:"不可以。臣听说:君子是不为一个人而兴兵的。况
且事奉君主就像服侍自己的父亲一样。以损害君主的道义,来为父亲
报仇,我不会这么做。"于是没有发兵。蔡昭公去楚国朝拜,穿了一件名
贵漂亮的皮大衣,楚国令尹囊瓦向蔡昭公索要这件皮大衣,昭公没有给
他。囊瓦于是就把蔡昭公囚禁在郢都,几年以后才放回国。蔡昭公在
渡汉水时,把一块玉璧沉进河里说:"诸侯国中要是有谁讨伐楚国,寡人
愿意做他的前锋！"楚人听了以后,非常生气,于是就发兵攻打蔡国。蔡
国向吴国求救,伍子胥进谏说:"蔡国没有罪过,是楚国暴虐无道。国君
您如果有为中原各国操劳的心意,那么现在就是时候了。"于是,吴王发
兵讨伐楚国,终于在柏举击败了楚军,成就了称霸诸侯的功业,这都要
归功于伍子胥的谋略。所以《春秋》赞美、褒扬他。

　　9.7　秦孝公欲用卫鞅之言^①,更为严刑峻法,易古三代
之制度^②。恐大臣不从,于是召卫鞅、甘龙、杜挚三大夫御于
君^③,虑世事之变,计正法之本,使民之道。君曰:"代位不亡
社稷^④,君之道也。错法务明主长^⑤,臣之行也。今吾欲更法
以教民,吾恐天下之议我也。"公孙鞅曰:"臣闻疑行无名,疑

事无功⑥。君亟定变法之虑⑦，行之无疑，殆无顾天下之议⑧。且夫有高人之行者，固负非于世⑨；有独知之虑者，必见警于民⑩。语曰：'愚者暗成事，知者见未萌。民不可与虑始，可与乐成功。'郭偃之法曰⑪：'论至德者不和于俗，成大功者不谋于众。'法者所以爱民也，礼者所以便事也。是以圣人苟可以治国，不法其故⑫；苟可以利民，不循其礼。"孝公曰："善。"

【注释】

①秦孝公：姓嬴，名渠梁，战国时秦国国君。前361—前338年在位。卫鞅：即商鞅，又名公孙鞅，卫国（今河南濮阳）人。战国时期政治家，早期法家代表人物，曾在魏国做过小官，孝公元年（前361）入秦，三年（前359）辅佐秦孝公变法图强，执政二十一年。秦孝公封他于商地（今陕西商县东南），号商君，故后世称商鞅。秦孝公死后，他被诬谋反，终被杀，死后车裂。今存有《商君书》一书。

②三代之制度：即以道德礼乐治国的制度。三代，夏、商、西周。

③甘龙：秦孝公时的大臣。甘氏，出春秋时甘昭公王子带后。《商君书》《战国策》《史记·商君列传》记载有他反对变法的事情。杜挚：秦孝公时的大臣，曾破魏有功，官拜左司空，同时也是秦国守旧派的代表人物。也反对商鞅变法。御：陪侍。

④代位：继承君主的位置。《商君书·更法》作"代立"。位、立古字通。亡：忘。

⑤错：通"措"，施行，实行。主长（zhǎng）：主上。

⑥疑行无名，疑事无功：疑行、疑事，行为、处事迟疑，犹豫不定。此二句《战国策·赵策二》作肥义对赵武灵王语，朱季海《新序校

理》谓:"盖传闻异辞,事多剿说也。"

⑦亟(jí)定:尽快决定。亟,急。

⑧殆:必。表示肯定。

⑨负非:见非。被非议、诽谤。《商君书·更法》即作"见非"。

⑩謷(áo):诋毁。

⑪郭偃:春秋时晋国大夫,因掌管占卜之事,故又称为卜偃。

⑫不法其故:不取法于旧制。

【译文】

　　秦孝公想采用商鞅的意见,改行严刑峻法,变易上古三代以道德礼乐治国的制度。他担心大臣们不同意,于是就召见公孙鞅、甘龙、杜挚三位大夫陪侍,考虑时势社会的变化,探讨整顿法制的根本原则,寻求统治人民的方法。孝公说:"继承君位后不能忘记国家,这是国君应当奉行的原则。实施法令务必显示出国君的权威,这是做臣子的行动原则。现在我想要通过变更法度来教化百姓,可我又担心天下的人非议我。"公孙鞅说:"我听说:犹豫不决的行动就不会成名,迟疑不定的行事就不会成功。国君应当尽快下定变法的决心,行动不要有所迟疑,不必在意天下人怎么议论您。况且具有出众行为的人,就肯定要被世人非议;具有独到见解的人,也必然受到一般人的诋毁。俗话说:'愚笨的人在事情做成后还迷惑不解,而聪明的人能预先在萌芽时知晓事情。百姓们不能和他们商量怎么开始,只能在事成以后和他们一起共享成功。'郭偃的法书上说:'讲究崇高道德的人不去附和那些世俗的偏见,成就大功的人不和大众一起谋划。'法度是用来爱护百姓的,礼制是为了方便办事的。所以圣明的人如果能够治理国家,就不必去沿用旧有的法度;如果能够使百姓得到益处,就不必去遵循旧的礼制。"孝公说:"好。"

　　甘龙曰:"不然。臣闻:圣人不易民而教①,知者不变法而治②。因民而教者③，不劳而功成；据法而治者，吏习而民安之④。今君变法不循故，更礼以教民，臣恐天下之议君，愿君熟虑之！"公孙鞅曰："子之所言者，世俗之所知也。常人安于所习，学者溺于所闻，此两者所以居官而守法也，非所与论于典法之外也⑤。三代不同道而王⑥，五霸不同法而霸。知者作法，而愚者制焉⑦；贤者更礼，不肖者拘焉。拘礼之人不足与言事⑧，制法之人不足与论治，君无疑矣！"

【注释】

①易民：改变人民旧有的习俗。

②知：同"智"。

③因民：顺应人民旧有的习俗。因，顺应。

④习：熟悉。

⑤典法之外：指常法之外的新法。

⑥王（wàng）：称王，做天下的帝王。

⑦制：为法所制约。

⑧拘：底本作"更"，误。铁华馆本同。此据汉魏本改。

【译文】

甘龙说："不是这样的。臣也听说：圣明的人不去改变百姓旧有的风俗习惯来施行教化，智慧的人不改变国家原有的法度来治理国家。顺应百姓原有的习俗来进行教化，不用劳动就能成功；依照原有的法度来治理国家，官吏熟悉礼法百姓也安乐无事。现在您如果改变法度而不遵循原有的，要更改礼制来教化百姓，臣担心天下人恐怕要非议国君您了，希望您认真考虑这件事！"公孙鞅说："您所说的这些话，都是些世俗的言论。普通人总是安于旧有的习俗，读死书的人总是局限于所学的条条框框，这两种人只能在官位上奉公守法维持旧有的秩序，却不能同他们讨论旧有法度之外的事。夏、商、周三代礼制不相同却都能称王于天下,春秋五霸法度不同却能先后称霸诸侯。智慧的人能创制法度,而愚昧的人却被其制约;贤能的人变革礼制,而无能的人却被其拘束。受礼制拘束的人不能够同他商讨国家大事,被法律限制的人不能同他讨论变法。国君您就不要迟疑不定了。"

　　杜挚曰:"利不百不变法^①,功不什不易器^②。臣闻之:法古无过,循礼无邪。君其图之!"公孙鞅曰:"前世不同教,何古之法?帝王者不相复,何礼之循?伏羲、神农^③,教而不诛^④;黄帝、尧、舜,诛而不怒^⑤。及至文、武^⑥,各当其时而立法,因事而制礼。礼法两定,制令各宜。甲兵器备,各便其用。臣故曰:'治世不一道,便国不必古。'故汤、武之王也不循古^⑦,殷、夏之灭也不易礼^⑧。然则反古者,未可非也;循礼者,未足多也。君无疑矣!"孝公曰:"善。吾闻穷乡多怪^⑨,曲学多辩^⑩。愚者之笑,知者哀焉;狂夫之乐,贤者忧焉。拘世之议,人心不疑矣^⑪。"

【注释】

①百:百倍。

②什:十倍。易器:改变工具。

③伏羲:又称宓羲、庖牺、包牺、牺皇、皇羲、太昊等。传说中的三皇之一,与女娲同被尊为人类始祖。相传他结网画卦,造书契,制嫁娶之礼,开启中华文明。故里在陇西成纪(今甘肃静宁、天水一带)。神农:传说中的远古人物,相传他创造耒、耜,教民农业生产,又曾尝百草,发现药材,教人治病。

④教:教化。诛:诛杀。

⑤诛而不怒：不以怒气而诛杀。

⑥文、武：周文王和周武王的合称。

⑦汤、武之王：底本作"汤王之王"，误。此据铁华馆本、汉魏本、四部本改。汤，商朝的开国君主，子姓，名履，原为夏朝诸侯。夏桀无道，汤兴兵败夏桀于鸣条（在今山西运城安邑镇北），建立了商朝。

⑧殷、夏之灭：底本作"殷、汤之灭"，误。此据铁华馆本及诸本改。殷、夏之灭，指夏桀之亡夏与殷纣之亡商。

⑨穷乡多怪：偏僻之地的人少见多怪。

⑩曲学多辩：学识褊狭的迂曲之士多喜辩论。曲，褊狭，拘泥于一隅。

⑪人心不疑矣：寡人之心不再疑虑。《商君书·更法》即作"寡人不之疑矣"。

【译文】

杜挚说："如果没有百倍的利益不要改变法度，如果没有十倍的功效不要更换工具。臣听说：效法古代的法制没有什么过错，遵循旧的礼制不会有邪僻。国君应该对这件事认真考虑！"公孙鞅说："以前的朝代政教各不相同，应该去效法哪个朝代的古法呢？古代帝王的礼制不相互因袭，又去遵循哪个礼制呢？伏羲、神农，施行教化而不加诛杀；黄帝、尧、舜，实行诛杀但不感情用事。等到了周文王和周武王的时代，他们各自针对时势而建立法度，根据国家的具体情况制定礼制。礼制和法度都要根据时势来制定，法制、命令都要顺应当时的社会事宜。铠甲、兵器等战争装备都要能方便使用。所以臣说：'治理国家的办法是不一样的，方便国家不一定非要效法古代。'商汤、周武称王于天下并不是因为他们遵循古代法度，殷朝和夏朝的灭亡也不是因为他们更改了旧有的礼制。既然这样，那么改变旧法度的人，不一定就应当否定；遵循旧的礼制的人，不一定值得赞扬。国君对变法的事就不要迟疑了。"

孝公说:"好。我听说偏僻地方的人往往少见多怪,学识鄙陋的人常常喜欢诡辩。愚昧的人所讥笑的,正是聪明的人所感到悲哀的;狂妄的人所高兴的,正是贤能的人所担忧的。那些拘泥于世俗偏见的议论,寡人不再为它们而疑惑了。"

　　于是孝公违龙、挚之善谋①,遂从卫鞅之过言,法严而酷,刑深而必,守之以公,当时取强,遂封鞅为商君。及孝公死,国人怨商君,至于车裂之②。其患流渐,至始皇赤衣塞路③,群盗满山,卒以乱亡,削刻无恩之所致也④。三代积德而王,齐桓继绝而霸,秦、项严暴而亡⑤,汉王垂仁而帝⑥。故仁恩,谋之本也。

【注释】

①于是孝公违龙、挚之善谋:按,以下为刘向之议论。

②及孝公死,国人怨商君,至于车裂之:商鞅变法,"宗室贵戚多怨望者"。秦孝公死后,秦惠王立。公子虔等诬告商鞅谋反,商鞅被杀,死后车裂示众。事见《史记·商君列传》。车裂,古代酷刑之一,将人头和四肢栓在五辆车上,以五马驾车,肢解身体。

③赤衣:指古代罪犯所穿的衣服,因此来借指犯人。

④削刻无恩:刻薄寡恩。

⑤秦、项严暴而亡:指秦王朝与项羽大楚政权的灭亡。项,项羽。史称项羽为人"僄悍猾贼",所过无不残灭。

⑥汉王垂仁而帝:指汉高祖刘邦灭项羽,统一天下。汉王,汉高祖刘邦。项羽分封诸侯时封刘邦为汉王。史称其为"宽大长者"。

【译文】

于是,秦孝公违背了甘龙、杜挚的善谋,遵行卫鞅的错误建议,法律严厉而残酷,刑法重而不留余地,严守国家的法律,当时秦国很快强盛起来,秦孝公于是封商鞅为商君。等到秦孝公去世以后,国人都怨恨商君,以至于把他车裂。商君造成的祸乱逐渐发展,到秦始皇时,路上都是囚徒,满山都是强盗,终于天下大乱,秦国也灭亡了,这都是刻薄寡恩所导致的结果。夏、商、周三代积累仁德而称王天下,齐桓公帮助灭国延续宗祀而称霸诸侯,秦朝和项羽因为残暴无道而灭亡,汉高祖广施仁德而称帝。所以说仁德恩惠,是一切计谋的根本。

9.8　秦惠王时蜀乱,国人相攻击,告急于秦①。惠王欲发兵伐蜀,以为道险峡难至②,而韩人来侵秦③。秦惠王欲先伐韩,恐蜀乱;先伐蜀,恐韩袭秦之弊④。犹与未决⑤,司马错与张子争论于惠王之前⑥。司马错以伐蜀⑦,张子曰:"不如伐韩。"王曰:"请闻其说!"对曰:"亲魏善楚⑧,下兵三川⑨,塞什谷之口⑩,当屯留之道⑪。魏绝南阳⑫,楚临南郑⑬,秦攻新城、宜阳⑭,以临二周之郊⑮,诛周王之罪,侵楚、魏之地⑯。周自知不救,九鼎宝器必出⑰。据九鼎⑱,按图籍⑲,挟天子以令于天下,天下莫敢不听,此王业也。今夫蜀,西僻之国,而戎狄之伦也⑳。弊兵劳众不足以成名,得其地不足以为利。臣闻争名者于朝,争利者于市。今三川、周室,天下之朝市也,而王不争焉,顾争于戎狄㉑,去王远矣㉒!"

【注释】

①秦惠王时蜀乱,国人相攻击,告急于秦:《史记·张仪列传》:"苴蜀相攻击,各来告急于秦。"张守节《正义》:"《华阳国志》云:昔蜀王封其弟于汉中,号曰苴侯,因命之邑曰葭萌。苴侯与巴王为好,巴与蜀为仇。故蜀王怒,伐苴,苴奔巴,求救于秦。"秦惠王,

战国时秦国国君。秦孝公之子,嬴姓,名驷,始称王,为秦惠文王,前 337—前 311 年在位。

②峡:狭窄。

③人:《史记·张仪列传》作"又",可参。

④弊:虚。

⑤犹与:即"犹豫"。与,通"豫"。

⑥司马错:战国时秦将,复姓司马,名错。前 316 年率兵伐蜀,前 301 年蜀侯谋反,司马错再次入蜀平定叛乱,后任蜀郡守。张子:张仪,战国时魏国人,纵横家代表人物。秦惠文君十年(前 328),任秦相,封武信君,帮助秦惠文君称王。秦武王元年(前 310)离秦回魏,后卒于魏。他主张"连横以斗诸侯",使秦国国土大大扩张,"拔三川之地,西并巴蜀,北收上郡,南取汉中",为秦的最后统一打下了基础。

⑦以:汉魏本、四部本作"欲"。蜀:古国名。在今四川境内,后为秦国所有。

⑧魏:底本作"卫"。此据汉魏本、四部本改。

⑨下兵三川:出兵三川。三川,指今河南西北部的洛河、伊河、黄河流域之地。后来秦朝即在这一带设立了三川郡。又因为秦国所处的地势高,故向东方出兵曰"下"。战国时期周王室占据着洛阳及其附近不大的地方,而四周的大片地区则都属韩国。

⑩塞:阻塞。什谷:山名,在今河南巩县东北。其地属韩。

⑪当:挡住。屯留之道:指通向屯留的太行山羊肠坂险道。屯留,韩地,在今山西屯留南。

⑫魏绝南阳:魏国出兵南阳,断绝这一带与韩国都城新郑的联系。南阳,韩地名。居韩、魏之间,包括今河南济源、孟州、温县等地,因其在太行山之南,黄河之北,故称南阳。

⑬南郑:韩国都城新城,在今河南新郑。此非汉中之南郑。

⑭新城:韩邑名。在今河南伊川西南。宜阳:韩邑名。在今河南宜
阳西北。韩国前期曾建都于此。

⑮二周:指战国时期的东周和西周。按,东、西周分治始于周显王
二年。杨宽概述周分裂为东、西周之情形道:"韩国企图乘魏国
内乱,把'魏分为二',没有成功;接着又和赵国一起乘西周内乱,
把周分裂为两小国。周考王把其弟揭分封在河南,即西周桓公,
形成一个西周小国。西周桓公去世,其子威公代立。前367年,
西周威公去世,少子根和太子朝争立,发生内乱,韩、赵两国帮助
公子根在巩(今河南巩县西南)独立,以'奉王(周显王)'为名,洛
阳因此也属于东周。这样周就分裂为西周和东周两个小国。本
来周的领土很小,为韩国所包围,这时又分裂为两个小国,力量
更弱了。"

⑯楚、魏之地:底本作"韩、魏之地",铁华馆本作"楚、韩之地"。按,
上文言"亲魏善楚",故此处所侵之地当为楚、魏。汉魏本、四部
本即作"楚、魏之地",《战国策·秦策一》、《史记·张仪列传》同。
今据改。

⑰九鼎:古代传说,夏禹收九州之金,铸为九鼎,象征九州,夏、商、
周三代把九鼎视为权力的象征,作为传国宝器。战国诸侯都想
得到这九鼎,作为天命人心所归、称王称霸的凭据。

⑱据:占有,占据。

⑲图籍:地图和户籍。一说即周天子所保存的各诸侯国的地理形
势图。

⑳戎狄之伦:底本作"戎狄之偷"。伦、偷形近而误。汉魏本作"戎
狄之伦"。石光瑛《新序校释》据《史记》校作"戎狄之伦"。今据
改。又,《战国策·秦策一》作"戎狄之长",亦可参。戎狄,西戎
与北狄。古代西部、北部的少数民族。这里泛指巴、蜀地区的各
个部落。

㉑顾：却，反而。戎狄：汉魏本作"夷狄"。

㉒王（wàng）：这里用作动词，称王，统一天下。

【译文】

秦惠王为秦国国君时，蜀国发生内乱，国人互相攻杀，向秦国告急。惠王想要发兵讨伐蜀国，考虑到道路危险狭窄难以到达，而韩国又来侵犯秦国。秦惠王要先讨伐韩国，害怕蜀国内乱日渐严重；要先去讨伐蜀国，又担心韩国会乘虚而入偷袭秦国。他犹豫不决，司马错和张仪在惠王面前展开了争论。司马错想要攻伐蜀国，而张仪说："不如讨伐韩国。"惠王说："我愿听听你的理由。"张仪说："我们先亲近魏、楚两国，再出兵攻打韩国的三川地区，堵住什谷的山口，阻挡屯留的山道。让魏国封锁韩国出兵南阳的路，让楚国进军韩国的都城南郑，秦国再攻打新城和宜阳，兵临东周、西周的郊外，去声讨二周国君的罪过，然后再逐步侵夺楚国和魏国的土地。周王室自知无人救援自己，就一定会献出九鼎宝器。我们占有了九鼎，掌握了天下地图和户籍，就可以挟制周天子来号令天下，天下没有人敢不听从的，这就是统一天下的大业。现在蜀国，只不过是西方偏僻的小国，属于戎狄蛮夷之类，兴师动众耗费武力却不能够增加声望，得到蜀国的土地也不会有多大的利益。我听说争名要到朝廷上去争，争利要到集市上去争。如今的三川地区、周王室，正是天下的朝廷和集市，可是大王却不到那里去争，反而去向戎狄争夺名利，这离建立霸王之业太远了！"

司马错曰："不然。臣闻之：欲富者务广其地，欲强者务富其民，欲王者务博其德①。三资者备，而王随之矣。今王地小民贫，故臣愿先从事于易。夫蜀，西僻之国，而戎狄之长也，有桀、纣之乱。以秦攻之，譬如以豺狼逐群羊也。得其地足以广国，取其财足以富民缮兵②，不伤众而服焉。服一国而天下不以为暴,利尽西海而诸侯不以为贪③,是我一举而名实附也,又有禁暴正乱之名。今攻韩劫天子,恶名也,而未必利也。有不义之名,而攻天下所不欲,危矣。臣请谒其故④:周,天下之宗室也⑤。齐,韩之与国也⑥。周自知失九鼎,韩自知亡三川,将二国并力合谋,以因乎齐、赵⑦,而求解乎楚、魏⑧。以鼎与楚,以地与魏。以鼎与楚,以地与魏,王不能止。此臣所谓危也,不如伐蜀完秦⑨。"惠王曰:"善,寡人请听子。"卒起兵伐蜀,十月取之,遂定蜀⑩。蜀王更号为侯⑪,而使陈叔相蜀⑫。蜀既属秦,秦日益强,富厚而制诸侯,司马错之谋也。

【注释】

①博:广博。此处用为动词,广布。

②缮(shàn)兵:这里指军备整治,军用充足。

③西海:指蜀国。古人认为中国处在四海之内,蜀国在西,故称西海。

④谒(yè):陈述,陈说。

⑤宗室:周王称天子,各国诸侯均为其所封,故周室为天下所宗仰,因此称宗室。

⑥与国:盟国。

⑦因乎齐、赵:借助齐国、赵国的力量。因,依靠,凭借,此处引申为借助。

⑧求解乎楚、魏:求取楚、魏的援助以解危。

⑨完秦:充实、完备秦国。

⑩卒起兵伐蜀,十月取之,遂定蜀:前316年九月,秦惠王命司马错和张仪伐蜀,十月,攻取蜀国。前314年,封蜀王之子为侯。蜀

国遂定。

⑪蜀王更号为侯：这里指将蜀王贬为侯。

⑫陈叔：《战国策·秦策一》、《史记·张仪列传》又作"陈庄"。战国时期秦国大臣。

【译文】

司马错说："不是这样的。我听说：要想国家富庶必须扩大他的土地，想要部队强大必须使他的百姓富足，想要建立王业必须广施他的恩德。这三个条件具备了，那霸王之业也就随之建立起来了。现在大王您的土地狭小而百姓贫穷，所以我希望大王先从容易的事情做起。那蜀国是西方偏僻的国家，又是戎狄之类，有像夏桀、商纣一样的祸乱。如果用我们秦国军队攻打它，就好像用豺狼去追赶羊群一样。取得蜀国的土地足以扩大秦国，取得它的财富足以使我们的百姓富足、军备充足，不死伤什么人就可以降服它。降服一个国家而天下人却不会认为我们残暴，获得整个西海的利益而诸侯们也不会认为我们贪婪。我们这是一举两得名实双收，还有除暴禁乱的好名声。现在如果去攻打韩国并挟持周天子，这是不义的恶名，而且不一定有利。背着不义之名，去攻打天下人所不愿攻打的对象，是很危险的。请允许我陈述它的缘由：周王室，是天下各国共同尊崇的宗室。齐国，是韩国的盟国。周王室自己知道将要失去九鼎，韩国自己知道将要失去三川之地，那么这两个国家一定会联合起来共同出谋划策，借助齐国、赵国的力量，向楚国、魏国求援解危，周王室会把九鼎送给楚国，韩国会把三川之地送给魏国。如果周王室把九鼎送给楚国，韩国把三川之地送给魏国，大王是无法阻止的。这就是我所说的危险。不如讨伐蜀国来充实秦国。"秦惠王说："好，我听你的。"最终出兵讨伐蜀国，当年十月夺取蜀地，于是平定了蜀乱。将蜀国的君主改爵号为侯，派陈叔去做蜀国的相国。蜀国归属秦国以后，秦国日益强大，其国力不断加强从而控制了各诸侯国，这都是司马错的计谋啊！

9.9 楚使黄歇于秦①。秦昭王使白起攻韩、魏②,韩、魏服事秦。昭王方令白起与韩、魏共伐楚,黄歇适至,闻其计。是时秦已使白起攻楚③,取数县,楚顷襄王东徙④。黄歇上书于秦昭王⑤,欲使秦远交楚,而攻韩、魏以解楚。其书曰:"天下莫强于秦、楚,今闻王欲伐楚,此犹两虎相与斗,两虎相与斗,而驽犬受其弊也⑥,不如善楚。臣请言其说。臣闻之:'物至则反,冬夏是也;致高则危,累棋是也⑦。'今大国之地,遍天下有其二垂⑧,此从生民以来,万乘之地,未尝有也。今王使盛桥守事于韩⑨,盛桥以其地入秦,是王不用甲,不信威,而得百里之地也。王可谓能矣。王又举甲而攻魏,杜大梁之门⑩,举河内⑪,拔燕、酸枣、虚、桃仁⑫,邢、魏之兵云翔而不敢救⑬,王之功亦多矣。王休甲息众,二年而复之,有取满、衍、首垣⑭,以临仁、平丘、黄、济阳、甄城⑮,而魏氏服。王又割濮、历之北⑯,注之秦、齐之要⑰,绝楚、赵之脊,天下五合六聚而不敢相救⑱,王之威亦单矣⑲。

【注释】

①黄歇:即春申君,战国时期楚国公室大臣,与魏国信陵君魏无忌、赵国平原君赵胜、齐国孟尝君田文并称为"战国四公子"。楚考烈王元年(前262),以黄歇为相,封为春申君。赐淮北地十二县。前238年,楚考烈王病逝,春申君在前去奔丧时被楚国国舅李园的刺客刺杀。事见《史记·春申君列传》。

②秦昭王:即秦昭襄王,嬴姓,名则,一名稷。战国时秦国国君。前306—前251年在位。白起:秦昭王时大将,郿地(在今陕西眉县)人。在秦国对楚、魏、韩、赵的战争中屡建大功,封为武安君,

后因在伐赵攻邯郸的问题上与秦昭王、相国范雎意见分歧,遂称病不出战,于前257年被赐死。事见《史记·白起列传》。

③白起攻楚:前279年,白起攻楚,取鄢、邓五城;次年又取郢都,东至竟陵。楚顷襄王逃亡到陈(今河南淮阳)。此后又取巫、黔中之地。事见《史记·秦本纪》、《六国年表》、《楚世家》、《白起列传》等。

④楚顷襄王:战国末期楚国国君,怀王之子,名横。前298—前263年在位。东徙:《史记·春申君列传》作"东徙治于陈县"。即把国都向东迁徙到陈县(今河南淮阳)。事在前278年。

⑤黄歇上书于秦昭王:按,此书文字原见《战国策·秦策四》,但"黄歇上书于秦昭王"云云,并不见于旧本《战国策》,今本《战国策》这段文字的开头几行乃后人据《春秋后语》补入。而《春秋后语》是孔衍综合《国策》、《史记》而编成的一部"战国国语"。所以换句话说,实际是人们用《史记·春申君列传》的文字给《战国策》的这段文字加了一个开头。《战国策》旧本只有"说秦王"的这段文字,而并未说讲这段话的是谁,也没说听这段话的是哪个"秦王",自从司马迁把它落实为春申君说秦昭王,于是后代的许多书,包括《新序》,也就跟着这么写了。司马光修《资治通鉴》发现此中有问题,故而改系此事于楚顷襄王二十六年,即秦昭王三十四年(前271年),但与说辞中所涉及的事实还有许多不合。现代《战国策》与战国史的研究者们根据书中所叙事实,系此事于秦王政十二年(楚幽王三年,前235)。而上书者亦断非黄歇,因黄歇已死于秦王政九年。

⑥两虎相与斗,而驽犬受其弊:谓两虎相斗,反会被劣犬趁着双方的疲弊得到好处。受,趁。弊,疲劳损伤。

⑦致高则危,累棋是也:致,积累。棋,陈直曰:"《楚辞·招魂》:'篦蔽象棋,有六博些。'本文盖指博箸之棋。"

⑧二垂：犹言二极，两个方向的尽头。胡三省曰："秦国之地，有天下西、北之二垂也。"

⑨盛桥：秦国皇族。又作成桥、成蛴。秦始皇之弟，封长安君。秦始皇八年（前239）谋反失败自杀。事见《史记·秦始皇本纪》。守事于韩：派驻韩国以监督之。

⑩大梁：地名。魏都，在今河南开封西北。

⑪举河内：占领河内。举，占领，取得。河内，指今河南新乡、汲县、浚县一带，当时属魏。战国与秦汉时期人们习惯地称今河南境内的黄河以北地区叫河内。

⑫拔：攻克。汉魏本作"攻"，四部本作"枝"。燕：魏地名。在今河南延津东北。酸枣：魏地名。在今河南延津西南。虚：魏地名。在今河南延津东。桃仁：魏地名。在河南延津东北。

⑬邢：魏地名。在今河南温县东。云翔：迟疑、徘徊的样子。

⑭有：通"又"，古书"有"、"又"多通用。满：底村字下有小注"史作蒲"三字。蒲，在今河南长垣。衍：魏地名。在今河南郑州北。首垣：地名。在今河南长垣东北。

⑮临：逼近。仁：地名。在今河南睢县东南。平丘：地名。在今河南封丘东。黄：地名，在今河南兰考西。济阳：地名。在今河南仪封北。甄城：地名。在今山东濮县东。

⑯濮：古水名。濮水。西起今河南封丘、原阳，东至今山东甄城、荷泽，今已湮塞。历：山名。历山。在今山东鄄城南。

⑰注之齐、秦之要：将兵力投放在齐与秦国的中分地带。注，集中投放，意即加强秦与齐的连络。高诱曰："注，属。"要，同"腰"。

⑱五合六聚：指山东六国多次合纵聚集。

⑲单：通"殚"，极，尽。

【译文】

楚国派黄歇出使秦国。当时秦昭王已经派白起攻打韩国、魏国，韩国和魏国投降了秦国。秦昭王又命令白起联合韩国和魏国一起去攻打楚国，黄歇这时候也刚好到达秦国，他听说了秦昭王的这个计划。此时秦国已经命令白起攻打楚国，占领了楚国好几个县，楚顷襄王被迫向东迁都。于是，黄歇上书给秦昭王，想要使秦国和距离较远的楚国交好来攻打韩国和魏国，以解楚国的祸难。他的上书说："天下没有比秦国和楚国更强大的国家了，现在听说大王想要攻打楚国，这样就好像两虎相争，两虎相争，反会被劣犬趁着双方的疲弊得到好处，不如与楚国修好。臣请求陈说其中的缘由。臣听说：'物极必反，冬夏变换就是这样；积累过高就会危险，正如垒叠棋子就是这样。'如今秦国的土地，占有天下的西、北两个边境，这是有史以来，大国占地之中，不曾有过的。现在大王派盛桥留守在韩国任事，盛桥就把韩国的土地并入到秦国的疆域之中，这样大王不用军队，不显威风，就得到百里之地。大王可谓是能力超群了。大王又发兵去攻打魏国，封锁大梁的城门，占领河内，攻取燕、酸枣、虚、桃仁等地，邢国、魏国的军队，像烟云一样迟疑徘徊而不敢与秦军交锋，大王的功勋也是很大呀。此时大王停止用兵并修养军队，两年之后再次出兵，又攻取满、衍、首垣，乘胜进攻仁、平丘、黄、济阳、甄城，使魏国俯首臣服。大王又占据濮、历以北的土地，在秦、齐之间的通道加强了兵力，截断了楚、赵之间的交通运输，天下五国同盟、六国联合也不敢互相救援，大王的威势也是达到了极点。

　　"王若能持功守威，挟战功之心，而肥仁义之地①，使无后患，三王不足四，五霸不足六也②。王若负人徒之众、兵革之强③，乘毁魏之威，而欲以力臣天下之主，臣恐其有后患也。《诗》云：'靡不有初，鲜克有终④。'《易》曰：'狐涉水，濡其尾⑤。'此言始之易，终之难也。何以知其然也？智伯见伐赵之利，不知榆次之祸⑥；吴见伐齐之便，而不知干隧之败⑦。

此二国者，非无大功也，没利于前而易患于后也⑧。吴之亲越也，从而伐齐⑨，既胜齐人于艾陵⑩，为越人所禽于三渚之浦⑪；智伯之信韩、魏也，从而伐赵，攻晋阳之城⑫，胜有日矣，韩、魏畔之⑬，杀智伯瑶于丛台之上⑭。今王妒楚之不毁也⑮，而忘毁楚之强韩、魏也⑯，臣为王虑而不取也。

【注释】

①肥仁义之地：即广行仁义之举。肥，增加。

②三王不足四，五霸不足六也：意思是功绩胜过三王五霸。三王不足四，意即不难于和“三王”并列，合称“四王”。三王，指夏禹、商汤、周文王。五霸不足六，意即不难于和“五霸”并列，合称“六霸”。五霸，主要有三种说法。《荀子·王霸》中“五伯”指的是：齐桓公、晋文公、楚庄王、吴王阖闾、越王句践。《汉书·诸侯王表》颜师古注认为是齐桓公、宋襄公、晋文公、秦穆公、夫差。《吕氏春秋·当务》高诱注：“五伯，齐桓、晋文、宋襄、楚庄、秦缪也。”《庄子·大宗师》成玄英疏：“五伯者，昆吾为夏伯，大彭、豕韦为殷伯，齐桓、晋文为周伯，合为五伯。”

③负：依靠。

④靡不有初，鲜克有终：见《诗经·大雅·荡》。大意是凡事都有一个很好的开始，却很少有圆满的结局。靡，没有。鲜，少。克，能够。

⑤狐涉水，濡其尾：见《易经·未济》。原文为“小狐汔济，濡其尾。”象辞曰：“小狐汔济，未出中也；濡其尾，无攸利，不续终也。”意是小狐狸小心渡水，快到岸时却弄湿了尾巴。

⑥智伯见伐赵之利，不知榆次之祸：据《史记·六国年表》、《晋世家》、《赵世家》记载，智伯势大骄横，分别向韩康子、魏桓子、赵襄

子三家索要土地，韩、魏与之，赵氏不与。智伯怒，联合韩、魏攻打赵襄子。赵襄子退守晋阳，智伯包围并引水灌城三年之久。在即将获胜之际，却因他的一席话暴露了吞并韩、魏的野心，导致了韩、魏两家倒戈，与赵襄子联合反攻。智伯在榆次战败而被杀，其地亦被韩、魏、赵三家所分。智伯，智氏，名瑶，又称智伯瑶、知伯罃。晋国六卿之一。榆次，地名。在今山西太原南。

⑦吴见伐齐之便，而不知干隧之败：前494年，吴王夫差伐越，越王句践战败，卧薪尝胆。后吴王夫差倚仗国力强盛，不再提防越国。前484年，吴与鲁攻齐，大破齐军于艾陵，之后更为骄狂，欲争霸中原。前482年，夫差会诸侯于黄池，越国进攻吴国，吴国只太子及老弱留守，战败。前473年，越攻吴，吴国兵力多半消耗于对齐国作战，且百姓疲敝，无力抵抗，终被越国所灭，夫差自杀。事见《史记·吴太伯世家》、《越王句践世家》。干隧之败，指越王句践袭击吴国，吴王夫差惨败，在干隧自刭。干隧，地名。在今江苏吴县西北。

⑧没利：被眼前的利益所障蔽。没，沉溺，掩蔽。易患：轻视潜藏的祸患。易，轻视。

⑨吴之亲越也，从而伐齐：吴国让越国出兵跟着吴国一道北伐齐。当时越国曾故意做出这种姿态以迷惑吴国，使吴国放松警惕。

⑩艾陵：地名。在今山东莱芜东。

⑪禽：同"擒"，擒获。三渚之浦：《战国策·秦策四》作"三江之浦"。高诱注以为即干隧。三渚，即娄江、东江、松江三江汇合之处。浦，水滨。

⑫晋阳：地名。赵邑，在今山西太原。

⑬畔：通"叛"，背叛。

⑭丛台：台名。《战国策·秦策四》、《史记·春申君列传》作"凿台"。盖因智伯凿地作渠，以灌晋阳，因聚土为台，故名曰凿台。

其地在今山西榆次南。

⑮妒：嫉恨。不毁：指楚之不亡。

⑯毁楚之强韩、魏：指灭亡楚国而导致的韩、魏强大。

【译文】

"大王如果保持住自己的战功、守住自己的威势，收起打仗攻占的心思，而是对各地人民多施行仁义德政，使自己免除后患，那么您的功绩不难于和'三王'并列合称'四王'，不难于和'五霸'并列合称'六霸'。如果大王依靠人口众多，仗着军队强大，乘着击败魏国的余锐，而想用武力使天下诸侯臣服，臣担心秦国会有后患。《诗经》是这样说的：'凡事都有一个很好的开始，却很少有圆满的结局。'《易经》中也说道：'狐狸小心渡水，快到岸时却弄湿了尾巴。'这些都说明了开始时容易，结束时艰难的道理。怎么知道是这样的呢？过去，智伯只看到攻打赵国的好处，却没有预料到榆次的灾祸；吴王看到了攻打齐国的利益，却没有预料到干遂的失败。这两个国家，并不是没有建树过丰功伟绩，只是由于被眼前利益所障蔽而轻视后面的祸患。吴王亲信越国，一起攻打齐国，在艾陵打败齐国，胜利归来时却被越王擒于三江的水边；智伯轻信韩、魏，一起攻打赵国，围攻晋阳城，胜利指日可待时，韩、魏两军却背叛了智伯，在丛台之上杀死智伯。如今大王嫉恨楚国没有灭亡，却忘记了楚国的灭亡会增强韩、魏的实力，臣为大王考虑认为是不可取的。

"《诗》曰：'大武远宅而不涉。'①从此观之，楚国，援也；邻国，敌也。《诗》曰：'趯趯毚兔，遇犬获之。他人有心，予忖度之②。'今王中道而信韩、魏之善王也，此吴之亲越也。臣闻之：敌不可假，时不可失。臣恐韩、魏卑辞除患，而实欺大国也。何则？王无重世之德于韩、魏，而有累世之怨焉。

夫韩、魏父子兄弟接踵而死于秦者，将十世矣^③。本国残^④，社稷坏^⑤，宗庙隳^⑥。刳腹绝肠^⑦，折颐摺颈^⑧，身首分离，暴骨草泽^⑨，头颅僵仆^⑩，相望于境。系臣束子为群虏者，相及于路。鬼神潢洋无所食^⑪，民不聊生，族类离散，流亡为仆妾者，盈海内矣。故韩、魏之不亡，秦社稷之忧也。今王赍之与攻楚^⑫，不亦过乎？

【注释】

①《诗》曰："大武远宅而不涉"：此句出于《逸周书·大武》，原文作"大武远宅不薄"。泷川资言曰："薄，迫也。'不迫'与'不涉'义相近。"孙诒让曰："古书引《书》，或通作《诗》。"牛鸿恩曰："'诗'即'志'字。志，记也，前代的记事之书，《左传》中有所谓《前志》、《军志》云云，即此类也。此指《逸周书》。"赵仲邑《新序详注》解释为：武力强大者，对于远国只是安抚其民，而不亲涉其地。宅，安。

②"趯趯（tì）毚（chán）兔"以下四句：见《诗经·小雅·巧言》。前后两句次序互倒。意思是狡猾的兔子，躲不过猎犬的追捕。别人的心思，我可以猜度。趯趯，跳跃的样子。毚，狡猾。忖度（cǔn duó），猜测，猜度。

③夫韩、魏父子兄弟接踵而死于秦者，将十世矣：据《史记·六国年表》、《韩世家》载，韩自列侯起受到秦国的侵袭，至韩僖王时已有八世，云"将十世矣"，夸张之言。一说，十世，谓三百年，古称三十年为一"世"。自韩、赵、魏分晋建国，至秦王政时亦仅二百来年，亦属夸张。

④本国残：指国家残破。

⑤社稷坏：社稷毁坏。社稷，土神和谷神。这里指祭祀社稷的

神位。

⑥宗庙隳（huī）：宗庙毁坏。宗庙，古代帝王、诸侯祭祀祖先的场所。

⑦刳（kū）：剖开。

⑧颡（sǎng）：头颅。摺（lā）：同"拉"。拉折。

⑨暴（pù）：通"曝"，晒。

⑩头颅僵仆：意即头颅遍地，尸骨纵横。颅，头骨。僵仆，仆倒，倒下。

⑪潢（huáng）洋：晃晃荡荡，摇来摇去。

⑫赍（zī）：通"资"，资助。

【译文】

"《诗》中说：'武力强大者，对于远国只是安抚其民，而不亲涉其地。'以此来看，地处僻远的楚国，应当是秦国的盟友；邻近之国，才是秦国的敌人。《诗经》中又说：'狡猾的兔子，躲不过猎犬的追捕。别人的心思，我可以猜度。'如今大王中途竟相信韩国、魏国对您的友善，这就好比吴王亲善越国一样。臣听说，敌人不可纵容，时机不容错过。臣担心韩、魏两国是用谦卑的辞令来消除自己的祸患，其实是想欺骗大国啊。这何以见得呢？大王对韩、魏两国没有世代积累的恩德，却只有世代积累的仇怨。韩、魏两国人民的父子兄弟，接连不断死于秦国战争中的，将近十代人了。国家残破，社稷毁坏，宗庙坍塌。将士们被剖腹割肠，砍头割颈，身首异处，尸骨暴露在荒野水泽之中，头颅遍地，全国境内都可以看到这样的惨象。被俘虏的文武大臣、公子王孙让绳子捆着，路上随处可见。鬼神飘荡无依无人祭献，百姓无法生存，亲族骨肉，逃离分散，流亡沦落为别人奴仆臣妾的，遍布天下。因此说韩、魏两国不灭亡，就是秦国的忧患。此时大王却资助他们一起攻打楚国，难道不是失策吗？

"且王攻楚，将恶出兵？王将藉路于仇雠之韩、魏乎①？

兵出之日,而王忧其不反也。是王以兵资于仇雠之韩、魏
也。王若不藉路于仇雠之韩、魏,必攻随水右壤②,随水右
壤,此皆广川大水,山林溪谷,不食之地也。王虽有之,不为
得地,是王有毁楚之名,而无得地之实也。且王攻楚之日,
四国必悉起兵以应王③。秦、楚之兵构而不离,韩、魏氏将出
兵而攻留、方与、铚、胡陵、砀、萧、相④,故宋必尽⑤。齐人南
面⑥,泗北必举⑦,此皆平原四达,膏腴之地也,而使独攻。王
破楚以肥韩、魏于中国而劲齐⑧。韩、魏之强,足以枝于秦⑨。
齐南以泗水为境,东负海,北倚河,而无后患。天下之国,莫
强于齐、魏,齐、魏得地保利而详事下吏⑩,一年之后,为帝未
能,其于禁王之为帝有余矣⑪。夫以王壤土之博,人徒之众,
兵革之强,一举事而树怨于楚,出令韩、魏,归帝重齐⑫,是王
失计也。

【注释】

①藉路:借路。仇雠:仇人,冤家对头。雠,对头。

②随水右壤:随水以西,指今河南西南部与湖北西北部地区,当时
　属楚。随水,水名,也称溠水,溳水的支流。发源于湖北随州西
　北桐柏山南麓,七尖峰西北部的鸡鸣山,在义阳厥西县西东南入
　溳水。在今指湖北随州。右壤,随水以西地区,其地多山林。

③四国:此处指赵、韩、魏、齐。悉:全部。

④留:在今江苏沛县东南。方与:在今山东鱼台北。铚(zhì):在今
　安徽宿州西南。胡陵:在今山东鱼台东南。砀(dàng):在安徽砀
　山东。萧:在今安徽萧县西北。相(xiàng):在今安徽宿县西北。

⑤故宋必尽:宋国旧地必被韩、魏占据。留、方与、铚、胡陵、砀、萧、
　相等地,战国中期以前属宋,后被齐灭,后又被楚国占领。

⑥齐人南面：底本此句下有小注"《史记》作'南面攻楚'"。

⑦泗北：泗水之北。泗水，水名。源出今山东泗水，四源并发，故名泗水。流经曲阜、滋阳、邹县，向东南流经沛县，又东过下邳、宿迁入淮水。

⑧劲：增强。

⑨枝：支撑，抵抗。石光瑛《新序校释》据卢文弨说改作"校"，意为较量。可参。

⑩得地保利：得到土地而守其利益。详事下吏：官员谨慎办事。

⑪禁：底本作"楚"，汉魏本、四部本同，误。此据铁华馆本改。

⑫归帝重齐：归帝号于齐，使其重于天下。

【译文】

"何况大王出兵伐楚，从哪里出兵呢？大王打算向仇敌韩、魏两国借道吗？如果这样，恐怕出兵之日，大王就开始担忧军队能否再返回秦国了，这就无异于把大批兵马拱手赠与韩、魏两敌国。如果大王不向仇敌韩、魏两国借道，那只能攻打楚国的随水西侧一带，而随水西侧这一带，都是大川大河，森林溪谷，都是不能种植庄稼的地方。大王即使占有这些地方，也不能算是得到了土地。这样大王徒有毁灭楚国的恶名，却没有得到土地的实惠。况且大王攻打楚国之时，齐、赵、韩、魏四国势必动员全部兵力响应大王。秦、楚两军开战无法脱离战争，此时韩、魏两国必定出兵而攻取留、方与、铚、胡陵、砀、萧、相等地，宋国旧地必将全部属于韩、魏。齐国调兵南下，攻取泗水以北的地方，这些地方都是四通八达的平原，肥沃的土地，却让他们占取了。大王出兵打败楚国而使韩、魏两国扩大了中原疆域并增强了齐国的实力。韩、魏两国强大起来，足以抵抗秦国。而齐国的南面以泗水为边境，东临大海，北靠黄河，再无后顾之忧。天下的国家，没有谁比齐、魏更强大的了，齐国、魏国获得土地保有实利，再加上官吏的悉心治理，一年之后，虽然不能称帝天下，但有足够的力量阻拦大王建号称帝。凭借大王疆土的广阔，众多的人口,精良的武器装备,一出兵就与楚国结怨,反倒让韩国、魏国支持齐王称帝,使其重于天下,这是大王失策之处。

　　"臣为王虑,莫若善楚。秦、楚合为一而以临韩①,韩必拱手。王施之以山东之险②,带以曲河之利③,韩必为关内之侯。若是而王以十万伐郑④,梁氏寒心⑤,许、鄢陵婴城⑥,而上蔡、召陵不往来也⑦。如此,而魏亦关内侯矣。王一善楚,而关内两万乘之主注入地于齐⑧,齐右壤可拱手而取也⑨。王之地一桯两海⑩,要约天下⑪,是燕、赵无齐、楚,齐、楚无燕、赵。然后危动燕、赵⑫,直摇齐、楚⑬,此四国者,不待痛而服也。"昭王曰:"善。"于是乃止白起,谢韩、魏,发使赂楚,约为与国⑭。黄歇受约归楚。解弱楚之祸,全强秦之兵,黄歇之谋也。

【注释】

①临:伐。

②施之以山东之险:意即加强东山一带的防御力量。山东,指华山、崤山等秦国东境诸山。

③带:像衣带一样围绕。曲河:指黄河之曲。

④郑:此指韩都新郑。

⑤梁氏:指魏国。魏建都大梁,故称梁。

⑥许:魏城。在今河南许昌东。鄢陵:也称安陵,魏城。在今河南鄢陵西北。婴城:环城,闭城门而据守。婴,围绕。

⑦上蔡、召陵不往来:指楚国北境与魏都大梁的联系也随即断绝。上蔡,楚城。在今河南上蔡西南。召陵:楚城。在今河南郾城东。

⑧注入地于齐：指向齐国出兵，制裁齐国。注，司马贞《史记索隐》："谓以兵裁之也。"《战国策·秦策四》、《史记·春申君列传》作"注地于齐"。石光瑛《新序校释》据此删"入"字。

⑨齐右壤：齐国的西部地区。

⑩一桎两海：底本"桎"字下有小注"史作经"。当从《史记·春申君列传》作"一经两海"，意思是秦国之地经西海至东海连为一体。司马贞《史记索隐》："西海至东海皆是秦地。"

⑪要约天下：将天下拦腰束缚住。要，同"腰"。

⑫危动：以危亡使其震动。

⑬直摇：发兵直逼使其动摇。

⑭与国：盟国。

【译文】

"臣诚心为大王考虑，不如和楚国亲善友好。秦、楚两国联手一起来进攻韩国，韩国必俯首称臣。大王经营崤山以东的险要形势，利用黄河环绕的有利条件，韩国必然成为秦国国内封君。如果大王以十万大兵攻伐新郑，魏国必然胆战心惊，许和鄢陵两城马上会闭城自守，而上蔡、召陵的往来也会被截断。这样，魏国也就成为秦国国内封君了。大王一旦与楚国修好，而关内的韩、魏两国自会攻打齐国占领土地，齐国西部的土地大王就轻而易举地占领了。这时秦国的土地，横贯东、西两海，将天下拦腰束缚住，这便使燕、赵不能援救齐、楚，齐、楚不能依仗燕、赵了。然后以危亡来威慑燕、赵，发兵直逼来动摇齐、楚，这四个国家，等不到恶战便会臣服于秦了。"昭王说："好。"于是命令白起停止进攻，辞退了韩、魏的部队，派使者到楚国去送上礼物，两国结为盟国。黄歇接受盟约后返回楚国。解除了疲弱的楚国的危机，保全了强大秦国的军力，这都是黄歇的智谋啊。

9.10　秦、赵战于长平①，赵不胜，亡一都尉。赵王召楼昌与虞卿②,曰:"军战不胜,尉系死③,寡人将束甲而赴之④。"楼昌曰:"无益也,不如发重宝使而为构。"虞卿曰:"昌言构者,以为不构军必破也,而制构者在秦。且王之论秦也,欲破王之军乎? 不耶⑤?"王曰:"秦不遗余力矣,必且破赵军。"虞卿曰:"王听臣,发使出重宝以附楚、魏。楚、魏欲王之重宝,必内吾使⑥。吾使入楚、魏,秦必疑天下,恐天下之合从必一心。如此,则构乃可为也。"赵王不听,与平阳君为构⑦,发郑朱入秦⑧,秦内之。赵王召虞卿,曰:"寡人使平阳君为构秦,秦已内郑朱矣。虞卿以为如何?"对曰:"王不得构,军必破矣。天下之贺战胜者皆在秦。郑朱,贵人也,而入秦,秦王与应侯必显重以示天下⑨。楚、魏以赵为构,必不救王,则构不可得也。"应侯果显郑朱,以示天下贺战胜者,终不肯构。长平大败⑩,遂围邯郸⑪,为天下笑,不从虞卿之谋也⑫。

【注释】

①秦、赵战于长平:前260年,秦、赵在长平大战。长平,地名。赵邑,在今山西高平西北。

②赵王:赵孝成王,名丹,战国时赵国国君。前265—前245年在位。楼昌:赵国将军。虞卿:战国时人,名失传。游说于赵孝成王,被任为上卿,又以封邑在虞(今山西平陆),故号"虞卿"。秦赵长平大战,他献计赵王,赵王不纳。结果赵军惨败,邯郸被围。邯郸解围之后,赵王欲割地与秦讲和,他力主不可。赵王乃派他出使齐国,联齐抗秦。后来辞去赵国职务,至魏国游说。有《虞氏春秋》,《汉书·艺文志》著录十五篇,今佚,清人有辑本。其事

迹见《史记·平原君虞卿列传》。

③尉系死：都尉被系累而死。系，系累，拘绑。《战国策·赵策三》、《史记·平原君虞卿列传》作"复"。可参。

④寡人将束甲而赴之：谓准备亲自穿上盔甲奔赴前线。或谓使长平赵军进攻秦军，与之决战。束甲，犹言"卷甲"，为奔袭敌人，故卷甲而行以求速。

⑤不邪：否邪。表示疑问。

⑥内：同"纳"，接纳。

⑦与平阳君为构：与平阳君一道研究与秦构和的办法。平阳君，赵惠文王弟赵豹，孝成王之叔。封于平阳（今河北临漳西）。按，据此所谓"赵王不听，与平阳君为构"云云，则似平阳君赵豹非常昏庸；然据《史记·赵世家》，其"利令智昏"者为平原君赵胜，赵豹乃有好见解而未被用者。

⑧郑朱：赵国贵族。

⑨秦王：即秦昭王，战国时秦国国君。嬴姓，名稷，又作则。前306—前251年在位。初即位，因年少，母宣太后训政，先后任用贵族樗里疾、魏冉为相，由贵族外戚专权。秦昭王十一年（前296），他听范雎之计，夺太后权，削逐魏冉等人，改用范雎为相，始得亲政。在位期间，政绩突出，为后来秦统一奠定了基础。谥号"昭襄"，亦称"昭王"。应侯：即范雎，又作范且，战国魏人，字叔。善于辩论，因遭诬陷被魏相魏齐笞辱，身受重伤，以佯死脱逃，西入秦国。曾多次游说秦昭王，昭王用他为相，封为应侯。秦赵长平大战后，因攻赵事冤杀名将白起，以亲信郑安平代之，致屡战失利。自此忧惧不宁，自请免相。一说被昭王论罪处死。事见《韩非子·外储说左上》、《史记·范雎蔡泽列传》。显重以示天下：谓假意尊宠郑朱，以离间东方诸国与赵国的关系，从而孤立赵国。

⑩长平大败：前260年，秦、赵对峙于长平。廉颇统领赵军，坚壁不出，秦军无法取胜。秦昭王用应侯的反间计，在赵国散布谣言。赵王遂使赵括接替廉颇。赵括盲目出击，被白起用奇兵围困。赵军四十万人投降，尽被白起活埋。事见《史记·白起列传》。

⑪遂围邯郸：长平之战后，秦军继续进攻，前258年围邯郸。邯郸，地名。赵国都城，故城在今河北邯郸西南。

⑫不从虞卿之谋也：本章原与下章连为一篇。石光瑛《新序校释》谓："此下当提行，别为一章。因本卷及十卷标题'善谋'，末句多云某人之谋也，此当一律。但各本俱从《史记》合为一章，《赵策》则分而为二。其实各为一事，以上所言，在长平未败以前，以下所云，则邯郸解围之后也。"其说是。由文意看，此节叙"长平之败"以前事，至此已完整。"长平大败，遂围邯郸，为天下笑，不从虞卿之谋也"云云，当为刘向之议论。今据《战国策·赵策三》及《新序校释》单独列为一节。

【译文】

秦国和赵国在长平交战，赵国没有取得胜利，而且还牺牲了一位都尉。于是赵孝成王召见楼昌和虞卿，说："军队初次作战不能取得胜利，都尉又因此而死，寡人准备亲自穿上盔甲奔赴前线。"楼昌说："这没有用。您不如派特使带宝物去与秦国讲和。"虞卿说："楼昌之所以主张和谈，是认为不与秦国讲和赵军必败，但是掌握和谈的主动权却在秦国。大王估计秦国，是想攻破赵军呢，还是不想呢？"赵王说："秦国不遗余力，一定是想攻破赵军。"虞卿说："大王请听我的，您派出使臣，让他们携带贵重的宝器去亲附楚国、魏国。楚、魏两国想得到大王的贵重宝物，一定会接纳我们的使臣。我们的使臣到了楚、魏两国，秦国必定会疑虑天下诸侯，害怕天下诸侯结成合纵联盟，连成一心。这样，赵国和秦国的和谈才能成功。"赵王没有听取虞卿的计谋，而与平阳君商议与秦国求和，派郑朱出使秦国，秦国接待了郑朱。赵王召见虞卿，说："我

派平阳君与秦国议和,秦国已经接待了使臣郑朱。虞卿你认为议和的
结果会如何呢?"虞卿回答说:"大王求和一定无法成功,我军一定会被
攻破的。天下诸侯中庆贺秦国战胜的人都在秦国。郑朱,是赵国的贵
人,现在去了秦国,秦王和应侯必定会隆重接待并让天下诸侯知道赵国
讲和这件事。楚国和魏国以为赵国已经和秦国讲和,必定不会出兵救
援,那么和谈就肯定不会成功。"应侯果然隆重地接待了郑朱,让天下诸
侯都知道了这件事,并始终没有答应和赵国讲和。最终,赵国军队在长
平之战中大败,接着秦国军队包围了邯郸,赵国也成了天下的笑柄,这
都是不听取虞卿智谋的结果。

9.11　秦既解围邯郸①,而赵王入朝,使赵郝约事于
秦②,割六县而构。虞卿谓赵王曰:"秦之攻王也,倦
而归乎?亡其力尚能进之③,爱王而不攻乎④?"王曰:"秦之攻我也,不
遗余力矣,必以倦归也。"虞卿曰:"秦以其力攻其所不能取,
倦而归,王又以其力之所不能取以送之⑤,是助秦自攻也。
来年,秦复攻王,王无救矣。"王以虞卿之言告赵郝,赵郝
曰⑥:"虞卿能量秦力之所至乎?诚知秦力之所不进,此弹丸
之地不与,令秦来年复攻于王,王得无割其内而构乎?"王
曰:"请听子割矣,子能必来年秦之不复攻乎?"赵郝曰:"此
非臣所敢任也。他日,三晋之交于秦⑦,相若也。今秦善韩、
魏而攻王,王之所以事秦者,必不如魏、韩也⑧。今臣之为足
下解负亲之攻⑨,开关通弊⑩,齐交韩、魏⑪,至来年而独取攻
于秦,王之所以事秦,必在韩、魏之后也。此非臣之所敢
任也。"

【注释】

①秦既解围邯郸：据《战国策·赵策三》、《史记·魏公子列传》等载，长平之战后，秦军继续进攻，前258年围邯郸，次年仍未克。平原君求救于楚，楚黄歇率兵救赵。魏公子无忌杀晋鄙夺取军队指挥权，率魏军前来救赵。赵、魏联军大破秦兵于邯郸，秦兵退。按，此时秦军尚未进围邯郸，杨宽曰："当是'既破赵长平'之误。""《秦本纪》言是年十月韩献垣雍，武安君归，正月兵罢。《白起列传》谓应侯言于秦王曰：'秦兵劳，请许韩、赵之割地以和，且休士卒。'王听之，割韩垣雍、赵六城以和，正月皆罢兵。可知秦破赵长平后，确如《赵策》所云'引兵而归'……《赵世家》谓是年'王还，不听秦，秦围邯郸'，所谓'王还'即指赵王在长平大败后入朝于秦而还，赵史讳言赵王入朝于秦，而但言'王还'耳。"杨氏说甚是。

②赵郝：赵国贵族，属亲秦一派。

③亡其力：《战国策·赵策三》、《史记·平原君虞卿列传》作"王以其力"。武井骥《刘向新序纂注》云："亡其，犹无乃也。"无乃，只不过。石光瑛《新序校释》亦云："亡其力，犹曰无乃其力也。"

④爱王：怜惜赵王。王，底本作"主"。今据铁华馆本、汉魏本、四部本改。

⑤取：底本作"攻"。石光瑛《新序校释》据卢文弨说改。今从之。

⑥赵郝：底本"赵郝"不重。石光瑛《新序校释》据《史记》补。今从之。

⑦三晋：是指晋国分裂后的韩、赵、魏三个诸侯国，他们原是晋卿，后分晋而为侯，故合称为三晋。

⑧王之所以事秦者，必不如魏、韩也：这是说，以前韩、赵、魏三家与秦同等交好，现在秦舍魏、韩而独攻赵，则是赵之事秦不如魏、韩。

⑨足下：古时称呼对方的敬辞。负亲之攻：据《战国策·赵策三》鲍彪注，赵国曾经亲秦，后又背之，故秦攻赵。

⑩开关通弊：打开关卡，派使者互相往来。弊，通"币"。指币帛，使者往来所持的礼物。

⑪齐交韩、魏：让赵国与秦国的关系能够和韩、魏与秦国的关系一样好。

【译文】

秦国把包围邯郸的军队撤走之后，赵王入秦朝见秦王，让赵郝谈判约定事奉秦国，愿意割六个县给秦国来讲和。虞卿对赵王说："秦国攻打赵国，大王认为他们是因为军队疲惫而撤兵呢？还是秦国仍有余力进攻，只因为怜惜您才停止进攻呢？"赵王说："秦国进攻我国，是不遗余力的，他们一定是因为打得疲倦才撤兵的。"虞卿说："秦国竭尽全力攻打它所不能攻取的地方，精疲力尽不得已才撤兵，可大王又把秦国费尽力量得不到的城邑送给秦国，这就等于是在帮助秦国攻打我们自己。来年秦国再进攻大王，大王就没什么办法来自救了。"赵王把虞卿的这番话告诉了赵郝，赵郝说："虞卿能够完全估量出秦国力量到底有多强吗？如果他确实知道秦国的军队是无力进攻了，当然可以不割地，否则，这弹丸大小的地方不给它，让秦军来年再进攻大王，大王不是要割赵国的内地与秦国讲和么？"赵王说："假如听取你的意见割让六城，你能保证来年秦军不再攻打赵国吗？"赵郝答道："这不是我所敢承担的。从前，韩、赵、魏三国与秦国相交，关系是一样的。如今秦国不攻打韩、魏两国，而唯独攻打大王，看来大王的事奉秦国，必定不如韩、魏尽心。现在我为您解除因您背离秦国所招致的攻伐，使秦、赵两国打开关塞、互通使者，赶上韩国、魏国同秦国的交情。到了明年，秦国还是来攻打赵国，那肯定是大王在事奉秦国这方面又落在韩、魏两国后面了。这可不是我所敢担保的了。"

　　王以告虞卿,虞卿对曰:"郝言不构,来年秦复攻王,王得无复割其内而构乎?今构,郝又不能必秦之不复攻也,虽割何益?来年复攻,又割其力之所不能取以构,此自尽之术也,不如无构。秦虽善攻,不能取六县;赵虽不能守,亦不失六城。秦倦而归,兵必疲。我以六县收天下以攻罢秦①,是我失之于天下,而取偿于秦也,吾国尚利。孰与坐而割地,自弱以强秦?今郝曰:'秦善韩、魏而攻赵者,必王之事秦不如韩、魏也。'是使王岁以六城事秦也,坐而地尽。来年,秦复来割,王将与之乎?不与,是弃前功而挑秦祸也。与之,即无地而给之。语曰:'强者善攻,而弱者不能守。'今坐而听秦,秦兵不弊而多得地②,是强秦而弱赵也。以益强之秦,而割愈弱之赵,其计固不止矣③。且王之地有尽,而秦之求无已。以有尽之地,给无已之求,其势必无赵矣④。"

【注释】

①六县:底本作"五县"。《史记·平原君虞卿列传》作"六城",石光瑛《新序校释》据改。今从之。本章下文依《史记》说以"六城赂齐",齐"得王之六城",则这里不应独作"五县"。鲍本《战国策》校作"六城"。罢(pí)秦:疲弊之秦。

②弊:疲弊,损伤。

③其计固不止:秦国的计谋一定不会停止。固,势必。

④以有尽之地,给无已之求,其势必无赵矣:按,《战国策·魏策三》有"以地事秦,譬犹抱薪而救火也,薪不尽则火不止";苏洵《六国论》亦云:"诸侯之地有限,暴秦之欲无厌,奉之弥繁,侵之愈急,故不战而强弱已判矣。"与此同意。

【译文】

赵王把赵郝的话告诉给虞卿，虞卿说："赵郝说不讲和，来年秦军再来进攻，大王不是要割让赵国的内地才能同秦国讲和吗？现在同秦国讲和，赵郝又不能保证秦军肯定不再来进攻，即使赵国给秦国割让六城又有什么用呢？来年秦军再来进攻，又割让他们没力量夺取的地方来讲和，这是自取灭亡的办法啊，还不如不讲和。秦国虽然善于进攻，但也不可能一下子就夺得六城；赵国虽然不善于防守，但也不至于一下子就失去六城。秦军疲倦而撤军，他们的士兵一定会疲惫不堪。我们拿出六座城邑去联合天下诸侯共同攻打疲困的秦军，这样我们虽然损失了六城给天下诸侯，但却能从秦国那里取得补偿，对我们还是有利的。这比起坐在那里割地，削弱自己来增强秦国，哪个好些呢？现在赵郝说：'秦国对韩、魏两国友好而攻打赵国，一定是大王事奉秦国不如韩、魏两国尽力。'这是要大王每年拿出六座城邑去讨好秦国，坐着不动把赵国的土地丧失殆尽。来年秦军再来要求割地，大王准备给他们吗？若是不给，那就前功尽弃而又招来秦兵的战祸。给他们，则赵国已经无地可割了。常言说：'强者善于攻打别人，弱者不能守卫。'现在我们无所作为而听命于秦国，秦军不损耗兵力就得到很多土地，这就是在增强秦国而削弱赵国自己啊。以更加强大的秦国，来削弱更加疲弱的赵国，秦国的这种计谋一定不会停止。况且大王的土地有限，而秦国的要求没有穷尽。以有限的土地，去满足无穷无尽的要求，赵国势必只有灭亡了。"

计未定，楼缓从秦来①，赵王与楼缓计之，曰："与秦地与无与，孰吉？"缓辞让曰："此非臣之所能知也。"王曰："虽然，试言公之私②。"楼缓对曰："亦闻夫公父文伯母乎③？公父文伯仕于鲁，病死，女子为自杀于房中者二人，其母闻之，不肯哭也。其相室曰④：'焉有子死而不哭者乎？'其母曰：'孔子，贤人也,逐于鲁,而是人不随也⑤。今死,而妇人为自杀者二人,若是者,必其于长者薄,而于妇人厚也。'故从母言,是为贤母;从妻言,是必不免为妒妇。故其言一也,言者异,则人心变矣⑥。今臣新从秦来,而言勿与,则非计也;言与之,恐王以臣为秦也,故不敢对。使臣得为大王计,不如与之⑦。"王曰:"诺。"

【注释】

①楼缓:战国时赵国人,曾为赵武灵王大臣,支持武灵王推行胡服骑射。主张与秦、楚联合。后入秦。前297年,秦与赵、宋联合,谋对抗齐、魏、韩三国,由他出任秦相。次年三国攻入函谷关,秦求和。长平战后,又为秦入赵,诱赵王纳城讲和,无成而去。

②公之私:个人的看法。公,对楼缓的尊称。

③公父文伯:春秋时鲁定公的大夫,季孙氏,名歜(chù),季康子的从兄弟,其母名敬姜。见《战国策·赵策三》《韩诗外传》卷一。

④相室:古代为卿大夫管理家务的人。男称家老,女称傅母,通称家臣。家相见《礼记·曲礼下》,孔颖达疏说是"助知家事者"。

⑤是人:指公父文伯。其母称之为"是人",含有不以他为子的意思。

⑥言者异,则人心变矣:因为说话的人身份不同,别人的看法也就不同。人心,指别人的想法、看法。

⑦如:底本作"必"。此据汉魏本、四部本改。

【译文】

赵王还没有最后决定,恰好楼缓从秦国来,赵王就与楼缓商量说:"割城给秦国或是不割城给秦国,哪个有利呢?"楼缓推辞说:"这可不是我做臣子的所知道的事情。"赵王说:"即使这样,也请您说说个人的想法吧。"楼缓说："大王可曾听说过鲁国大夫公父文伯的母亲吗？公父文伯在鲁国做官，病死了，他屋子里有两个侍妾为他自杀，他母亲听说此事后，不肯为他哭了。他家的家相说：'哪有自己的儿子死了不哭的呢？'他母亲说：'孔子，是位贤人，在鲁国被驱逐，可是这个人却不跟随孔子一起去流亡。现在他死了，而他房中有两个妇人为他自杀，由此可见，他必定是对待有德望的人薄情寡义，而对待妇人却情义深重。'因此从母亲的角度说，她是一位贤良的母亲；要是从妻子的角度说，一定难免被人看作嫉妒的女人。因此同样一句话，因为说话的人身份不同，别人的看法也就不同。我现在刚从秦国来，如果说不予割地，那一定不是好计谋；如果说割地，又怕您认为我在替秦国讲话，所以我不敢回答。如果要我为大王考虑，不如割城给秦国。"赵王说："好吧。"

虞卿闻之，曰："此饰说也^①，王慎勿与！"楼缓闻之，往见王，王又以虞卿之言告楼缓。楼缓对曰："不然。虞卿得其一，不得其二。夫秦、赵构难而天下皆说^②，何也？曰：'吾且因强而乘弱矣。'今赵兵困于秦，天下之贺战胜者，必尽在于秦矣。故不如亟割地为和，以疑天下而慰秦之心。不然，天下将因秦之怒，乘赵之弊而瓜分之。赵见亡，何秦之图乎？故曰：虞卿得其一，不得其二。愿王以此决之，勿复计也。"

【注释】

① 饰说：文饰之说。指花言巧语。

② 构难：形成争斗。构，结成。说：同"悦"，高兴。

【译文】

虞卿听说这件事后，就给赵王说："这是花言巧语，大王一定要慎重，不要割地给秦国！"楼缓听说了，就去拜见赵王，赵王又把虞卿的话告诉了楼缓。楼缓说:"不是这样的。虞卿只知其一,却不知其二。秦、赵两国争斗而天下诸侯都会高兴,为什么呢?他们会说:'我们将要依靠强者乘机攻打弱者了。'现在赵军被秦军战败,诸侯中庆贺胜利的人,必定都在秦国。因此,大王还不如赶快割地求和,既可迷惑天下诸侯又可安定秦国。否则,天下诸侯就会利用秦国对赵国的恼怒,趁着赵国衰败来瓜分赵国。赵国眼见就快灭亡了,哪里还能对付秦国呢?所以说:虞卿只知道其一,而不知道其二。希望大王就这样决定吧,不要再考虑了。"

虞卿闻之,往见王,曰:"危哉,楼子之所以为秦者[①]!是愈疑天下[②],而何慰秦之心哉?独不言示天下弱乎?且臣言勿与,非固勿与而已也。秦索六城于王,而王以六城赂齐。齐,秦之深仇也[③]。得王之六城,并力而西击秦。齐之听王,不待辞之毕也。则是王失之于齐,而取偿于秦也。而齐、赵之仇可以报矣,而示天下有能为也。王以此为发声[④],兵未窥于境,臣见秦之重赂而反构于王也。从秦为构,韩、魏闻之,必尽重王。重王,必出重宝以先于王。则是王一举而结三国之亲,而与秦易道也[⑤]。"赵王曰:"善。"即发虞卿东见齐王,与之谋秦。

【注释】

①危哉,楼子之所以为秦者:危险啊,楼缓完全是在为秦国打算!危,王念孙以为应读如"诡诈"之"诡",可参。

②愈疑天下:赵秦构和,则天下诸侯更加怀疑而不肯亲赵。

③齐,秦之深仇也:齐、秦争霸,分别为东帝、西帝,矛盾极深。前262年,秦攻取齐九座城池;次年,败齐于济西。齐孟尝君又曾联

合韩、魏之兵,败秦于函谷关。故曰"深仇"。

④以此为发声:以此联齐抗秦之说昭告天下。

⑤与秦易道:与秦国转换了位置,指主动权由秦国转为赵国。

【译文】

虞卿听说后,又去拜见赵王,说:"危险啊,楼缓完全是在为秦国打算! 这只会让天下诸侯对赵国更加怀疑,哪里还能安定秦国的野心呢? 这不就等于在天下各国面前公开暴露赵国的软弱无能吗? 而且我说不割,并不是坚持不割就算了。秦国向大王索要六座城邑,大王可以把六城送给齐国。齐国,是秦国的大敌,得到了您的六城,肯定会与赵国合力西进攻打秦国的。齐王听到大王联合抗秦的请求,不等您把话说完就会答应的。这样,大王虽在齐国有所失,却在秦国得到补偿。齐、赵两国的深仇就可以报了,而且也向诸侯展示自己有能力作为。大王把这个消息宣扬出去,齐、赵的军队还未到秦国边境,我就可以见到秦国将送给赵国重礼,反过来要和赵国讲和。秦国要讲和,韩、魏两国知道后,一定会看重大王。他们看重大王,就定会拿出贵重的宝器来献给大王。这样,大王的一个举措便能结成与齐、韩、魏三国的联盟,而和秦国交换了主动权。"赵王说:"好啊。"于是立刻派虞卿到东方去拜见齐王,与齐王共同商议对付秦国的办法。

虞卿之谋行而赵霸,此存亡之枢机①,枢机之发,间不及旋踵②。是故虞卿一言而秦之震惧,趋风驰指而请备③。故善谋之臣,其于国岂不重哉? 微虞卿,赵以亡矣④。

【注释】

①枢机:关键。此处指国家存亡的关键。

②旋踵:转身,言其时间极短。踵,脚跟。

③趋风驰指:形容速度极快。赵仲邑《新序详注》谓:"趋风,疾趋如

风。驰指,疾驰如以手指指物。"指,一说通"恉(zhǐ)",意旨。可
参。请备:请服。"备"读为"服"。一说"请备"即"请构","备"为
"构"字之误。亦通。

④以:通"已",已经。

【译文】

虞卿的计谋实施后赵国就成了霸主,这是国家存亡的关键,关键的
开启,紧迫得不容转身。所以虞卿的一番话而让秦国震惊,秦国迅速向
赵国请服。因此善于谋划的大臣,对于国家岂不是太重要了吗? 要是
没有虞卿,赵国就已经灭亡了。

9.12　魏请为从①,赵孝成王召虞卿谋,过平原君②。平
原君曰:"愿卿之论从也!"虞卿入见,王曰:"魏请为从。"对
曰:"魏过。"王曰:"寡人固未之许③。"对曰:"王过。"王曰:
"魏请从,卿曰魏过。寡人未之许,又曰寡人过。然则从终
不可耶?"对曰:"臣闻小国之与大国从事也④,有利,大国受
福;有败,小国受祸。今魏以小请其祸,而王以大辞其福,臣
故曰:'王过,魏亦过。'窃以为从便⑤。"王曰:"善。"乃合魏为
从。使虞卿久用于赵,赵必霸。会虞卿以魏齐之事,弃捐相
印而归⑥。不用,赵旋亡⑦。

【注释】

①魏请为从:即上章所说的"韩、魏闻之,必尽重王。重王,必出重
宝以先于王。"从,同"纵",合纵。指齐、楚、燕、韩、赵、魏山东六
国联合抗秦,结成联盟。《战国策·赵策三》作"魏使人因平原君
请从于赵"。

②过平原君:按,此句主语是虞卿。过,拜访。平原君,赵胜,赵武

灵王子,赵惠文王弟。曾任赵相。因最早的封地在平原(今山东平原西南),故称为平原君。战国四公子之一。主张抗秦。事见《史记·平原君虞卿列传》。

③固:副词,本来。未之许:未许之。

④从事:打交道,此指两国联合。

⑤窃:私下。便:利。指有益于赵。

⑥会虞卿以魏齐之事,弃捐相印而归:范雎原是魏国人,因受到魏相魏齐的陷害逃跑到秦国。秦昭王用范雎为相,封为应侯。秦昭王欲为应侯报仇,要杀魏齐,魏齐逃到赵国,躲在平原君家。赵孝成王害怕秦国,发兵围捕魏齐。魏齐逃到虞卿那里,虞卿便弃官与魏齐一同逃出了赵国。事见《史记·范雎蔡泽列传》。会,恰逢,适逢。魏齐,魏国公子,为魏昭王相。

⑦赵旋亡:赵亡在虞卿离开后三十一年,此处所说乃夸饰之辞。旋,很快。

【译文】

魏国请求和赵国合纵抗秦,赵孝成王召虞卿来商量此事,虞卿先拜访平原君。平原君说:"希望先生能赞成合纵啊!"虞卿进宫拜见赵王,赵王说:"魏国请求和我国合纵。"虞卿回答说:"魏国错了。"赵王说:"我本来也没有答应他们。"虞卿说:"大王错了。"赵王说:"魏国请求合纵,先生说魏国错了。寡人没有答应,先生又说寡人错了。既然这样,那么合纵到底是不可行了吗?"虞卿说:"臣听说小国和大国之间联盟,有了好处,大国得到好处;有了害处,小国承受灾祸。现在魏国以小国身份来请求承担灾祸,而大王以大国身份推掉了这份好处,所以我说:'魏国错了,大王也错了。'臣私下认为合纵对赵国是有利的。"赵王说:"好。"于是就和魏国合纵。假如虞卿能够长期被赵国重用,赵国一定会称霸的。适逢虞卿因为魏齐的事,抛弃了相印而离开赵国。赵国因为不用虞卿,所以很快就灭亡了。

善谋下第十

【题解】

本卷共14章，列举楚汉战争至汉初间的国家谋略之事，涉及入主咸阳、战败项羽、平定天下、定都关中、分封功臣、谋定太子，以及进击匈奴、削弱诸侯等重要事件。其"善谋"之主旨与上一卷基本一致，依然是强调仁德为谋略之本。本卷所举事例，皆为汉初历史，这在当时无疑是最有现实针对性的，《新序》的"谏书"意义，更多便是通过讲述本朝历史而体现出来。

本卷主要赞颂了陈恢、韩信、郦食其、张良、娄敬、韩安国、主父偃等人的超凡之智与过人之谋，也兼及赵卒、齐内史等普通人的聪明智慧。本卷尤其颂扬了张良的远见卓识，14章中关于子房之谋者达6章之多（"汉三年项羽急围汉王荥阳"章、"汉五年追击项王阳夏南"章、"汉六年正月封功臣"章、"高皇帝五年齐人娄敬戍陇西"章、"留侯张子房于汉已定"章、"汉十一年九江黥布反"章），集中体现出汉初第一谋士"运筹帷幄之中，决胜千里之外"的风采。如张良匆促之间反驳郦食其"复立六国后"的主张，一连说出八个"不可"（"汉三年项羽急围汉王荥阳"章），目光犀利、识见高超，足见其才思之敏捷与谋虑之周全。

此外，"孝武皇帝时大行王恢数言击匈奴之便"章，大行王恢与御史韩安国关于出击匈奴的论争，针锋相对、风雷激荡，是一篇出色的驳论文章。而其文字较之于《史记·韩长孺列传》更为详备，显系刘向之增益，更可见其特别的史料价值。

10.1　沛公与项籍俱受令于楚怀王①，曰："先入咸阳者王之②。"沛公将从武关入③，至南阳守战④，南阳守齮保宛城⑤，坚守不下。沛公引兵围宛三匝⑥，南阳守欲自杀，其舍人陈恢止之曰⑦："死未晚也。"于是恢乃逾城见沛公，曰："臣闻足下约：先入咸阳者王之。今足下留兵尽日围宛。宛，大郡之都也，连城数十，人民众，蓄积多。其吏民自以为降而死⑧，故皆坚守乘城⑨。足下攻之，死伤者必多。死者未收，伤者未瘳⑩，足下旷日则事留⑪。引兵而去，宛完缮弊甲，砥砺涸兵⑫，而随足下之后。足下前则失咸阳之约，后有强宛之患，窃为足下危之⑬。为足下计者，莫如约宛守降封之，因使止守，引其甲兵与之西击。诸城未下者，闻风争开门而待，足下通行无所累⑭。"沛公曰："善。"乃以宛守为殷侯⑮，封陈恢千户⑯。引兵西，无不下者，遂先入咸阳。陈恢之谋也。

【注释】

①沛公：即汉高祖刘邦。刘邦是沛丰邑中阳里（今江苏沛县）人，初起兵于沛，以应陈涉，众立为沛公。项籍：即项羽，下相（今江苏宿迁）人。秦末随项梁在会稽起兵，在巨鹿之战中大破秦军主力。秦亡后自立为西楚霸王，统治黄河及长江下游的梁、楚九郡。后在楚汉战争中为汉王刘邦所败，在乌江（今安徽和县乌江镇）自刎而死。楚怀王：指战国楚怀王的孙子，名心，前208年立为王。后为项羽所杀。

②先入咸阳者王(wàng)之：前207年，楚怀王心与诸将约定，"先入定关中者王之"。咸阳，地名。秦国都城，故城在今陕西咸阳东北。王，封王。

③武关：古关名。古代通往关中的重要关口，在今陕西丹凤东。

④南阳：郡名。即南阳郡，秦置。郡治在今河南南阳西。守战：卢文弨《群书拾补》谓当作"与战"，并当有"破之"二字；武井骥《刘向新序纂注》谓"守"为衍文。说皆可参。

⑤南阳守齮(yǐ)：南阳郡守吕齮。宛城：南阳郡治，即今河南南阳。

⑥沛公引兵围宛三匝：根据《史记·高祖本纪》，刘邦"与南阳守战犨东，破之。略南阳郡，南阳守走保城守宛。沛公引兵过而西。张良谏曰：'沛公虽欲急入关，秦兵尚众，距险。今不下宛，宛从后击，强秦在前，此危道也。'于是沛公乃夜引兵从他道还，更旗帜，黎明，围宛城三匝。"

⑦舍人：王公贵族左右亲近人之称，亦称门下、食客。《汉书·高帝纪》颜师古注："亲近左右之通称也。"战国及汉初，王公贵人都有舍人。后为官职。秦汉置太子舍人。陈恢：生平不详。

⑧其吏民自以为降而死：按，当时每得一城，必大肆诛杀，虽降亦不可幸免，如项羽"尝攻襄城，襄城无遗类，皆坑之，诸所过无不残灭"。以致人不肯降。

⑨乘城：登城。乘，登，升。

⑩瘳(chōu)：病愈。

⑪旷(kuàng)日：多费时日，拖得很久。留：停留，停止。

⑫砥砺(dǐ lì)涧兵：训练残余的兵力。砥砺，训练。

⑬窃：私下。

⑭足下通行无所累：按，此段与《史记》、《汉书》所引陈恢说辞大同小异，王先谦《汉书补注》引朱子文曰："陈恢说沛公之辞，不过百余字，凡称足下者八，其七皆不可去。"亦可见陈恢说辞语言之

精美。

⑮殷侯：封地在殷，故殷都朝歌一带。

⑯封陈恢千户：封以千户食邑，并以"千户"为号，在列侯以下。

【译文】

沛公刘邦和项羽都接到楚怀王的命令说："先攻入咸阳的人就可封为关中王。"沛公准备从武关攻入咸阳，到了南阳与南阳郡守交战，南阳郡守吕齮坚守宛城，沛公攻打不下来。于是刘邦派兵把宛城围了三圈，南阳郡守想要自杀，他的门客陈恢阻止他说："现在自杀还早。"这时候陈恢便翻过城墙去见沛公，说："我听说您有约定：先攻入咸阳的人就封为王。而今您却停下来围困宛城。宛城是个大郡的都城，相连的城池有十几座，百姓众多，积蓄充足，这里的官民都认为投降肯定要被杀死，所以都坚决登城保卫。现在您攻打宛城，士兵伤亡必定很多。死去的士兵还没有埋葬，受伤的士兵还没有痊愈，您如果在这里拖得时间太久就会使事情停止下来。但如果您率军离去，那么宛城就会修理好损坏的武器，训练残余的兵力，而后追击您的军队。您前面面临着错过先入咸阳封王的约定，后面又有宛城强大军队的忧患，我私下为您担忧啊。我为您着想，不如约定条件招纳南阳郡守投降封以高官，就势让他留守宛城，您可以率领宛城的士兵一起西进。这样，那些还没有归降的城邑，听到这个消息一定会争着打开城门迎接您，您就可以畅通无阻地西进了。"沛公说："好。"于是封宛城郡守为殷侯，封陈恢为千户。沛公率兵西进，所经过的城邑没有不降服的，因此先到了咸阳。这都是陈恢的智谋啊。

10.2　汉王既用滕公、萧何之言①，擢拜韩信为上将军②，引信上坐。王问曰："丞相数言将军，将军何以教寡人计策？"信谢，因问王曰："今东向争权天下，岂非项王耶？"曰："然。""大王自断勇悍仁强③，孰与项王？"汉王默然良久，曰:"不如也。"信再拜贺曰④:"唯信亦以为大王不如也。然臣尝事楚,请言项王为人。项王暗噁叱咤⑤,千人皆废⑥,然不能任属贤,此匹夫之勇耳。项王见人恭谨,言语呴呴⑦,人疾病,涕泣分饮食。至使人有功当封爵,印刓绶弊⑧,忍不能与⑨,此所谓妇人之仁。项王虽霸天下而臣诸侯⑩,不居关中都彭城⑪,又背义帝约⑫,而以亲爱王⑬,诸侯不平。诸侯之见项王迁逐义帝江南⑭,亦皆归逐其主,自王善地⑮。项王所过,无不残灭,多怨,百姓不附,特劫于威强服耳⑯。名虽为霸王,实失天下心,故曰:其强易弱。今大王诚反其道,任天下武勇,何不诛? 以天下城邑封功臣,何不服? 以义兵从思东归之士,何不散? 且三秦王为秦将⑰,秦子弟数岁所杀亡不可胜计⑱。又欺其众降诸侯,至新安,项王诈坑秦降卒二十余万人,唯独邯、欣、翳脱⑲,秦父兄怨此三人,痛入骨髓。今楚强以威,王此三人,秦民莫爱。大王之入武关⑳,秋毫无所害,除秦苛法,与秦约法三章,且秦民无不欲得大王王秦者㉑。于诸侯约,大王当王关中,民户知之。大王失职之蜀㉒,民无不恨者。今大王举而东,三秦可传檄而定也㉓。"于是汉王喜,自以为得信晚,遂听信计,部署诸将所击。八月,汉王东出,秦民归汉王,遂诛三秦王,定其地,收诸侯兵,讨项王,定帝业㉔,韩信之谋也。

【注释】

①汉王既用滕公、萧何之言:韩信初投刘邦时未被重用,一次犯法当斩,适见滕公夏侯婴,曰:"上不欲就天下乎? 何为斩壮士!"夏侯婴奇其言,壮其貌,释而不斩。与语,大悦,将其推荐给刘邦,

拜为治粟都尉。后数与萧何谈论，萧何亦以为奇才。韩信因刘
邦不重用而逃亡，萧何亲自追回，劝刘邦拜韩信为大将。汉王，
即汉高祖刘邦。项羽入关后，封其为汉王。滕公，夏侯婴，沛（今
江苏沛县）人，从高祖起兵。汉朝建立封为汝阴侯，因他曾为滕
县的县令，故称为"滕公"。文帝时卒，谥号文侯。见《史记·夏
侯婴列传》。萧何，沛郡丰邑（今属江苏丰县）人，从高祖起兵。
为高祖丞相。在打败项羽、建立汉朝、消灭异性诸侯、制定律例
等方面都起过重要的作用。事见《史记·萧相国世家》。

②擢（zhuó）拜：提升，选拔。韩信：淮阴（今江苏淮阴）人。先从项
羽，后归刘邦。在楚汉战争中辅佐刘邦打败项羽，封为齐王。后
改为楚王。又因被诬谋反，降为淮阴侯。后为吕后所杀。事见
《史记·淮阴侯列传》。

③大王自断勇悍仁强：悍，底本无"悍"字，"勇"下有小注"史有悍
字"。此据《史记·淮阴侯列传》补。自断，自己认为。底本"断"
下有小注"史作料"。朱季海《新序校理》以"断"、"料"二字"字形
相近，故写书者或相乱也"。

④贺：嘉许，称赞。

⑤喑噁（yīn wù）叱咤（chì zhà）：怒喝的声音。喑噁，双声连绵词，发
怒的声音。叱咤，怒斥的声音。

⑥废：止。此处引申为不能动。

⑦呴呴（xù）：和悦的样子。

⑧印刓（wán）：印章的棱角磨掉了。刓，磨损。绶（shòu）弊：绶带也
破旧了。

⑨忍：吝啬，舍不得。

⑩臣：用作动词，使之臣服。

⑪不居关中都彭城：项羽入关，屠咸阳，烧毁秦宫室。有人劝他都
关中，说"关中阻山河四塞，地肥饶，可都以霸"，他却乡土观念太

强，说"富贵不归故乡，如衣绣夜行，谁知之者"，遂都彭城。关中，古地名。秦都咸阳，汉都长安，因称函谷关以西为关中。彭城，古县名。即今江苏徐州。战国后期，徐州归楚，称西楚，项羽本楚人，故建都于此。

⑫又背义帝约：指不按"先入关者王之"的约定办事。义帝，秦末农民大起义期间，项梁等立故楚怀王孙心为楚王，因百姓怜悯楚怀王，故仍称怀王。项羽入关后，分封诸侯，自立为西楚霸王，尊其为义帝，实乃架空了他。

⑬以亲爱王（wàng）：封其亲近于好地、要地为王。如秦降将长史司马欣于项氏有恩，故立司马欣为塞王，王咸阳以东至河，都栎阳；赵将司马卬定河内，数有功，故立卬为殷王，王河内，都朝歌，徙赵王歇为代王；徙齐王田市为胶东王，齐将田都从共救赵，因从入关，故立都为齐王，都临菑；田荣数负项梁，又不肯将兵从楚击秦，以故不封。

⑭项王迁逐义帝江南：项羽分封诸侯后，将义帝迁居于长沙郴县，中途又令黥布等将其杀害，事见《史记·项羽本纪》。江南，古地区名。泛指长江以南。

⑮亦皆归逐其主，自王善地：按，诸侯非自归逐其主，而是项羽分封诸侯时即已逐旧主，立亲信。善地，物产丰富，地形有利的地方。

⑯特：但，只是。劫：迫于，屈服于。

⑰三秦王为秦将：秦亡后，项羽把秦国故地划分为雍、塞、翟三部分，并封秦降将章邯为雍王，管理咸阳以西，封司马欣为塞王，管理咸阳以东至河，封董翳（yì）为翟王，管理上郡。

⑱秦子弟数岁所杀亡不可胜计：章邯、董翳、司马欣为秦将时，数败于项羽，陈馀写给章邯的劝降书中曾说："今将军为秦将三岁矣，所亡失以十万数。"秦子弟，汉魏本、四部本作"秦弟子"。《史记》、《汉书》同。

⑲至新安，项王诈坑秦降卒二十余万人，唯独邯、欣、翳脱：巨鹿之战后，章邯率二十余万秦兵投降项羽，项羽带领这些降卒西进关中时，行至新安，听到这些降卒有忧虑之言，遂一夜之间将其全部活埋于新安城南。只留下了章邯、司马欣、董翳三人。新安，古县名，秦置。在今河南渑池东。

⑳大王之入武关：指刘邦占领关中地区。武关，古关名。古代通往关中的重要关口，在今陕西丹凤东。

㉑秦民无不欲得大王王秦者：刘邦入关后，封府库，不扰民；废秦苛法，约法三章：杀人者死，伤人及盗抵罪；又使原来的官吏各归旧位，照旧办事；秦人大喜，"唯恐沛公不为秦王"。事见《史记·高祖本纪》。

㉒大王失职之蜀：项羽入关，分封诸侯，疑刘邦占据关中会趁此统一天下，又怕背负破坏怀王约定的名声，诸侯反叛。乃阴谋曰："巴、蜀道险，秦之迁人皆居蜀。"乃曰："巴、蜀亦关中地也。"故立沛公为汉王，王巴、蜀、汉中，都南郑。事见《史记·项羽本纪》、《高祖本纪》等。失职，没有得到应得的职位，即没有得为关中王。

㉓传檄(xí)而定：不待出兵，发布一纸文书即可安定局势。檄，檄文，古代官方用以征召或声讨的文书。

㉔"八月"以下八句：前206年八月，汉王刘邦引兵从故道出袭雍，平定雍地，后又平定塞、翟。司马欣、董翳投降，章邯自杀。次年十月，项羽派人暗杀义帝，汉王为义帝发丧，派使遍告诸侯，愿与诸侯王一起讨伐项羽。后经楚汉战争，前202年冬十二月，项羽兵败乌江，遂自杀。二月，汉王即皇帝位。事见《史记·高祖本纪》。

【译文】

汉王刘邦采取了滕公和萧何的建议，提升韩信为上将军，让他坐在上座。汉王问道:"丞相多次在我面前称道将军,将军有什么计谋教导我呢?"韩信辞让了一番,就问汉王说:"如今大王向东争夺天下,对手难道不是项羽吗?"汉王说:"是的。"韩信说:"大王自己估计在勇敢、强悍、仁厚、刚毅等方面,与项王相比谁更强一些?"汉王沉默了很久,说:"我比不上项王。"韩信向汉王拜了两拜,赞许他说:"我也认为大王比不上。然而我曾经在楚军做事,请让我说说项王的为人吧。项王发怒咆哮时,吓得千百人都不敢动,但是他不能放手任用有才能的将领,这只不过是匹夫之勇罢了。项王待人恭敬慈爱,言语温和,有人生病了,他就心疼得流泪并将自己的饮食分给他。但是等到有人立下战功,应当封官进爵时,却把印章玩磨得失去了棱角,绶带也磨旧了,还舍不得赏赐给人,这就是所谓的妇人之仁。项王虽然是称霸天下并使诸侯臣服,但他没有占据关中,而在彭城建都。他又违背了当初义帝的约定,把自己的亲信分封为王,诸侯们都对他不满。诸侯们见项王把义帝迁移到江南僻远的地方,也都回去驱逐原来的国君,自己占据了好的地方自立为王。项王军队所经过的地方,没有不被摧残毁灭的,天下怨声载道,百姓都不愿归附他,只不过迫于威势勉强屈从罢了。虽然项王名义上是霸主,实际上却失去了天下的民心,所以说:他的强大是很容易削弱的。如今大王您要是与他反其道而行,任用天下英勇善战的人才,那还有什么不可以被诛灭的呢?用天下的城邑分封给有功之臣,那还有什么人不心服口服呢?以仁义之师配合思念家乡的士兵的心愿,那还有什么样的敌人不能击溃呢?况且项羽分封在秦国旧地的三个王,原来都是秦朝的将领,几年来秦朝子弟因他们被杀和逃亡的,不可胜数。他们又蒙骗部下向项羽投降,结果到达新安后,项王用诈骗的手段把已投降的秦军二十多万人活埋,唯独章邯、司马欣和董翳得以留存。秦地的父老兄弟怨恨这三个人,那是恨之入骨的。现在项羽凭恃着威势,强行封立这三个人为王,秦地的百姓并不拥护他们。而大王进入武关,秋毫无犯,废除了秦朝的苛酷法令,与秦地百姓约法三章,所以秦地百姓没有不想要大王称王秦地的。根据诸侯事先的约定，大王理当在关中做王，关中的百姓都知道这件事。大王没有得到应得的爵位到了蜀地，秦地百姓没有不怨恨的。现在大王如果率军东下，三秦一带只要发布一道文告就可以平定了。"汉王很高兴，自认为得到韩信太晚了，于是就听从韩信的计谋，部署各路将领准备向东进攻。八月的时候，汉王率兵东征，秦地人民都归附了汉王，于是诛灭了三秦王，平定了三秦，集中诸侯的兵力，讨伐项王，奠定了帝王大业，这都归功于韩信的谋略啊。

10.3　赵地乱，武臣、张耳、陈馀定赵地①，立武臣为赵王，张耳为相，陈馀为将军。赵王间出②，为燕军所得，燕囚之，欲与三分其地，乃归王。使者至，燕辄杀之③，以固求地，张耳、陈馀患之④。有厮养卒谢其舍中人曰⑤："吾为公说燕⑥，与赵王载归。"舍中人皆笑之曰："使者往十辈死⑦，若何以能得王⑧？"厮养卒曰："非若所知。"乃洗沐往见，张耳、陈馀遣行。见燕王。燕王问之，对曰："贱人希见长者⑨，愿请一卮酒⑩。"已饮，又问之，复曰："贱人希见长者，愿复请一卮酒！"与之酒。卒曰："王知臣何欲？"燕王曰："欲得而王尔⑪。"卒曰："君知张耳、陈馀何人也？"燕王曰："贤人也。"曰："君知其意何欲？"曰："欲得其王尔。"赵卒笑曰："君未知两人所欲也。夫武臣、张耳、陈馀，杖马策⑫，下赵数十城，此亦各欲南面而王，岂为卿相哉？夫臣与主，岂可同日道哉？顾其势始定，未敢三分而王，且以少长⑬，先立武臣为王，以持赵心⑭。今赵地已服，此两人亦欲分赵而王，时未可尔。今君囚赵王，此两人名为求赵王，实欲燕杀之，此两人分赵自立。夫以一赵尚易燕⑮，况两贤王左提右挈⑯，执直义而以责不直之弱燕^⑰，灭无日矣。"燕王以为然，乃遣赵王，养卒为御而归，遂得反国，复立为王。赵卒之谋也。

【注释】

①赵地乱，武臣、张耳、陈馀定赵地：秦末陈涉起义后，赵地亦有响应。张耳、陈馀说陈涉，与武臣北攻赵地，先说赵豪杰得十余城。后北击范阳，范阳令被蒯通说降，赵地不战而下三十余城。遂拥立武臣为赵王。武臣，陈（今河南淮阳）人。初与陈胜相识。前209 年，陈胜起兵占领陈县后，命他为将，与魏名士张耳、陈馀率军三千北攻赵地。下赵十余城，得数万人，号武信君。至邯郸（今河北邯郸），依张耳、陈馀之言，自立为王。不听陈胜催其入关西进之令，北攻燕地以扩大势力。前208 年，为叛将李良袭杀。张耳、陈馀，二人皆大梁（今河南开封）人，起初为莫逆之交，情谊深厚。陈涉起义后张耳、陈馀随武臣一同开拓河北，几经动乱后又共同辅佐赵歇为王。后章邯率秦军攻赵，在艰难时刻张耳对陈馀由误解变为仇恨，遂致分道扬镳。最后张耳归汉，深受刘邦宠信，被封为赵王，且与刘邦结为儿女亲家。陈馀继续割据河北，被韩信、张耳所破杀。详参《史记·张耳陈馀列传》。

②间出：微服外出。

③辄（zhé）：总是，就。

④患：忧虑，担忧。

⑤厮养卒：砍柴做饭的士兵。《史记·张耳陈馀列传》裴骃《集解》引韦昭曰："析薪为厮，炊烹为养。"谢：辞谢。舍中人：同屋舍的人。

⑥说（shuì）：说服。

⑦十辈：十个。辈，个。

⑧若：你。

⑨贱人：自谦之词，身份地位低下的人。希：很少。长者：指显贵的人。

⑩卮：盛酒器。

⑪而：代词。你，你的。

⑫杖马策：手执马鞭。意即扬鞭策马，东征西战。马策，马鞭。

⑬且以少长：暂且按照年龄大小。

⑭持：维系。

⑮易燕：以燕为易。指轻视燕国。

⑯左提右挈：相互扶持，协助。

⑰直义：正义。不直之弱燕：理亏的弱小燕国。指燕有杀赵王之罪。

【译文】

　　赵地响应陈涉等爆发了起义，武臣、张耳、陈馀控制了赵地，立武臣为赵王，封张耳为丞相，陈馀为将军。赵王武臣在微服出巡时，被燕国的军队俘获，燕国把他囚禁起来，想要三分之一的赵地，才释放赵王。赵国派使者前去交涉，燕军总是杀掉使者，坚持要求分割土地，张耳、陈馀为这件事非常忧虑。赵军中有一位砍柴做饭的杂役兵辞别他同屋的人说：“我要替丞相和将军游说燕王，和赵王一同乘车回来。”同屋的人都讥笑他说：“使臣派去了十位都被杀了，你能有什么办法救出赵王呢？”杂役兵说：“这不是你们所知道的。”然后他沐浴后去见张耳、陈馀，张耳、陈馀派他出行。见了燕王。燕王问他来的原因，他回答说：“我是身份低微的人很少见到大王这样的贵人，希望大王赐我一杯酒。”喝完之后，燕王又问他，他又回答说：“我是身份低微的人很少见到大王这样的贵人，希望大王再赏赐我一杯酒。”就又给他一杯酒。杂役兵说：“大王知道我想要什么吗？”燕王说：“想要得到你的赵王而已。”杂役兵又问：“您知道张耳、陈馀是什么样的人吗？”燕王说：“贤明的人。”他继续问：“您知道他们的意图是什么？”燕王回答说：“想要救他们的赵王。”赵国杂役兵笑着说："大王您还是不知道这两个人的打算。武臣、张耳、陈馀手执马鞭扬鞭策马东征西战,攻克了赵国几十座城池,他们各自也都想南面而称王,怎么甘心终身做别人的卿相呢? 那臣子和国君,岂可相提并论呢? 只是顾忌到局势初步稳定,还没有敢三分国土各立为王,姑且按年龄大小为序,先立武臣为王,用以维系赵国的民心。如今赵地已经稳定安服,这两个人也想要分赵地自立为王,只是时机还没成熟而已。现在您囚禁了赵王,这两个人名义上是为了救赵王,实际上是想让燕军杀死他,这两个人就可以平分赵地自立为王。以一个赵国的力量尚且轻视燕国,何况两位贤王相互支持,打着正义的旗号来讨伐理亏的弱小燕国,燕国灭亡是没有多少时间了。"燕王认为他说的有道理,就释放了赵王,杂役兵驾着车子载着赵王回到了赵国,又立为赵王。这都是那位杂役兵的谋略啊。

10.4　郦食其号郦生①,说汉王:"臣闻之:知天之天者②,王事可成;不知天之天者,王事不可成。王者以民为天,而民以食为天。夫敖仓③,天下转输久矣④,臣闻其下乃有藏粟甚多⑤。楚人拔荥阳⑥,不坚守敖仓,乃引而东,令谪过卒分守成皋⑦,此乃天所以资汉。方今楚易取而汉反却⑧,自夺其便,臣窃以为过矣。且两雄不俱立,楚汉久相持不决⑨,百姓骚动,海内摇荡,农夫释耒⑩,工女下机,天下之心,未有所定也。愿陛下急复进兵,收取荥阳,据敖仓之粟,塞成皋之险,杜太行之路⑪,距蜚狐之口⑫,守白马之津⑬,以示诸侯形制之势,则天下知所归矣⑭。"汉王曰:"善。"乃从其计画⑮,复守敖仓,卒粮食不尽,以擒项氏。其后吴、楚反⑯,将军窦婴、周亚夫复据敖仓、塞成皋如前⑰,以破吴、楚。皆郦生之谋也。

【注释】

①郦食其(lí yì jī)：姓郦，名食其。辩士，高阳(今河南杞县)人，从刘邦，号广野君，后被齐王田广烹杀。见《史记·郦生陆贾列传》、《汉书·高帝纪》等。

②天之天：即天中之天，意为重中之重。

③敖仓：秦代所建的粮仓，在今河南荥阳东北敖山，地当黄河与济水分流处，是秦汉最为重要的粮仓。魏晋仍设仓于此。

④天下转输：敖仓是当时粮食的转运站，中原漕粮由此输往关中及北方地区，故云"天下转输"。

⑤其下乃有藏粟甚多：古代挖地窖储存粮食，故云"其下"。

⑥楚人拔荥(xíng)阳：前204年九月，经过一年多的拉锯战，项羽攻下荥阳，刘邦出逃到巩、洛一带。荥阳，地名。在今河南荥阳东北。

⑦乃引而东，令谪(zhé)过卒分守成皋：此指项羽自己引兵东击彭越，令曹咎等镇守成皋。谪过卒，有罪过而被处罚到远地戍守的士卒。过，卢文弨《群书拾补》以为衍，石光瑛《新序校释》据删。可参。成皋，古县名。治所在今河南荥阳汜水镇。

⑧反却：反而撤退。刘邦从荥阳战败逃出后，打算放弃荥阳、成皋一带的旧有防线，退到洛阳、巩县一带进行防守。

⑨楚汉久相持不决：汉元年(前206)十月，刘邦入关中灭秦；汉元年四月，刘邦被项羽封为汉王，入汉中；汉元年八月，刘邦自汉中杀回收复关中；汉二年(前205)四月，刘邦率诸侯乘项羽北讨田荣之机攻入项羽的国都彭城；不久，项羽率兵驰回，大破刘邦军于彭城下，刘邦向西溃退至荥阳、成皋一线，并由此与项羽形成相持、拉锯之势，至此已历时一年多。

⑩释耒(lěi)：放下农具。耒，耕的木柄。

⑪杜太行之路：堵塞、截断太行的交通。杜，堵塞。太行，即太行

⑫距:通"拒",堵截,据守。蜚(fēi)狐之口:蜚狐岭的险要关口。蜚狐,要隘名。在今河北涞源北,蔚县东南,为古代河北平原与北方边郡间的交通要塞。蜚,《汉书》作"飞",二字通。按,蜚狐口太偏北,远离荥阳主战场。

⑬白马之津:古渡口名。为古代军事要地,在今河南滑县东北古黄河南岸。

⑭则天下知所归矣:按,古人对此段议论颇有争议。如胡三省曰:"郦生之说,形格势禁之说也。盖据敖仓、塞成皋,则项羽不能西;守白马、杜太行、距飞狐,则河北燕赵之地尽为汉有,齐、楚将安归乎?"何焯则曰:"此似后人依托之语,时汉已虏魏豹、禽赵歇,河东、河内、河北皆归汉,何庸复杜太行之道,以示诸侯形势乎? 燕、赵已定,即代郡蜚狐,亦非楚人所能北窥,无事距守。壶关近太行之道,何庸杜此兼距彼乎? 与当时事实阔远。"

⑮计画:计谋策划。

⑯吴、楚反:西汉景帝时,吴王刘濞和楚、赵、胶东、胶西、济南、淄川等七国藩王,以"诛晁错、清君侧"为名,发动叛乱。是为"七国之乱"。后被窦婴、周亚夫等平定。事见《史记·吴王濞列传》。

⑰窦婴:字王孙,清河(今河北衡水东)人,汉文帝皇后窦氏从兄子。以军功封魏其侯,官至丞相。由于推崇儒术,反对黄老学说,为窦太后贬斥,后因罪被杀(一说病死)。事见《史记·魏其武安侯列传》。周亚夫:西汉时期的著名军事家,沛县(今江苏沛县)人,绛侯周勃的次子,封条侯。在七国之乱中,他统帅汉军,三个月平定了叛军。归为太尉,迁丞相。后得罪汉景帝,被诬谋反,死于狱中。事见《史记·绛侯周勃世家》。

【译文】

郦食其号称郦生,他向汉王刘邦进策说:"我听说:能知道关键中的关键的人，可以成就帝王之业；不知道关键中的关键的人，帝王之业就不能成功。帝王以人民百姓为天，而人民百姓又以粮食为天。敖仓这个地方，长久以来就是天下粮食的转运站，我听说它下面还贮藏有很多的粮食。楚国人攻占了荥阳，却不坚守敖仓，而是带兵向东而去，只是让一些犯过罪的士兵来分守成皋，这是上天要把这些粮食资助给汉军。目前楚军很容易被击败而汉军反要退守，自己放弃有利的时机，我私下认为这是错误的。更何况两雄不能并立，楚、汉两国经久相持不下，百姓慌乱不安，全国混乱动荡，农夫放下农具停耕，织女离开织机辍织，天下人心，无法安定下来。所以希望陛下您赶快再次进军，收复荥阳，占有敖仓的粮食，阻塞成皋的险要，堵住太行的交通要道，扼制住蜚狐关口，把守住白马津渡，向天下诸侯们显示汉军已经有制服敌人的优势了，那么天下人民也就知道所归了。"汉王说："好。"于是就按照郦食其的计谋，再度占领敖仓。终于粮食供应不尽，凭借这一点打败了项羽。后来吴国和楚国叛乱，将军窦婴和周亚夫像以前一样再次占领敖仓、阻塞成皋，也由此平定了吴、楚的叛乱。这都是郦食其的谋略啊。

10.5　郦生说汉王曰："方今燕、赵已复[1]，唯齐未下。今田横据千里之齐[2]，田间据二十万之军于历城[3]，诸田宗强[4]，负海，阻河、济，南近楚[5]，民多变诈，陛下虽遣数十万师，未可以岁月下也。臣请奉明诏说齐王，令称东藩[6]。"于是使郦生食其说齐王。曰："王知天下之所归乎？"王曰："不知也。"曰："王知天下之所归，则齐国可得而有也；若不知天下所归，则齐国未可保也。"齐王曰："天下何归？"曰："归汉。"王曰："先生何以言之？"曰："汉王与项王戮力西面击秦[7]，约先入咸阳者王之[8]。汉王先入咸阳，项王倍约不与[9]，而王汉中[10]。项王迁杀义帝[11]，汉王起蜀汉之兵，击三秦^⑫，出关而责义帝之处^⑬。收天下之兵，立诸侯之后^⑭，降城即以侯其将，得赂即以与其士，与天下同其利。豪杰贤才，皆乐为其用。诸侯之兵，四面而至。蜀汉之粟，方船而下^⑮。项王有倍约之名，杀义帝之实。于人之功无所记，于人之过无所忘。战胜而不得其赏，拔城而不得其封，非项氏莫得用事^⑯。为人刻印，刓而不能授^⑰；攻城得赂^⑱，积财而不能赏。天下畔之^⑲，贤才怨之，而莫为之用。故天下之事^⑳，归于汉王，可坐而策也^㉑。夫汉王发蜀汉，定三秦，涉西河之外^㉒，乘上党之兵^㉓，下井陉^㉔，诛成安^㉕，破北魏^㉖，举三十二城，此蚩尤之兵^㉗，非人之力也。今已据敖仓之粟，塞成皋之险，守白马之津，杜太行之阪，距飞狐之口^㉘，天下后服者先亡矣。王疾下汉王^㉙，齐国社稷可得而保也；不下汉王，危亡可立而待也。"田横以为然，即听郦生，罢历下兵战守之备，与郦生日纵酒，此郦生之谋也。及齐人蒯通说韩信曰^㉚："足下受诏击齐，何故止？将三军之众，不如一竖儒之功^㉛。可因齐无备击之。"韩信从之，郦生为田横所害^㉜。后信、通亦不得其所^㉝，由不仁也。

【注释】

①燕、赵已复：韩信于汉三年（前204）十月（当时以十月为岁首）破陈馀、赵歇于井陉（今河北石家庄鹿泉西），遂灭赵。后用广武君李左车之策，示燕以形势，燕人遂从风而靡，归附于汉。时间应在汉三年冬、春，见《史记·淮阴侯列传》。燕，臧荼的封国，都于蓟（今北京）。

②田横：齐王田荣之弟，齐狄县（今山东高青东南）人，战国时齐王

田氏族裔。荣死，横立荣子广为齐王，横为相。见《史记·田儋列传》。

③田间据二十万之军于历城：田间是田假的将领，自田假被田荣打败后，田间遂不复见于史。王先谦引刘攽曰："此时何缘更有田间。按《田横传》乃是田解。横传云：'齐使华无伤、田解军历下以距汉。'"历城，地名。在今山东济南。

④诸田宗强：指田氏宗族人才众多，实力强盛。诸田，指由战国时齐王宗室传下来的各个支派。

⑤负海，阻河、济，南近楚：负海，背靠大海。阻河、济，以黄河、济水为险阻。阻，据，凭籍。又，石光瑛《新序校释》此处断句为"负海，阻河，济南近楚"，可参。

⑥东藩：东面的藩国。藩，属国。

⑦戮(lù)力：合力，并力。

⑧约先入咸阳者王(wàng)之：前207年，楚怀王心与诸将约定，"先入定关中者王之"。王，封王。

⑨倍约：违背协议。倍，通"背"。违背。

⑩王汉中：项羽入关后，怕刘邦据有关中而与自己争天下，说巴、蜀也是关中地，封刘邦为汉王，王巴、蜀、汉中，都南郑。

⑪项王迁杀义帝：项羽分封诸侯后，假意尊立怀王为义帝，借口古代帝王地方千里，必居上游，将其迁往江南，使之都于郴县（今湖南境内）；迁徙途中，项羽又指使黥布、吴芮等将其击杀于江中。

⑫击三秦：项羽分关中为雍、塞、翟三国，称三秦。前206年，刘邦出兵攻打雍、塞、翟，获得三秦地盘。

⑬责义帝之处：责问义帝之所在。因义帝已被项羽暗杀，故有此问。按，汉元年（前206）八月刘邦出汉中兵取三秦，汉二年（前205）三月听说义帝被杀，为义帝发丧，发使者告诸侯，"愿从诸侯王击楚之杀义帝者"，事见《史记·高祖本纪》。今郦生说成是项

羽杀义帝在先,刘邦出兵击三秦在后,将汉军美化为正义之师。

⑭立诸侯之后:受过刘邦封立的六国后代有魏豹、韩王信,其他未闻。

⑮方船:并船。形容船只之多。

⑯非项氏莫得用事:谓其用人唯以宗族为据。

⑰刓(wán):磨损。

⑱赂:财物。

⑲畔:通"叛"。背叛。

⑳事:通"士"。

㉑策:测算。

㉒涉西河之外:指韩信由黄河以西渡水东来。韩信渡西河首先破虏了魏豹,见《史记·淮阴侯列传》。西河,即今山西、陕西交界之黄河南段。

㉓乘上党之兵:指利用今山西境内的兵力东下伐赵。乘,利用。上党之兵,原属魏豹,后来魏豹降汉,刘邦任任敖为上党守,故上党之兵可为韩信所引以击赵。上党,郡名,秦置。《汉书·地理志》领县十四。辖境相当今山西沁水流域以东,榆社、和顺以南一带。

㉔井陉:山名。在今河北井陉西北。其山四面高,中央低下如井,故名。山上有井陉关,地当太行山区进入华北平原之要隘。

㉕诛成安:指韩信在井陉之战中杀死了成安君陈馀。成安,指成安君陈馀。

㉖破北魏:指破虏魏王豹。北魏,魏因在黄河之北,故称北魏。

㉗蚩(chī)尤:上古时代九黎族部落酋长。《史记·五帝本纪》中有关于蚩尤制造兵器,被传为战争之神的传说。

㉘"今已据敖仓之粟"以下五句:按,此即上章郦生所献之策。飞,四部本作"蜚"。

㉙下：归降。

㉚蒯(kuǎi)通：范阳(今河北定兴)人,辩士。本名蒯彻,后人因避汉武帝讳改为通。早先曾游说范阳守归降赵王武臣,后游说韩信攻齐,又劝韩信背汉自立。惠帝时为丞相曹参宾客。撰有《隽永》八十一篇,《汉书·艺文志》又著录《蒯子》五篇。

㉛竖儒：骂人话,指无用的儒生。

㉜郦生为田横所害：韩信听信蒯通的建议,引兵渡黄河袭击齐国。齐王田广、齐相田横以为郦生出卖自己,遂烹之。

㉝信、通亦不得其所：韩信后被诬谋反,为吕后所杀。蒯通因此牵连几乎被烹,后终不见用。

【译文】

郦生向汉王献策道："如今燕国、赵国都已经平定,只有齐国还没有攻打下来。而今田横占据着幅员千里的齐国,田间带领着二十万大军驻扎在历城,田氏家族力量强大,他们背靠大海,又有黄河、济水的险阻,南面接近楚国,齐人又多狡诈善变,陛下即使是派遣数十万军队,也不可能在一年半载的时间里把齐国攻打下来。我请求带着陛下的诏令去游说齐王,使齐国成为您东方的属国。"于是汉王就派郦生去游说齐王。郦生对齐王说："您知道天下人心的归向吗?"齐王回答说："不知道。"郦生说："若是大王您知道天下人心的归向,那么齐国就可以保全下来;若是不知道天下人心的归向,那么齐国就可能保不住了。"齐王问道："天下人心归向哪里?"郦生说："归向汉。"齐王又问："先生为什么这样说?"郦生回答："汉王和项王合力西进攻打秦军,预先约定先攻入咸阳者做关中王。汉王先攻入咸阳,但是项王却违背了盟约不给,而是让他到汉中去称王。项王迁徙义帝并派人杀了他,汉王知道后便发动蜀汉的军队去攻打三秦,出函谷关而责问义帝在哪里。他召集天下的兵马,拥立诸侯国的后裔复位,攻下城池立刻就封有功的将领为侯,得到金银财宝就立刻分赠给士兵,和天下同享其利。那些英雄豪杰、贤能之人,都乐意被汉王所重用。诸侯的军队,从四面八方来投归。蜀汉的粮食,船挨着船不断运来。而项王既有背弃盟约的恶名,又有杀死义帝的实际罪行。他对别人的功劳从来不记,对别人的罪过却又从来不忘。将士们打了胜仗得不到赏赐,攻下城池也得不到封爵,不是他们项氏家族的人就得不到重用。对有功人员刻下印信,却在手中反复把玩而不愿意授给;攻城得到财物,宁可堆积起来也不愿赏赐给大家。所以天下诸侯都背叛他,贤良有才之人怨恨他,不愿意被他所用。所以天下之士,投归汉王,是可以安坐着就能预料得到的。汉王带领蜀汉的军队,平定了三秦,占领了西河之外大片土地,率领上党的军队,攻下了井陉,杀死了成安君,击败了北魏,占领了三十二座城池,这就如同蚩尤的军队一样,并不是靠人力就可以做到的。现在汉王已经据有敖仓的粮食,占领了成皋的险要之地,守住了白马渡口,堵塞了太行要道,扼守住飞狐关口,天下诸侯若是后归服的就会先被消灭。您若是赶快投降汉王,那么齐国的社稷还能够保全下来;倘若是不投降汉王,那么齐国就要面临亡国的危险了。"田横认为郦生的话有道理,就听从郦生,撤除了历城的守备兵,天天和郦生一起纵情饮酒,这都是郦食其的谋略啊。后来齐国人蒯通去游说韩信说:"将军您接受汉王的诏令攻打齐国,为什么按兵不动呢?您带领着三军众多的将士,反倒比不上一个无用儒生的功劳。您可以乘着齐国没有防备去攻打它。"韩信听从了蒯通的意见,郦生因而被田横杀害。后来韩信和蒯通也没有得到善终,这都是由于他们不施仁德的结果啊。

　　10.6　汉三年①,项羽急围汉王荥阳②,汉王恐忧,与郦生谋桡楚权③。郦生曰:"昔汤伐桀,封其后于杞④;武王伐纣,封其后于宋⑤。今秦无德弃义,侵伐诸侯社稷,灭六国之后,使无立锥之地。陛下诚复立六国后,毕已授印⑥,此君臣百姓，必皆戴陛下德⑦，莫不向风慕义⑧，愿为臣妾⑨。德义已行，陛下南向称霸，楚必敛衽而朝⑩。"汉王曰："善。趣刻印⑪，先生因行佩之矣⑫。"

【注释】

①汉三年：前204年。

②荥阳：地名。在今河南荥阳东北。汉王：刘邦。《史记·留侯世家》、《汉书·张良传》"王"下有"于"字。

③郦生：即前章之郦食其，号郦生。桡（náo）：阻止，削弱。楚权：楚国的势力。

④昔汤伐桀，封其后于杞：据《史记·夏本纪》、《陈杞世家》、《吕氏春秋·慎大》、《礼记·乐记》、《韩诗外传》等典籍，周武王克商之后，封夏之后于杞。此处所说不同，当是策士随意之说。杞，古诸侯国名。在今河南杞县。姒姓。杞成公时迁至缘陵（今山东昌乐东南），杞文公又迁淳于（今山东安丘东北），前445年为楚惠王所灭。

⑤武王伐纣，封其后于宋：据《史记·周本纪》，周武王灭商后，封纣子武庚于朝歌（今河南淇县）。成王时武庚叛乱，周公东征，杀武庚，封微子启于宋，都商丘（今河南商丘）。此处所说亦不同，当是策士随意之说。宋，古诸侯国名。子姓。春秋时宋襄公图霸未成，其后国势渐衰。战国初迁都彭城（今江苏徐州），前286年为齐国所灭。

⑥毕已授印：全部授予印玺。

⑦戴：顶戴，感念。

⑧向风：归依，仰慕。慕义：钦仰其德义。

⑨臣妾：表示谦卑，这里指臣下、子民。

⑩敛衽（rèn）：整束衣襟，以示恭敬。衽，衣襟。

⑪趣(cù)刻印：赶紧刻制印玺。趣，赶快，从速。

⑫因行佩之：前往分封诸侯时可以佩带印玺。

【译文】

　　汉王三年，项羽把汉王紧紧围困在荥阳。汉王惊恐忧虑，与郦食其商议削弱楚国的势力。郦生说："以前商汤讨伐夏桀，封夏朝后裔于杞地；周武王讨伐商纣，封商朝后裔于宋地。如今秦国丧失德政、抛弃道义，侵伐诸侯各国的疆域，诛灭六国之后，使他们没有立锥之地。陛下果真能够重新封立六国的后裔，使他们都接受到陛下封受的印玺，这样六国的君臣百姓一定感念陛下的恩德，无不仰慕陛下的道义而归顺，甘愿做陛下的臣民。随着恩德道义的施行，陛下就可以南面称霸，楚国必定会整束衣襟前来朝见。"汉王说："好。赶快刻制印玺，先生就可以带着这些印玺出发了。"

　　郦先生未行，张良从外求谒①。汉王方食，曰："子房前。客有为我计挠楚权者。"具以食其言告之，曰："其于子房意如何？"良曰："谁为陛下画此计者？陛下事去矣②。"汉王曰："何哉？"良对曰："臣请借前箸而筹之③。"曰："昔汤伐桀，而封其后于杞者，斯能制桀之死命也。今陛下能制项籍之死命乎④？"曰："未能也。""其不可一也⑤。武王伐纣，而封其后于宋者，斯能得纣之头也。今陛下能得项籍之头乎？"曰："未能也。""其不可二矣。武王入殷，表商容之间⑥，轼箕子之门⑦，封比干之墓⑧。今陛下能封圣人之墓，表贤人之间，轼智者之门乎⑨？"曰："未能也。""其不可三矣。发钜桥之粟，散鹿台之钱，以赐贫赢⑩；今陛下能散府库以赐贫赢乎？"曰："未能也。""其不可四矣。殷事已毕，偃革为轩⑪，倒载干戈，以示天下不复用兵；今陛下能偃革倒载干戈乎？"曰："未能也。""其不可五也。休马于华山之阳⑫,以示无所用;今陛下能休马无所用乎?"曰:"未能也。""其不可六矣。休牛于桃林⑬,以示不复输粮;今陛下能休牛不复输粮乎?"曰:"未能也。""其不可七矣。且夫天下游士⑭,捐其亲戚⑮,弃坟墓⑯,去故旧,从陛下游者,皆日夜望尺寸之地⑰。今复立韩、魏、燕、赵、齐、楚之后,其王皆复立,游士各归事其主,从其亲戚,反其故旧坟墓,陛下谁与取天下乎? 其不可八也。且夫楚虽无强⑱,六国复挠而从之⑲,陛下焉得而臣之乎? 诚用客之计,陛下之事去矣。"汉王辍食吐哺⑳,骂曰:"竖儒,几败乃公事㉑!"令趣销印,止,不使㉒。遂并天下之兵,诛项籍,定海内。张子房之谋也。

【注释】

①张良:字子房。战国时期韩国人。韩亡后,图谋复韩,曾刺杀秦始皇。楚汉战争中,以其出色的智谋辅佐汉高祖刘邦,协助刘邦夺得天下,建立汉朝。封为留侯。谒:拜见。

②事去矣:指统一天下的霸业难成了。

③箸(zhù):筷子。筹:筹划形势。

④今陛下能制项籍之死命乎:底本脱"今"字。石光瑛《新序校释》据《史记·留侯世家》、《汉书·张良传》补。今从之。下文张良发问句皆有"今"字,则此处亦当有。

⑤其不可一也:此处情形应是张良说罢,在刘邦面前放下一根筷子。

⑥表商容之间:宣传标榜商容的住处。表,显扬,表彰。商容,商纣时为大夫,因劝谏纣王而被贬。或曰谏纣不听,去而隐于太行山。间,里门。

⑦轼箕子之门：路过箕子的门前时伏轼表示致敬。轼，车前横木。古人乘车路逢某事某物有应表示敬意者，即把头伏在车前的横木上，这种动作也叫"轼"。箕子，纣王之叔，官为太师，劝谏纣王不听，便佯狂为奴，被纣囚禁。

⑧封比干之墓：给比干的坟墓加土。封，加土。比干，纣王的叔父（一说为其兄），官少师，屡次劝谏纣王不听，后被纣王剖心。

⑨今陛下能封圣人之墓，表贤人之间，轼智者之门乎：圣人，指比干一类的人。贤者，指商容一类的人。智者，指箕子一类的人。

⑩发钜桥之粟，散鹿台之钱，以赐贫羸(léi)：《史记·周本纪》记载，武王灭商后，曾经"命南宫括散鹿台之财，发钜桥之粟，以振贫弱萌隶"。钜桥，商朝时的粮仓，在今河北平乡东南古横漳水东岸，因仓侧水上有桥而得名。鹿台，古台名。也称南单台，故址在今河南汤阴朝歌镇南。殷纣王所筑，据说大三里，高千尺。贫羸，贫弱。羸，瘦弱。

⑪偃革为轩：废兵车而用乘车。偃，休，放下不用。革，兵车。轩，古代一种前顶较高而有帷幕的车子，供大夫以上乘坐。

⑫休马：放马。华山：山名。亦称太华山，在今陕西东部，北临渭河平原，属秦岭东段。同名主峰在华阴南，为五岳之一。因地处五岳最西，故称西岳。

⑬休牛：放牛，让牛休息。牛，指战时供运输所用之牛。桃林：底本"林"下有小字注"放牛桃林之阴"。桃林，古地名。又名桃原，在今河南灵宝以西、陕西潼关以东地区。

⑭游士：奔走以求名图利的人。

⑮捐：舍弃。

⑯弃坟墓：远离先人之坟墓。

⑰望尺寸之地：希望得一块封地，即称王称侯。望，期望，盼望。尺寸，言其小。

⑱楚虽无强：底本本章末"张子房之谋也"下有小字注"楚虽无强，汉、史作楚唯无强"。汉魏本、四部本作"楚惟无强"，《史记·留侯世家》、《汉书·张良传》作"楚唯无强"。"虽"，通"惟"。楚惟无强，意谓天下无强于楚。

⑲挠而从之：意即"屈而服之"。挠，屈，屈服。

⑳辍食：停止吃饭。辍，停止，中断。吐哺：吐出口中正在咀嚼的食物。

㉑竖儒，几败乃公事：无用的儒生，几乎坏了你老子的大事。乃公，你老子。这是刘邦常用的骂人语。乃，你，你的。

㉒止，不使：止郦生，不再出使。

【译文】

郦食其还没有启程，恰好张良从外面回来拜见汉王。汉王正在吃饭，说："子房请上前。有位客人为我想出了削弱楚国势力的办法。"于是把郦食其的建议都告诉了张良，然后问道："在子房看来这主意怎么样？"张良说："是谁替陛下出的这个主意？陛下统一天下的霸业要完了。"汉王说："为什么？"张良回答说："我请求借用您面前的筷子为大王筹划一下形势。"他说："昔日商汤讨伐夏桀而封夏朝后代于杞地，那是因为他能置桀于死地。现在陛下能置项羽于死地吗？"汉王说："不能。"张良说："这是不能那样做的第一个原因。周武王讨伐商纣而封商朝后代于宋地，那是因为他能取下纣王的头颅。现在陛下能取下项羽的头颅吗？"汉王说："不能。"张良说："这是不能那样做的第二个原因。武王攻入殷商的都城后，在商容所居里巷的大门上表彰他，路过箕子的门前时向他致敬，为比干的坟墓加土。如今陛下能为圣人的坟墓加土，在贤士里巷的大门表彰他们，在有才智的人前向他致敬吗？"汉王说："不能。"张良说："这是不能那样做的第三个原因。周武王曾发放钜桥粮仓的储粮，散发鹿台府库的钱财，以此赏赐贫苦的民众。现在陛下能散发钱府仓库的财物来赏赐贫穷百姓吗？"汉王说："不能。"张良说："这是不能那样做的第四个原因。周武王灭亡商朝以后,废止兵车改为乘车,把兵器倒置存放,用以向天下表明不再动用武力。现在陛下能停止战事,倒置武器,不再打仗了吗?"汉王说:"不能。"张良说:"这是不能那样做的第五个原因。周武王将战马放牧在华山南面,以此表明战马不再驰骋战场了。现在陛下能让战马休息不再使用它们吗?"汉王说:"不能。"张良说:"这是不能那样做的第六个原因。周武王把牛放牧在桃林北面,以此表明不再运输和积聚作战用的粮草。现在陛下能放牧牛群不再运输、积聚粮草了吗?"汉王说:"不能。"张良说:"这是不能那样做的第七个原因。况且天下奔走以求名图利的人离开他们的亲人,舍弃了祖先的坟墓,告别了故交与旧友,跟随陛下南征北战,只是日夜盼望着能得到一块小小的封地。假如现在重新拥立韩、魏、燕、赵、齐、楚的后代为王,天下游士各自回去事奉他们的君主,伴随他们的亲人,返回他们的旧友和祖坟所在之地,陛下同谁一起夺取天下呢? 这是不能那样做的第八个原因。况且天下没有能强过楚国的,封立六国后,他们又会被楚削弱屈服,陛下如何能得到他们使之臣服呢? 如果真的要采用这位客人的计策,陛下统一天下的霸业就完了。"汉王停下吃饭,吐出口中的食物,骂道:"无用的儒生,几乎败坏了你老子的大事!"于是下令赶快销毁那些印玺,让郦食其停下了,不再出使六国。于是集中天下的兵力,诛灭项羽,平定天下。这都是张子房的谋略啊。

10.7　汉五年^①,追击项王阳夏南^②,止军。与淮阴侯韩信、建成侯彭越期会而击楚军^③。至固陵^④,不会。楚击汉军,大破之。汉王复入壁^⑤,深堑而守之^⑥,谓张子房曰:"诸侯不从约^⑦,奈何?"对曰:"楚兵且破,而未有分地,其不至固宜^⑧。君王能与共天下,今可立致也。则不能^⑨,事未可知也。君王能自陈以东傅海尽与韩信^⑩,睢阳以北至谷城尽与彭越⑪，使各自为战⑫，则楚易败也。"汉王乃使使者告韩信、彭越曰："并力击楚，楚已破，自陈以东傅海与齐王，睢阳以北至谷城与彭相国。"使者至，韩信、彭越皆喜，报曰："请今进兵。"韩信乃从齐行，彭越兵自梁至，诸侯来会，遂破楚军于垓下⑬，追项王，诛之于淮津⑭。二君之功，子房之谋也⑮。

【注释】

①汉五年：前202年。

②阳夏：秦置县名。在今河南太康。

③淮阴侯韩信：按，此时韩信为齐王。淮阴侯是后来刘邦诬其谋反，他被贬后的封号。建成侯彭越：按，此时彭越为魏相国，所谓"建成侯"，梁玉绳以为盖所赐名号。彭越，字仲，昌邑（今山东巨野）人。出身"群盗"，陈涉起义后，他拉起队伍转战于今鲁、豫、苏、皖交界一带。因未从项羽入关，未被分封为诸侯，因而对项羽不满。项羽东归后，彭越很快公开反项，并在楚汉战争中一直以游击战、运动战的形式，骚扰、牵制项羽，搞得项羽疲于奔命，直到完全被拖垮。由于功大，他被封为梁王，是最早封王的极少数的几个功臣之一，也因此被刘邦猜忌。汉十一年（前196），彭越以阴谋叛乱罪名被捕，囚于洛阳。不久赦为庶人，徙蜀地。途中吕后令舍人诬告他谋反，被诛族。期会：约好日期汇合。

④固陵：古县名，又名固始。秦置，在今河南太康南。

⑤壁：营垒。

⑥深堑：挖深壕沟。

⑦不从约：不遵从约定。

⑧固宜：本来也是情理之中的事。

⑨则：若。石光瑛《新序校释》、朱季海《新序校理》并云："则，犹

若也。"

⑩自陈以东傅海:自陈郡一直东到海边,大体包括今河南东部,山
东西南部,和安徽、江苏两省的北部地区。陈,在今河南淮阳。
傅海,直到海边。傅,到达。

⑪睢(suī)阳以北至谷城:大体包括今河南东北部和山东西部一带
地区。睢阳,秦置县名,在今和河南商丘南。谷城,地名,在今山
东东阿境内。

⑫使各自为战:使他们各为自己获取分地而战。

⑬垓(gāi)下:地名。位于今安徽灵璧东南。项羽被围垓下,终于
失败。

⑭淮津:淮水之津。《史记·项羽本纪》载,项羽自刎于乌江渡口。

⑮二君之功,子房之谋也:底本"也"字下有小注"一作张子房之谋
也"。按,前人多将此二句并列解释,谓此皆韩信、彭越之功与子
房之谋。然本卷所谈皆为"善谋",本章亦是如此。故此处所云
"二君之功",实为"子房之谋也"。又,陈茂仁《新序校证》谓"子
房"前夺"张"字,说可参。

【译文】

汉王五年,汉高祖率兵追击项羽,到达阳夏南面的时候,让军队驻
扎下来,和淮阴侯韩信、建成侯彭越约定日期会合,共同攻打楚军。汉
高祖行军到固陵后,韩信、彭越却没有如期来会合。楚军因此趁机反
击,大败汉军。汉高祖不得不又退回营垒,深挖壕堑来固守城池,问张
良说:"诸侯不遵守约定,怎么办?"张良回答说:"楚军即将被攻破,而韩
信和彭越还没有得到分封的土地,所以他们不来也是情理之中的事。
大王如果能和他们共分天下,他们立刻就会前来;如果不能,那形势就
难以预料了。大王如果能把陈地以东到海滨一带的地方都给韩信,把
睢阳以北到谷城的地方给彭越,使他们各为自己而战,那么打败楚国是
很容易的。"汉王于是派出使者告诉韩信、彭越说:"大家合力攻打楚国,

打败楚军之后，从陈地以东至海滨一带的地方给齐王，睢阳以北至谷城的地方给彭相国。"使者到达之后，韩信、彭越都很高兴，答复说："请允许我们现在就出兵。"韩信于是从齐国起行，彭越从魏国出发，诸侯们都来会合，终于在垓下打败楚军，追击项王，最后在淮水渡口诛杀了项羽。韩信和彭越的功劳，都是张子房的谋略啊。

10.8　汉六年正月封功臣[①]，张子房未尝有战斗之功，高皇帝曰："运筹策帷幄之中[②]，决胜千里之外[③]，子房功也。子房自择齐三万户[④]。"良曰："始臣起下邳，与上会留，此天以臣授陛下[⑤]。陛下用臣计，幸而时中[⑥]。臣愿封留足矣，不敢当齐三万户。"乃封良为留侯，及萧何等[⑦]。其余功臣皆未封。群臣自疑，恐不得封，咸不自安[⑧]，有摇动之心。于是高皇帝在南阳南宫上台[⑨]，见群臣往往相与坐沙中语，上曰："此何语？"留侯曰："陛下不知乎？谋反耳。"上曰："天下属安[⑩]，何故而反？"留侯曰："陛下起布衣[⑪]，与此属定天下。陛下已为天子，而所封皆萧、曹故人，所诛皆平生仇怨。今军吏计功，以天下不足以遍封[⑫]，此属畏陛下不能尽封，又见疑平生过失及诛[⑬]，故即聚谋反耳。"上乃忧曰："为将奈何？"留侯曰："上平生所憎，群臣所共知，谁最甚者？"上曰："雍齿与我有故，数窘辱我[⑭]，欲杀之，为其功多，故不忍。"留侯曰："今急先封雍齿以示群臣，群臣见雍齿得封，即人人自坚矣[⑮]。"于是上置酒，封雍齿为什方侯[⑯]，而急诏趣丞相御史[⑰]，定功行封。群臣罢酒，皆喜曰："雍齿且侯，我属无患矣。"还倍畔之心[⑱]，销邪道之谋[⑲]，使国家安宁，累世无患者，张子房之谋也[⑳]。

【注释】

① 汉六年：前 201 年。

② 筹策：古时计算用具。这里借以指谋略。帷幄（wò）：帐幕，帷幔。这里指将帅的幕府、军帐。《史记·太史公自序》："运筹帷幄之中，制胜于无形。"

③ 千里之外：指战场。

④ 自择齐三万户：垓下之战后，项羽败亡，韩信之兵权遂亦被刘邦所夺，并将韩信由齐王改封楚王，故此时刘邦可以令张良"自择齐三万户"。

⑤ 始臣起下邳（pī），与上会留，此天以臣授陛下：张良早年刺秦失败后，隐藏在下邳。陈涉起兵后，景驹在留地自立为楚假王，张良欲跟随他，在去留地的路上遇到沛公刘邦，遂从沛公起事。张良曾多次以《太公兵法》说沛公，沛公善之。而他对别人谈说，却都听不懂。因此张良说他乃是天授沛公。事见《史记·留侯世家》。下邳，古县名，在今江苏睢宁西北。上，对皇帝的敬称。留，县名，在今江苏沛县东南。

⑥ 幸：侥幸。时中：说对了几回。

⑦ 乃封良为留侯，及萧何等：汉六年正月，高祖封曹参、夏侯婴、陈平、张良、萧何等大功臣二十余人。萧何，沛郡丰邑（今属江苏丰县）人，从高祖起兵，为高祖丞相。在打败项羽、建立汉朝、消灭异性诸侯、制定律例等方面都起过重要的作用。事见《史记·萧相国世家》。

⑧ 咸：皆。

⑨ 南阳：即洛阳。汉魏本、四部本作"洛阳"。刘邦建国初期建都于此。

⑩ 属安：刚刚安定。属，刚刚。

⑪ 起布衣：由平民百姓起家。

⑫遍封：全部封赏。

⑬平生过失：犹言"过去的错误"。平生，平素。及诛：以至于被杀。

⑭雍齿与我有故，数窘辱我：底本"故"下有小字注"《汉书音义》曰：
　　未起时有故怨"。雍齿，沛（今江苏沛县）人。前208年，随刘邦
　　起兵反秦。刘邦令其守丰，魏人招之，雍齿遂叛刘归魏。刘邦还
　　军攻丰，数攻不下。后刘邦破丰，雍齿奔魏（最后雍齿又归服了
　　刘邦）。所谓"有故"及"尝窘辱我"，即指此事。

⑮自坚：自信，自安。

⑯什方：在今四川什邡南。

⑰急诏：紧急诏令。趣：催促。御史：御史大夫。位仅次于丞相。

⑱倍畔：背叛。"倍"通"背"，"畔"通"叛"。

⑲邪道：指叛逆。石光瑛《新序校释》意校为"邪逆"。

⑳张子房之谋也：按，对于张良劝封雍齿以平众人谋反于未发之
　　事，古人多有议论。王维桢曰："沙中之人，怏怏不平见于词色，
　　未必谋反，但留侯为弭乱计，故权辞以对耳。"茅坤曰："沙中偶
　　语，未必谋反也，谋反乃灭族事，岂野而谋者？子房特假此恐吓
　　高帝。及急封雍齿，则群疑定矣。"

【译文】

　　汉六年正月汉高祖刘邦封赏功臣。张良没有战功，高祖说："出谋
划策于营帐之中，决定胜负于千里之外，这就是子房的功劳。子房自己
从齐国选择三万户作为封邑。"张良说："当初我在下邳起事，与皇帝在
留县相遇，这是上天把我交给陛下。陛下采用我的计谋，侥幸有时能说
中。我只愿受封留县就足够了，不敢承受三万户。"于是高祖封张良为
留侯，同萧何等人一起受封。其余的功臣都未能进行封赏。群臣于是
自我怀疑，害怕他们不能得到封赏，都开始不安定，有了摇动之心。高
祖在洛阳南宫台上，看见大臣们常常坐在沙地上相互议论。皇上说：
"这些人在说什么？"留侯说："陛下不知道吗？这是在商议反叛呀。"皇

上说:"天下刚刚安定,为什么要谋反呢?"留侯说:"陛下出身平民,靠着这些人取得了天下。现在陛下做了天子,而所封赏的都是萧何、曹参这些故人,所诛杀的都是平素有仇怨的人。如今军官们计算战功,认为天下土地不够封赏所有的功臣,这些人担心陛下不能全部给予封赏,又害怕因平素的过失遭受诛杀,所以就聚在一起图谋造反了。"皇上于是忧虑地说:"那该怎么办呢?"留侯说:"皇上平生所憎恨,又是群臣都知道的,谁最突出?"皇上说:"雍齿与我有宿怨,又曾多次使我难堪受辱,我原想杀掉他,因为他的功劳多,所以不忍心。"留侯说:"现在赶紧先封赏雍齿以昭示群臣,大臣们见雍齿都被封赏了,那么人人就都安心了。"于是皇上便摆设酒宴,封雍齿为什方侯,并紧急下诏催促丞相、御史评定功劳,施行封赏。群臣吃罢酒宴后,都高兴地说:"雍齿尚且被封为侯,我们这些人就不担忧了。"于是扭转了背叛的念头,打消了叛逆的阴谋,使得国家安宁,世代没有忧患,都是张子房的谋略啊。

10.9   高皇帝五年,齐人娄敬戍陇西①,过雒阳②,脱辂挽③,见齐人虞将军曰④:"臣愿见上言便宜事⑤。"虞将军欲与鲜衣,娄敬曰:"臣衣帛⑥,衣帛见;衣褐⑦,衣褐见。不敢易。"虞将军入言上,上召见,赐食。已而问敬,对曰:"陛下都雒阳,岂欲与周室比隆哉⑧?"上曰:"然。"敬曰:"陛下取天下,与周室异。周之先自后稷⑨,尧封之邰⑩,积德累善十余世。公刘避桀居邠⑪,大王以狄伐去邠,杖马策居岐,国人争归之⑫。及文王为西伯,断虞、芮讼⑬,始受命⑭,吕望、伯夷自海滨来归之⑮。武王伐纣,不期而会孟津上八百诸侯⑯,灭殷。成王即位⑰,周公之属傅相⑱,乃营成周、雒邑⑲,以为天下中,诸侯四方,纳贡职,道里均矣。有德则易以王,无德则易以亡。凡居此者,欲令周务德以致人⑳,不欲恃险阻,令后世骄奢以虐民。及周之衰，分为两㉑，天下莫朝，周不能制，非德薄，形势弱也。今陛下起丰击沛㉒，收卒三千人㉓，以之径往，卷蜀、汉㉔，定三秦。与项羽大战七十，小战四十，使天下民肝脑涂地，父子暴骨中野，不可胜数，哭泣之声未绝，伤夷者未起㉕，而欲比隆成、康、周公之时㉖，臣窃以为不侔矣㉗。且夫秦地被山带河㉘，四塞以为固㉙，卒然有急㉚，百万之众可具。因秦之故，资甚美膏腴之地㉛，此谓天府㉜，陛下入关而都，山东虽乱，秦故地可全而有也。夫与人斗，而不搤其亢、拊其背㉝，未全胜也。"

【注释】

①娄敬：齐人。汉高祖五年（前202）至洛阳谒见刘邦，劝刘邦迁都关中，被采纳，以功赐姓刘氏，拜为郎中，号奉春君。后正确估计匈奴军事实力，劝刘邦不要轻易对匈奴用兵，刘邦不听而受困平城。围解后，封为关内侯，号为建信侯。娄敬倡导"和亲"，又劝刘邦迁东方六国贵族后裔于关中，既可促进关中的经济发展，又可以铲除旧有的割据势力的祸根，这些建议皆被采纳。戍：驻守，防备。陇西：郡名。战国秦昭襄王二十七年（前280）置郡，因在陇山（六盘山）以西而得名。汉代也在此置郡，治所在狄道（今甘肃临洮）。辖地包括今天水、甘谷、武山、岷县、陇西、临洮等地。

②雒阳：即"洛阳"，古县名。旧城在今河南洛阳以东。汉五年（前202）二月，高祖定都洛阳。"雒"通"洛"。下同。

③脱辂（lù）挽（wǎn）：摘下身上拉车的绳套。辂，车辕上用以牵拉的横木。挽，绑在横木上用来拉车的绳子。

④虞将军：齐人，生平不详。

⑤便（biàn）宜事：便利相宜之事。

⑥衣帛：穿着丝织品的衣服。衣，动词，穿着。帛，丝织品的名称。

⑦褐：兽毛或粗麻制成的短衣，古时候地位低下的人所穿。

⑧与周室比隆：相传周朝灭商后，武王与成王都曾一度想建都于洛阳，现在刘邦也都于洛阳，故娄敬问他是不是也想像周朝那样兴盛。比隆，一样兴盛。

⑨后稷：周先祖，姬姓，名弃。传说他曾在尧舜时为农官，教民耕种，开始种稷和麦。事见《诗经·大雅·生民》、《史记·周本纪》。

⑩邰（tái）：古邑名。在今陕西武功西南。

⑪公刘避桀居邠：按，有关公刘率领周部落由邰迁豳的过程，详见《诗经·大雅·公刘》。但作品只讲了公刘率众迁居，以及开发经营豳地的情形，并未说是为了躲避夏桀。公刘，周人首领，姬姓，后稷曾孙。夏代末年率领周部族迁居于豳，复修后稷之业，务耕种，周道之兴从此始。邠，古邑名。一作豳，在今陕西旬邑西南。桀，夏桀，夏朝末代君主。根据《史记·夏本纪》记载，桀不修德，很多诸侯背叛夏，百姓也不堪忍受其暴政。后为商汤所取代。

⑫大王以狄伐去邠，杖马策居岐，国人争归之：根据《史记·周本纪》记载，太王继承了后稷、公刘的事业，积德行义，得到国人的爱戴。后因为狄人入侵，太王带国人迁到岐下。周王朝由此兴盛起来。有关太王为了躲避其他民族侵扰，率众由豳邑南迁于岐山的过程，详见《诗经·大雅·绵》与《孟子·梁惠王下》。大王，亦作"太王"，即古公亶（dǎn）父。周文王的祖父。杖马策，赶着马匹行进。岐，山名。即岐山，在今陕西岐山东北。国人争归之，据《史记·周本纪》载，古公亶父迁到岐下后，邠人举国跟随。

⑬断虞、芮（ruì）讼：虞、芮两君争田，找文王评判，入境后见周人相互谦让，耕者让田，行者让路，士人让为大夫，大夫让为卿。于是

大惭,回去后便将所争之田让出来作为"闲田"。见《诗经·大雅·绵》毛传。虞,古诸侯国名。姬姓,故地在今山西平陆北。芮,古诸侯国名。姬姓,商代方国。其地望说法不一:《汉书·地理志》说为左冯翊临晋县芮乡,在今陕西大荔朝邑南,而《括地志》说为陕州芮城县故芮城,在今陕西芮城西。

⑭始受命:各国诸侯见周国能以礼让感化虞、芮之人,于是遂称这一年为文王接受天命,从此为天下之王。《周本纪》曰:"诸侯闻之曰:'西伯盖为受命之君。'"此说亦见于《诗经·大雅·绵》。

⑮吕望、伯夷自海滨来归之:《史记·齐太公世家》称吕望是"东海上人",《正义》以为此"东海上"指今江苏之东部沿海,并谓"吕望宅及庙在苏州海盐县西也"。孤竹国在今河北秦皇岛之卢龙东南郊。有关太公与伯夷自海滨归周事,又见于《孟子》之《尽心上》与《离娄上》。伯夷,商朝孤竹君之长子,节操高洁。事见《史记·伯夷列传》。

⑯孟津:古黄河渡口名,一作盟津,在今河南孟津东北,孟县西北。

⑰成王:周成王。周武王子,周文王孙,名诵。前1042—前1021年在位。

⑱周公之属傅相:据《史记·周本纪》与《燕召公世家》记载,周成王即位,年尚幼,于是周公摄政,平管蔡之乱,制礼法,经营洛邑,以为东都,与召公分陕地而治。陕地以东为周公管辖,以西为召公管辖,有德政。周政权的巩固,周公和召公做出了巨大贡献。傅相,辅佐。

⑲营成周、雒邑:周公当时在今洛阳洛水北岸建筑了两座城,在瀍水以西的叫王城,在瀍水以东的叫成周。王城即今天的洛阳市区,成周在今洛阳之东北郊。按,周初之经营成周洛邑共两次,第一次在武王时,第二次在成王时。其经营成周洛邑的目的有二,一个是将殷朝之遗民迁居于此,监督看管;另一个是以此作

为周王朝的东部都城,以之为朝见天下诸侯之场所。

⑳周:全面周到。致:招引,团结。

㉑及周之衰,分为两:东周王朝至周显王(前368—前321在位)时,所辖疆域已只剩几个县,这几个县又分成了东、西两部分。在东的称东周君,都于巩(今巩县西南);在西的称西周君,都于王城(今洛阳)。而周显王与其以后的周慎靓王(前320—前315在位)、周赧王(前314—前256在位),则迁居依附于西周。

㉒起丰击沛:从丰邑沛县起事。丰,邑名,为沛县的一个邑。在今江苏丰县。沛,古县名,秦置。在今江苏沛县。

㉓收卒三千人:《史记·高祖本纪》记载:刘邦夺得沛县正式起兵后,"少年豪吏如萧、曹、樊哙等皆为收沛子弟二三千人"。

㉔卷蜀、汉:指刘邦被项羽封为汉王,王巴、蜀、汉中三郡之地。当时巴郡的郡治在江州(今重庆北),蜀郡的郡治即今成都,汉中郡的郡治在南郑(今陕西汉中)。

㉕夷:创伤。

㉖康:周康王,名钊。成王子。即位后推行成王政令,天下安宁,刑罚废置四十年不用。事见《史记·周本纪》。

㉗侔(móu):相等。

㉘被(pī)山带河:指群山环绕,黄河如带,形容地势险固。《战国策·秦策一》:"(秦地)被山带河,四塞以为固。"

㉙四塞以为固:四周都有屏障、关塞。

㉚卒(cù)然:突然,忽然。卒,同"猝"。

㉛资:凭借。膏腴:肥厚。

㉜天府:万物所聚之地。指自然优越、形势险固、物产丰富的地方。府,积聚。

㉝搤(è):同"扼"。掐住,握住。亢(gāng):咽喉,喉咙。拊(fǔ):拍击,拍打。

【译文】

汉高祖五年,齐人娄敬到陇西戍守陇西边塞,路过洛阳。他摘下身上拉车的绳子,去见齐人虞将军说:"我想见皇帝说一些对国家有利的事。"虞将军想要给他华美的衣服,娄敬说:"我穿着丝绸衣服来,就穿着丝绸衣服去拜见;穿着粗布短衣来,就穿着粗布短衣去拜见。我不敢更换衣服。"于是虞将军入宫把娄敬的请求报告给高祖。高祖就召见了娄敬,并赐给他食物吃。吃完饭后,高祖就问娄敬,娄敬回答说:"陛下建都洛阳,是想要跟周朝一样兴盛吗?"高祖说:"是的。"娄敬说:"陛下取得天下跟周朝是不同的。周朝的先祖从后稷开始,唐尧封他于邰地,积累德政善事十几代。公刘为躲避夏桀的暴政而到邠地居住,周太王因为狄族侵扰的缘故离开了邠地,赶着马匹移居到岐山,国内的人都纷纷追随他去岐山。到了周文王受封为西伯,解决了虞国和芮国的争端,天命才归于周,吕望、伯夷等人从海滨前来归附于他。周武王讨伐殷纣,不约而同到孟津会盟的诸侯有八百多个,灭掉了殷。周成王即位,周公等人辅佐他,于是建筑了成周、洛邑二城,将这里作为天下的中心,四方各地的诸侯来交纳贡物赋税,路程都是均等的。可见有德行的君主在这里容易称王天下,无德之君在这里也容易灭亡。凡是建都于此的,都要全面施行德政来感召人民,而不是依靠险要的自然形势,让后代君主骄奢淫逸逸来虐待百姓。到了周朝衰败,分为西周和东周两小国,天下没有人再来朝拜,周室已经不能控制天下,这并不是因为恩德单薄,而是形势太弱了。如今陛下从丰邑沛县起事,招集三千士卒,带着他们勇往直前,占领蜀、汉地区,平定三秦。与项羽大战七十次,小战四十次,使天下无辜百姓肝脑涂地,父子枯骨暴露于荒郊之中,不可胜数,悲惨的哭声不绝于耳,受伤的战士还没有康复,这种情况下却要比照周朝成王、康王、周公时兴盛的情形,我私下认为这是不能相比的。再说秦地有群山围绕,黄河环绕,四面边塞可以作为坚固的防线,即使突然有了危急情况,百万大军可以招集。凭借秦国原有的基础,借助非常富饶肥沃的土地,这就是天府之地,陛下要是进入函谷关建立都城,崤山以东即使有了祸乱,秦国的旧地是可以保全并占有的。与别人搏斗,不揢住他的咽喉、击打他的后背,是不能够大获全胜的。"

　　高皇帝疑,问左右大臣,皆山东人①,多劝上都雒阳:"东有成皋②,西有肴渑③,倍河海④,向伊、洛⑤,其固亦足恃。且周王数百年,秦二世而亡,不如都周⑥。"留侯张子房曰:"雒阳虽有此固,国中小,不过数百里,田地狭,四面受敌,此非用武之国。夫关中左肴函⑦,右陇、蜀⑧,沃野千里,南有巴、蜀之饶⑨,北有故宛之利⑩,阻三面守一隅,东向制诸侯。诸侯安定,河、渭漕挽天下⑪,西给京师;诸侯有变,顺流而下,足以委输⑫。此所谓金城千里⑬,天府之国也。娄敬说是也。"于是高皇帝即日驾,西都关中⑭。由是国家安宁,虽彭越、陈豨、卢绾之谋⑮,九江、燕、代之兵⑯,及吴、楚之难、关东之兵⑰,虽百万之师,犹不能以为害者,由保仁德之惠,守关中之固也。国以永安,娄敬、张子房之谋也。上曰:"本言都秦地者,娄敬也。娄者,乃刘也⑱。"赐姓刘氏,拜为郎中⑲,号曰奉春君。后卒为建信侯⑳,封之二千户㉑。

【注释】

①山东:战国、秦汉时代,通称崤山或华山以东为"山东"。包括今河南以及河北南部、安徽、江苏北部及山东等地区。

②成皋:古邑名。一作"城皋",在今河南荥阳汜水镇。为刘邦与项羽反复争夺的军事重镇,其南侧即后来的虎牢关。战国时属韩。

③肴(yáo):通"崤",山名。在今河南洛宁西北,东接渑池,西接陕

县。渑（miǎn）：即渑池，古邑名。在今河南渑池西，因南有渑池而得名。

④倍河海：北倚黄河。倍，通"背"，动词，背靠。海，《史记·留侯世家》中无此字。

⑤向伊、洛：向南面对伊、洛两河。伊，伊水，古水名。亦作伊川，即今河南西部伊河，源于河南栾川伏牛山北麓，东北流经嵩县、伊川，在偃师南入洛河。洛，洛水，古水名。亦作"雒水"。源于陕西东南部之冢岭山，东流入河南，在洛阳东北入黄河。

⑥周：即成周。洛阳。

⑦关中：地区名。其地位于函谷关以西，散关以东，武关以北，萧关以南，在四关之中，故称关中。大致包括今陕西关中平原。左肴函：东侧有崤山及函谷关。肴函，崤山和函谷关的并称，相当于今陕西潼关以东至河南新安一带。函，函谷关，在河南灵宝西南。

⑧右陇、蜀：西侧有陇山与岷山。陇，古山名。古亦称龙坻、龙坂。六盘山南段别称。在今陕西陇县西北。延亘于陕、甘两省边境。南北走向，山势陡峻，为渭河平原与陇西高原之分界。自古关中四塞，此为西面之险。蜀，指岷山，在今甘肃南部、四川北部。陇、蜀二山相连。

⑨巴：古国名。在今四川、重庆一带。商时臣服于商朝。周武王克殷，封为子国，亦称巴子国。春秋时曾为楚属国。前316年为秦所并，以其地置巴郡。蜀：古国名。曾参与周武王的灭纣战争。相传早在蚕丛为首领时已称王建国。活动在今四川成都平原西北山区，其后逐渐进入成都平原。前316年为秦所灭。

⑩故宛：即胡苑，北方游牧民族牧马之地。一说，宛，谓大宛。古国名。为西域三十六国之一，北通康居，南面和西南面与大月氏接，产汗血马。大约在今乌兹别克斯坦、塔吉克斯坦和吉尔吉斯

斯坦交界处的费尔干纳盆地。见《史记·大宛列传》《汉书·西域传上·大宛国》。

⑪ 漕挽：指水、陆运输。多指为朝廷运输粮食。漕，漕运，水路运输。挽，拉车，指陆地运输。

⑫ 委输：转运，运输。亦指转运的物资。

⑬ 金城：金属铸成的城墙。形容城池之坚固。

⑭ 西都关中：按，此次乃西都栎阳，在今西安之阎良区，至两年后的前 200 年，始徙居长安。

⑮ 彭越：西汉开国功臣，封梁王。汉十一年（前 196），以阴谋叛乱罪名被捕，囚于洛阳。不久赦为庶人，徙蜀地。途中吕后令舍人诬告他谋反，被诛族。陈豨（xī）：宛句（今山东菏泽西南）人，汉建国后曾多次随刘邦平定叛乱，封为阳夏侯。汉十一年（前 196）反，自立为代王，被击败。汉十三年（前 194）被樊哙军所杀。卢绾（wǎn）：刘邦的同乡好友，跟随刘邦起兵，屡有军功。汉五年（前 202）封为燕王。十二年（前 195）刘邦派卢绾讨伐陈豨，卢绾因刘邦、吕后连续杀功臣而害怕被杀，暗与陈豨等勾结以图自存，刘邦认为他是谋反，派樊哙征讨。卢绾被迫叛逃，闻高祖病故，便投降匈奴，匈奴封他做东胡卢王。

⑯ 九江：指九江王英布。前 206 年项羽入咸阳，立英布为九江王。后降汉，立为淮南王。因韩信、彭越先后被杀，他害怕被杀，起兵造反。前 195 年被刘邦击败，后为长沙王诱杀。九江，郡名。秦置，辖境包括今安徽淮河以南大部与江西全境。燕：指燕王卢绾。燕地包括今北京、河北北部和辽宁等地。代：指代王陈豨。代地包括今河北西北部、山西中部和北部、内蒙古部分地区。

⑰ 吴、楚之难：西汉景帝时，吴王刘濞和楚王刘戊与赵、胶东、胶西、济南、淄川等七国藩王，以诛晁错、清君侧为名，发动叛乱。史称"七国之乱"。关东之兵：指吴、楚之难。

⑱娄者,乃刘也:娄、刘古音通假。周寿昌《汉书注校补》:"古娄、刘二字一音。"

⑲郎中:官名。亦称"郎官"、"郎吏"。管理车、骑、门户,及充作君王侍从的官职。

⑳卒为建信侯:汉七年(前200)冬,高祖不听娄敬劝说,出击匈奴,被围白登,七日后方脱险。于是回来后封娄敬二千户,为关内侯,号建信侯。见《史记·刘敬叔孙通列传》、《汉书·娄敬传》。

㉑封之二千户:汉魏本、四部本无此句。

【译文】

皇上对此建议还是心存疑虑,问左右大臣的意见,他们都是山东地区的人,大多数劝皇上定都洛阳:"洛阳东面有成皋,西面有崤山、渑池,北靠黄河,南向伊水、洛水,它地形的险要和坚固足可以依靠。况且周朝建都在洛阳称王天下几百年,而秦朝建都关内只到二世就灭亡了,因此不如建都成周。"留侯张良说:"洛阳虽然有这样险固的地势,但它的境域狭小,方圆不过几百里,土地又贫瘠,四面都受敌,这里不是用武之地。关中东面有崤山、函谷关,西面有陇、蜀山脉,肥沃的土地方圆千里;南面有富饶的巴、蜀两郡,北面有利于放牧的胡苑,三面都是险阻,可以固守一方,向东控制诸侯。如果诸侯安定无事,可由黄河、渭河运输天下粮食,往西供给京都;如果诸侯发生变故,可顺流而下,足以运送军队和粮食。这正是所谓的'金城千里,天府之国',娄敬的建议是对的。"于是高祖当下便决定起驾,往西定都关中。从此国家太平无事,后来虽然有彭越、陈豨、卢绾的谋反,九江王、燕王、代王的乱兵,以及吴、楚七国的叛乱、关东的军队,即使是百万大军,也不能构成威胁,就是因为汉王朝普施仁德的恩惠,又坚守关中牢固的地理。国家得以安宁,这都是娄敬、张子房的功劳。汉高祖说:"最早建议建都关中的人,是娄敬。娄,读起来就是刘。"给娄敬赐姓刘,官拜郎中,封号为奉春君。后来终于封为建信侯,俸禄两千户。

10.10　留侯张子房于汉已定,性多疾①,即导引不食谷②,杜门不出岁余③。上欲废太子④,立戚氏夫人子赵王如意⑤。大臣多争,未能得坚决者也⑥。吕后恐⑦,不知所为。人或谓吕后曰:"留侯善画计策,上信用之。"吕后乃使建成侯吕泽劫留侯曰⑧:"君常为上计,今日欲易太子,君安得高枕卧?"留侯曰:"始上数在困急之中,幸用臣。今天下安定,以爱幼欲易太子,骨肉间,虽臣等百余人何益?"吕泽强要曰⑨:"为我画计。"留侯曰:"此难以口舌争也。顾上有所不能致者⑩,天下有四人:园公、绮里季、夏黄公、甪里先生⑪。此四人者年老矣,皆以上慢侮士⑫,故逃匿山中,议不为汉臣⑬。然上高此四人⑭。公诚能无爱金玉璧帛,令太子为书,卑辞以安车迎之⑮,因使辩士固请,宜来。来以为客,时时从入朝,令上见之。上见之,即必异问之。问之,上知此四人,亦一助也。"于是吕后令泽使人奉太子书,卑辞厚礼,迎四人。四人至,舍吕泽所。

【注释】

①性:体质。

②导引:道家调运气息,吐纳修养的一种养生之法。不食谷:即"辟谷",不吃粮食。

③杜门:闭门。杜,绝。

④太子:汉高祖嫡长子刘盈,吕后所生。即后来的汉惠帝。前194—前188年在位。高祖二年(前205年)立为太子,为人宽仁懦弱。

⑤戚氏夫人:定陶(今山东定陶西北)人。汉王元年(前206年),刘

邦入汉中时娶为姬。汉朝建立，立为夫人。善鼓瑟歌舞，为刘邦所宠爱，生赵王如意。深为吕后忌恨，高祖去世后，吕后擅权，将其下于永巷（宫中狱）。后将其断手足，剜目熏耳，饮哑药，弃厕中，称"人彘"，并夷其族。赵王如意：汉高祖第三子，戚夫人生。高祖死后，被吕后毒死，谥"隐"。

⑥未能得坚决者：意即还没有人能使刘邦下定决心不废太子。

⑦吕后：汉高祖刘邦嫡妻，名雉。刘邦称帝后被立为皇后。汉惠帝刘盈即位后，她掌握实权。惠帝死后，吕后临朝称制，前后执政共十六年。底本作"吕侯"，误。今据铁华馆本改。

⑧建成侯吕泽：吕泽，吕后兄。此时已死。按，前人或以吕泽为吕后长兄，封周吕侯，吕释之为吕后次兄，封建成侯，故此处"建成侯吕泽"有误；然据王念孙《读书杂志》："释，本作泽。故徐广《音义》曰：古释字作泽。"则此处不误。劫：强迫。

⑨强要：强迫。即上文之"劫"。

⑩顾：但是。致：得到。

⑪园公、绮里季、夏黄公、甪（lù）里先生：即商山四皓。据《史记·留侯世家》司马贞《索隐》引《陈留志》："园公，姓唐，字宣明，居园中，因以为号。夏黄公，姓崔名广，字少通，齐人，隐居夏里修道，故号曰夏黄公。甪里先生，河内轵人，太伯之后，姓周名术，字元道。"园公，《史记·留侯世家》作"东园公"。按，司马光《资治通鉴考异》、梁玉绳《史记志疑》、李慈铭《桃花圣解庵日记》等认为，"四皓"之事"非事实，司马迁好奇多爱而采之"，或"尽属子虚"、"后人附益"，司马迁借以"成其虚诞飘忽之文而已"。石光瑛《新序校释》更是以其为浅人"伪撰姓名，铺张粉饰"。说可参。

⑫慢侮：轻视凌辱。

⑬议：通"义"。道义。

⑭高：敬重，尊敬。

⑮卑辞:言辞谦恭。安车:古代一种可以坐乘的小车。

【译文】

留侯张良在汉朝建立后,体质多病,便学习导引之术,不食五谷,长期闭门不出有一年多。皇帝想废掉太子,立戚夫人的儿子赵王如意为太子。许多大臣进谏劝阻,都没能使皇上下决心不废太子。吕后很惶恐,不知该怎么办。有人对吕后说:"留侯善于出谋划策,皇上也信任他。"吕后就派建成侯吕泽强迫留侯说:"您一直为皇上出谋划策,现在皇上打算更换太子,您怎么能高枕而卧呢?"留侯说:"当初皇上多次处在危急之中,很侥幸用了我的计谋。如今天下安定了,由于偏爱幼子的原因想更换太子,这是他们骨肉之间的事,即使有一百多个张良又有什么用处呢?"吕泽强迫他说:"一定得给我出个主意。"留侯说:"这件事是很难用口舌来谏诤的。但是皇上有无法得到的人,天下有四位:园公、绮里季、夏黄公、角里先生。这四位年事已高,都认为皇上傲慢凌辱士人,所以逃避躲藏在山中,坚决不肯做汉朝的臣子。但是皇上很敬重这四个人。现在您要是真能不吝惜金银珍宝,让太子亲笔写封书信,言辞谦恭,并配上舒适的车子去迎请他们,再派能言善辩的人坚决恳请,他们应当会来的。来了以后,让他们充当太子的宾客,时常跟着太子入朝,叫皇上见到他们。皇上见到他们,就一定会因惊异而询问他们。询问了他们,知道是这四个人,这对太子保住地位也是一个帮助。"于是吕后让吕泽派人携带太子的亲笔书信,用谦恭的言辞和丰厚的礼物,去迎请这四人。四人来后,住在吕泽的府第中。

至十二年,上从破黥布军归①,疾益甚②,愈欲易太子。留侯谏不听,因疾不视事。太傅叔孙通称说引古③,以死争太子,上佯许之,犹欲易之。及燕置酒④,太子侍,四人者从太子,皆年八十有余,鬓眉皓白,衣冠甚伟。上怪而问曰:

"何为者⑤?"四人前对,各言其姓名。上乃惊曰:"吾求公数岁,公避逃我,今公何自从吾儿游乎?"四人皆对曰:"陛下轻士善骂,臣等义不辱,故恐而亡匿。闻太子为人子孝,仁敬爱士,天下莫不延颈愿为太子死者⑥,故来尔。"上曰:"烦公幸卒调护太子⑦。"四人为寿已毕,起去。上目送之,召戚夫人,指示四人者曰:"我欲易之,彼四人辅之,羽翼已成,难动矣。吕氏真而主矣⑧!"戚夫人泣下,上曰:"为我楚舞,吾为若楚歌⑨。"歌曰:"鸿鹄高蜚,一举千里。羽翮已就,横绝四海。横绝四海,当可奈何!虽有矰缴,尚安所施⑩!"歌数阕⑪,戚夫人唏嘘流涕⑫。上起去,罢酒。竟不易太子者⑬,留侯召四人之谋也。

【注释】

①上从破黥布军归:刘邦于十二年(前195)十月击破黥布军,返程中经过沛县,还乡置酒;十二月返回长安。黥布,即英布,因犯秦法,受黥刑,故称。项羽封为九江王,归汉后封为淮南王。汉初,因彭越、韩信相继被杀,举兵谋反。战败逃往江南,为长沙王所诱杀。事见《史记·黥布列传》。

②疾益甚:据《史记·高祖本纪》,"高祖击(黥)布时,为流矢所中,行道病,病甚"。

③太傅:官名。即太子太傅,是辅导太子的官员。叔孙通:薛(今山东枣庄薛城)人。秦时以文学征召为待诏博士。陈胜起兵后,亡归家乡。先为项梁部属,项梁败后事楚怀王,怀王徙长沙,又留事项羽。汉王二年(前205),刘邦入彭城,乃降归汉。高祖九年(前198),徙太子傅。惠帝即位,复改任奉常,制定汉宗庙仪法。约于惠帝六年(前189)卒于任上。称说引古:指晋献公废长子申

生而立宠姬骊姬之子奚齐引起晋国数世不宁,秦始皇不立长子
扶苏而立幼子胡亥而亡国等事。事见《史记·刘敬叔孙通列
传》。

④燕:通"宴"。宴饮。

⑤何为者:你们是做什么的。《史记·留侯世家》作"彼何为者",意
更完整。

⑥延颈:伸长脖子。形容期望之甚。

⑦幸:表示希望之辞。卒:自始至终的。调护:调理,保护。

⑧吕氏真而主矣:意即吕后真是你的主人,你斗不过她。

⑨为我楚舞,吾为若楚歌:戚夫人旧籍定陶,刘邦家沛,都是楚人,
故云。

⑩"鸿鹄高蜚"以下八句:鸿鹄,天鹅,似大雁而略大。因其飞得很
高,故常用来比喻志向远大的人。蜚,通"飞"。羽翮(hé),羽翼。
翮,鸟双翅中的正羽,用以指鸟的两翼。绝,横渡。矰缴(zēng
zhuó),弋射的工具,射中飞鸟而可以引绳回收。矰,系有生丝细
绳用来射飞鸟的箭。缴,系在箭尾上的生丝绳。施,加。陈祚明
《古诗选》曰:"上四句雄浑,下四句苍凉,开孟德四言之风。"

⑪阕(què):词曲的段落,一阕即一节。

⑫唏嘘(xī xū):抽泣的样子。

⑬竟:终。

【译文】

到了汉十二年,高祖从击败黥布的战场归来,病情更加严重,更加
想更换太子。留侯劝谏不被接受,也就因病不再理朝政之事了。太傅
叔孙通引证古今事例进行劝说,誓死谏诤来保太子,皇上假装答应了
他,但心中还是想更换。等到宴会时,太子在高祖旁侍侯,这四人跟着
太子,年龄都已八十多岁,须眉皓白,衣帽装束都很庄重。皇上感到惊
奇而问道:"你们是干什么的?"四个人向前对答,各自讲出姓名。皇上

听了之后惊讶地说:"我访求各位好几年了,各位都逃避着我,现在你们为何跟随我儿交游呢?"四人都说:"陛下轻慢士人,喜欢辱骂别人,我们坚决不愿受辱,所以惶恐地逃亡隐匿。我们闻知太子为人孝顺,仁义谦恭爱敬士人,天下士人无不期望为太子拼死效力,因此我们就来了。"皇上说:"希望烦劳诸位善始善终地调教保护太子吧。"四个人给皇上敬酒祝寿之后,就起身离开了。皇上目送他们,召唤戚夫人过来,指着那四个人给她看,说道:"我想更换太子,但那四个人辅佐他,太子的羽翼已成,难以变动了。吕后真是你的主人了!"戚夫人哭泣了起来,皇上说:"你为我跳楚舞,我为你唱楚歌。"唱道:"鸿鹄高飞,振翅千里。羽翼已成,翱翔四海。翱翔四海,当可奈何!虽有短箭,何处施用!"皇上唱了几遍,戚夫人抽泣流泪。皇上起身离去,结束了酒宴。最终没更换太子,这是留侯招请这四人的谋略啊。

10.11　汉十一年,九江黥布反①,高皇帝疾,欲使太子往击之。是时园公、绮里季、夏黄公、角里先生已侍太子②,闻太子将击黥布,四人相谓曰:"凡来者将以存太子。太子将兵,事危矣。"乃说建成侯曰③:"太子将兵,有功则位不益,无功从此受祸矣。且太子所与俱诸将,皆尝与上定天下,枭将也④,乃使太子将之,此无异使羊将狼也,皆不肯为用尽力,其无功必矣。臣闻'母爱者子抱⑤。'今戚夫人日夜侍御,赵王常抱居上前,终不使不肖子居爱子上⑥,明乎其代太子位必矣。君何不急谓吕后,承间为上泣⑦,言:黥布天下猛将,善用兵。诸将皆陛下故等伦⑧,乃令太子将此属,无异使羊将狼,莫为用。且使布闻之,即鼓行而西尔⑨。上虽疾,卧护之⑩,诸将不敢不尽力。虽苦,强为妻子计,载辎车⑪,卧而行。"于是吕泽立夜见吕后,吕后承间为上泣而言,如四人意。上曰："吾惟竖子故不足遣^⑫,乃公自行尔。"于是上自将东,群臣居守皆送至霸上^⑬。留侯疾,强起,至曲邮见上^⑭,曰："臣宜从,疾甚。楚人剽疾^⑮,愿上无与楚人争锋^⑯!"因说上曰："令太子为将军,监关中诸侯兵^⑰。"上谓："子房虽疾,强起卧而傅太子^⑱。"是时叔孙通已为太子太傅^⑲,留侯行少傅事^⑳。汉遂诛黥布。太子安宁,国家晏然^㉑,此四公、子房之谋也^㉒。

【注释】

①汉十一年,九江黥布反:前196年,九江王英布因彭越、韩信相继被杀,害怕自己也被杀,遂举兵谋反。九江,郡名。秦置,辖境包括今安徽淮河以南大部与江西全境。

②园公、绮里季、夏黄公、甪里先生:即商山四皓。详上章。

③建成侯:吕释之。吕后兄。参见上章注释。

④枭将:猛将。枭,雄健。

⑤母爱者子抱:《韩非子·备内》:"其母好者其子抱。"意为其母受宠则其子亦多为其父抱持宠爱。

⑥终不使不肖子居爱子上:赵仲邑《新序详注》谓应作:"上曰:终不使不肖子居爱子上。"按,无"上曰"亦通。不肖子,指太子。高祖以其仁弱,不似自己。爱子,指赵王如意。

⑦承间(jiàn):犹乘间,等机会。

⑧故等伦:过去身份地位相同者。伦,辈,类。

⑨鼓行而西尔:谓公然通行无阻地杀向京师。鼓行,指军队行进大张旗鼓,无所顾忌。

⑩护:监督,监管。

⑪辒车:古代一种有帏盖的大车,既可载物,也可卧息。《释名·释

车》:"辎车,载辎重,卧息其中之车也。"

⑫惟:思考,考虑。不足遣:不配担当此任。

⑬霸上:古地名。一作灞上,又称霸头、霸陵,在今陕西西安东白鹿原北首。因地处霸水之滨,故名霸上。为古代咸阳、长安附近军事要地。

⑭曲邮:古邮驿名。在今陕西临潼东。

⑮剽疾:勇猛敏捷。

⑯争锋:正面交锋以争胜。

⑰令太子为将军,监关中诸侯兵:按,此张良安太子之策。徐孚远曰:"太子监关中兵,一以固根本,亦以安太子,解不击黥布之事也。"

⑱傅:辅佐,指导。

⑲太傅:官名。即太子太傅,是辅导太子的官属。

⑳行:兼代,代理。少傅:官名。即太子少傅,是辅导太子和主领东宫的官属。

㉑晏然:平静,安定。

㉒四公、子房之谋:底本作"四公子之谋",误。今据石光瑛《新序校释》补。

【译文】

汉高祖十一年,九江黥布反叛,皇上病重,打算派太子率兵前往讨伐叛军。这时候园公、绮里季、夏黄公、甪里先生四人已经服事太子,听说太子将被派往去平定黥布的叛乱,四人互相商议说:"我们来这里的目的就是为了要保全太子。太子如若领兵出战,事情就危险了。"于是他们向建成侯进谏说:"太子率兵出战,有了战功则地位也不会提高,没有战功将由此遭受祸患了。况且跟太子一起出征的各位将领,都曾经跟随皇上打江山,他们都是猛将,而让太子统率他们,这和让羊指挥狼没有差别,他们决不肯为太子尽心尽力,太子不能建功是肯定的。我们听说‘爱其母则抱其子’。现在戚夫人日夜侍奉着皇上，赵王如意常被抱在皇上面前，皇上说，终究不会让不成器的儿子居于爱子之上。显然，赵王如意取代太子之位是一定的。你何不赶紧给吕后建议，找机会向皇上哭诉，说：‘黥布是天下的猛将，善于领兵打仗。现今的各位将领都是陛下旧日的同辈，您却让太子统率这些人，这和让羊指挥狼没有两样，没有人肯听命效力的。再说如让黥布得知这个情况，就会大张旗鼓地向西进犯。皇上虽然患病，但是躺着监护，众将不敢不尽力。皇上虽然受辛苦，但是尽力为妻子儿女着想，还是乘坐辎车，躺着去吧。’”于是吕泽连夜拜见了吕后，吕后就找机会向皇上哭诉，说了四人授意的那番话。皇上说：“我就想到这小子本来不能担当此任，还是老子自己去吧。”于是皇上亲自带兵东征，留守的大臣们都到灞上送行。留侯病情严重，但勉强支撑起来，到曲邮拜见皇上说：“我本应跟从前往，但病势严重。楚国的人马彪悍敏捷，希望皇上不要跟楚国人正面交战争胜。”又顺势规劝皇上说：“让太子做将军，监守关中的诸侯军队吧。”皇上说：“子房虽然患病，也要努力起来辅佐太子。”这时叔孙通已经做了太子太傅，留侯便兼任了太子少傅之职。汉朝终于诛灭了黥布。太子平安无事，国家兴旺安定，这都是商山四皓与张良的谋略啊。

10.12　齐悼惠王者^①，孝惠皇帝兄也^②。二年^③，悼惠王入朝，孝惠皇帝与悼惠王燕饮^④，乃行家人礼^⑤，同席。吕太后怒，乃进鸩酒^⑥。孝惠皇帝知，欲代饮之，乃止。悼惠王惧不得出城，上车太息，内史参乘^⑦，怪问其故。悼惠王具以状语内史，内史曰：“王宁亡十城耶？将亡齐国也？”悼惠王曰：“得全身而已，何敢爱城哉？”内史曰：“鲁元公主^⑧，太后之女，大王之弟也^⑨。大王封国七十余城，而鲁元公主汤沐邑少^⑩。大王诚献十城，为鲁元公主汤沐邑，内有亲亲之恩，

外有顺太后之意，太后必大喜，是亡十城而得六十城也。"悼
惠王曰："善。"至邸①，上奏献十城为鲁元公主汤沐邑。太后
果大悦，受邑，厚赐悼惠王而归之，国遂安。齐内史之谋也。

【注释】

①齐悼惠王：西汉诸侯王。名肥，汉高祖之长庶子，惠帝异母兄。
　高祖六年（前 201）封齐王。在位十三年卒。谥悼惠。

②孝惠皇帝：汉高祖第二子刘盈，吕后所生。高祖二年（前 205）立
　为太子，十二年（前 195）即位。为人宽仁懦弱。在位期间，吕后
　专权，惨杀戚夫人，为"人彘"，置于厕中，命他观看，遂惊恐得病，
　不理朝政。在位七年卒，谥惠。

③二年：孝惠皇帝二年，前 193 年。

④燕饮：指安闲而不拘礼仪的宴饮。燕，通"宴"。

⑤行家人礼：像平民家庭中只有辈份、年龄而没有地位尊卑的礼
　节。家人，平民百姓。这里讲成"一家内部"亦可。

⑥鸩（zhèn）酒：用鸩鸟的羽毛浸泡的毒酒。鸩，传说中的毒鸟。

⑦内史：官名。西周始置，春秋沿置。汉初，诸侯王、侯国也设此
　官，主管民政。据《史记·齐悼惠王世家》载，此内史名勋。参
　乘：亦作"骖乘"。也称"陪乘"、"车右"。古代乘车时坐在车右担
　任警卫的武士。

⑧鲁元公主：为吕后所生，汉高祖长女，惠帝姐。为赵王张敖的王
　后，生子偃。因其食邑于鲁，又是长女，故称鲁元公主。高后元
　年病卒。

⑨弟：女弟，妹妹。古时女子亦称弟。

⑩汤沐邑：王室诸侯封地。周朝制度，诸侯朝见天子，先要斋戒沐
　浴，因而天子赐给他们国都周围的一块封地，以供他们来朝期间
　住宿沐浴之用，称"汤沐邑"。后世遂用以指皇帝、皇后、公主等

　　收取赋税的私邑。

⑪邸(dǐ)：诸侯来朝在京师的住所。汉朝制度，诸侯王可在京城建
　　立府舍，以供来京入朝时使用。

【译文】

　　齐悼惠王是孝惠皇帝的哥哥。汉惠帝二年的时候，齐悼惠王进京
来朝拜孝惠皇帝，孝惠皇帝和齐悼惠王宴饮，按照家人的礼节，同席而
坐。吕太后非常生气，于是派人端上有毒的鸩酒让悼惠王喝。孝惠皇
帝知道太后的用意，想要代替他哥哥来喝，吕太后才罢手。事后悼惠王
害怕自己死在京城，上车后叹息不已，他的内史参乘，觉得奇怪就问他。
悼惠王就把宫里发生的事情全都告诉了内史，内史说："大王您是宁愿
损失十座城邑呢？还是亡掉整个齐国呢？"悼惠王说："我只希望能够保
全自己，哪里还敢贪恋这些城邑？"内史说："鲁元公主是太后的女儿，也
是大王的妹妹。大王您的封国有七十多座城邑，而鲁元公主的汤沐邑
却很少。大王如果能够献出十座城邑，给鲁元公主作汤沐邑，对内来说
有亲近亲人的恩德，对外来说又有顺从太后的心意，太后知道以后一定
很高兴，这是损失十座城邑而得到六十座城邑。"悼惠王说："好。"回到
官邸后，上奏说愿意献上十座城邑给鲁元公主作汤沐邑。太后果然很
高兴，接受了这十座城邑，还重赏了悼惠王并且让他回到了齐国，齐国
终于太平无事。这都是齐国内史的谋略啊。

　　10.13　孝武皇帝时①，大行王恢数言击匈奴之便②，可
以除边境之害，欲绝和亲之约。御史大夫韩安国以为兵不
可动③。孝武皇帝召群臣而问曰："朕饰子女以配单于④，币
帛文锦，赂之甚厚。今单于逆命加慢，侵盗无已，边郡数惊，
朕甚闵之。今欲举兵以攻匈奴，如何？"大行臣恢再拜稽首
曰⑤："善。陛下不言，臣固谒之。臣闻全代之时⑥，北未尝不

有强胡之敌,内连中国之兵也⑦。然尚得养老长幼,树种以时,仓廪常实,守御之备具,匈奴不敢轻慢也⑧。今以陛下之威,海内为一家,天子同任,遣子弟乘边守塞,转粟挽输,以为之备,而匈奴侵盗不休者,无他,不痛之患也。臣以为击之便。"

【注释】

①孝武皇帝:即汉武帝刘彻,谥"孝武",景帝中子。年四岁封胶东王,七岁立为皇太子。景帝后元三年(前141)即帝位,次年(前140)定年号为"建元元年",此为历代帝王以年号纪年之始。削藩据、征匈奴、兴水利,罢黜百家,独尊儒术,雄才大略,开疆拓土,使汉帝国走向鼎盛。晚年则穷兵黩武,因巫蛊之祸而滥杀无辜。后悔悟,调整政策,终使汉政权恢复稳定。在位五十四年,前87年卒。事见《汉书》。

②大行:官名。掌管交际礼仪,景帝时更名为大行令,汉武帝太初元年(前104)更名为大鸿胪。见《汉书·百官公卿表》。王恢:西汉将军,燕人,曾多次为边吏,熟知匈奴事,反对和亲,力主兴兵。元光元年(前134),他出击匈奴未成擅自引兵罢归。武帝下令诛之,乃自杀。事见《史记·韩长孺列传》《汉书·韩安国传》。匈奴:古代北方的游牧民族。王国维《鬼方昆夷猃狁考》认为,商朝时的鬼方、混夷、獯鬻(xūn yù),周朝时的猃狁(xiǎn yǔn),春秋时的戎、狄,战国时的胡,都是后世所谓的匈奴。汉初,匈奴不断南下侵扰中土。起初汉朝采取和亲的防御政策,武帝时转而采取攻势,多次发兵进攻,匈奴势力逐渐衰弱。东汉初分裂为南、北匈奴,南匈奴依附东汉,逐渐汉化,北匈奴则西迁今乌兹别克、哈萨克等国,后消亡。

③御史大夫：官名。秦置，汉沿置。位上卿，掌副丞相职。主管图籍秘书、四方文书、监察执法等，有时亦奉命出征。与丞相（大司徒）、太尉（大司马）共称"三公"。见《汉书·百官公卿表》。韩安国：西汉大臣。字长孺，梁国成安（今河南临汝东南）人。初事梁孝王刘武，任中大夫。景帝前元三年（前154），在平定吴楚七国之乱时有功，汉武帝初封为大司农、御史大夫。元光二年（前133），率军败匈奴于马邑。元朔二年（前127），任材官将军，屯戍渔阳。不久匈奴大举入侵上谷、渔阳，汉军大败，被徙屯右北平，忧郁而死。事见《史记·韩长孺列传》《汉书·韩安国传》。

④饰：装饰，打扮。单于：匈奴人对部落联盟的首领的专称，意为广大的样子。单于之名始于匈奴著名的冒顿单于的父亲头曼单于，之后一直延续下去，直到匈奴消亡为止。

⑤稽首：古代的一种跪拜礼，叩头至地，是九拜中最恭敬者，常为臣子拜见君王时所用。

⑥全代：指战国初，代未被赵灭时。代，古国名，后为赵襄子所灭，成为赵国的一部分。

⑦中国：中原之国。

⑧轻慢：轻视，小看。又，汉魏本、四部本作"轻侵"，可参。

【译文】

孝武皇帝在位的时候，大行王恢多次言说进攻匈奴的好处，可以消除边境的祸乱，打算取消和匈奴和亲的条约。但御史大夫韩安国认为不能轻易发兵。孝武皇帝于是召见群臣并询问他们说："朕打扮好自己的女儿把她许配给单于，并给单于金银财宝等贵重物品，赏赐他的东西非常丰厚。但是现在单于违背朕的命令且态度傲慢，侵掠也没有停止过，边郡的百姓多次受到骚扰，朕真的非常怜悯他们。现在朕打算发兵攻打匈奴，你们以为如何？"大行王恢行两次叩头的跪拜大礼说："好。即使皇上您不提出来，臣本来也是要请求皇上您发兵的。臣听说代国还没有被赵国灭亡的时候,北方未尝没有强胡的威胁,中原各国又战乱不已。然而各国还是能老有所终,幼有所养,根据时节来耕种,国家的府库常能充实,守卫防御的设备完整,匈奴不敢轻易侵犯。如今凭着陛下您的威严,天下统一的形势,大家共同事奉汉朝,又派遣士兵乘守边塞,运输粮食和军用物资,来防备匈奴的侵扰,但是匈奴还是经常侵犯,没有别的原因,就是因为没有沉重打击他们的缘故。臣个人认为进攻是有利的。"

御史大夫臣安国稽首再拜曰:"不然。臣闻高皇帝尝围于平城①,匈奴至而投鞍,高于城者数所②。平城之厄,七日不食,天下叹之③。及解围反位,无忿怨之色。虽得天下而不报平城之怨者,非以力不能也。夫圣人以天下为度者也,不以己之私怒,伤天下之公义。故遣刘敬结为和亲④,至今为五世利⑤。孝文皇帝尝一屯天下之精兵于常豀、广武⑥,无尺寸之功,天下黔首约要之民无不忧者⑦。孝文皇帝悟兵之不可宿也,乃为和亲之约,至今为后世利。臣以为两主之迹,足以为效。臣故曰:勿击便。"

【注释】

①高皇帝尝围于平城:汉六年(前201)秋,匈奴围韩王信于马邑,韩王信投降,遂南下攻晋阳。汉七年(前200)冬,汉军反击,高祖亲率三十二万大军追击匈奴,被围困于平城,绝粮七日。后用陈平计方脱险。事见《史记·高祖本纪》、《匈奴列传》,《汉书·高帝纪》、《匈奴传》。平城,古县名。在今山西大同东北古城。

②匈奴至而投鞍,高于城者数所:意谓匈奴人马之众,解下马鞍垒在一起,可以垒得比城墙还高。

③七日不食，天下叹之：叹，石光瑛《新序校释》据《汉书》改为"歌"，曰："《汉书·匈奴传》'季布曰：……时匈奴围高帝于平城……天下歌之曰：平城之下诚苦，七日不食，不能彀弩'。……此文'七日不食，天下歌之'等句，正承用季布语。"可参。

④遣刘敬结为和亲：据《史记·刘敬叔孙通列传》，刘邦欲击匈奴，刘敬出使，识破匈奴以羸弱示汉，伏奇兵以争利的诡计，劝刘邦不要出兵，刘邦不听，遂有平城之围。解围后，刘邦听刘敬之计，与匈奴和亲。

⑤五世利：指和亲之利已经高祖、惠帝、吕后、文帝、景帝五代。

⑥常豀（xī）：古水名。即恒水，今河北曲阳北横河。源出恒山，东流入滱河。恒、滱合流之后通称恒水。广武：地名。故城在今山西代县西。

⑦黔（qián）首：战国、秦代对百姓的称呼。黔，黑色。约要：束腰。要，同"腰"。

【译文】

御史大夫韩安国行两次叩头的跪拜大礼说："不是这样的。臣听说高皇帝曾经被围困在平城，匈奴人马多得解下马鞍扔成堆，有好几处都比平城的城墙还要高。平城这场危难，高皇帝断粮七天，天下人都为之叹息。等到围困解除返回京城，高皇帝并没有怨恨埋怨的表情。虽然得到了天下却没有报平城被围困的仇恨，并不是因为他的能力不够。圣人应该有包容天下的度量，而不应该以个人的私仇和怨恨，去损害天下的公义。所以高皇帝派遣刘敬去达成和亲的协议，到现在历经五代皇帝都从中得到好处。孝文皇帝曾将天下的精兵强将集结在常豀、广武两地，到头来还是一点成绩都没有，但是全国的老百姓没有一个不为此事而忧虑的。孝文皇帝也觉悟到大军不能在外长期留守，因此就和匈奴订立了和亲之约，到现在我们还享受到和亲的好处。臣个人认为这两位皇帝的事迹，足可以效法。所以臣说：不攻打匈奴是有利的。"

　　大行曰:"不然。夫明于形者,分则不过于事;察于动者,用则不失于利;审于静者,恬则免于患①。高帝被坚执锐,以除天下之害,蒙矢石,沾风雨,行几十年,伏尸满泽,积首若山,死者什七②,存者什三③,行者垂泣而倪于兵④。夫以天下末力厌事之民⑤,而蒙匈奴饱逸⑥,其势不便。故结和亲之约者,所以休天下之民。高皇帝明于形而以分事,通于动静之时。盖五帝不相同乐,三王不相袭礼者,非故相反也,各因世之宜也。教与时变,备与敌化。守一而不易,不足以子民。今匈奴纵意日久矣,侵盗无已,系虏人民,戍卒死伤,中国道路,槥车相望⑦,此仁人之所哀也,臣故曰:击之便。"

【注释】

①恬:安静,平静。

②什七:十分之一。

③什三:十分之三。

④倪:通"睨",斜视。

⑤末力:余力。

⑥蒙:经受,承受。逸:闲适,安乐。汉魏本、四部本作"佚",二字通。

⑦槥(huì)车相望:运送棺材的灵车相继不绝。槥,小棺材,亦泛指棺材。

【译文】

　　大行说:"不是这样的。明白形势的人,对事情的分析就不会有过失;体察动态的人,处理事情就不会失利;详审静态的人,安然不动就会免去祸患。高皇帝披坚甲执锐器,来扫除天下的祸害,冒着羽箭飞石,顶着风吹雨打，经过了将近十年，尸体填满湖泽，头颅堆积如山，死亡的有十分之七，存活下来的只有十分之三，逃难的行人低头哭泣而不愿正眼去看兵器。以天下剩余的这弱小的力量和厌恨战事的百姓，去承受饱壮安逸的匈奴，这样的形势是非常不利的，所以高皇帝才订立和亲的条约，目的是为了让天下的百姓得到休养生息的机会。高皇帝明白事情的形势来作为分析事情的基础，通晓动静的时机。五帝的音乐各不相同，三王的礼仪也互不因袭，并不是故意要不同，只是各与时世相适宜罢了。教化百姓要随着形势而改变，防备敌人要随着敌人而变化。墨守成规而不实施改造，这样是不能够为民父母的。如今匈奴恣意横行已久，侵略抢夺不断，掳虏当地百姓，守卫边疆的士兵也死伤无数，中原道路上，运送棺材的的灵车相继不绝。这样的形势使仁人感到哀痛。所以臣说：攻打匈奴是有利的。"

御史大夫曰："不然。臣闻之：利不什不易业，功不百不变常。是故古之人君，谋事必就圣①，发政必择语②，重作事也③。自三代之盛，远方夷狄，不与正朔、服色④，非威不能制，非强不能服也，以为远方绝域，不牧之民⑤，不足以烦中国也。且匈奴者，轻疾悍亟之兵也⑥，畜牧为业，弧弓射猎，逐兽随草，居处无常，难得而制也。至不及图，去不可追，来若飙风⑦，解若收电。今使边鄙久废耕织之业，以支匈奴常事⑧，其势不权⑨。臣故曰：勿击为便。"

【注释】

①谋事必就圣：谋划大事，必定求教于圣人。

②发政必择语：施行政令，必定选择古语。

③重作事：慎重对待兴作一件大事。作，兴。

④正朔：正月初一。指历法。正，一年的第一天。朔，一月的第一天。服色：车马、祭牲、服饰的颜色。各代不同，夏尚黑，殷尚白，周尚赤，汉尚黄。秦汉以后，新王朝建立，皆将改正朔、易服色视为关系到国运的大事。

⑤不牧：不可教化。

⑥轻疾悍亟：轻捷迅猛。

⑦猋风：即飙风。底本作"焱风"，误。石光瑛《新序校释》据《汉书》改，今从之。

⑧支：抵御，抵拒。匈奴常事：指以上所述匈奴习于随时发起攻击又立即分散远遁的战争特点。

⑨权：相称。

【译文】

御史大夫说："不是这样的。臣听说：如果没有十倍的利益，绝不轻易换掉原来的职业，如果没有百倍的功效绝不改变常规。所以说古代的君王，谋划事情时必定要请教圣人，发布政令时必定选择古语，谨慎对待兴作的新事。即使是三代那样的强盛，远方的少数民族，也没有采用中原国家的历法和车马服饰的颜色，并不是中原国家的威严不能制服他们，也并不是中原国家的强大不能征服他们，而是因为那些是偏远的边疆地区和无人到达的蛮荒之地，住着的都是不可教化的民族，不值得烦劳中原国家去做。况且匈奴这个民族，有着轻捷彪悍的兵马，他们以畜牧为生，使用弓箭打猎，追逐野兽，追随水草，没有固定的住所，很难制服他们。他们出现的时候我们来不及考虑怎么对付，他们离开的时候我们也追赶不上，来的时候像暴风，离开的时候像闪电。现在让边境的人民长期放弃耕田织布的劳作，来抵御习惯战争的匈奴，这样的形势是不利的。所以臣说：不攻打匈奴是有利的。"

大行曰："不然。夫神蛟济于渊，而凤鸟乘于风，圣人因于时。昔者秦缪公都雍郊①,地方三百里,知时之变,攻取西戎,辟地千里,并国十二②,陇西、北地是也③。其后蒙恬为秦侵胡④,以河为境,累石为城,积木为塞⑤,匈奴不敢饮马北河。置烽燧⑥,然后敢牧马。夫匈奴可以力服也,不可以仁畜也。今以中国之大,万倍之资,遣百分之一以攻匈奴,譬如以千石之弩,射痈溃疽⑦,必不留行矣⑧,则北发、月氏可得而臣也⑨。臣故曰:击之便。"

【注释】

①秦缪公:即秦穆公。名任好,春秋时期秦国国君,前659—前621年在位。曾任用百里奚、蹇叔、丕豹、公孙支等贤臣,国力大盛。春秋五霸之一。雍:古都邑名。在今陕西凤翔西南。春秋时秦德公元年(前677)迁都于雍,至秦献公二年(前383)迁都咸阳,雍作为秦都近三百年,其间只有秦灵公时(前424—前415年在位)十年都泾阳。

②攻取西戎,辟地千里,并国十二:据《史记·秦本纪》,秦缪公用戎贤人由余之谋伐戎王,"益国十二,开地千里,遂霸西戎"。

③陇西:郡名,因在陇山(六盘山)以西而得名。战国秦昭襄王二十七年(前280)置郡,为秦初三十六郡之一。汉代也在此置郡,郡治狄道(今甘肃临洮)。辖地包括今天水、甘谷、武山、岷县、陇西、临洮等地。北地:郡名。秦初三十六郡之一,郡治义渠(今甘肃庆阳)。汉代也在此置郡,西汉时郡治马岭(在今甘肃庆阳环县东南的马岭镇)。辖地包括今庆阳、平凉、固原等地。

④蒙恬(tián)为秦侵胡:前221年,秦始皇统一后,派蒙恬率兵三十万北击匈奴,收回河南地(今内蒙古河套一带),并修建长城,守边十余年,威震匈奴。匈奴头曼单于"不胜秦",被迫"北徙"十余

年,故汉初著名政论家贾谊称其"却匈奴七百余里,胡人不敢南下而牧马,士不敢弯弓而报怨"。桑弘羊也说:经蒙恬反击之后,"匈奴势慑,不敢南面而望十余年"。蒙恬,秦名将蒙骜(áo)之孙,蒙武之子。其先祖本齐人,父祖皆秦名将。初任狱官。前221年,因家世得为将,攻齐获胜,拜为内史,北击匈奴有功,甚受始皇尊宠。始皇病死,赵高与李斯合谋,伪造诏书,立二世胡亥。蒙恬与公子扶苏被迫自杀。事见《史记·秦始皇本纪》、《蒙恬列传》。

⑤塞:汉魏本、铁华馆本、四部本作"寨"。

⑥烽燧:这里指烽火台。古代边防报警的信号,白天升烟火称燧,晚上举火称烽。

⑦射痈(yōng)溃疽(jū):射穿毒疮。

⑧留行矣:留,障碍。底本"矣"下有小字注"史有若是"数字。

⑨北发:北狄国名。月氏(ròu zhī):古西域国名。亦作西氏、月支。原在敦煌、祁连间,即今甘肃河西走廊一带。汉文帝时,因遭匈奴攻击,大部分西迁塞种地区,即今新疆西部伊犁河流域及其迤西一带,后又西迁大夏,即今阿姆河上游,称大月氏;一部分进入南山,即今祁连山,与羌人杂居,称小月支。

【译文】

大行说:"不是这样的。神龙遨游深渊,凤凰乘风而飞,圣人随机而变。以前,秦缪公定都雍地郊外,方圆不过三百多里,但他明白时事机缘的变化,攻取了西戎,开辟了上千里的土地,吞并了十二个诸侯国,就是陇西、北地这一带地方。此后,蒙恬率领军队为秦国攻打胡人,以黄河作为边界线,用石头垒成城墙,用木头建成要塞,以致匈奴不敢到黄河边去饮马,设置了烽火台之后,才敢在那里牧马。所以说匈奴要用武力来制服,而不能够用仁义去畜养。现在凭着中原的强盛,有着比匈奴多万倍的资财,假如派遣百分之一的军队去攻打匈奴,就好比用一千石强大力量的弓箭,去射穿快要溃烂的毒疮,必定不会遇到什么阻碍。这样就连北发、月支都要俯首称臣了。所以臣说:攻打匈奴是有利的。"

　　御史大夫曰:"不然。臣闻善战者以饱待饥;安行定舍,以待其劳;整治施德,以待其乱;按兵奋众,深入伐国堕城,故常坐而役敌国①。此圣人之兵也。夫冲风之衰也②,不能起毛羽;强弩之末力,不能入鲁缟③。盛之有衰也,犹朝之必暮也。今卷甲而轻举,深入而长驱,难以为功。夫横行则中绝④,从行则迫胁⑤。徐则后利⑥,疾则粮乏。不至千里,人马绝饥,劳以遇敌,正遗人获也⑦。意者有他诡妙,可以擒之,则臣不知。不然,未见深入之利也。臣故曰:勿击便。"

【注释】

①"臣闻善战者以饱待饥"以下八句:底本"城"字下有小字注"汉、史作:以饱待饥,正治以待其乱,定舍以待其劳。故接兵覆众,伐国堕城",铁华馆本同。按,这几句文字疑有错乱。《汉书·韩安国传》后三句作"故接兵覆众,伐国堕城,常坐而役敌国"。石光瑛《新序校释》据改。综合来看,其大致意思是说:善于作战的人,能够让自己的部队吃饱等待敌人的饥饿;自己稳步行军定时休整,等待敌人的疲劳;整治队伍施以仁德,等待敌人的变乱;短兵相接则覆败敌众,深入敌国则攻城夺地。因此经常坐着就可以役使敌国。《孙子兵法》曰:"故善用兵者,避其锐气,击其惰归,此治气者也。以治待乱,以静待哗,此治心者也。以近待远,以佚待劳,以饱待饥,此治力者也。无邀正正之旗,勿击堂堂之陈,此治变者也。"

②冲风:暴风,猛烈的风。

③鲁缟：是一种白色的薄绢。以古时鲁国所产为最薄最细，故称
　鲁缟。

④横行则中绝：王文彬曰："并进，则防其钞截，而中路断绝也。"

⑤从行则迫胁：王文彬曰："军鱼贯，则虑其返击，而前受迫协。"

⑥后利：得不到好处。

⑦不至千里，人马绝饥，劳以遇敌，正遗人获也：底本句下有小字注
　"汉、史不作（按，'作不'当倒乙）至千里，人马乏食，兵法曰：遗人
　获也"。遗人获，留给敌人，为其所擒获。

【译文】

御史大夫说："不是这样的。臣听说善于作战的人，能够让自己的
部队吃饱等待敌人的饥饿；自己稳步行军定时休整，等待敌人的疲劳；
整治队伍施以仁德，等待敌人的变乱；短兵相接则覆败敌众，深入敌国
则攻城夺地。因此经常坐着就可以役使敌国。这就是圣人的军队。猛
烈的大风在即将停息时，就连一根羽毛也吹不起来；强弓射出去的箭到
最后，就连鲁缟也射不穿；强盛到了极点也会有衰微的时候，就像早晨
一定会转入黄昏一样。假如现在披挂铠甲轻率出兵，深入蛮荒而长驱
直入，是很难取得成功的。如果横向深入则中路容易被敌军击破，纵向
深入则两翼怕受到威胁；行军太慢则不能获得成功，行军太快则粮食匮
乏。行军不到一千里，则兵马都会陷入饥饿，在疲乏的时候遇到敌人，
正好是留给敌人让人俘获啊。想来还有其他的神机妙算，可以擒获敌
人，那我无法知道。要是没有的话，我看不出深入敌境有什么好处。所
以臣说：不攻打匈奴有好处。"

　　大行曰："不然。夫草木之中霜雾①，不可以风过；清水
明镜，不可以形遁也②；通方之人③，不可以文乱。今臣言击
之者，固非发而深入也。将顺因单于之欲，诱而致之边，吾
伏轻卒锐士以待之，阴遮险阻以备之。吾势以成，或当其

左,或当其右,或当其前,或当其后,单于可擒,百全必取。臣以为击之便。"于是遂从大行之言。

【注释】

①中霜雾:被霜雾侵害。中,指被侵袭、伤害。

②遁(dùn):遁逃,逃跑。

③通方:通晓大道。方,道。

【译文】

大行王恢说:"不是这样的。那受到霜雾侵袭的草木,经不起风吹;清水与明镜面前,是无法掩饰外形的;通达道理的人,不会让文饰的言辞扰乱自己。现在臣所说的攻打,本来就不是一定要发兵到匈奴腹地作战。而是打算顺应单于的欲望,引诱他到达边境,我们选择轻装精锐的士兵埋伏在那里等待他们的到来,审视考察有遮拦险阻的地方来防备他们。我们的大势确定下来后,有的对付他们的左翼,有的对付他们的右翼,有的对付他们的前锋,有的对付他们的后卫,就可以擒获单于,一定会大获全胜的。臣认为攻打匈奴是有利的。"于是孝武皇帝就采纳了大行王恢的建议。

　　孝武皇帝自将师,伏兵于马邑,诱致单于①。单于既入塞,道觉之,奔走而去②。其后交兵接刃,结怨连祸,相攻击十年,兵凋民劳,百姓空虚,道殣相望③,槽车相属,寇盗满山,天下摇动。孝武皇帝后悔之。御史大夫桑弘羊请佃轮台④,诏却曰:"当今之务,务在禁苛暴,止擅赋。今乃远西佃,非所以慰民也。朕不忍闻。"封丞相号曰富民侯⑤,遂不复言兵事。国家以宁,继嗣以定,从韩安国之本谋也。

【注释】

①孝武皇帝自将师,伏兵于马邑,诱致单于:元光二年(前 133)六月,汉武帝以三十万大军设伏马邑,派雁门郡马邑县的富户聂翁壹假意献马邑县,诱使匈奴单于进攻,欲一举歼灭之。单于至于武州,识破其计,汉军无功而返。马邑,古邑名。在今山西朔州东北。按,此役武帝并未亲自领兵前往,而以韩安国为护军将军,统领其他将领,王恢为将屯将军,亦参加此役。

②单于既入塞,道觉之,奔走而去:单于到武州后,距马邑百余里,徒见畜牧于野,不见一人。单于奇怪,抓住了武州尉史,遂知汉计,乃遁去。

③道殣(jìn)相望:道路上满是饿死的人。殣,饿死的人。

④桑弘羊:洛阳(今河南洛阳东)人。出身巨商。武帝元封元年(前110),任治粟都尉,领大司农。积极主张进攻匈奴,反对"和亲"政策,曾组织六十万人屯垦边疆。汉昭帝始元七年(前80),他与上官桀等密谋,欲杀霍光,并废昭帝。事情泄露,遭诛灭族。佃(diàn)轮台:到西北去开垦,开发土地。佃,耕作,这里指开垦。轮台,地名。在今新疆轮台东南。

⑤封丞相号曰富民侯:《汉书·西域传下》:"封丞相车千秋为富民侯,以明休息,思富养民也。"《汉书·食货志》颜师古注:"欲百姓之殷实,故取其嘉名也。"富民侯,指丞相田千秋,又称车千秋。武帝时原为高寝郎,因戾太子遭江充谗害而死,他上书诉冤,武帝感悟,擢用为大鸿胪,数月后任丞相,封富民侯。为人谨厚持重。昭帝即位,受遗诏辅政。

【译文】

孝武皇帝亲自率领将士,在马邑埋伏军队,引诱单于到来。单于入塞以后,半路发觉了汉朝的计谋,就赶紧往回撤兵。从此以后匈奴和汉朝不断交战,结下仇怨,祸灾不断,互相攻击了十多年,兵力衰弱,人民劳苦不堪,国家经济空虚,百姓粮食短缺,路上饿死的人随处可见,运送棺材的灵车连绵不绝,落草为寇的人不计其数,天下政权开始动摇。孝武皇帝后悔引起这场战争。御史大夫桑弘羊上奏请皇上派人去轮台开垦耕作,皇上下诏驳回说:“现在最重要事,是禁止横征暴敛,不许随便收税。远到西域屯垦,是不能抚慰百姓的。朕不忍心听到这样的建议。”于是封丞相为富民侯,从此不谈攻战之事。国家因此安宁,皇位继承平稳,这是采用了韩安国原本的谋略啊。

10.14　孝武皇帝时,中大夫主父偃为策曰①:“古诸侯不过百里,强弱之形易制也。今诸侯或连城数十,地方千里。缓则骄②,易为淫乱;急则阻其强而合从③,谋以逆京师④。今以法割之⑤,即逆节萌起⑥,前日晁错是也⑦。今诸侯子弟或十数,而適嗣代立⑧。余虽骨肉,无尺地之封,则仁孝之道不宣⑨。愿陛下令诸侯得推恩分子弟,以地侯之⑩,彼人人喜得所愿。上以德施,实封其国⑪,而稍自消弱矣⑫。”于是上从其计。因关马及弩不得出⑬,绝游说之路⑭,重附益诸侯之法⑮,急诖误其君之罪⑯。诸侯王遂以弱,而合从之事绝矣,主父偃之谋也。

【注释】

①中大夫:官名。职掌议论、顾问、应对等。主父偃:复姓主父。临淄(今山东淄博东北)人。早年学长短纵横之术,后学《易》、《春秋》和百家之言。武帝时上书言事,因政论有见识被武帝召见,任郎中、谒者、中郎、中大夫等职。曾向武帝建议行“推恩令”,削弱诸侯王势力。后任齐相,纠治齐王之罪,齐王畏罪自杀。赵王便告主父偃接受贿赂,武帝怒,将其族诛。为策:进谏,上书。

②缓则骄：石光瑛《新序校释》据《史记·袁盎晁错列传》、《汉书·袁盎晁错传》校作"缓则骄奢"，并云："此数句皆四字为句也。"可参。

③阻：依仗。合从：即"合纵"。汉定都关中，其余诸侯王国的土地，贯通南北，因而诸侯王国联合起来对付汉朝也叫合纵。从，通"纵"。

④逆：叛逆，反叛。

⑤今：若是，假如。

⑥节：事项。

⑦晁错：颍川（今河南禹县）人，文帝时为中大夫，景帝时为御史大夫。曾先后上书言兵事、边防，主张重农贵粟，力倡并推行削弱诸侯，更定法令，招致王侯权贵忌恨。前154年，吴、楚等七国以"诛晁错、清君侧"为名，发动叛乱，晁错因此被腰斩。事见《史记·袁盎晁错列传》、《汉书·袁盎晁错传》。

⑧适（dí）嗣：即嫡嗣，正妻所生之长子。适，通"嫡"。

⑨宣：周遍，显示。

⑩侯：封为侯。

⑪封：通"分"。"封"、"分"双声通假。《史记·袁盎晁错列传》、《汉书·袁盎晁错传》即作"分"。石光瑛《新序校释》据改。

⑫稍：渐。

⑬因关马及弩不得出：趁机禁止马匹弓弩，不使之出入诸侯国境。因，趁。关，闭关，禁止。

⑭绝游说之路：底本"游说之"三字残泐，今据汉魏本、铁华馆本、四部本补。

⑮附益诸侯：亲附诸侯，为其谋取利益。《汉书·诸侯王表》颜师古注："附益者，盖取孔子云'求也为之聚敛而附益之'之义也，皆背正法而厚于私家也。"并引张晏曰："律郑氏说，封诸侯过限曰附益。或曰阿媚王侯，有重法也。"

⑯诖(guà)误其君：指诸侯之臣蛊惑、怂恿其君为非作乱。诖误，欺骗，贻误。

【译文】

孝武皇帝时，中大夫主父偃进谏说："古时候诸侯的封地不超过百里，强弱的形势很容易控制。如今的诸侯有些拥有几十座城邑，封地超过千里。朝廷要是对他们宽缓一些，他们就骄傲自大，很容易发生叛乱的事情；若是控制严格一些，他们就会依仗强大的实力联合起来反叛京师。如果用法令削减他们的土地，那么他们就会萌生反叛的想法，这就是以前晁错的做法引起的后果。如今诸侯的子弟有的多达十几个，而只有嫡长子继承王位。其余的虽然也是诸侯王的亲骨肉，却无尺寸之地的封国，这样仁爱孝亲之道就得不到宣扬。希望陛下命令诸侯王推广恩德给子弟，分封土地给子弟使其为侯。那些诸侯子弟们自然很高兴能得到他们所希望的东西。皇上广施恩德，实际上却是分割了诸侯国，这样他们的势力就渐渐削弱了。"于是，皇上听从了他的计谋，趁势禁止马匹、武器不得出入各自国境，断绝策士游说的门路，加重对亲附诸侯、为其谋取利益者的法律制裁，严惩蛊惑诸侯王为非作乱的臣子。诸侯王的势力于是逐渐减弱，他们联合谋反的事情也就不再发生了。这都是主父偃的谋略啊。

《新序》佚文

　　《新序》一书,《隋书·经籍志》、《唐书·经籍志上》、《新唐书·艺文志》等皆著录三十卷,可知在唐以前尚为完整。北宋时始散佚。后经曾巩搜集整理,订为十卷,即今本之面目。其中《刺奢第六》与《义勇第八》两卷,篇幅远小于他卷,研究者多认为有佚失;而《杂事》五卷,主题各不明确,也应非原书之旧;至于其他各卷也时有残缺错乱。故前人对此书多有辑佚。卢文弨《群书拾补》说:"有今书所无,见于他书者,随所见会钞于后,以补其逸。"辑《新序》佚文 52 条。其后严可均《全汉文》据以过录,合并重出者"周昌者沛人"章为 1 条,增补"攘服四夷,天下安然"1 条(《北堂书钞》卷十三。按:此条当为卢辑"上古之时"章)。民国时期,张国铨《新序校注》(成都茹古书局 1944 年)在卢、严基础上删并,又补辑 10 条。嗣后,施珂《新序校证》(台湾大学硕士学位论文 1958 年)于卢辑之外,补辑 12 条。赵仲邑《新序详注》(该书成于 1960 年前,中华书局 1997 年出版)则在张辑基础上重新校订,增补 9 条,共 60 条。梁荣茂《新序校补》(台湾水牛出版社 1971 年)又补辑 4 条。马达《新序译注》(湖北人民出版社 1986 年)删并卢、张所辑成 49 条。赵善诒《新序疏证》(华东师范大学出版社 1989 年)过录卢辑 39 条、张辑 10 条,补辑 3 条,共 52 条。李华年《新序全译》(贵州人民出版社 1994 年)又据哈佛燕京学社聂崇岐等编《太平御览引得》补辑 3 条,共 56 条。陈茂仁《新序校

证》（花木兰文化出版社 2007 年）又补辑 14 条，共 73 条。新近出版的朱
季海《新序校理》（中华书局 2011 年），在卢辑基础上补辑 9 条，则不出以
上诸家所辑之范围。今以卢、张所辑为基础，比对诸家所辑，核校原文，
重加整理，汇集为 71 条，大体依照辑佚时间先后胪列如下。需要说明
的是：内容重出而文字详略不同者并为一条（以文字详尽者为该条正
文，文字简略者则附于其下）。又，卢文弨辑"孙武乐毅之徒"条，吴汉为
东汉时人；施珂辑"权与天地未祛也"条，为《剧秦美新》之序；陈茂仁辑
"乐毅以弱燕破强齐七十余城者"条，说到曹操破袁绍事；"永阳李增"
条，出自《异苑》；"人之出战"条，不见于今本《荀子·王制》杨倞注（俞樾
谓"《新序·杂事篇》'出'作'士'"，乃就"士之诚也"一句而言，非指"人
之出战"）；"李谷与韩熙载早同笔砚分携"条，李谷与韩熙载为宋人；"王
禹偁翰林宿儒"条，王禹偁亦为宋人。今皆删去。诸辑佚文字为今本
《新序》所有者，一并删去。

1. 齐王问墨子曰："古之学者为己，今之学者为人，何
如？"封曰："古之学者，得一言，以附己；今之学者，得一善
言，以悦人。"（《北堂书钞》卷八十三、《太平御览》卷六百七）
2. 臧孙行猛政，子赣非之。臧孙召子赣而问曰："我不
法耶？"曰："法矣。""我不廉耶？"曰："廉矣。""我不能事耶？"
曰："能事矣。"臧孙曰："三者吾唯恐不能，今尽能之，子尚何
非耶？"子贡曰："子法矣，好以害人；子廉矣，好以骄上；子能
事矣，好以陵下。夫政者，犹张琴瑟也。大弦急，则小弦绝
矣。是以位尊者，德不可以薄；官大者，治不可以小；地广
者，制不可以狭；民众者，法不可以苛。天性然也，故曰：'罚
得则奸邪止矣，赏得则下欢悦矣。'由此观之，子则贼心已见
矣。独不闻子产之相郑乎？其抡材推贤举能也，抑恶而扬

善。故有大略者，不问其所短；有德厚者，不问其小疵；有大功者，宿恶灭息，成人之美，不成人之恶也。其牧民之道，养之以仁，教之以礼，使之以义，修法练教，必遵民所乐，故从其所便而处之，因其所欲而与之，顺其所好而劝之，赏之疑者从重，罚之疑者从轻。其罚审，其赏明，其刑省，其德纯，其治约，而教化行矣。治郑七年，而风俗和平，灾害不生，国无刑人，囹圄空虚。及死，国人闻之，皆叩心流涕，曰：'子产已死，吾将安归？夫使子产命可易，吾不爱家一人。'其生也则见爱，其死也而可悲。仕者哭于廷，商人哭于市，农人哭于野，处女哭于室，良人绝琴瑟，大夫解佩玦，妇人脱簪珥，皆巷哭。然则思者仁恕之道也，君子之治，始于不足见，而终于不可及，此之谓也。盖德厚者报美，怨大者祸深。故曰：'德莫大于仁，而祸莫大于刻。'夫善不可以为求，而恶不可以乱去，今子方病，民喜而相贺曰：'臧孙子已病，幸其将死'。子之病稍愈，而民以相惧，曰：'臧孙子病又愈矣，何吾命之不幸也，臧孙子又不死矣。'于之病也，人以相喜；生也，人以相骇。子之贼心亦甚深矣，为政若此，如之何不非也？"于是臧孙子惭焉，退而避位。（《群书治要》卷四十二）

　　附：臧孙行猛政，子贡非之曰："夫政，犹张琴瑟也，大弦急，则小弦绝矣。是以位尊者德不可以薄，宫大者治不可以小，地广者制不可以狭，民众者政不可以苛。独不闻子产相郑乎？其抡材惟贤，抑恶而扬善，故有大略者不问其所短，有德厚者不非其小疵。其牧民之道，养之以仁，教之以礼，因其所欲而与之，从其所好而劝

之，赏之疑者从重，罚之疑者从轻。"（《艺文类聚》卷五十二）

3. 子产相郑，七年而教宣风行，国无刑人。（《北堂书钞》卷三十五注引）

4. 李斯问荀卿曰："当今之时，为秦奈何？"孙卿曰："力术止，义术行，秦之谓也。"（《荀子·强国》杨倞注引）

5. 子产决邓析教民之难，约："大狱袍衣，小狱襦裤。"民之献袍衣、襦裤者不可胜数。以非为是，以是为非，郑国大乱，民口谨哗。子产患之，于是讨邓析而戮之，民乃服，是非乃定，是其类也。（《荀子·正名》杨倞注引）

6. 梁车新为邺令，其姊往见之。值暮，郭门闭，遂逾郭而入，梁车新因刖其足。赵成侯以为不慈，遂夺玺免官。（《太平御览》五百一十七）

　　　附：梁车为邺令，其妇姊往看之，梁刖其姊足。赵武侯以不慈，免车官，夺其玺。（《北堂书钞》卷七十八注引）

7. 鲁哀公为室而大，公仪子（《淮南子·人间训》作"公宣子"）谏曰："室大，众与人处则哗。少与人处则悲，愿公适之也。"曰："闻命矣。"筑室者不辍。明日。又谏："国小室大，百姓必怨吾君；诸侯闻之，必轻吾国。"公曰："闻命矣。"筑室不辍。明日，又谏曰："左昭右穆，为室而大，以临二先君，无乃害于孝乎！"于是哀公毁室而止。（《太平御览》卷一百七十四。又见《淮南子·人间训》）

8. 齐景公游于牛山之上，而北望齐曰："美哉国乎！使古无死者，则寡人将去斯如之何？"乃泣沾襟。高子曰："然。赖君之赐，蔬食恶肉，可得而食也；驽马栈车，可得而乘也，且不欲死，而况吾君乎？"俯而垂泣。晏子拊手而笑曰："乐哉！今日婴之游也，见怯君一而谀臣二。使古之无死者，则太公、丁公至今犹存，吾君方将被蓑笠而立乎畎亩之中，唯事之恒，何暇念死乎？"景公惭焉。（《太平御览》卷四百二十八。又见《韩诗外传》卷十）

9.周昌者，沛人，以军功封汾阴侯、御史大夫。高帝欲废惠帝，立戚夫人子如意，群臣固争莫能得。昌廷争之，强，上问其说。昌为人吃，曰："臣口不能言，然臣则知其不可也。陛下虽欲废太子，臣期期不奉诏。"（《太平御览》卷七百四十）

10.齐有田巴先生者，行修于内，智明于外。齐王闻其贤，聘而将问政焉。田巴先生改制新衣，鬌饰冠带，顾谓其妾曰："何若？"其妾曰："佼。"将出门，问其从者曰："何若？"从者曰："佼。"过于淄水，自窥，丑恶甚矣。遂见齐王，齐王问政焉，对曰："政在正身，正身之本，在于群臣。今者大王召臣，臣改制鬌饰，将造公门，问于妾，妾爱臣，谀臣曰：'佼。'将出门，问从者，从者畏臣，曰：'佼。'臣临淄水而观影，然后自知丑恶也。今齐之臣妾谀王者，非特二人也。王能临淄水，见己之恶，过而自改，斯齐国治矣。"（《群书治要》卷四十二。又见《太平御览》卷六十三、三百八十二。）

11.孔子见宋荣启期，年老白首，衣弊服，鼓琴自乐。孔子问曰："先生老而穷，何乐也？"启期曰："吾有三乐：天生万物，以人为贵，吾得为人，一乐也。人生以男为贵，吾得为男，二乐也。人生命有伤夭，吾年九十余，是三乐也。贫者士之常，死者人之终，居常以守终，何不乐乎？"（《太平御览》卷三百八十三）

12. 崔杼弑庄公，申蒯渔于海而后至，将入死。其御止之曰："君之无道闻于天下，不可死也。"申蒯曰："告我晚，子不早告我。吾食乱君之食，而死治君之事乎？子勉之，子无死。"其御曰："子有乱主犹死之，我有治长，奈何勿死？"至于门，曰："申蒯闻君死，请入。"守门者以告崔子，曰："勿内。"申蒯曰："汝疑我乎？吾与汝臂。"乃断其臂，以予其门者。门者以示崔子。崔子陈八列曰："令入。"申蒯拔剑呼天，三踊乃斗，杀七列，未及崔子一列而死。其御亦死之门外。君子闻之曰："蒯可谓守节死义矣。"（《太平御览》卷四百三十八。又见卷三百六十九、四百一十七）

13. 子奇年十六，齐君使治阿，既而君悔之，遣使追，追者反曰："子奇必能治阿，共载皆白首也，夫以老者之智，以少者决之，必能治阿矣。"子奇至阿，铸库兵以作耕器，出仓廪以赈贫穷，阿县大治，魏闻童子治邑，库无兵，仓无粟，乃起兵击之，阿人父率子、兄率弟，以私兵战，遂败魏师。（《意林》卷三）

　　附：昔子奇年十八，齐君使之治阿。既行矣，悔之，使使追，曰："未至阿，及之，还之；已至，勿还也。"使者及之而不还，君问其故，对曰："臣见使与共载者，白首也。夫以老者之智，以少者之决，必能治阿矣。是以不还。"（《太平御览》卷二百六十八）

　　又：子奇年十八，齐君使之化阿。至阿，铸其库兵以为耕器，出仓廪以赈贫穷，阿县大化。（《后汉书·顺帝纪》注引）

14. 齐景公游海上，乐之，六月不归，令左右，敢言归者死。颜歜谏曰："君乐治海上，不乐治国。傥有治国者，君且安得乐此海也。"公据戟将斫之，歜抚衣而侍之，曰："君奚不斫也？昔桀杀关龙逢，纣杀王子比干，君奚不斫？以臣参此二人，不亦可乎！"公遂归。（《太平御览》卷三百五十三）

15. 昌邑王冶侧铸冠十枚，以冠赐之师及儒者。后以冠冠奴，龚遂免冠归之，曰："王赐儒者冠，下至臣；今以余冠冠奴，是大王奴虏畜臣也。"（《太平御览》卷五百）

16. 昌邑王征为天子，到营阳，买积竹刺杖二枚。龚遂谏曰："积竹刺杖者，骄蹇少年杖也。大王奉大丧，当柱竹杖。"（《太平御览》卷七百一十）

17. 昌邑王取侯王二千石黑绶黄绶，与左右佩之。龚遂谏曰："高皇帝造花绶五等，陛下取之而与贱人，臣以为不可，愿陛下收之。"（《太平御览》卷六百八十二）

18. 上古之时，其民敦朴，故三皇教而不诛，无师而威，故善为国者不师，三皇之德也。至于五帝，有师旅之备而无用，故善师者不阵，五帝之谓也。汤伐桀，文王伐崇，武王伐纣，皆阵而不战，故善阵者不战，三王之谓也。及夏后之伐有扈，殷高宗讨鬼方，周宣王之征熏鬻，而不血刃，皆仁圣之惠，时化之风也。至齐桓侵蔡而蔡溃，伐楚而楚服，而强楚以致苞茅之贡于周室，北伐山戎，使奉朝觐，三存亡，一继绝，九合诸侯，一匡天下，衣裳之会十有一，尝有大战，亦不血刃。至晋文公，设虎皮之威，陈曳柴之伪，以破楚师而安中国，故曰善战者不死，晋文公之谓也。楚昭王遭阖闾之祸,国灭,昭王出亡,父老迎而笑之,昭王曰:"寡人不仁,不能守社稷,父老反笑。何忧无? 寡人且从此入海矣。"父老曰:"有君若此,其贤也。"及申包胥请救,哭秦庭七日,秦君怜而救之。秦楚同心,遂走吴师,昭王反国,故善死者不亡,昭王之谓也。是故自晋文公已下,至战国,而暴兵始众。于是以强并弱,以大吞小,故强国务攻,弱国备守,合从连衡,群相攻伐,故战则称孙吴,守则称墨翟,至秦而以兵并天下,穷兵极武而亡。及项羽尚暴而灭,汉以宽仁而兴,故能扫除秦之苛暴矣。孝武皇帝攘服四夷,其后天下安然,故世之为兵者,其行事略可观也。(《太平御览》卷二百七十一)

19. 汤居亳七十里,地与葛为邻,葛伯放淫不祀,汤使人问之曰:"何为不祀?"曰:"无以供牺牲也。"汤使人遗之牛羊,葛伯食之,又不以祀。汤又使人问曰:"何为不祀?"曰:"无以供粢盛也。"汤又使众往为耕,老弱馈食,葛伯率其民,要其有酒肉黍稻者夺之,不受者杀之。有一童子以黍肉饷,杀而夺也。《书》曰"葛伯仇饷",此之谓也。为其杀是童子而征之,四海之内皆曰:"非富天下也,为匹夫匹妇报仇也。"(《太平御览》卷三百五)

20 公孙敖问伯象先生曰:"今先生收天下之术,博观四方之日久矣,未能裨世主之治,明君臣之义,是则未有异于府库之藏金玉,筐箧之囊间有书。"(《太平御览》卷八百一十一)

21. 公孙敖曰:"夫玉石金铁,犹可琢磨以为器用,而况于人?"(《太平御览》卷八百一十三)

22. 纣王天下,熊羹不熟而杀庖人。(《太平御览》卷八百六

十一。又见《初学记》卷二十六）

23. 赵简子欲专天下，谓其相曰："赵有牧犨，晋有铎鸣，鲁有孔丘，吾杀三人者，天下可王也。"于是乃召牧犨、铎鸣而问政焉，已即杀之。使使者聘孔子于鲁，以胖牛肉迎于河上，使者谓船人曰："孔子即上船，中河必流而杀之。"孔子至，使者致命，进胖牛之肉。孔子仰天而叹曰："美哉水乎，洋洋乎！使丘不济此水者，命也夫！"子路趋而进曰："敢问何谓也？"孔子曰："夫牧犨、铎鸣，晋国之贤大夫也，赵简子未得意之时，须而后从政，及其得意也，杀之。黄龙不反于涸泽，凤皇不离其蒍罗。故刳胎焚林，则麒麟不臻；覆巢破卵，则凤皇不翔；竭泽而渔，则龟龙不见。鸟兽之于不仁，犹知避之，况丘乎？故虎啸而谷风起，龙兴而景云见，击庭钟于外，而黄钟应于内。夫物类之相感，精神之相应，若响之应声，影之象形，故君子违伤其类者。今彼已杀吾类矣，何为之此乎？"于是遂回车不渡而还。（《三国志·魏书·刘廙传》裴松之注引）

附：赵简子使使者聘孔子于鲁，以胖牛肉迎于河上。使者谓船人曰："孔子即上船，中河安流而杀之。"孔子至，使者致命，进胖牛之肉，孔子仰天而叹曰："美哉水乎，洋洋也。使丘不济此水者，命也夫。"（《太平御览》卷八百六十三）

24. 楚王使谒者徐光迎方与，盲人能吹竽者，龚遂乃止。（《太平御览》卷五百八十一）

25. 禹南济于江，黄龙负舟，舟中之人失色。禹仰视天

而叹曰："吾受命于天，死生命也。"龙弭耳而逃。（《太平御览》卷六十）

26. 勇士一呼，三军皆辟（"辟"，原本作"碎"，误。今据卢辑改）易，士之诚也。夫勇士孟贲，水行不避蛟龙，陆行不避虎狼，发怒吐气，声响动天，至其死矣，头行断绝。夫不用仁而用武，当时虽快，身必无后，是以孔子勤勤行仁。（《太平御览》卷四百三十七）

27. 齐遣淳于髡到楚，髡为人短小，楚王甚薄之，谓之曰："齐无人耶，而使子来，子何长也？"髡对曰："臣无所长，腰中七尺之剑，欲斩无状王。"王曰："止，吾但戏子耳。"与髡共饮酒。（《太平御览》卷四百三十七）

28. 秦王以五百里地封鄢陵君，鄢陵君辞不受，使唐且谢秦王。王忿然变色，怒曰："亦尝见天子之怒乎？"且曰："臣未尝见。"王曰："夫天子之怒，伏尸百万，流血千里。"且曰："大王亦尝见布衣韦带士之怒乎？"王曰："布衣韦带士之怒，解冠徒跣，以头抢地耳，何难知者。"且曰："此乃庸夫庶人之怒耳，非布衣韦带士之怒也。夫专诸刺王僚，彗星袭月，奔星昼出；要离刺王子庆忌，仓鹰击于台上；聂政刺韩王，白虹贯日。此三者，皆布衣怒也，与臣将四。士无怒则已，一怒伏尸二人，流血五步。"即案其匕首，起视秦王，曰："今将是矣。"王色变，长跪曰："先生就坐，寡人喻矣，鄢陵独以五十里在者，徒用先生（"生"，原本作"王"，误。今据卢辑改）故乎！"（《太平御览》四百三十七）

29. 林既衣韦衣而朝齐景公。景公曰："此君子之服耶？小人之服耶？"林既作色曰："夫服事何足以揣士行乎？昔荆为长剑危冠,令尹子西出焉。齐桓短衣而遂沟之冠,管仲、隰朋出焉;越文身剪发,范蠡、大夫种亦出焉;西戎左衽而组结,由余亦出焉。如君言,衣犬裘者当犬("犬",原本作"大",误。今据卢辑改)号,衣羊裘者当羊鸣。今君衣狐裘而朝,得无为变乎?"景公曰:"子自以为勇悍乎?"曰:"登高临危,而目不眴,而足不凌者,此工匠之勇悍也。入深泉,取蛟龙,拘鼋而出者,此渔夫之勇悍也。入深山,刺虎豹,抱熊而出者,此猎夫之勇悍也。夫不难断头裂腹,暴骨流血中野者,此武士之勇悍也。今臣居广廷,作色而辩,以犯主君之怒,前虽有乘轩之赏,未为之动也;后虽有斧锧之威,未为之恐也。此既之所以为勇悍也。"(《太平御览》卷四百三十七)

30. 文王之葬枯骨,无益众庶,众庶悦之,恩义动人也。(《太平御览》卷三百七十五)

31. 挟泰山以超北海。(《太平御览》卷三十九)

32. 诸侯墙有黑垩之色,无丹青之彩。(《太平御览》卷一百八十七)

33. 贱之如虺豕。(《荀子·王霸》杨倞注引)

34. 伊尹蒙耻辱,负鼎俎以干汤。(《后汉书·崔骃传》注引)

35. 营,度也。(《文选·(张衡)东京赋》李善注引)

36. 楚王载繁弱之弓,忘归之矢,以射兕于云梦。(《文选·(嵇叔夜)赠秀才入军》李善注引)

37. 公孙龙谓平原君曰:"臣居鲁,则闻下风,高先生之知,悦先生之行。"(《文选·(邹阳)上书吴王》李善注引)

38. 孔子曰:"圣人虽生异世,相袭若规矩。"(《文选·(孙子荆)为石仲容与孙皓书》李善注引)

39. 赵良谓商君曰:"君亡,可翘足而待也。"(《文选·(陈孔璋)檄吴将校部曲文》李善注引)

40. 太王亶父止于岐下,百姓扶老携幼,随而归之,一年成邑,二年成都,三年五倍其初。(《文选·(于令升)晋纪总论》李善注引)

41. 及定王,王室遂卑矣。(《文选·(陆士衡)辨亡论上》李善注引)

42. 晋襄公之孙周为晋国,休戚不倍本也。(《文选·(潘安仁)《杨仲武诔》李善注引)

43. 孟子见齐宣王于雪宫,王左右顾曰:"贤者亦有此乐耶?"孟子对曰:"有,人不得则非其上矣。不得而非其上者,非也。为人之上者而不与民同乐者,亦非也。乐民之乐者,人亦乐其乐。忧人之忧者,民亦忧其忧。乐以天下,忧以天下,然而不王者,未之有也。"(《群书治要》卷四十二)

44. 子路治蒲三年,孔子过之,入其境,曰:"善哉! 由乎! 恭敬以信矣。"入其邑,曰:"善哉! 由乎! 信以宽矣。"至于其廷,曰:"善哉! 由乎! 明察以断矣。"子贡执辔而问曰:"夫子未见由,而三称其善,可得闻乎?"孔子曰:"我入其境,田畴尽易,草莱甚辟,沟洫甚深,此其恭敬以信,故其民尽力也;入其邑,墙屋甚崇,树木甚茂,此忠信以宽,故其民不偷也;入其廷,廷甚闲,此明察以断,故其民不扰也。"(《群书治要》卷四十二)

45. 申子之书,言人主当执术无刑,因循以督责臣下,其责深刻,故号曰术。商鞅所为书,号曰法,皆曰刑名,故号曰刑名法术之书。(《史记·韩非列传》裴骃《集解》引)

46. 秦孝公保崤函之固，以广雍州之地，东并河西，北收上郡，国富兵强，长雄诸侯，周室归籍，四方来贺，为战国霸君，秦遂以强，六世而并诸侯，亦皆商君之谋也。夫商君极身无二虑，尽公不顾私，使民内急耕织之业以富国，外重战伐之赏以劝戎士，法令必行，内不阿贵宠，外不偏疏远，是以令行而禁止，法出而奸息。故虽《书》云"无偏无党"，《诗》云"周道如砥，其直如矢"，《司马法》之励戎士，周后稷之劝农业，无以易此。此所以并诸侯也。故孙卿曰："四世有胜，非幸也，数也。"然无信，诸侯畏而不亲。夫霸君若齐桓、晋文者，桓不倍柯之盟，文不负原之期，而诸侯畏其强而亲信之，存亡继绝，四方归之，此管仲、舅犯之谋也。今商君倍公子卬之旧恩，弃交魏之明信，诈取三军之众，故诸侯畏其强而不亲信也。藉使孝公遇齐桓、晋文，得诸侯之统将，合诸侯之君，驱天下之兵以伐秦，秦则亡矣。天下无桓、文之君，故秦得以兼诸侯。卫鞅始自以为知霸王之德，原其事不喻也。昔周、召施善政，及其死也，后世思之，"蔽芾甘棠"之诗是也。尝舍于树下，后世思其德不忍伐其树，况害其身乎！管仲夺伯氏邑三百户，无怨言。今卫鞅内刻刀锯之刑，外深铁钺之诛，步过六尺者有罚，弃灰于道者被刑，一日临渭而论囚七百余人，渭水尽赤，号哭之声动于天地，畜怨积雠比于丘山，所逃莫之隐，所归莫之容，身死车裂，灭族无姓，其去霸王之佐亦远矣。然惠王杀之亦非也，可辅而用也。使卫鞅施宽平之法，加之以恩，申之以信，庶几霸者之佐哉！（《史记·商君列传》裴骃《集解》引。）

年按：本节文字，《集解》引作"新序论曰"云云，司马贞《索隐》以《新序》作者为刘歆。故今人或将其作为刘歆《新序论》的文字，其说不妥。张国铨《新序佚文校辑》注："按《新序》之非刘歆撰，王应麟、卢文弨已驳《索隐》之误。《汉书·艺文志考证》曰，《史记·商君传》注引《新序论》，《索隐》曰《新序》是刘歆所撰，盖以向为歆。《群书拾补》曰，《史记·商君传索隐》以《新序》为刘歆所撰。……是则小司马之说非也。"其说是，今从之。

47. 斯在逐中道上上谏，书达始皇，始皇使人逐至骊邑，得还。（《史记·李斯列传》裴骃《集解》引）

48. 孔子谓曾子曰："君子不以利害义，则耻辱安从生哉。官怠于宦成，病加于少愈，祸生于怠惰，孝衰于妻子，察此四者，慎终如始。"（薛据《孔子集语》。又见《邓析子·转辞》、《韩诗外传》卷八。《说苑·敬慎》作曾子语）

49. 齐桓公好妇人之色，妻姑姊妹，国人多淫于骨肉。（马骕《绎史》卷四十四）

50. 温斯子曰："古者有愚以全身。"（《文选·（袁彦伯）三国名臣序赞》李善注引）

51. 子产□民□之道，三令与道而行。（《北堂书钞》卷三十五）

52. 智伯请地于韩康子，康子欲勿与。规谏曰："不可。夫智伯之为人，好利而鸷复，来请地而勿与，则必加兵于我矣。若与之，彼又请地于他国，他国不听，必向之以兵。然则与可以免于患而待事之变。"康子曰："善。"因使使者封万家之县一与智伯。智伯大悦，复请地于赵，不与，果阴约韩、魏而伐，围晋阳三年。后韩、魏应之，遂灭智伯。（《太平御览》

卷四百五十六）

年按：此条通行本《太平御览》未标明为《新序》之文。赵仲邑《新序详注》辑出，并曰："应为《善谋》篇佚文。"李华年《新序全译》谓"据聂崇歧等编《太平御览引得》提供的线索辑出"。今从之。

53. 单襄公曰："经之以天，纬之以地，经纬不爽，天之象也。"（《文选·（左太冲）《魏都赋》李善注引）

54. 楚鄂君乘青汉之舟，越人拥楫而清歌。以挑君，曰："山有木兮木有枝，心悦君兮君不知。"鄂君乃捧绣被以覆之矣。（《北堂书钞》卷一百三十八。又《说苑·善说》）

55. 宓子贱为单父宰，齐人攻鲁，单父父老曰："麦已熟矣，请令民皆出，人自刈获。"三请，不许。季孙闻之，使人让宓子贱，宓子慨然曰："不耕者获得，是乐有寇，令民有自取之心。"季孙闻之惭，曰："使穴可入，吾岂忍见宓子哉！"（《北堂书钞》卷一百五十八）

56. 不幸不闻其过，福在受谏，基在爱民，固在亲贤。（《太平御览》卷四百五十六）

57. 先王之所以指麾而四海宾服者，诚德之至也。（《文选·（陆倕）石阙铭》李善注引）

58. 宰牢天下而制之。（《荀子·王霸》杨倞注引）

59. 百里奚，楚宛人，仕于虞，虞亡入秦，号五羖大夫也。（《史记·李斯列传》张守节《正义》引）

60. 孙叔敖相楚，国富兵强。（《文选·（潘安仁）杨荆州诔》李善注引。又（孙子荆）《为石仲容与孙皓书》李善注引）

61. 楚有士申鸣者，在家而养其父，孝闻于楚国，王欲授之相，申鸣辞不受。其父曰："王欲相汝，汝何不受乎？"申鸣对曰："舍父之孝子而为王之忠臣，何也？"其父曰："使有禄于国，立义于庭，汝乐，吾无忧矣！吾欲汝之相也。"申鸣曰："喏！"遂入朝。楚王因授之相，居三年，白公为乱，杀司马子期，申鸣将往死之，父止之曰："弃父而死，其可乎？"申鸣曰："闻夫仕者，身归于君而禄归于亲，今去子事君，得无死其难乎？"遂辞而往，因以兵围之。白公谓石乞（此下《说苑》有"申鸣者，天下之勇士也。今以兵围我，吾为之奈何？石乞曰"二十二字），曰："申鸣者，天下之孝子也，往劫其父以兵，申鸣闻之，必来，来与之语。"白公曰："善！"则往取其父，持之以兵，告申鸣曰："子与吾，吾与子分楚国；子不与吾，子父则死矣！"申鸣流涕而应之曰："始吾父之孝子也，今吾君之忠臣也。吾闻之也，食其食者死其事，受其禄者毕其能。今吾已不得为孝子矣，乃君之忠臣也，吾何得以全身！"援枹鼓之，遂杀白公，其父亦死。王赏之百斤金，申鸣曰："食君之食，避君之难，非忠臣也；定君之国，杀臣之父，非孝也。名不可两立，行不可两全也，如是而生，何面目立于天下。"遂自杀。（《太平御览》卷四百一十七）

62. 晋平公问赵武曰："中牟，王国之股肱，寡人欲其令，谁使而可？"武曰："邢子可。"公曰："邢子非子之仇耶？"对曰："私仇不入公门。"（《北堂书钞》卷七十八）

63. 卫鞅内刻刀锯之刑，外深斧钺之诛，步过六尺者有罚，弃灰于道者被刑。一日临渭水而论囚七百余人，渭水尽赤，号哭之声动于天地。（《记纂渊海》卷六十四、《天中记》卷二十

八)

64.高堂百仞。(《文选·(曹子建)《杂诗》李善注引)

65.梁伯湎于酒,淫于色,心昏而耳塞,好作大城而不居,民罢甚。(《太平御览》卷一百九十二)

66.农无废业,野无空地。(《北堂书钞》卷三十九)

67.溃清。(《慎子三种合帙附逸文·传补》"慎清"注引)

68.缠蝼蚁。(姚氏本《战国策·楚策一》"黄泉蓐蝼蚁"注引)

69.鱼之大者,名为鳡。(《家语疏证·屈节解》注引)

70.齐桓公求婚于卫,卫不与,而嫁于许。卫为狄所伐,桓公不救,至于国灭身死。懿公尸为狄人所食,惟有肝在。懿公有臣曰弘演,适使反,致命于肝曰:"君为其内,臣为其外。"乃剖腹内肝而死。齐桓公曰:"卫有臣若此而尚灭,寡人无有,亡无日矣!"乃救卫,定其君。(《三国志·魏书·陈矫传》)

71.禽息,秦大夫。荐百里奚,不见纳。缪公出,当车以头击阑,脑乃精出,曰:"臣生无补于国,不如死也。"缪公感寤而用百里奚,秦以大化。(《群书集事渊海》卷十一)

中华经典名著
全本全注全译丛书
（已出书目）

廉吏传

徐霞客游记

读通鉴论

宋论

文史通义

鬻子·计倪子·於陵子

老子

道德经

帛书老子

鹖冠子

黄帝四经·关尹子·尸子

孙子兵法

墨子

管子

孔子家语

曾子·子思子·孔丛子

吴子·司马法

商君书

慎子·太白阴经

列子

鬼谷子

庄子

公孙龙子(外三种)

荀子

六韬

吕氏春秋

韩非子

山海经

黄帝内经

素书

新书

淮南子

九章算术(附海岛算经)

新序

说苑

列仙传

盐铁论

法言

方言

白虎通义

论衡

潜夫论

政论·昌言

风俗通义

申鉴·中论

太平经

伤寒论

周易参同契

人物志

博物志

抱朴子内篇

抱朴子外篇